A등급 만들기 단계별 프로젝트

jinhak **blacklabel**

중학 수학 ❷-2

A 등 급 을 위 한 **명 품 수 학**

Tomorrow
better than today

환경을 사랑하는 'JINHAK'
진학사 '**blacklabel**' 시리즈는 친환경용지로 만듭니다.

블랙라벨 중학 수학 ❷-2

| 저자 | **이문호** 하나고등학교 | **김원중** 강남대성학원 | **김숙영** 성수중학교 | **강희윤** 휘문고등학교 |

| 검토한 선생님 | 김성은 블랙박스수학과학전문학원 | 김미영 하이스트금천 | 최호순 관찰과추론 |
| | 경지현 탑이지수학학원 | 정규수 수찬학원 | 홍성주 굿매쓰수학학원 |

기획 · 검토에 도움을 주신 선생님

강유식 대전수학의자유XO	김준형 일산Themath	박진규 성일중	윤지영 윤쓰매쓰	전병호 시매쓰충주학원
강주순 학장비욘드학원	김지현 파스칼대덕학원	박훈 장항고	이광덕 모아수학	전은실 프라이머리수학
강준혁 QED수학	김지현 유투엠제주아라	서경도 서경도수학	이명진 한솔수학	전진철 전진철수학
강태원 원수학학원	김진규 서울바움수학	서동욱 FM최강수학	이상혁 더클래스학원	전혜경 대전전영수학
고승호 마스터레벨업학원	김진완 성일올림학원	서동원 수학의중심	이석규 지족고	정경연 정경연수학학원
고은미 한국연예예술학교	김태경 Be수학	서미경 서미경smgstudy	이선호 P&K언어와수리	정국자 kimberly아카데미
구정모 제니스수학	김하나 과수원학원	서미란 파이데이아학원	이성연 윤유경plus코칭학원	정다원 더매쓰수학
권기웅 청주페르마수학	김한국 모아수학	서승우 천안링크수학	이성환 플라즈마학원	정다희 광주공감스터디학원
권오철 파스칼수학원	김한빛 한빛수학	서용준 역촌동성심학원	이소연 LMath	정상혁 연향입시학원
권지영 수학더채움학원	김현호 정윤교Mataster	서원준 잠실비투비수학	이송제 리즈수학	정연배 보문고
기미나 기쁨수학	김형수 원탑학원	서윤성 강의하는아이들청라캠퍼스	이수동 부천E&T수학	정정선 정선수학학원
김건우 더매쓰수학	김혜숙 과학수학이야기	서정택 카이로스학원	이승철 광주차수학창조학원	정효석 최상위의힘
김경희 가온김경희수학	김혜진 케이에스엠학원	서형화 마플수학	이영민 프라임영수학원	조병수 브니엘고
김근영 수학공방	김호승 MS수학	선철 일신학원	이옥열 해오름단과학원	조성근 알단과학원
김기영 이화수학	남송현 배정고	성준우 익산수학당학원	이웅재 이웅재수학	조용렬 최강수학학원
김대만 뉴턴수학	노명훈 노명훈수학	손일동 매버릭학원	이윤성 이윤성수학	조창식 광교시작과완성수학
김동범 김동범수학	마채연 엠제곱수학	손형호 수학서당	이장원 3030수영학원	지정경 짱솔학원
김본 설연고학원	문상경 엠투수학	송시건 이데아수학	이재광 포엠에듀㈜	차기원 진정샘수학
김봉수 범어이투스수학	문재웅 압구정엠케이학원	신대용 신수학학원	이재훈 해동고	차윤미 U수학학원
김봉조 퍼스트클래스수학	박기석 천지명장학원	신지한 강의하는아이들	이재희 경기고	천유석 동아고
김성용 영천이리풀수학	박도솔 도솔샘수학	양귀제 양선생수학	이준영 동산고	최다혜 싹수학학원
김성운 위너스영수학원	박동민 울산동지수학과학	양철웅 목동거산학원	이진영 루트수학	최성봉 포천강한수학
김성태 제주김성태수학	박미라 상상아이	양헌 양현수학	이태형 가토수학과학학원	최원필 마이엠수학
김세진 일정수학	박미옥 목포폴리아학원	어성웅 SKY청운학원	이홍우 홍샘수학	최형기 국제고
김수미 빼어날수학원	박민서 효명중	오세준 오엠수학교습소	이효정 부산고	한병희 플라즈마학원
김엘리 헤윰수학	박상보 와이앤답학원	오승제 스키마수학	임경희 베리타스수학	한지연 로드맵수학
김영배 김쌤수학과학	박성호 현대학원	오의이론 수담,수학을담자	임노길 윤석수학	허정아 더매쓰수학
김영숙 원수학학원	박수연 목동흔들리지않는수학	우병우 우샘스터디	임양옥 강남최선생수학	혜경 대전전영수학
김용찬 경기고	박승환 명성비욘드학원	우준섭 예문여고	장두영 가토수학과학학원	황국일 황일국수학
김재은 설연고학원	박신태 멘사박신태수학	원관섭 원쌤수학	장미옥 더매쓰수학	황인설 지코스수학
김재형 아람컨설팅	박연숙 케이에스엠학원	유근정 유클리드수학	장종민 장종민의열정수학	황하현 모아수학
김종훈 벤엘수학	박준현 G1230수학호매실캠퍼스	유수향 더매쓰수학	전무빈 원프로교육학원	황혜민 모아수학

초판14쇄 2024년 7월 31일   **펴낸이** 신원근   **펴낸곳** ㈜진학사 블랙라벨부   **기획편집** 윤하나 유효정 홍다솔 김지민 최지영 김대현   **디자인** 이지영   **마케팅** 박세라

주소 서울시 종로구 경희궁길 34   **학습 문의** booksupport @ jinhak.com   **영업 문의** 02 734 7999   **팩스** 02 722 2537   **출판 등록** 제300-2001-202호

● 잘못 만들어진 책은 구입처에서 교환해 드립니다.   ● 이 책에 실린 모든 내용에 대한 권리는 ㈜진학사에 있으므로 무단으로 전재하거나, 복제, 배포할 수 없습니다.   www.jinhak.com

이 책의 동영상 강의 사이트 강남구청 인터넷수능방송 / EBS / 엠베스트 / 온리원

중학 수학 ②-2

A등급을 위한 명품 수학

블랙라벨

이책의 특징

01
명품 문제만 담았다.
계산만 복잡한 문제는 가라!

블랙라벨 중학 수학은 우수 학군 중학교의 최신 경향 시험 문제를 개념별, 유형별로 분석한 뒤, 우수 문제만 선별하여 담았습니다.

02
고난도 문제의 비율이 높다.
상위권 입맛에 맞췄다!

블랙라벨 중학 수학은 고난도 문제의 비율이 낮은 다른 상위권 문제집과 달리 '상' 난이도의 문제가 50% 이상입니다.

03
수준에 따라 단계별로 학습할 수 있다.
이제는 공부도 전략을 세워야 할 때!

블랙라벨 중학 수학은 학습 수준에 따라 단계별로 문제가 제시되어 있어, 원하는 학습 목표 수준에 따라 공부 전략을 세우고 단계별로 학습할 수 있습니다.

이책의 해설 구성

읽기만 해도 공부가 되는 진짜 해설을 담았다!

• 해설만 읽어도 문제 해결 방안이 이해될 수 있도록 명쾌하고 자세한 해설을 담았습니다.
• 도전 문제에는 단계별 해결 전략을 제시하여 문제를 풀기 위해 어떤 방식, 어떤 사고 과정을 거쳐야 하는지 알 수 있습니다.
• 필수개념, 필수원리, 해결실마리, 풀이첨삭 및 교과 외 지식에 대한 설명 등의 blacklabel 특강을 통하여 다른 책을 펼쳐 볼 필요없이 해설만 읽어도 학습이 가능합니다.

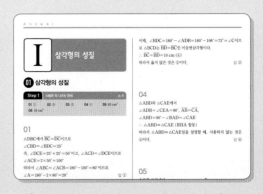

이책의 구성

이해

핵심개념 + 100점 노트

핵심개념 해당 단원을 완벽하게 이해하기 위한 필수적인 내용을 담았습니다. 또한, 예, 참고 등을 통하여 개념을 이해하는 데 도움을 주도록 하였습니다.

100점 노트 선생님만의 100점 노하우를 도식화·구조화하여 제시하였습니다. 관련된 문제 번호를 링크하여 문제를 통해 확인할 수 있도록 하였습니다.

실전

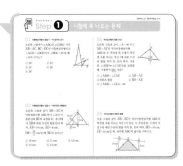

시험에 꼭 나오는 문제

- 시험에서 어려운 문제만 틀리는 것은 아니므로 문제 해결력을 키워주는 필수 문제를 담았습니다.
- 각 개념별로 엄선한 기출 대표 문제를 수록하여 실제 시험에서 기본적으로 80점은 확보할 수 있도록 하였습니다.

종합

A등급을 위한 문제

- A등급의 발목을 잡는 다양한 유형의 문제를 담았습니다.
- 우수 학군 중학교의 변별력 있는 신경향 예상 문제를 담았습니다.
- **앗! 실수** : 실제 시험에서 학생들이 실수하기 쉬운 문제들을 수록하였습니다. 정답과 해설의 오답피하기를 확인하세요.
- **서술형** : 서술형 문항으로 논리적인 사고를 키울 수 있습니다.
- **도전 문제** : 정답률 50% 미만의 문제를 수록하여 어려운 문제의 해결력을 강화할 수 있도록 하였습니다.

심화

종합 사고력 도전 문제

- 우수 학군 중학교의 타교과 융합 문제 및 실생활 문제를 담아 종합 사고력 및 응용력을 키울 수 있습니다.
- 타문제집과는 비교할 수 없는 변별력 있는 고난도 문제를 담아 최고등급을 받을 수 있습니다.
- 단계별 해결 전략을 제시하여 문제를 풀기 위해 어떤 방식, 어떤 사고 과정을 거쳐야 하는지 알 수 있습니다.

고등

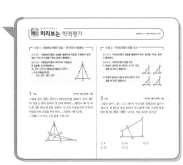

미리보는 학력평가

- 고1 전국연합학력평가 문항을 철저하게 분석하여 해당 단원에서 자주 나오는 대표 문제를 담았습니다.
- 유형에 따른 출제경향과 공략비법을 제시하여 문제 해결력을 키울 수 있도록 하였습니다.

수학을 잘하기 위해서는?

1
단계 순으로
학습하라.

2
손으로 직접
풀어라.

3
풀릴 때까지
풀어라.

4
여러 가지 방법으로
풀어라.

5
틀린 문제는 꼭
다시 풀어라.

1. 단계 순으로 학습하라.

이 책은 뒤로 갈수록 높은 사고력을 요하기 때문에 이 책에 나와 있는 단계대로 차근차근 공부해야 학습 효과를 극대화 할 수 있다.

2. 손으로 직접 풀어라.

자신 있는 문제라도 눈으로 풀지 말고 풀이 과정을 노트에 손으로 직접 적어보아야 자기가 알고 있는 개념과 모르고 있는 개념이 무엇인지 알 수 있다. 또한, 검산을 쉽게 할 수 있으며 답이 틀려도 틀린 부분을 쉽게 찾을 수 있어 효율적이다.

3. 풀릴 때까지 풀어라.

대부분의 학생들은 풀이 몇 줄 끄적여보고 문제가 풀리지 않으면 포기하기 일쑤다. 그러나 어려운 문제일수록 포기하지 말고 끝까지 답을 얻어내려고 해야 한다.
충분한 시간 동안 시행착오를 겪으면서 얻게 된 지식은 온전히 내 것이 된다.

4. 여러 가지 방법으로 풀어라.

수학이 다른 과목과 가장 다른 점은 풀이 방법이 여러 가지라는 점이다. 그렇기 때문에 학생에 따라 문제를 푸는 시간도 천차만별이다. 자신에게 가장 잘 맞는 방법을 찾기 위해서는 한 문제를 여러 가지 방법으로 풀어보아야 한다. 그렇게 하면 수학적 사고력도 키울 수 있고, 문제 푸는 시간도 줄일 수 있다.

5. 틀린 문제는 꼭 다시 풀어라.

완벽히 내 것으로 소화할 때까지 틀린 문제와 풀이 방법이 확실하지 않은 문제는 꼭 다시 풀어야 한다. 나만의 '오답노트'를 만들어 자주 틀리는 문제와 잊어버리는 개념, 해결과정 등을 메모하여 같은 실수를 반복하지 않도록 한다.

이책의 차례

Contents

중학 수학 ❷-1

Ⅰ. 유리수와 순환소수
Ⅱ. 식의 계산
Ⅲ. 부등식과 방정식
Ⅳ. 함수

블랙라벨 중학 수학 ❷-1
별도 판매합니다.

아이의 꽃씨

옛날에 어느 나라 왕이 한 마을 사람들에게 꽃씨를 나누어주면서
얼마 후 이 마을에 자신이 다시 왔을 때 화분에 그 꽃씨를 가장 예쁘게 꽃피운
사람에게 친히 상을 내리겠다고 말했습니다.

그래서 그 마을 사람 모두가 그 꽃씨를 화분에 심었지만 어떻게 된 일인지
싹이 나지 않았습니다.
꽃이 피지 않아 애가 탄 마을 사람들은 똑같은 씨를 구해다 다시 심어
아름다운 꽃들이 피어났습니다.

드디어 왕이 오는 날이 되자 모두 화분을 길가에 내놓아 마을은 화려하게
수놓아져 있었습니다.
그런데 그 많은 화분 중에 싹이 나지 않은 흙덩이만 들어 있는 빈 화분을 안고
울고 있는 어린 아이가 한 명 있었습니다.

왕은 그 아이 앞에 다가가 우는 이유를 물었습니다.
그러자 아이는 더 서럽게 울며 말했습니다.
"다른 사람들의 화분에는 저렇게 예쁜 꽃이 피는데
제 꽃씨는 웬일인지 싹이 나질 않아요."
왕은 웃으면서 그 아이에게만 커다란 상을 내렸습니다.

왜냐하면 사람들의 정직성을 알아보려고 아무리 정성을 다 해도 결코 싹을
틔울 수 없는 볶은 꽃씨를 주었기 때문입니다.

I

삼각형의 성질

blacklabel

삼각형의 성질

100점 노트

100점 공략

Ⓐ 이등변삼각형에서 다음은 모두 같은 선분이다.
(1) 꼭지각의 이등분선
(2) 밑변의 수직이등분선
(3) 꼭짓점에서 밑변에 내린 수선
(4) 꼭짓점과 밑변의 중점을 잇는 선분
▶ STEP 2 | 03번

Ⓑ 폭이 일정한 종이 접기

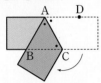

위의 그림과 같이 폭이 일정한 종이를 접을 때,
∠BAC=∠DAC (∵ 접은 각),
∠DAC=∠BCA (∵ 엇각)이므로
∠BAC=∠BCA
따라서 △ABC는 $\overline{AB}=\overline{BC}$인 이등변삼각형이다.
▶ STEP 2 | 06번

Ⓒ RHA 합동과 RHS 합동
R : Right angle(직각)
H : Hypotenuse(빗변)
A : Angle(각)
S : Side(변)

Ⓓ RHA 합동과 ASA 합동의 차이
직각삼각형의 합동 조건을 이용할 때는 반드시 빗변의 길이가 같은지 확인해야 한다.

위의 그림과 같이 빗변이 아닌 다른 한 변의 길이와 한 예각의 크기가 같으면 ASA 합동이다.

이등변삼각형

두 변의 길이가 같은 삼각형 ⇦ $\overline{AB}=\overline{AC}$

(1) 꼭지각 : 이등변삼각형에서 길이가 같은 두 변이 이루는 각 ⇦ ∠A
(2) 밑변 : 이등변삼각형에서 꼭지각의 대변 ⇦ $\overline{BC}$
(3) 밑각 : 이등변삼각형에서 밑변의 양 끝 각 ⇦ ∠B, ∠C

참고 꼭지각, 밑각은 이등변삼각형에서만 사용하는 용어이다.

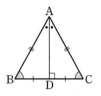

이등변삼각형의 성질 Ⓐ

(1) 이등변삼각형의 두 밑각의 크기는 서로 같다.
⇨ ∠B=∠C
(2) 이등변삼각형의 꼭지각의 이등분선은 밑변을 수직이등분한다.
⇨ $\overline{AD}\perp\overline{BC}$, $\overline{BD}=\overline{CD}$

이등변삼각형이 되는 조건 Ⓑ

두 내각의 크기가 같은 삼각형은 이등변삼각형이다.
⇨ △ABC에서 ∠B=∠C이면 $\overline{AB}=\overline{AC}$

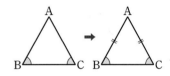

직각삼각형의 합동 조건 Ⓒ Ⓓ

두 직각삼각형은 다음의 각 경우에 서로 합동이다.

(1) 빗변의 길이와 한 예각의 크기가 각각 같을 때 (RHA 합동)
⇨ ∠C=∠F=90°, $\overline{AB}=\overline{DE}$, ∠B=∠E이면
△ABC≡△DEF

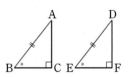

(2) 빗변의 길이와 다른 한 변의 길이가 각각 같을 때 (RHS 합동)
⇨ ∠C=∠F=90°, $\overline{AB}=\overline{DE}$, $\overline{AC}=\overline{DF}$이면
△ABC≡△DEF

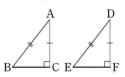

각의 이등분선의 성질

각 O의 이등분선 위의 한 점을 P, 점 P에서 각 O를 이루는 두 변에 내린 수선의 발을 각각 A, B라 할 때,

(1) 각의 이등분선 위의 한 점에서 그 각을 이루는 두 변까지의 거리는 같다.
⇨ ∠AOP=∠BOP이면 $\overline{PA}=\overline{PB}$
└ △AOP≡△BOP (RHA 합동)
(2) 각을 이루는 두 변에서 같은 거리에 있는 점은 그 각의 이등분선 위에 있다.
⇨ $\overline{PA}=\overline{PB}$이면 ∠AOP=∠BOP
└ △AOP≡△BOP (RHS 합동)

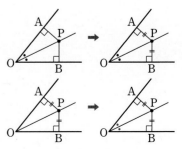

Step 1 시험에 꼭 나오는 문제

01 이등변삼각형의 성질 (1) – 두 밑각의 크기

오른쪽 그림에서 △ABC와 △CDB는 각각
$\overline{AB}=\overline{AC}$, $\overline{BC}=\overline{DC}$인 이등변삼각형이고
∠ACD=∠DCE이다. ∠BDC=25°일 때,
∠A의 크기는?

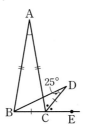

① 20° ② 22°
③ 24° ④ 26°
⑤ 28°

02 이등변삼각형의 성질 (2) – 꼭지각의 이등분선

오른쪽 그림과 같이 $\overline{AB}=\overline{AC}$인
이등변삼각형 ABC에서 ∠A의 이
등분선과 $\overline{BC}$의 교점을 D, 점 D에
서 $\overline{AB}$에 내린 수선의 발을 E라 하
자. $\overline{AB}=10$ cm, $\overline{AD}=8$ cm,
$\overline{DE}=\dfrac{24}{5}$ cm일 때, $\overline{BC}$의 길이는?

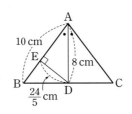

① 10 cm ② 11 cm ③ 12 cm
④ 13 cm ⑤ 14 cm

03 이등변삼각형이 되는 조건

오른쪽 그림과 같이 $\overline{AB}=\overline{AC}$인 이등변
삼각형 ABC에서 ∠B의 이등분선과 $\overline{AC}$
의 교점을 D라 하자. $\overline{AD}=10$ cm,
∠A=36°일 때, 다음 중 옳지 않은 것은?

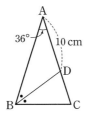

① $\overline{BD}=10$ cm ② $\overline{CD}=5$ cm
③ ∠C=72° ④ $\overline{BC}=10$ cm
⑤ ∠ADB=108°

04 직각삼각형의 합동 조건

오른쪽 그림과 같이 ∠A=90°이고
$\overline{AB}=\overline{AC}$인 직각이등변삼각형
ABC의 두 꼭짓점 B, C에서 꼭짓
점 A를 지나는 직선 l에 내린 수선
의 발을 각각 D, E라 하자. 다음
중 △ABD≡△CAE임을 설명할
때, 사용하지 <u>않는</u> 것은?

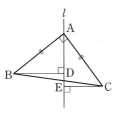

① ∠ABD=∠CAE ② $\overline{AB}=\overline{AC}$
③ RHA 합동 ④ $\overline{BD}=\overline{AE}$
⑤ ∠ADB=∠CEA=90°

05 직각삼각형의 합동의 활용

다음 그림과 같이 $\overline{AB}=\overline{AC}$인 직각이등변삼각형 ABC의
꼭짓점 A를 지나는 직선 l이 있다. 두 꼭짓점 B, C에서 직
선 l에 내린 수선의 발을 각각 D, E라 하자. $\overline{BD}=10$ cm,
$\overline{CE}=8$ cm일 때, 삼각형 ABC의 넓이를 구하시오.

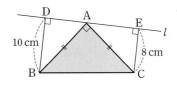

06 각의 이등분선의 성질

오른쪽 그림과 같이 ∠C=90°,
$\overline{AC}=\overline{BC}$인 직각이등변삼각형
ABC에서 ∠B의 이등분선과 $\overline{AC}$
의 교점을 D라 하고, 점 D에서
$\overline{AB}$에 내린 수선의 발을 E라 하
자. $\overline{DC}=6$ cm일 때, △AED의
넓이를 구하시오.

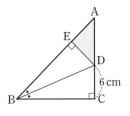

유형❶ 이등변삼각형의 성질

01 대표문제

오른쪽 그림에서 △ABC는 $\overline{AB}=\overline{AC}$ 인 이등변삼각형이다. ∠A=40°이고, $\overline{BD}=\overline{CE}$, $\overline{BF}=\overline{CD}$일 때, ∠$x$의 크기는?

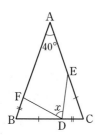

① 50°   ② 60°

③ 65°   ④ 70°

⑤ 80°

02

다음 그림과 같이 △ABC에서 변 AB 위에 $\overline{AC}=\overline{DC}$가 되도록 점 D를 정하고, ∠ACD의 이등분선과 변 AB의 교점을 E라 하자. ∠A의 외각의 크기가 110°이고, ∠DBC=35°일 때, ∠BCD의 크기를 구하시오.

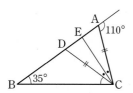

03

다음 그림과 같이 삼각형 ABC에서 변 BC 위에 $\overline{AD}=\overline{BD}=\overline{DE}=\overline{EC}$를 만족시키는 두 점 D, E를 잡고, 점 E에서 $\overline{AC}$에 내린 수선의 발을 F라 하자. ∠B=∠C=30°일 때, △ABC의 넓이는 △ECF의 넓이의 몇 배인가?

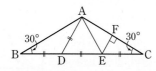

① 4배   ② 5배   ③ 5.5배

④ 6배   ⑤ 7배

04

오른쪽 그림과 같이 △ABC에서 선분 BC 위에 $\overline{AB}=\overline{BE}$가 되도록 점 E를 정하고, $\overline{AC}=\overline{CD}$가 되도록 점 D를 정했다. ∠BAC=100°일 때, ∠ADB+∠AEC의 값을 구하시오.

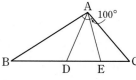

05

오른쪽 그림과 같이 ∠C=90°인 직각이등변삼각형 ABC의 외부에 $\overline{AD}=\overline{AC}$, $\overline{BD}=\overline{CD}$가 되도록 점 D를 정할 때, ∠BDC의 크기는?

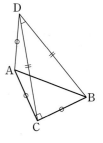

① 20°   ② 25°

③ 30°   ④ 34°

⑤ 35°

유형❷ 이등변삼각형이 되는 조건

06 대표문제

직사각형 ABCD를 $\overline{EF}$를 접는 선으로 하여 오른쪽 그림과 같이 접었다. ∠CEF=65°, $\overline{AB}=5$ cm, $\overline{PE}=6$ cm일 때, •보기•에서 옳은 것을 모두 고른 것은?

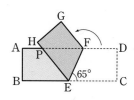

•보기•

ㄱ. $\overline{PF}=6$ cm   ㄴ. ∠PEB=50°

ㄷ. △PEF=15 cm²   ㄹ. ∠PFE=∠PEB

ㅁ. ∠APH=65°

① ㄱ, ㄴ   ② ㄱ, ㄹ   ③ ㄴ, ㄷ

④ ㄱ, ㄴ, ㄷ   ⑤ ㄴ, ㄹ, ㅁ

07

오른쪽 그림과 같이 $\overline{AB}=\overline{AC}$인 이등변삼각형 ABC에서 ∠B의 이등분선과 $\overline{AC}$의 교점을 P라 하자. $\overline{BC}$의 연장선 위에 있는 점 Q에 대하여 $\overline{CP}=\overline{CQ}$이고 $\overline{PA}=\overline{PQ}$일 때, ∠QPC의 크기를 구하시오.

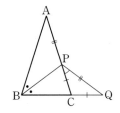

08

오른쪽 그림과 같이 $\overline{AB}=\overline{AC}$인 이등변삼각형 ABC를 $\overline{ED}$를 접는 선으로 하여 점 A가 점 B에 겹쳐지도록 접었다. ∠DBC=30°일 때, ∠BDE의 크기는?

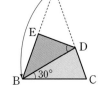

① 40° ② 42°
③ 46° ④ 50°
⑤ 52°

09

서술형

다음 그림과 같이 $\overline{AB}=\overline{AC}=16$ cm인 이등변삼각형 ABC에서 $\overline{AB} /\!/ \overline{QR}$, $\overline{AC} /\!/ \overline{PQ}$가 되도록 세 점 P, Q, R를 각각 $\overline{AB}$, $\overline{BC}$, $\overline{AC}$ 위에 놓을 때, 사각형 APQR의 둘레의 길이를 구하시오.

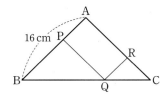

10

다음 그림과 같이 $\overline{AB}=\overline{AC}$인 이등변삼각형 ABC에서 $\overline{BC}=10$, ∠A=100°이다. ∠B의 이등분선과 $\overline{AC}$의 교점을 D라 할 때, $\overline{BD}$의 연장선 위에 $\overline{AD}=\overline{ED}$가 되도록 점 E를 잡자. ∠BEC=$a$°, $\overline{BE}=b$라 할 때, $a+b$의 값을 구하시오.

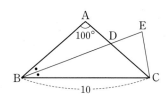

유형❸ 직각삼각형의 합동

11 대표문제

오른쪽 그림에서 △ABC는 $\overline{AB}=\overline{AC}$인 이등변삼각형이다. 점 B에서 $\overline{AC}$에 내린 수선의 발을 D, $\overline{BC}$ 위의 점 P에 대하여 점 P에서 $\overline{AB}$, $\overline{AC}$, $\overline{BD}$에 내린 수선의 발을 각각 Q, R, S라 하자. $\overline{PQ}=6$ cm, $\overline{PR}=10$ cm일 때, $\overline{BD}$의 길이는?

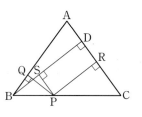

① 14 cm ② 16 cm ③ 18 cm
④ 20 cm ⑤ 22 cm

12

오른쪽 그림에서 ∠B=90°이고 $\overline{AC}=\overline{DE}$, $\overline{BC}=\overline{BE}$이다. ∠A=38°이고, $\overline{AC}$와 $\overline{DE}$의 교점을 F라 할 때, ∠CFE의 크기를 구하시오. (단, 점 E는 $\overline{AB}$ 위에 있고, 점 C는 $\overline{BD}$ 위에 있다.)

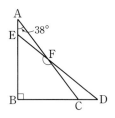

13

오른쪽 그림과 같은 정사각형 ABCD에서 점 G는 $\overline{CD}$ 위의 점이고, $\angle AGD = 50°$이다. 점 E는 $\overline{BC}$의 연장선 위의 점이고, $\overline{AE} = \overline{AG}$일 때, $\angle x$의 크기를 구하시오.

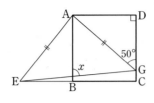

14

다음 그림과 같이 정사각형 ABCD에서 꼭짓점 B를 지나는 직선과 $\overline{CD}$의 교점을 E라 하고, 두 꼭짓점 A, C에서 $\overline{BE}$에 내린 수선의 발을 각각 F, G라 하자. $\overline{AF} = 6$ cm, $\overline{CG} = 4$ cm일 때, $\triangle AFG$의 넓이를 구하시오.

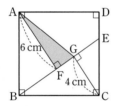

15

〔앗! 실수〕

오른쪽 그림과 같이 $\angle B = 90°$인 직각삼각형 ABC의 변 BC와 $\angle D = 90°$인 직각삼각형 CDE의 변 CD가 직선 l 위에 있다. $\angle ACB = 75°$, $\angle ECD = 45°$이고 $\overline{AB} = a$, $\overline{AC} = \overline{CE} = b$, $\overline{ED} = c$ 일 때, 다음 중 $\overline{BD}$의 길이와 같은 것은?

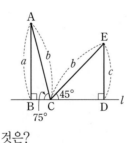

① a ② b ③ c

④ $\dfrac{a+b}{2}$ ⑤ $\dfrac{a+b+c}{3}$

16

〔도전 문제〕

오른쪽 그림과 같이 $\overline{AB} = 13$, $\overline{AC} = 12$, $\overline{BC} = 5$이고 $\angle C = 90°$인 직각삼각형 ABC의 세 변을 각각 한 변으로 하는 정사각형 ADEB, ACHI, BFGC를 그린다. $\triangle AID$의 넓이를 a, $\triangle BEF$의 넓이를 b라 할 때, $a+b$의 값은?

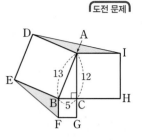

① 45   ② 60   ③ 63

④ 65   ⑤ 78

유형❹ 각의 이등분선의 성질

17 대표문제

오른쪽 그림과 같이 $\angle C = 90°$인 직각삼각형 ABC에서 $\angle B$의 이등분선이 $\overline{AC}$와 만나는 점을 D라 하자. $\overline{AB} = 13$ cm, $\overline{BC} = 5$ cm이고 $\triangle ABC = 30$ cm^{2}일 때, $\overline{AD}$의 길이를 구하시오.

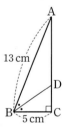

18

오른쪽 그림의 $\triangle ABC$에서 $\angle A$의 외각의 이등분선과 $\angle C$의 외각의 이등분선의 교점을 P라 하고, 점 P에서 $\overline{AB}$의 연장선, $\overline{AC}$, $\overline{BC}$의 연장선 위에 내린 수선의 발을 각각 D, E, F라 하자. $\overline{AB} = 8$, $\overline{AE} = 4$, $\overline{PF} = 5$일 때, 사각형 PDBF의 넓이는?

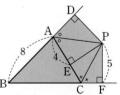

① 54   ② 60   ③ 72

④ 80   ⑤ 88

종합 사고력 도전 문제

01

다음 그림과 같이 $\overline{AB}=\overline{AC}$인 이등변삼각형 ABC에서 $\overline{AD}=\overline{ED}=\overline{EB}=\overline{BC}$를 만족시키는 점 D와 점 E가 각각 $\overline{AB}$, $\overline{AC}$ 위에 있다. 꼭짓점 A를 중심으로 △ABC와 합동인 삼각형을 이어 붙여 정n각형을 만들려고 할 때, 물음에 답하시오.

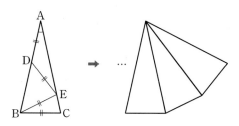

(1) ∠BAC의 크기를 구하시오.

(2) n의 값을 구하시오.

02

오른쪽 그림과 같이 정사각형 ABCD의 내부에 점 P가 있다. △PAB, △PCD, △PDA가 모두 이등변삼각형이 되도록 하는 점 P의 개수를 구하시오.

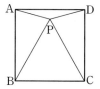

03

다음 그림과 같이 점 H는 $\overline{BC}$의 중점이고, 점 D는 ∠A의 이등분선과 $\overline{BC}$의 수직이등분선의 교점이다. 점 D에서 두 직선 AB, AC에 내린 수선의 발을 각각 E, F라 하자. $\overline{AB}=10\,cm$, $\overline{DE}=6\,cm$, $\overline{AF}=8\,cm$일 때, 물음에 답하시오.

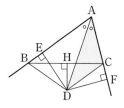

(1) $\overline{CF}$의 길이를 구하시오.

(2) △ADC의 넓이를 구하시오.

04

다음 그림과 같이 △ABC는 ∠C=90°이고 $\overline{AC}=\overline{BC}=20\,cm$인 직각이등변삼각형이다. 사각형 DEFG는 정사각형이고 $\overline{BE}=12\,cm$일 때, △CFE의 넓이를 구하시오.

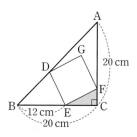

05

다음 그림의 △ABC에서 점 M은 $\overline{BC}$의 중점이고, 두 꼭짓점 C, B에서 $\overline{AM}$과 그 연장선 위에 내린 수선의 발을 각각 D, E라 하자. $\overline{AE}=18$ cm, $\overline{DM}=6$ cm, $\overline{CD}=9$ cm일 때, △ABM의 넓이를 구하시오.

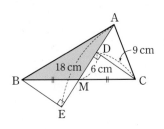

06

다음 그림과 같이 $\overline{AB}=10$ cm, $\overline{BC}=13$ cm인 삼각형 ABC를 점 A를 중심으로 하여 시계 반대 방향으로 회전시켜 삼각형 AB′C′을 얻었다. 두 삼각형의 교점을 D, E라 하고 $\overline{AB}$와 $\overline{B'C'}$이 평행할 때, $\overline{CE}$의 길이를 구하시오.

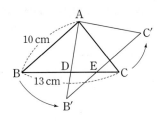

07

오른쪽 그림과 같이 △ABC에서 ∠A의 이등분선이 변 BC와 만나는 점을 D, 변 BC의 중점 M에서 $\overline{AD}$와 평행한 선을 그어 $\overline{AB}$, $\overline{AC}$의 연장선과 만나는 점을 각각 E, F라 하자. $\overline{AB}=12$ cm, $\overline{AC}=6$ cm일 때, $\overline{BE}$의 길이를 구하시오.

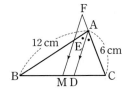

08

오른쪽 그림과 같이 $\overline{AB}=\overline{AC}$인 이등변삼각형 ABC에서 ∠B=4∠BAC이고 선분 AB 위에 $\overline{AP}=\overline{BC}$가 되도록 점 P를 정할 때, ∠BPC의 크기를 구하시오.

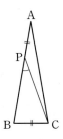

유형 1 | 이등변삼각형의 성질 – 꼭지각의 이등분선

출제경향 이등변삼각형의 성질을 활용하여 복잡한 도형에서 변의 길이, 각의 크기 등을 구하는 문제가 출제된다.

공략비법 이등변삼각형의 꼭지각의 이등분선은 밑변을 수직이등분한다.
즉, $\overline{AB}=\overline{AC}$인 이등변삼각형에서 $\overline{AD}$가 ∠A의 이등분선이면
$$\overline{AD}\perp\overline{BC},\ \overline{BD}=\overline{DC}$$

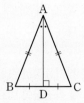

1 대표

• 2011년 3월 교육청 | 4점

그림과 같이 $\overline{AB}=\overline{AC}$인 이등변삼각형 ABC가 있다. $\overline{BC}$의 연장선 위의 임의의 점 D에 대하여 ∠BED=96°가 되도록 $\overline{AB}$ 위의 점 E를 정한다. 각 A의 이등분선과 각 D의 이등분선의 교점을 P라 하자. ∠APD=98°일 때, ∠ABC=x°이다. x의 값을 구하시오.

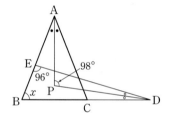

2 유사

오른쪽 그림과 같이 $\overline{AB}=\overline{AC}$인 이등변삼각형 ABC에서 $\overline{AD}$는 ∠A의 이등분선이고 점 P는 $\overline{AD}$ 위의 점이다. $\overline{PD}=5$ cm, ∠BPC=90°일 때, $\overline{BC}$의 길이는?

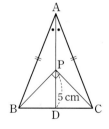

① 9 cm   ② 10 cm
③ 11 cm   ④ 12 cm
⑤ 13 cm

유형 2 | 직각삼각형의 합동 조건

출제경향 직각삼각형의 합동을 활용하여 변의 길이를 구하는 문제가 출제된다.

공략비법 직각삼각형의 합동 조건
(1) 빗변의 길이와 한 예각의 크기가 각각 같을 때 RHA 합동이다.

(2) 빗변의 길이와 다른 한 변의 길이가 각각 같을 때 RHS 합동이다.

3 대표

• 2018년 3월 교육청 | 4점

그림과 같이 ∠B=∠C=90°인 사다리꼴 ABCD의 넓이가 36이다. 변 BC의 중점 M에서 변 AD에 내린 수선의 발을 H라 할 때, $\overline{BM}=\overline{MH}=4$이다. 선분 AD의 길이는?

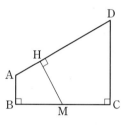

① 9   ② 10   ③ 11
④ 12   ⑤ 13

4 유사

다음 그림과 같이 사각형 ABCD에서 $\overline{AB}=4$, $\overline{BC}=6$, ∠BAD=90°이다. 점 D에서 선분 BC에 내린 수선의 발을 H라 할 때, $\overline{AD}=\overline{HD}$이고 사각형 ABCD의 넓이가 15이다. 사각형 ABHD의 두 대각선의 길이의 곱을 구하시오.

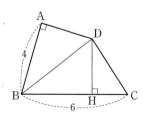

삼각형의 외심과 내심

100점 노트

100점 공략

Ⓐ 삼각형의 외심의 위치

(1) 예각삼각형
⇨ 삼각형의 내부

(2) 둔각삼각형
⇨ 삼각형의 외부

(3) 직각삼각형
⇨ 빗변의 중점

Ⓑ 특수한 삼각형의 외심과 내심의 위치

(1) 이등변삼각형의 외심과 내심은 꼭지각의 이등분선 위에 있다.

(2) 정삼각형의 외심과 내심은 일치한다.

[이등변삼각형]　[정삼각형]

▶ STEP 2 | 19번, 22번

Ⓒ 삼각형의 내심과 평행선

오른쪽 그림에서 $\overline{DE}$ 위의 점 I는 △ABC의 내심이고 $\overline{DE} /\!/ \overline{BC}$일 때

(1) ∠IBC=∠IBD
　　=∠DIB,
　∠ICB=∠ICE=∠EIC

(2) $\overline{DB}=\overline{DI}$, $\overline{EC}=\overline{EI}$

▶ STEP 1 | 04번, STEP 2 | 11번

Ⓓ 삼각형의 내접원과 넓이

△ABC의 내접원의 반지름의 길이를 r라 하면 △ABC

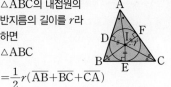

$=\dfrac{1}{2}r(\overline{AB}+\overline{BC}+\overline{CA})$

삼각형의 외심 Ⓐ Ⓑ

(1) △ABC의 모든 꼭짓점이 원 O 위에 있을 때, 이 원 O는 △ABC에 외접한다고 한다. 이때, 원 O를 △ABC의 외접원이라 하고, 외접원의 중심 O를 △ABC의 외심이라 한다.

└ △OAD≡△OBD,
　△OBE≡△OCE,
　△OAF≡△OCF

(2) 삼각형의 외심의 성질

① 삼각형의 세 변의 수직이등분선은 한 점(외심)에서 만난다.

② 삼각형의 외심에서 세 꼭짓점에 이르는 거리는 모두 같다.
⇨ $\overline{OA}=\overline{OB}=\overline{OC}=$(외접원의 반지름의 길이)

삼각형의 외심의 응용

점 O가 △ABC의 외심일 때

(1) ∠x+∠y+∠z=90°

(2) ∠BOC=2∠A

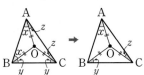
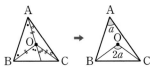

원의 접선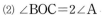

←원의 접선은 그 접점을 지나는 반지름과 서로 수직이다. 즉, $\overline{OT}\perp m$

직선 m이 원 O와 한 점 T에서 만날 때, 직선 m이 원 O에 접한다고 한다. 이때, 직선 m을 원 O의 접선이라 하고, 점 T를 접점이라 한다.

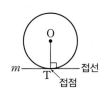

삼각형의 내심 Ⓑ

(1) 원 I가 삼각형의 세 변에 모두 접할 때, 이 원 I는 △ABC에 내접한다고 한다. 이때, 원 I를 △ABC의 내접원이라 하고, 내접원의 중심 I를 △ABC의 내심이라 한다.

└ △IAD≡△IAF,
　△IBD≡△IBE,
　△ICE≡△ICF

(2) 삼각형의 내심의 성질

① 삼각형의 세 내각의 이등분선은 한 점(내심)에서 만난다.

② 삼각형의 내심에서 세 변에 이르는 거리는 모두 같다.
⇨ $\overline{ID}=\overline{IE}=\overline{IF}=$(내접원의 반지름의 길이)

삼각형의 내심의 응용 Ⓒ Ⓓ

점 I가 △ABC의 내심일 때

(1) ∠x+∠y+∠z=90°

(2) ∠BIC=90°+$\dfrac{1}{2}$∠A

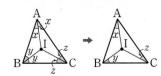
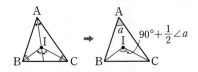

시험에 꼭 나오는 문제

01 삼각형의 외심

오른쪽 그림에서 점 O는 △ABC
의 외심이고, 세 점 D, E, F는
각각 점 O에서 세 변 AB, BC,
CA에 내린 수선의 발이다.
$\overline{BD}=5$ cm, $\overline{EC}=6$ cm,
$\overline{CF}=4$ cm일 때, △ABC의 둘레의 길이를 구하시오.

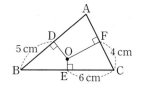

02 직각삼각형의 외심

오른쪽 그림과 같이 ∠B=90°이고
∠A=65°인 △ABC가 있다. 빗변
AC의 중점이 M일 때, ∠BMC의
크기는?

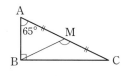

① 115°   ② 120°   ③ 125°
④ 130°   ⑤ 135°

03 삼각형의 내심

오른쪽 그림에서 점 I는
∠A=80°인 △ABC의 내심이다.
∠ADI=∠x, ∠CEI=∠y라
할 때, ∠y−∠x의 값은?

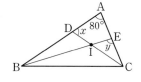

① 15°   ② 20°   ③ 25°
④ 30°   ⑤ 35°

04 삼각형의 내심과 평행선

오른쪽 그림과 같이 △ABC의
내심 I를 지나고 변 BC에 평행
한 직선과 $\overline{AB}$, $\overline{AC}$의 교점을 각
각 D, E라 하자. $\overline{AB}=8$ cm,
$\overline{BC}=9$ cm, $\overline{CA}=6$ cm일 때,
△ADE의 둘레의 길이를 구하시오.

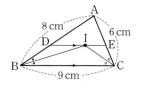

05 삼각형의 내접원과 선분의 길이

세 점 O(0, 0), A(0, 5), B(12, 0)을 꼭짓점으로 하는
△AOB의 내접원의 중심을 C라 하자. $\overline{AB}=13$일 때, 점
C의 좌표를 구하시오.

06 삼각형의 내접원과 넓이

오른쪽 그림에서 점 I는
△ABC의 내심이다. $\overline{AB}=13$,
$\overline{BC}=15$, $\overline{CA}=14$이고, △ABC의
내접원의 넓이는 16π일 때,
△ABC의 넓이는?

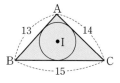

① 76   ② 78   ③ 80
④ 82   ⑤ 84

07 삼각형의 외심과 내심

다음 그림에서 두 점 I, O는 각각 △ABC의 내심과 외심이
다. ∠B=36°, ∠C=64°일 때, ∠IBO+∠OAI의 값은?

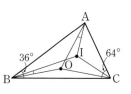

① 16°   ② 18°   ③ 20°
④ 22°   ⑤ 24°

08 직각삼각형의 외심과 내심

∠B=90°인 직각삼각형 ABC의 내접원과 외접원의 넓이
가 각각 4π cm², 25π cm²일 때, △ABC의 넓이는?

① 24 cm²   ② 23 cm²   ③ 22 cm²
④ 21 cm²   ⑤ 20 cm²

유형❶ 삼각형의 외심과 그 응용

01 대표문제

오른쪽 그림에서 점 O가 △ABC의 외심일 때, 다음 중 옳지 <u>않은</u> 것은?

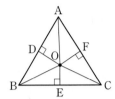

① $\overline{AD}=\overline{BD}$
② $\overline{OA}=\overline{OC}$
③ △OAF≡△OCF
④ ∠OBE=∠OCE
⑤ $\overline{OD}=\overline{OE}=\overline{OF}$

02

오른쪽 그림에서 $\overline{BC}$ 위의 점 O는 삼각형 ABC의 외심이고, 점 O′은 삼각형 ABO의 외심이다. ∠O′BO=40°일 때, ∠OAC의 크기는?

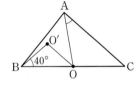

① 30°　　② 40°　　③ 50°
④ 60°　　⑤ 70°

03

목조건축 지붕의 기왓골 끝에 사용되었던 기와를 수막새라 한다. 오른쪽 그림은 일부분이 훼손된 원 모양의 얼굴무늬 수막새이다. 이 수막새의 원 모양의 테두리를 복원하기 위해 원의 중심을 찾는 방법으로 옳은 것은?

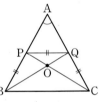

① 점 A에서 선분 CD에 내린 수선의 발
② 두 선분 AB, BC의 수직이등분선의 교점
③ 두 선분 AB, CE의 수직이등분선의 교점
④ ∠ABC의 이등분선과 선분 DE의 수직이등분선의 교점
⑤ ∠ABC의 이등분선과 ∠AED의 이등분선의 교점

04

다음 그림과 같이 ∠C=90°인 △ABC의 점 B에서 $\overline{AC}$ 위의 점 D를 지나는 직선과 점 A를 지나고 $\overline{BC}$에 평행한 직선의 교점 E에 대하여 $\overline{DE}=2\overline{AB}$, ∠AED=20°일 때, ∠BAC의 크기를 구하시오.

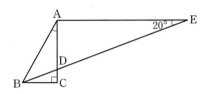

05

오른쪽 그림에서 △ABC의 외심을 O라 하고, 직선 CO와 $\overline{AB}$, 직선 BO와 $\overline{AC}$가 만나는 점을 각각 P, Q라 하자. $\overline{BP}=\overline{PQ}=\overline{QC}$일 때, ∠A의 크기는?

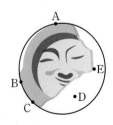

① 30°　　② 45°　　③ 60°
④ 75°　　⑤ 90°

06

다음 그림과 같은 △ABC에서 ∠A : ∠B : ∠C=7 : 3 : 2이다. △ABC의 변 BC 위에 7∠BAP=∠A가 되도록 점 P를 정하고, 변 CA의 연장선 위에 ∠APQ=45°가 되도록 점 Q를 정하자. 선분 PC의 중점을 M이라 할 때, ∠PQM의 크기를 구하시오.

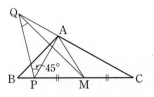

07

[도전 문제]

오른쪽 그림에서 점 O는 △ABC의
외심이고 두 점 M, N은 각각 선분
OA와 변 BC의 중점이다.
∠B=4∠OMN, ∠C=6∠OMN,
∠ONM=12°일 때, ∠MON의 크기
를 구하시오.

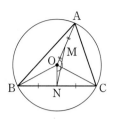

유형② 삼각형의 내심과 그 응용

08 대표문제

오른쪽 그림에서 점 I는 △ABC
의 내심이고, 세 점 D, E, F는
각각 내접원과 세 변 AB, BC,
CA의 접점이다. 다음 중 옳지
않은 것은?

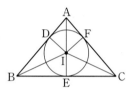

① $\angle BIC = 90° + \dfrac{1}{2}\angle BAC$

② $\overline{AD} = \overline{AF}$, $\overline{BD} = \overline{BE}$, $\overline{CE} = \overline{CF}$

③ $\overline{BE} = \dfrac{1}{2}(\overline{AC} + \overline{BC} - \overline{AB})$

④ $\triangle ABC = \dfrac{1}{2}(\overline{AB} + \overline{BC} + \overline{CA}) \times \overline{ID}$

⑤ $\angle IDB + \angle IEB + \angle IFC = 270°$

09

오른쪽 그림의 △ABC에서 두 점
D, E는 각각 ∠B, ∠C의 삼등분
선의 교점이다. ∠BDC=110°일
때, ∠BAC : ∠BDC : ∠BEC를
가장 간단한 자연수의 비로 나타
내시오.

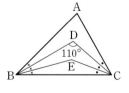

10

다음 그림에서 △ABC는 ∠A=36°, $\overline{AB}=\overline{AC}$인 이등변
삼각형이고, 점 I는 △ABC의 내심이다. $\overline{BI}$의 연장선과
$\overline{BC}$의 연장선 위에 각각 $\overline{CD}=\overline{CE}$가 되는 두 점 D, E를 정
하고 △CED의 내심을 I′이라 하면 ∠CED=54°일 때,
∠IDI′의 크기를 구하시오.

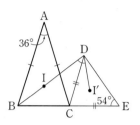

11

다음 그림에서 $\overline{DE}$ 위의 점 I는 △ABC의 내심이다. 내접
원의 반지름의 길이가 6 cm이고 $\overline{DE}$∥$\overline{BC}$, $\overline{BD}=8$ cm,
$\overline{CE}=10$ cm, $\overline{BC}=30$ cm일 때, 색칠한 부분의 넓이는?

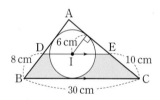

① $(144 - 16\pi)$ cm² ② $(144 - 18\pi)$ cm²

③ $(144 - 20\pi)$ cm² ④ $(148 - 16\pi)$ cm²

⑤ $(146 - 18\pi)$ cm²

12

다음 그림에서 ∠ABC=40°, ∠ACB=80°이고, 점 I는
△ABC의 내심, $\overline{AI}$의 연장선과 $\overline{BC}$의 교점이 D이다.
$\overline{AH}\perp\overline{BC}$일 때, ∠x+∠y의 값을 구하시오.

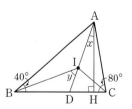

13

서술형

오른쪽 그림과 같이 $\overline{AD} /\!/ \overline{BC}$인
사다리꼴 ABCD에서
$\overline{AB}=\overline{AD}$, $\overline{BD}=\overline{BC}$이다.
두 점 I, J는 각각 △ABD,
△DBC의 내심이고 $\overline{AI}$와 $\overline{DJ}$의
연장선의 교점을 E라 하자. ∠IBJ=44°일 때, ∠AED의
크기를 구하시오.

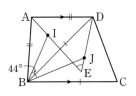

유형❸ 삼각형의 내접원과 선분의 길이

14 대표문제

다음 그림에서 점 I는 ∠A=90°인 직각삼각형 ABC의 내
심이다. $\overline{AB}=8$ cm, $\overline{AC}=6$ cm, $\overline{BC}=10$ cm일 때, 색칠
한 부분의 넓이를 구하시오.

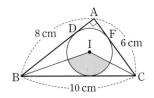

15

다음 그림과 같이 ∠C=90°인 직각삼각형 ABC에서
$\overline{AB}=13$ cm, $\overline{BC}=12$ cm, $\overline{CA}=5$ cm이다. 삼각형
ABC의 내접원의 중심이 I이고, 이 내접원이 $\overline{AB}$, $\overline{AC}$,
$\overline{BC}$, $\overline{DE}$와 만나는 점을 각각 P, Q, R, S라 할 때,
△DBE의 둘레의 길이를 구하시오.

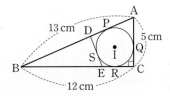

16

오른쪽 그림에서 점 I는 △ABC
의 내심이고, 세 점 D, E, F는
각각 내접원과 세 변 AB, BC,
CA의 접점이다. $\overline{AB}=5$ cm,
$\overline{AC}=7$ cm, $\overline{BC}=8$ cm이고
△ABC의 넓이를 S cm²라 할 때, 색칠한 부분의 넓이를 S
를 사용하여 나타내면?

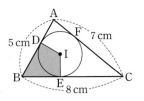

① $\dfrac{1}{5}S$ cm²   ② $\dfrac{2}{7}S$ cm²   ③ $\dfrac{3}{10}S$ cm²

④ $\dfrac{7}{20}S$ cm²   ⑤ $\dfrac{3}{5}S$ cm²

17

다음 그림과 같이 ∠C=90°이고, $\overline{AB}=1$인 직각삼각형
ABC가 있다. 점 C에서 변 AB에 내린 수선의 발을 H라
하고, $\overline{BC}=a$, $\overline{AC}=b$라 할 때, 삼각형 ACH의 내접원의
반지름의 길이와 삼각형 CHB의 내접원의 반지름의 길이의
합을 a, b를 사용하여 나타내면?

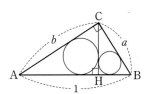

① $1-2ab+a+b$ ② $1+2ab-a-b$

③ $\dfrac{1-2ab+a+b}{2}$ ④ $\dfrac{1+2ab-a-b}{2}$

⑤ $\dfrac{a+b}{2}$

유형❹ 삼각형의 외심과 내심

18 대표문제

오른쪽 그림에서 두 점 I, O는 각각
△ABC의 내심과 외심이다.
∠BAO=20°, ∠IAC=35°일 때,
∠ADE의 크기를 구하시오.

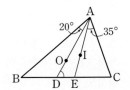

19

오른쪽 그림과 같이 △ABC의 내심 I와 외심 O는 점 A와 $\overline{BC}$의 중점 M을 이은 선분 AM 위에 있다. ∠BAC=76°, $\overline{AD}=\overline{CD}$ 일 때, ∠DEC의 크기를 구하시오.

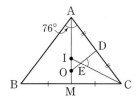

20

앗! 실수

다음 그림과 같이 두 점 A, D를 지나는 직선 l과 두 점 B, C를 지나는 직선 m은 서로 평행하다. $\overline{AC}$와 $\overline{BD}$의 교점을 E, △AED의 내심을 I, △EBC의 외심을 O라 할 때, ∠AIE의 크기는?

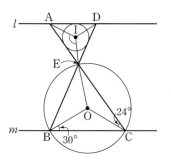

① 120°　　② 121°　　③ 122°
④ 123°　　⑤ 124°

21

다음 그림에서 세 점 D, E, F는 각각 △ABC의 내접원과 세 변 BC, CA, AB의 접점이다. ∠B=70°일 때, ∠AEF+∠CED의 값은?

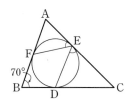

① 110°　　② 115°　　③ 120°
④ 125°　　⑤ 130°

22

오른쪽 그림에서 △ABC는 $\overline{AB}=\overline{AC}$ 인 이등변삼각형이다. 두 점 I, O는 각각 △ABC의 내심과 외심이고 $\overline{AI}$의 연장선과 외접원의 교점을 D라 하자. $\overline{OI}=2$, $\overline{OD}=6$, ∠CAD=∠CBD일 때, $\overline{BD}$의 길이는?

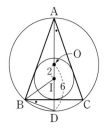

① 3　　　② 3.5　　　③ 4
④ 4.5　　⑤ 5

23

오른쪽 그림에서 두 점 I, O는 각각 ∠C=90°인 직각삼각형 ABC의 내접원과 외접원의 중심이고, 세 점 D, E, F는 각각 △ABC의 내접원과 세 변 AB, BC, CA의 접점이다. ∠B=40° 이고, $\overline{AB}=20$, $\overline{BC}+\overline{AC}=28$일 때, $\overparen{AC}-\overparen{DF}$의 값은?

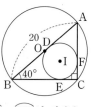

① $\dfrac{7}{9}\pi$　　② $\dfrac{4}{3}\pi$　　③ $\dfrac{14}{9}\pi$
④ $\dfrac{28}{9}\pi$　　⑤ $\dfrac{10}{3}\pi$

24

도전 문제

다음 그림과 같이 ∠C=90°인 직각삼각형 ABC에서 점 M은 $\overline{AB}$의 중점이고 두 원 O, O′은 각각 △AMC, △BMC의 내접원이다. 여섯 개의 점 D, E, F, G, H, I는 두 내접원과 각 변의 접점이고, $\overline{AB}=10$, $\overline{BC}=8$, $\overline{CA}=6$일 때, $\overline{IE}$의 길이를 구하시오.

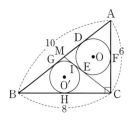

01

다음 그림과 같이 ∠B=45°인 삼각형 ABC의 변 BC 위에 $\overline{PC}=2\overline{PB}$를 만족시키는 점 P가 있다. $\overline{PC}$의 중점 M과 $\overline{AP}$ 위의 점 Q에 대하여 △QPM은 정삼각형이라 할 때, 물음에 답하시오.

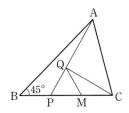

(1) ∠AQC의 크기를 구하시오.

(2) 점 Q가 △ABC의 외심임을 설명하시오.

(3) ∠ACB의 크기를 구하시오.

02

오른쪽 그림과 같이 어느 공원의 잔디밭에 4개의 화분이 놓여 있다. 두 화분 B, C를 잇는 직선과 두 화분 A, C를 잇는 직선이 서로 수직이며 각 화분 사이의 거리는 다음 표와 같다.

화분	A와 B	A와 C	A와 D	B와 C	B와 D
거리(m)	100	60	60	80	50

이 잔디밭에 360° 회전을 하는 스프링클러 한 대를 설치하여 화분 4개에 모두 물을 줄 때, 스프링클러로 물을 줄 수 있는 부분의 넓이의 최솟값을 구하시오.

(단, 화분의 크기는 무시한다.)

03

다음 그림과 같이 ∠A=80°인 △ABC의 ∠B, ∠C의 이등분선의 교점을 I라 하고, 점 I에서 $\overline{BC}$에 내린 수선의 발을 D라 하자. 점 D에서 $\overline{BI}$, $\overline{CI}$에 내린 수선의 발을 각각 E, G라 하고 $\overline{DE}$, $\overline{DG}$의 연장선과 $\overline{AB}$, $\overline{AC}$의 교점을 각각 F, H라 할 때, 물음에 답하시오.

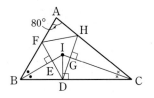

(1) ∠FDH의 크기를 구하시오.

(2) ∠AHF의 크기를 구하시오.

04

다음 그림에서 두 점 I, O는 각각 △ABC의 내심과 외심이고, 점 D는 $\overline{CO}$의 연장선과 $\overline{BI}$의 교점이다. ∠A=80°, ∠ACB=70°일 때, ∠BDO의 크기를 구하시오.

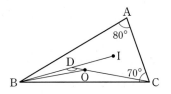

05

다음 그림과 같이 ∠A=90°, $\overline{AB}$=16 cm, $\overline{BC}$=20 cm, $\overline{CA}$=12 cm인 직각삼각형 ABC의 안쪽에서 한 점에서 만나는 두 원이 각각 $\overline{AB}$, $\overline{AC}$와 $\overline{AB}$, $\overline{BC}$에 접하고 있다. 두 원의 반지름의 길이가 같을 때, 원의 반지름의 길이를 구하시오.

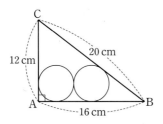

06

다음 그림에서 점 I는 △ABC의 내심이고 점 I를 중심으로 하고 점 A와 점 B를 지나는 원이 있다. $\overline{AB}$=10, $\overline{BC}$=16인 △ABC의 두 변 BC, AC가 이 원과 만나는 점을 각각 D, E라 할 때, $\overline{EC}$의 길이를 구하시오.

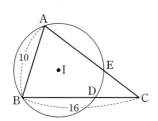

07

다음 그림에서 점 O는 삼각형 ABC의 외심이고, 점 A에서 선분 BC에 내린 수선의 발을 H, 선분 AC의 중점을 M이라 할 때, ∠BAH=45°, ∠BCO=10°이다. ∠HMO의 크기를 구하시오.

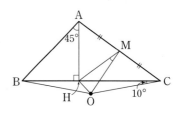

08

다음 그림과 같이 점 I는 △ABC의 내심이고, △ABC의 한 변과 이웃하는 두 변의 연장선에 동시에 접하는 세 원의 중심을 각각 O, P, Q라 하자. 세 원 O, P, Q의 반지름의 길이가 순서대로 2 cm, 3 cm, 4 cm일 때, △ABC의 내접원의 반지름의 길이를 구하시오.

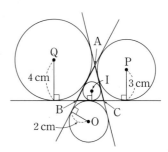

┌─ **유형 1 | 삼각형의 외심**

출제경향 삼각형의 외심에서 각 꼭짓점에 이르는 거리가 같음을 이용하는 문제가 자주 출제된다. 이때, 외심과 각 꼭짓점을 이은 선분에 의해 만들어지는 삼각형이 이등변삼각형이므로 이등변삼각형의 성질을 이용한다.

공략비법
점 O가 △ABC의 외심일 때,
(1) $\overline{OA}=\overline{OB}=\overline{OC}$
  ⇨ ∠OAB=∠OBA
   ∠OBC=∠OCB
   ∠OAC=∠OCA
(2) ∠BOC=2∠A, ∠AOC=2∠B,
  ∠AOB=2∠C

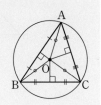

1 대표
• 2018년 3월 교육청 | 4점

오른쪽 그림과 같이 원 위의 세 점 A, B, C와 원 밖의 한 점 P에 대하여 직선 PC는 원의 접선이고 세 점 A, B, P는 한 직선 위에 있다. $\overline{AB}=\overline{AC}$, ∠APC=42°일 때, ∠CAB의 크기는?

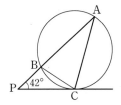

① 24° ② 26° ③ 28°
④ 30° ⑤ 32°

2 유사

오른쪽 그림에서 △ABC는 4∠A=∠B=∠C인 이등변삼각형이다. △ABC의 외접원에 내접하고, $\overline{BC}$를 한 변으로 하는 정 n각형을 만들려고 할 때, n의 값은?

① 5 ② 6
③ 7 ④ 8
⑤ 9

┌─ **유형 2 | 삼각형의 내접원과 넓이**

출제경향 삼각형의 내접원의 반지름의 길이를 이용하여 삼각형의 넓이를 구하는 문제가 자주 출제된다.

공략비법
삼각형 ABC의 내접원의 반지름의 길이를 r라 하면
$$\triangle ABC=\frac{1}{2}r(\overline{AB}+\overline{BC}+\overline{CA})$$

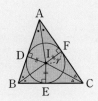

3 대표
• 2018년 3월 교육청 | 4점

오른쪽 그림과 같이 $\overline{AB}=10$, $\overline{AC}=24$, $\overline{BC}=26$인 직각삼각형 ABC의 내심을 I라 하자. 점 I에서 변 BC에 내린 수선의 발을 H, 변 BC의 중점을 M이라 할 때, 삼각형 IHM의 넓이를 구하시오.

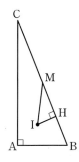

4 유사
• 2017년 3월 교육청 | 3점

그림과 같이 ∠C=90°, $\overline{BC}=12$인 직각삼각형 ABC의 내접원의 반지름의 길이가 2이다. 이 직각삼각형 ABC의 외접원의 둘레의 길이는?

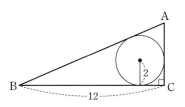

① 13π ② 14π ③ 15π
④ 16π ⑤ 17π

II

사각형의 성질

03

Ⅱ. 사각형의 성질

평행사변형

100점 노트

참고

Ⓐ 사각형에서 마주 보는 변을 대변, 마주 보는 각을 대각이라 한다.

Ⓑ 평행사변형은 두 쌍의 대변이 각각 평행하므로 이웃하는 두 내각의 크기의 합은 180°이다.

▶ STEP 3 | 07번

100점 공략

Ⓒ **평행사변형이 되는 조건의 활용**
□ABCD가 평행사변형일 때, 다음에서 색칠한 사각형은 모두 평행사변형이다.

(1) ∠ABE=∠EBF, ∠EDF=∠FDC
: 조건(3)

(2) $\overline{OE}=\overline{OF}$ (또는 $\overline{AE}=\overline{CF}$) : 조건(4)

(3) $\overline{AE}=\overline{CF}$ (또는 $\overline{EB}=\overline{FD}$) : 조건(5)

(4) ∠AEB=∠CFD=90° : 조건(5)

(5) $\overline{AS}=\overline{SD}=\overline{BQ}=\overline{QC}$,
$\overline{AP}=\overline{PB}=\overline{DR}=\overline{RC}$: 조건(1)

▶ STEP 2 | 09번, 11번, 12번

평행사변형 Ⓐ

두 쌍의 대변이 각각 평행한 사각형
즉, □ABCD에서 ┌사각형 ABCD를 기호로 □ABCD와 같이 나타낸다.
$\overline{AB}/\!/\overline{DC}$, $\overline{AD}/\!/\overline{BC}$

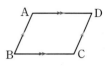

평행사변형의 성질 Ⓑ

평행사변형에서
(1) 두 쌍의 대변의 길이는 각각 같다. ⇨ $\overline{AB}=\overline{DC}$, $\overline{AD}=\overline{BC}$
(2) 두 쌍의 대각의 크기는 각각 같다. ⇨ ∠A=∠C, ∠B=∠D
(3) 두 대각선은 서로 다른 것을 이등분한다. ⇨ $\overline{OA}=\overline{OC}$, $\overline{OB}=\overline{OD}$

(1) 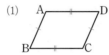 (2) 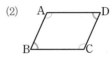 (3)

평행사변형이 되는 조건 Ⓒ

다음의 어느 한 조건을 만족시키는 사각형은 평행사변형이다.
(1) 두 쌍의 대변이 각각 평행하다.
⇨ $\overline{AB}/\!/\overline{DC}$, $\overline{AD}/\!/\overline{BC}$ ← 평행사변형의 뜻

(2) 두 쌍의 대변의 길이가 각각 같다.
⇨ $\overline{AB}=\overline{DC}$, $\overline{AD}=\overline{BC}$

(3) 두 쌍의 대각의 크기가 각각 같다.
⇨ ∠A=∠C, ∠B=∠D

(4) 두 대각선이 서로 다른 것을 이등분한다.
⇨ $\overline{OA}=\overline{OC}$, $\overline{OB}=\overline{OD}$

(5) 한 쌍의 대변이 평행하고, 그 길이가 같다.
⇨ $\overline{AD}/\!/\overline{BC}$, $\overline{AD}=\overline{BC}$

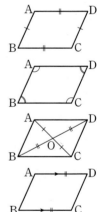

평행사변형과 넓이

평행사변형 ABCD에서
(1) △ABC=△BCD=△CDA=△DAB=$\dfrac{1}{2}$□ABCD

두 대각선의 교점 O에 대하여

△ABO=△BCO=△CDO=△DAO=$\dfrac{1}{4}$□ABCD
└△ABO≡△CDO, △BCO≡△DAO

(2) 내부의 한 점 P에 대하여

△PAB+△PCD=△PBC+△PDA=$\dfrac{1}{2}$□ABCD

Step ❶ 시험에 꼭 나오는 문제

01 평행사변형의 성질(1) – 대변

오른쪽 그림의 평행사변형 ABCD에서 $\overline{CD}$의 중점을 G라 하고, $\overline{AG}$의 연장선이 $\overline{BC}$의 연장선과 만나는 점을 H라 하자. $\overline{AB}=6$, $\overline{AD}=8$일 때, $\overline{BH}$의 길이는?

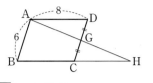

① 12　　　　② 14　　　　③ 16
④ 18　　　　⑤ 20

02 평행사변형의 성질(2) – 대각

오른쪽 그림과 같은 평행사변형 ABCD에서 ∠D의 이등분선이 $\overline{BC}$와 만나는 점을 E, 꼭짓점 A에서 $\overline{DE}$에 내린 수선의 발을 F라 하자. ∠B=56°일 때, ∠BAF의 크기를 구하시오.

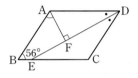

03 평행사변형의 성질(3) – 대각선

오른쪽 그림과 같이 평행사변형 ABCD의 두 대각선의 교점 O를 지나는 직선이 $\overline{AB}$, $\overline{DC}$와 만나는 점을 각각 P, Q라 하자.
$\overline{AP}=2$ cm, $\overline{PO}=4$ cm,
$\overline{QO}=x$ cm, $\overline{CQ}=y$ cm일 때, $x+y$의 값을 구하시오.

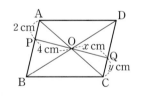

04 평행사변형이 되는 조건

다음 중 □ABCD가 평행사변형이 되는 것은?
　　　(단, 점 O는 두 대각선 AC와 BD의 교점이다.)

① ∠A=∠B=90°
② $\overline{AO}=\overline{BO}$, $\overline{CO}=\overline{DO}$
③ $\overline{AB}=\overline{BC}$, $\overline{AD}=\overline{CD}$
④ $\overline{AB}=\overline{DC}$, ∠ADB=∠CBD
⑤ $\overline{AD}/\!/\overline{BC}$, ∠A+∠D=180°

05 평행사변형의 조건의 활용

다음은 평행사변형 ABCD의 각 변의 중점을 각각 P, Q, R, S라 하고 $\overline{AQ}$, $\overline{CP}$의 교점을 E, $\overline{AR}$, $\overline{CS}$의 교점을 F라 할 때, □AECF는 평행사변형임을 설명하는 과정이다.

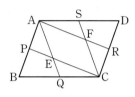

□AQCS에서 $\overline{AS}=$ (가) , $\overline{AS}/\!/$ (가) 이므로 한 쌍의 대변이 (나) 하고, 그 길이가 같다.
따라서 (다) 는 평행사변형이므로 $\overline{AQ}/\!/\overline{SC}$
∴ $\overline{AE}/\!/\overline{FC}$ ……㉠
(라) 에서 같은 방법으로 하면
(마) $/\!/\overline{EC}$ ……㉡
㉠, ㉡에서 □AECF는 평행사변형이다.

(가)~(마)에 들어갈 것으로 옳지 <u>않은</u> 것은?

① (가) $\overline{QC}$　　　② (나) 평행　　　③ (다) □AQCS
④ (라) □AECF　　　⑤ (마) $\overline{AF}$

06 평행사변형과 넓이

평행사변형 ABCD의 한 점 D에서 변 BC의 연장선에 내린 수선의 발을 H라 하자. 평행사변형 ABCD의 내부의 한 점 P에 대하여 △PAB : △PCD=2 : 1이고, $\overline{BC}=9$, $\overline{DH}=6$일 때, 삼각형 PAB의 넓이는?

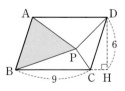

① 14　　　　② 16　　　　③ 18
④ 20　　　　⑤ 22

유형① 평행사변형의 성질

01 대표문제

오른쪽 그림과 같이 평행사변형
ABCD의 꼭짓점 A에서 ∠D의 이
등분선 DF에 내린 수선이 $\overline{BC}$와 만
나는 점을 E라 하자. $\overline{AB}=4$,
$\overline{AD}=5$일 때, $\overline{EF}$의 길이는?

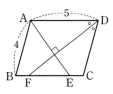

① $\dfrac{5}{3}$ ② 2   ③ $\dfrac{7}{3}$

④ $\dfrac{8}{3}$ ⑤ 3

02

다음 그림과 같은 평행사변형 ABCD에서 점 M은 $\overline{AD}$의
중점이고 $\overline{BC}=2\overline{AB}$이다. 이때, ∠BMC의 크기는?

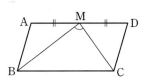

① 45°   ② 55°   ③ 60°
④ 90°   ⑤ 120°

03

다음 그림과 같이 두 평행사변형 ABCD와 ABEO가 있다.
점 O는 $\overline{AC}$의 중점일 때, 두 선분 AD, DC의 길이의 합을
구하시오.

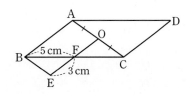

04

오른쪽 그림의 평행사변형
ABCD에서 ∠B와 ∠C의 이등분
선과 $\overline{AD}$의 교점을 각각 E, F라
하고, $\overline{BE}$와 $\overline{CF}$의 교점을 G, $\overline{BA}$
의 연장선과 $\overline{CF}$의 연장선의 교점
을 H라 하자. ∠BHC=52°일 때,
∠GED의 크기를 구하시오.

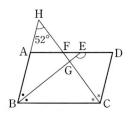

05 〔서술형〕

다음 그림과 같이 평행사변형 ABCD를 선분 EF를 접는
선으로 하여 점 C가 점 A에 오도록 접었더니 정오각형
ABEFG가 만들어졌다. 이때, ∠x의 크기를 구하시오.

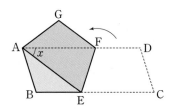

06

오른쪽 그림과 같이 $\overline{AB}=5$,
$\overline{AD}=8$, $\overline{AC}=11$인 평행사
변형 ABCD에서 $\overline{BC}$ 위에
임의의 점 P를 잡고 ∠PAD
의 이등분선이 $\overline{BC}$ 또는 그 연장선과 만나는 점을 Q라 하
자. 점 P가 점 B에서 점 C까지 움직일 때, 점 Q가 움직인
거리는?

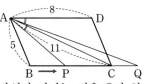

① 10   ② 11   ③ 12
④ 13   ⑤ 14

07

다음 그림과 같은 평행사변형 ABCD에서 두 대각선 AC, BD의 교점을 O, $\overline{EC}$와 $\overline{BD}$의 교점을 F라 하고, $\overline{AB}=10$, $\overline{BE}=\overline{BF}=6$일 때, $\overline{OF}$의 길이는?

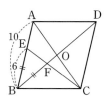

① 1 　　　② $\dfrac{3}{2}$ 　　　③ 2

④ $\dfrac{5}{2}$ 　　　⑤ 3

08

[도전 문제]

오른쪽 그림과 같이 평행사변형 ABCD의 꼭짓점 D에서 $\overline{BA}$의 연장선에 내린 수선의 발을 E, $\overline{BC}$의 중점을 M이라 하자. $\overline{AB} : \overline{AD}=1 : 2$이고 $\angle B=50°$일 때, $\angle EMC$의 크기를 구하시오.

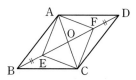

유형❷ 평행사변형이 되는 조건

09 대표문제

그림과 같은 평행사변형 ABCD에서 $\overline{BE}=\overline{DF}$일 때, 다음 중 옳은 것은?

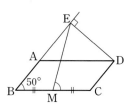

① $\overline{CE}=\overline{CF}$ 　　　② $\overline{AE}=\overline{CF}$

③ $\overline{BE}=\overline{EO}$ 　　　④ $\angle EAC=\angle FAC$

⑤ $\triangle ABE \equiv \triangle ADF$

10

[앗 실수]

다음 중 오른쪽 그림과 같은 평행사변형 ABCD가 되는 조건이 <u>아닌</u> 것은?

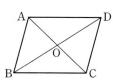

① $\triangle ABO \equiv \triangle CDO$

② $\triangle ABC \equiv \triangle CDA$

③ $\triangle ABC \equiv \triangle DCB$

④ $\angle ABO=\angle CDO$, $\overline{AB}=\overline{CD}$

⑤ $\angle ABC+\angle BAD=180°$, $\angle BAD=\angle BCD$

11

오른쪽 그림과 같이 평행사변형 ABCD의 두 꼭짓점 B, D에서 대각선 AC에 내린 수선의 발을 각각 P, Q라 하자. $\angle DPC=48°$일 때, $\angle x$의 크기를 구하시오.

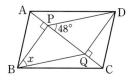

12

다음 그림과 같은 평행사변형 ABCD에서 $\angle A$, $\angle C$의 이등분선이 $\overline{BC}$, $\overline{AD}$와 만나는 점을 각각 E, F라 하자. $\overline{AB}=3\,cm$, $\overline{AD}=8\,cm$이고, $\angle ABE=60°$일 때, $\square AECF$의 둘레의 길이는?

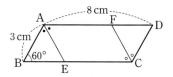

① 11 cm 　　　② 14 cm 　　　③ 16 cm

④ 19 cm 　　　⑤ 22 cm

13

좌표평면 위에 세 점 A$(-2, -4)$, B$(2, -2)$, C$(3, 3)$이 주어졌을 때, □ABCD가 평행사변형이 되도록 하는 점 D의 좌표를 (a, b)라 하자. 이때, $a+b$의 값은?

(단, 점 D는 제2사분면 위에 있다.)

① -3 ② -2 ③ -1

④ 0 ⑤ 1

14

다음 그림에서 □ABCD는 $\overline{AD}=50$이고 넓이가 200인 평행사변형이다. 점 P는 점 A에서 점 D까지 매초 2의 속력으로 $\overline{AD}$ 위를 움직이고, 점 Q는 점 C에서 점 B까지 매초 3의 속력으로 $\overline{BC}$ 위를 움직인다. 점 P가 점 A에서 출발한 지 5초 후에 점 Q가 점 C에서 출발한다고 한다. $\overline{AQ}\,/\!/\,\overline{PC}$가 될 때의 □AQCP의 넓이를 구하시오.

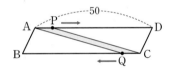

유형❸ 평행사변형과 넓이

15 대표문제

오른쪽 그림과 같은 평행사변형 ABCD에서 두 대각선의 교점 O를 지나는 직선과 $\overline{AB}$, $\overline{DC}$의 교점을 각각 P, Q라 하자. □ABCD의 넓이가 64 cm^2이고 △APO의 넓이가 5 cm^2일 때, △DOQ의 넓이는?

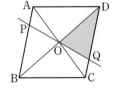

① 11 cm^2 ② 13 cm^2 ③ 16 cm^2

④ 19 cm^2 ⑤ 21 cm^2

16

다음 그림과 같이 직선 l과 한 점 B에서 만나는 평행사변형 ABCD가 있다. 두 점 A, C에서 직선 l에 내린 수선의 발을 각각 A′, C′이라 하면 $\overline{AA'}=9 \text{ cm}$, $\overline{A'B}=10 \text{ cm}$, $\overline{BC'}=12 \text{ cm}$, $\overline{CC'}=5 \text{ cm}$이다. 이때, □ABCD의 넓이를 구하시오.

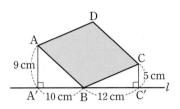

17

다음 그림과 같은 평행사변형 ABCD에서 $\overline{AB}$, $\overline{CD}$의 중점을 각각 E, F라 하고, $\overline{BD}$와 $\overline{EC}$, $\overline{AF}$의 교점을 각각 G, H라 하자. 평행사변형 ABCD의 넓이가 72일 때, □AEGH의 넓이는?

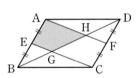

① 16   ② 18   ③ 20

④ 22   ⑤ 24

18 서술형

오른쪽 그림과 같은 평행사변형 ABCD에서 $\overline{CD}$의 연장선 위에 $\overline{FD}=\overline{DC}=\overline{CE}$가 되도록 두 점 E, F를 잡고, $\overline{BF}$와 $\overline{AD}$의 교점을 G, $\overline{AE}$와 $\overline{BC}$의 교점을 H, $\overline{BF}$와 $\overline{AE}$의 교점을 P라 하자. $2\overline{AB}=\overline{AD}$이고 △ABH의 넓이가 18 cm^2일 때, △EFP의 넓이를 구하시오.

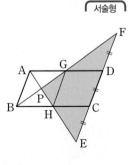

Step 3 · 종합 사고력 도전 문제

01

다음 그림과 같이 평행사변형 $A_1B_1C_1D_1$의 각 변의 중점을 연결하여 작은 사각형 $A_2B_2C_2D_2$를 만들었다. 같은 방법으로 각 변의 중점을 연결하여 작은 사각형을 만드는 과정을 계속 반복한다고 할 때, 물음에 답하시오.

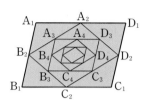

(1) 평행사변형 $A_1B_1C_1D_1$의 각 변의 중점을 연결하여 만든 사각형 $A_2B_2C_2D_2$가 어떤 사각형인지 말하고, 그 이유를 설명하시오.

(2) $\square A_9B_9C_9D_9$의 넓이가 1 cm^2일 때, $\square A_1B_1C_1D_1$의 넓이를 구하시오.

02

다음 그림과 같은 평행사변형 ABCD에서 $\overline{AB}=12$, $\overline{AC}=20$이다. 변 BC 위에 $\overline{AB}=\overline{AE}$인 점을 E, 두 선분 AC, DE의 교점을 F라 할 때, 삼각형 DFC의 둘레의 길이를 구하시오.

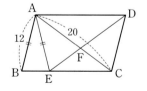

03

다음 그림과 같이 내각의 크기는 각각 같고 변의 길이는 서로 다른 세 종류의 평행사변형 P, Q, R가 각각 1개, 2개, 3개 있다. 이 6개의 평행사변형을 서로 겹치지 않게 빈틈없이 붙여서 넓이가 27인 평행사변형 ABCD를 만든다고 할 때, 물음에 답하시오.

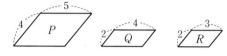

(1) 평행사변형 ABCD의 이웃하는 두 변의 길이를 각각 구하시오.

(2) 평행사변형 ABCD의 꼭짓점 A에서 $\overline{BC}$ 또는 $\overline{BC}$의 연장선 위에 내린 수선의 길이를 l_1이라 하고, $\overline{CD}$ 또는 $\overline{CD}$의 연장선 위에 내린 수선의 길이를 l_2라 할 때, l_1+l_2의 값을 구하시오. (단, $l_1 \neq l_2$)

04

오른쪽 그림과 같은 평행사변형 ABCD에서 두 점 E, F는 각각 $\overline{AD}$, $\overline{BC}$의 중점이고 두 점 G, H는 각각 $\overline{AF}$, $\overline{BE}$의 교점과 $\overline{CE}$, $\overline{DF}$의 교점이다. 이때, $\square GFHE$의 넓이와 $\square ABCD$의 넓이의 비를 가장 간단한 자연수의 비로 나타내시오.

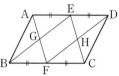

05

오른쪽 그림과 같은 평행사변형 ABCD에서 $\overline{AD}$의 중점을 M이라 하고, 점 C에서 $\overline{BM}$에 내린 수선의 발을 E라 하자. ∠MED=18°일 때, ∠DCE의 크기를 구하시오.

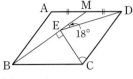

06

다음 그림과 같이 중심이 O로 같고 반지름의 길이가 다른 두 원이 있다. 두 점 A, C는 큰 원 위의 점이고, 두 점 B, D는 작은 원 위의 점이다. 점 O를 지나는 한 직선이 두 선분 AD, BC와 만나는 점을 각각 E, F라 할 때, □ABCD가 어떤 사각형인지 말하고, △AOE=12 cm², △BFO=7 cm²일 때의 □ABCD의 넓이를 구하시오.

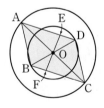

07

오른쪽 그림과 같이 합동인 두 평행사변형 ABCD와 CEFG가 있다. ∠ABC=60° 이고, $\overline{AB}$=3 cm, $\overline{BC}$=6 cm 일 때, □ABCD의 넓이와 □BEFG의 넓이의 비를 가장 간단한 자연수의 비로 나타내시오.

(단, 점 D는 $\overline{CG}$ 위에 있다.)

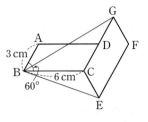

08

오른쪽 그림과 같이 평행사변형 ABCD의 두 대각선의 교점을 O라 하고, $\overline{DC}$의 연장선 위에 $\overline{CD}=\overline{CE}$ 가 되도록 점 E를 잡자. ∠BEO=∠OED=31°일 때, ∠ABD의 크기를 구하시오.

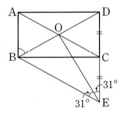

유형 1 | 좌표평면에서 평행사변형이 되는 조건

출제경향 평행사변형이 되는 조건을 이용하여 좌표평면이나 모눈종이에 평행사변형을 그리는 문제가 출제된다.

공략비법
평행사변형이 되는 조건을 이해하고 그 조건을 만족시키는 평행사변형을 그려 본다.
(1) 두 쌍의 대변이 각각 평행하다.
(2) 두 쌍의 대변의 길이가 각각 같다.
(3) 두 쌍의 대각의 크기가 각각 같다.
(4) 두 대각선이 서로 다른 것을 이등분한다.
(5) 한 쌍의 대변이 평행하고, 그 길이가 같다.

1 대표
• 2006년 3월 교육청 | 4점

그림은 어느 운동장에 있는 ㉠, ㉡, ㉢, ㉣, ㉤ 5개의 평균대를 모눈종이 위에 나타낸 것이다. 동현이가 A 지점에서 출발하여 평균대 위를 걸어서 지나 B 지점까지 도착하는 경기를 하려 한다. 이동 거리를 가장 짧게 하려 할 때, 지나야 할 평균대는?

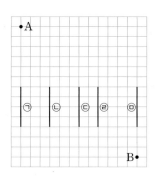

① ㉠   ② ㉡   ③ ㉢
④ ㉣   ⑤ ㉤

2 유사

다음 그림과 같이 좌표평면 위에 세 점 A, B, C가 있다. 이 좌표평면 위에 점 D를 잡아 네 점 A, B, C, D를 꼭짓점으로 하는 평행사변형을 만들려고 한다. 이를 만족시키는 점 D의 좌표를 모두 구하시오.

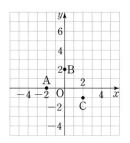

유형 2 | 도형에서 평행사변형이 되는 조건

출제경향 삼각형의 합동을 이용하여 주어진 도형에서 평행사변형을 찾는 문제가 출제된다.

공략비법
삼각형의 합동 조건을 이해하고 그 조건을 만족시키는 삼각형을 찾는다.
(1) 세 변의 길이가 각각 같을 때 (SSS 합동)
(2) 두 변의 길이가 각각 같고, 그 끼인각의 크기가 같을 때 (SAS 합동)
(3) 한 변의 길이가 같고, 그 양 끝 각의 크기가 각각 같을 때 (ASA 합동)

3 대표
• 2011년 3월 교육청 | 4점

오른쪽 그림과 같이 △ABC의 세 변을 각각 한 변으로 하는 정삼각형을 △DBA, △EBC, △FAC라 하자. • 보기 •에서 옳은 것을 모두 고른 것은?

• 보기 •

ㄱ. ∠DBE=∠ABC
ㄴ. $\overline{DB}=\overline{EF}$
ㄷ. ∠BAC=150°이면 $\overline{AD}=\overline{AF}$이다.

① ㄱ   ② ㄷ   ③ ㄱ, ㄴ
④ ㄴ, ㄷ   ⑤ ㄱ, ㄴ, ㄷ

4 유사

다음 그림에서 □ABCD와 □DEFG는 정사각형이다. 점 D에서 $\overline{CE}$에 내린 수선의 발을 Q라 하고, $\overline{QD}$의 연장선이 $\overline{AG}$와 만나는 점을 P라 할 때, $\overline{PA}=\overline{PG}$이다. $\overline{PQ}=6$, $\overline{CE}=4$일 때, 삼각형 ADG의 넓이를 구하시오.

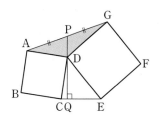

04

Ⅱ. 사각형의 성질

여러 가지 사각형

100점 노트

참고

Ⓐ 여러 가지 사각형의 대각선의 성질

(1) 평행사변형 : 두 대각선은 서로 다른 것을 이등분한다.

(2) 직사각형 : 두 대각선은 길이가 같고, 서로 다른 것을 이등분한다.

(3) 마름모 : 두 대각선은 서로 다른 것을 수직이등분한다.

(4) 정사각형 : 두 대각선은 길이가 같고, 서로 다른 것을 수직이등분한다.

(5) 등변사다리꼴 : 두 대각선은 길이가 같다.

Ⓑ 여러 가지 사각형의 포함 관계

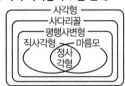

(1) 직사각형과 마름모는 평행사변형의 성질을 가지고 있다.

(2) 정사각형은 직사각형과 마름모의 성질을 모두 가지고 있다.

▶ STEP 2 | 16번, 18번

Ⓒ 사각형의 각 변의 중점을 연결하여 만든 사각형

(1) 사각형 ⇨ 평행사변형

(2) 평행사변형 ⇨ 평행사변형

(3) 직사각형 ⇨ 마름모

(4) 등변사다리꼴 ⇨ 마름모

(5) 마름모 ⇨ 직사각형

(6) 정사각형 ⇨ 정사각형

(1)   (2)

(3)   (4)

(5)   (6)

▶ STEP 2 | 17번

직사각형 Ⓐ Ⓑ

(1) 직사각형은 네 내각의 크기가 모두 같은 사각형이다.

(2) 직사각형의 성질

두 대각선은 길이가 같고, 서로 다른 것을 이등분한다.

⇨ $\overline{AC}=\overline{BD}$, $\overline{AO}=\overline{BO}=\overline{CO}=\overline{DO}$

마름모 Ⓐ Ⓑ

(1) 마름모는 네 변의 길이가 모두 같은 사각형이다.

(2) 마름모의 성질 ┌ 마름모에서 두 대각선에 의해 나누어져 생긴 4개의 삼각형은 모두 합동이다.

두 대각선은 서로 다른 것을 수직이등분한다.

⇨ $\overline{AO}=\overline{CO}$, $\overline{BO}=\overline{DO}$, $\overline{AC}\perp\overline{BD}$

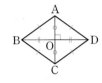

정사각형 Ⓐ Ⓑ

(1) 정사각형은 네 내각의 크기가 모두 같고, 네 변의 길이가 모두 같은 사각형이다.

(2) 정사각형의 성질

두 대각선은 길이가 같고, 서로 다른 것을 수직이등분한다.

⇨ $\overline{AC}=\overline{BD}$, $\overline{AO}=\overline{BO}=\overline{CO}=\overline{DO}$, $\overline{AC}\perp\overline{BD}$

등변사다리꼴 Ⓐ

┌ 한 쌍의 대변이 평행한 사각형

(1) 밑변의 양 끝 각의 크기가 같은 사다리꼴이다.

(2) 등변사다리꼴의 성질

평행하지 않은 한 쌍의 대변의 길이가 같고, 두 대각선의 길이가 같다.

⇨ $\overline{AB}=\overline{DC}$, $\overline{AC}=\overline{BD}$

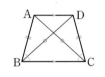

여러 가지 사각형 사이의 관계 Ⓑ Ⓒ

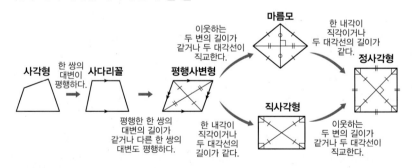

평행선과 넓이

(1) 평행선과 삼각형의 넓이의 비

두 직선 l, m이 평행할 때, 세 삼각형 ABC, DBC, EBC는 밑변 BC가 공통이고 높이는 h로 같으므로

$$\triangle ABC=\triangle DBC=\triangle EBC=\frac{1}{2}ah$$

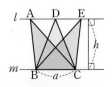

(2) 높이가 같은 삼각형의 넓이의 비

높이가 같은 두 삼각형의 넓이의 비는 밑변의 길이의 비와 같으므로

$$\triangle ABC : \triangle ACD=m : n$$

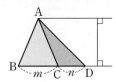

Step ① 시험에 꼭 나오는 문제

01 직사각형

오른쪽 그림과 같은 평행사변형 ABCD의 네 내각의 이등분선으로 만들어지는 □EFGH에 대한 설명으로 옳지 <u>않은</u> 것은?

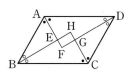

① 두 대각선의 길이가 같다.
② 두 쌍의 대변이 평행하다.
③ 두 쌍의 대변의 길이가 각각 같다.
④ 두 쌍의 대각의 크기가 각각 같다.
⑤ 두 대각선이 서로 다른 것을 수직이등분한다.

02 마름모

오른쪽 그림과 같은 마름모 ABCD의 한 꼭짓점 A에서 $\overline{BC}$, $\overline{CD}$에 내린 수선의 발을 각각 P, Q라 하자. ∠B=60°일 때, ∠PAQ의 크기를 구하시오.

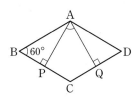

03 정사각형

오른쪽 그림과 같이 정사각형 ABCD 내부에 있는 한 점 E에 대하여 △EBC가 정삼각형일 때, ∠EDB의 크기는?

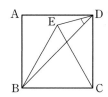

① 26°   ② 27°
③ 28°   ④ 29°
⑤ 30°

04 등변사다리꼴

오른쪽 그림과 같이 $\overline{AD}$∥$\overline{BC}$인 등변사다리꼴 ABCD의 꼭짓점 D에서 $\overline{BC}$에 내린 수선의 발을 E라 하자. $\overline{AD}$=6 cm, $\overline{EC}$=2 cm이고 □ABCD의 넓이가 72 cm²일 때, $\overline{DE}$의 길이를 구하시오.

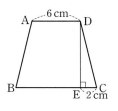

05 여러 가지 사각형 사이의 관계

다음 그림은 여러 가지 사각형 사이의 관계를 나타낸 것이다. (개)~(래)에 필요한 조건으로 옳지 <u>않은</u> 것은?

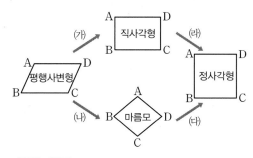

① (개) : $\overline{AC}=\overline{BD}$ ② (개) : ∠A=∠B
③ (내) : $\overline{AB}=\overline{BC}$ ④ (대) : $\overline{AB}=\overline{AD}$
⑤ (래) : $\overline{AC}⊥\overline{BD}$

06 평행선과 삼각형의 넓이

평행사변형 ABCD에서 $\overline{BD}$∥$\overline{EF}$일 때, 다음 중 넓이가 나머지 넷과 <u>다른</u> 삼각형은?

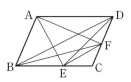

① △ABE   ② △ADF   ③ △BED
④ △BEF   ⑤ △BDF

07 높이가 같은 삼각형의 넓이의 비

오른쪽 그림에서 점 D는 $\overline{BC}$의 중점이고, 점 P는 $\overline{AD}$의 중점이다. △ABC의 넓이가 20일 때, △PDC의 넓이는?

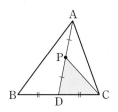

① 5   ② 6
③ 8   ④ 10
⑤ 12

유형❶ 직사각형

01 대표문제

오른쪽 그림과 같은 직사각형 ABCD에서 ∠BAC의 이등분선이 $\overline{BC}$와 만나는 점을 E, 점 E에서 $\overline{AC}$에 내린 수선의 발을 F라 하자. ∠CAD=30°일 때, 다음 중 옳지 <u>않은</u> 것은?

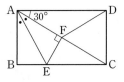

① $\overline{AB}=\overline{CF}$　　　　② $\overline{EC}=\overline{CD}$
③ $\overline{CF}=\overline{DF}$　　　　④ ∠EAF=∠ECF
⑤ ∠FAD=∠FDA

02

다음 그림과 같이 $\overline{AB}:\overline{BC}=2:3$인 직사각형 ABCD에서 점 P는 변 AB의 중점이고, 점 Q는 $\overline{BQ}:\overline{QC}=2:1$을 만족시키는 변 BC 위의 점이다. 이때, ∠ADP+∠BQP의 값은?

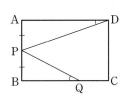

① 45°　　　　② 50°　　　　③ 55°
④ 60°　　　　⑤ 65°

03

오른쪽 그림과 같은 직사각형 ABCD에서 점 O는 두 대각선의 교점이고, 점 O에서 $\overline{AB}$에 내린 수선의 발을 E, ∠DAO의 이등분선이 $\overline{OD}$와 만나는 점을 F라 하자. ∠AFD=111°일 때, ∠AOE의 크기를 구하시오.

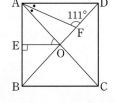

04

다음 그림은 정사각형 모양의 종이 ABCD를 네 개의 조각으로 자른 후, 이 조각들을 빈틈없이 이어 붙여서 직사각형 PQRS를 만든 것이다. $\overline{RS}$와 길이가 같은 것은?

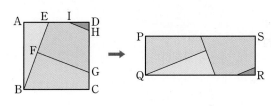

① $\overline{EF}$　　　　② $\overline{GH}$　　　　③ $\frac{1}{2}\overline{CD}$
④ $\frac{1}{2}(\overline{BE}+\overline{EI})$　　⑤ $\frac{1}{2}(\overline{BE}+\overline{DH})$

유형❷ 마름모

05 대표문제

오른쪽 그림과 같이 마름모 ABCD의 내부에 △ABP가 정삼각형이 되도록 하는 점 P를 정한다. ∠ABC=84°일 때, ∠PCD의 크기를 구하시오.

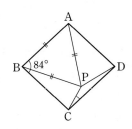

06

오른쪽 그림과 같이 마름모 ABCD의 두 대각선의 교점 O와 점 C를 꼭짓점으로 하는 마름모 EOCF가 있다. $\overline{AC}=10\text{ cm}$, $\overline{BD}=8\text{ cm}$일 때, □DCFE의 넓이를 구하시오.

서술형

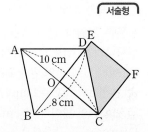

07

오른쪽 그림과 같이 마름모 ABCD에서 점 I는 △ABC의 내심이고, 점 O는 △ACD의 외심이다. ∠OAD=26°일 때, ∠IAO의 크기는?

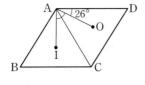

① 68°   ② 69°   ③ 70°

④ 71°   ⑤ 72°

08

다음 그림과 같은 마름모 ABCD에서 두 대각선의 교점을 O라 하고, 변 AB 위의 한 점 N에서 두 대각선 AC, BD에 내린 수선의 발을 각각 P, Q라 하자. $\overline{AD}=10$, $\overline{AC}=12$, $\overline{BD}=16$이고 점 N이 변 AB 위를 움직일 때, $\overline{PQ}$의 길이의 최솟값은?

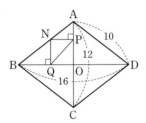

① 4   ② $\dfrac{22}{5}$ ③ $\dfrac{24}{5}$

④ $\dfrac{26}{5}$ ⑤ $\dfrac{28}{5}$

유형❸ 정사각형

09 대표문제

오른쪽 그림과 같은 정사각형 ABCD에서 선분 AB 위의 임의의 한 점 E에 대하여 선분 DE와 대각선 AC의 교점을 P라 하자. ∠EPB=22°일 때, ∠ADP의 크기를 구하시오.

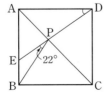

10

다음 그림과 같이 중심각의 크기가 90°인 부채꼴 내부에 정사각형 ABCD가 꼭 맞게 들어 있다. 정사각형의 넓이가 32일 때, 부채꼴의 반지름의 길이를 구하시오.

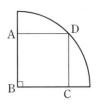

11

오른쪽 그림과 같이 정사각형 ABCD의 두 변 BC, CD 위에 ∠EAF=45°, ∠AEF=58°가 되도록 두 점 E, F를 각각 정한다. 이때, ∠AFD의 크기는?

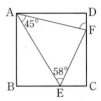

① 75°   ② 76°   ③ 77°

④ 78°   ⑤ 79°

12

오른쪽 그림에서 □ABCD는 한 변의 길이가 8인 정사각형이고, 점 O는 두 대각선의 교점이다. 두 변 AB, AD 위의 두 점 E, F에 대하여 ∠EOF=90°이고 $\overline{AF}=5$일 때, △EOF의 넓이는?

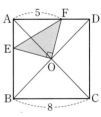

① 8   ② $\dfrac{17}{2}$ ③ 9

④ $\dfrac{19}{2}$ ⑤ 10

유형❹ 등변사다리꼴

13 대표문제

오른쪽 그림과 같이 $\overline{AD} /\!/ \overline{BC}$
인 등변사다리꼴 ABCD에서
점 D를 지나고 $\overline{AB}$에 평행한
직선과 $\overline{BC}$의 교점을 E라 하자.
$\overline{AB}=\overline{AD}$, ∠A=120°이고, □ABED의 넓이가 24일 때,
□ABCD의 넓이를 구하시오.

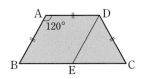

14

다음 그림과 같이 $\overline{AD} /\!/ \overline{BC}$, $\overline{AB}=\overline{CD}$인 등변사다리꼴
ABCD가 좌표평면 위에 있다. 점 A는 y축 위에, 두 점 B,
C는 x축 위에 있고 점 D의 좌표는 (5, 8)이다. $\overline{AO}$ 위의
한 점 E에 대하여 삼각형 AED의 넓이가 $\dfrac{15}{2}$, 삼각형 AEC
의 넓이가 12일 때, 두 점 B, D를 지나는 일차함수의 그래
프의 기울기는?

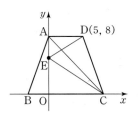

① $\dfrac{1}{3}$　　　② $\dfrac{1}{2}$　　　③ 1

④ $\dfrac{4}{3}$　　　⑤ $\dfrac{3}{2}$

15 [도전 문제]

오른쪽 그림과 같이 $\overline{AD} /\!/ \overline{BC}$인 등
변사다리꼴 ABCD에서 두 대각선
의 교점을 O, 점 O를 지나고 $\overline{CD}$에
수직인 직선이 $\overline{AB}$, $\overline{CD}$와 만나는
점을 각각 E, H라 하고, 점 A에서
$\overline{BC}$에 내린 수선의 발을 F라 하자.
∠AOD=90°, $\overline{AB}=a$, $\overline{AD}=b$, $\overline{BC}=c$라 할 때,
$\overline{EO}+\overline{BF}$의 값을 a, b, c에 대한 식으로 나타내시오.
(단, a, b, c는 양수이다.)

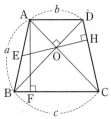

유형❺ 여러 가지 사각형 사이의 관계

16 대표문제

다음 중 사각형에 대한 설명으로 옳은 것은?

① 두 대각선의 길이가 같은 직사각형은 정사각형이다.
② 두 대각선의 길이가 같은 사각형은 직사각형이다.
③ 두 대각선이 서로 직교하는 사각형은 정사각형이다.
④ 한 내각의 크기가 90°인 마름모는 정사각형이다.
⑤ 두 대각선이 서로 수직인 평행사변형은 직사각형이다.

17

사각형 A_n의 각 변의 중점을 차례대로 연결하여 만든 사각
형을 A_{n+1} ($n=1, 2, 3, \cdots$)이라 할 때, •보기•에서 옳은
것을 모두 고른 것은?

•보기•

ㄱ. A_1이 평행사변형이면 A_n ($n=2, 3, 4, \cdots$)도 평행사
변형이다.
ㄴ. A_1이 직사각형이면 A_{2n} ($n=1, 2, 3, \cdots$)은 마름모
이다.
ㄷ. A_2가 정사각형이면 A_1은 정사각형이다.

① ㄱ　　　② ㄴ　　　③ ㄱ, ㄴ
④ ㄱ, ㄷ　　　⑤ ㄱ, ㄴ, ㄷ

18 [앗! 실수]

다음 사각형 중에서 두 쌍의 대변의 길이가 각각 같은 것은
a개, 두 대각선의 길이가 같은 것은 b개, 두 대각선이 서로
수직인 것은 c개, 네 내각의 크기가 모두 같은 것은 d개, 이
웃하는 두 내각의 크기의 합이 항상 180°인 것은 e개이다.
이때, $a-b+c-d+e$의 값을 구하시오.

| 사다리꼴 | 평행사변형 | 직사각형 |
| 마름모 | 등변사다리꼴 | 정사각형 |

19

오른쪽 그림과 같이 서로 합동인 두 개의 정삼각형 ABC와 DEF가 여섯 개의 점 G, H, I, J, K, L에서 만난다. $\overline{BC}\,/\!/\,\overline{DF}$일 때, • 보기 •에서 옳은 것을 모두 고른 것은?

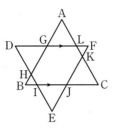

・보기・

ㄱ. △AGL과 △EJI는 합동이다.

ㄴ. □GHJK는 평행사변형이다.

ㄷ. □GBJF는 마름모이다.

ㄹ. □GBCL은 등변사다리꼴이다.

ㅁ. □KIEC는 직사각형이다.

① ㄱ, ㄹ   ② ㄴ, ㄷ   ③ ㄱ, ㄴ, ㄷ

④ ㄱ, ㄴ, ㄹ   ⑤ ㄴ, ㄹ, ㅁ

유형⑥ 평행선과 넓이

20 대표문제

오른쪽 그림과 같이 삼각형 ABC에서 변 BC의 연장선 위의 한 점 D에 대하여 변 AB 위에 $\overline{EC}\,/\!/\,\overline{AD}$가 되도록 점 E를 잡고, $\overline{BD}$ 위에 $\overline{BF}:\overline{DF}=2:5$가 되도록 점 F를 잡자. △EBF=8일 때, △ABC의 넓이를 구하시오.

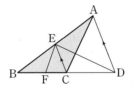

21

오른쪽 그림과 같은 삼각형 ABC에서 $\overline{AB}$, $\overline{BC}$, $\overline{AC}$ 위에 $\overline{AF}:\overline{FB}=1:3$, $\overline{BD}:\overline{DC}=1:2$, $\overline{CE}:\overline{EA}=1:4$가 되도록 세 점 F, D, E를 각각 잡자.
△ABC=60 cm²일 때, △DEF의 넓이는?

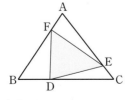

① 25 cm²   ② 26 cm²   ③ 27 cm²

④ 28 cm²   ⑤ 29 cm²

22

오른쪽 그림과 같이 삼각형 ABC에서 $\overline{AB}$의 길이는 20 % 늘이고 $\overline{AC}$의 길이는 30 % 줄여서 새로운 삼각형 ADE를 만들려고 한다. 이때, 삼각형 ADE의 넓이는 삼각형 ABC의 넓이의 몇 %인가?

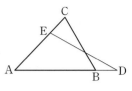

① 68 %   ② 78 %   ③ 80 %

④ 84 %   ⑤ 92 %

23

다음 그림과 같이 $\overline{AD}\,/\!/\,\overline{BC}$이고 $\angle C=90°$인 사다리꼴 ABCD에서 점 C를 지나고 $\overline{AB}$에 평행한 직선과 점 A를 지나고 $\overline{BD}$에 평행한 직선의 교점을 E라 하자. $\overline{AD}=4$, $\overline{CD}=3$, $\overline{BC}=7$일 때, △EAD의 넓이를 구하시오.

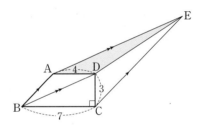

24 도전 문제

다음 그림과 같이 평행사변형 ABCD에서 $\overline{PR}\,/\!/\,\overline{AB}$, $\overline{QS}\,/\!/\,\overline{BC}$이고 $\overline{BC}=40$ cm, $\overline{DH}=30$ cm일 때, 색칠한 부분의 넓이를 구하시오.

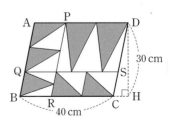

01

다음 그림과 같은 평행사변형 ABCD에서 ∠A, ∠B의 이등분선이 $\overline{BC}$, $\overline{AD}$와 만나는 점을 각각 E, F라 하고, $\overline{AE}$와 $\overline{BF}$의 교점을 G라 하자. $\overline{AB}=10$, $\overline{AD}=14$이고 △GAB의 넓이가 20일 때, □ABCD의 넓이를 구하시오.

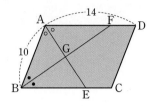

02

다음 그림과 같이 모눈종이 위에 윗변의 길이가 6, 아랫변의 길이가 12이고 높이가 8인 사다리꼴과 그 내부에 오각형 ABCDE가 있다. 이때, 오각형 ABCDE와 넓이가 같은 삼각형을 사다리꼴의 내부에 그리고, 그 넓이를 구하시오.

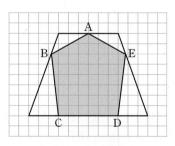

03

좌표평면 위에 다섯 개의 점 A(−3, 0), B(2, 0), C(1, 5), D(−2, 4), E(a, 0)이 있다. □ABCD=△AED일 때, 다음 물음에 답하시오. (단, a>2)

(1) a의 값을 구하시오.

(2) □ABCD의 넓이를 구하시오.

04

다음 그림과 같이 등변사다리꼴 ABCD의 대각선 BD의 연장선에 $\overline{BD}=\overline{DE}$가 되도록 점 E를 잡고, 점 E에서 $\overline{BC}$의 연장선에 내린 수선의 발을 F라 하자. $\overline{AD}=6$ cm, $\overline{AB}=8$ cm, $\overline{BC}=10$ cm일 때, $\overline{CF}$의 길이를 구하시오.

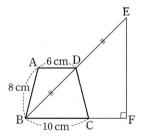

05

다음 그림과 같은 마름모 ABCD에서 두 대각선의 교점을 O라 하고, $\overline{AB}$ 위의 점 E에 대하여 $\overline{EC}$와 $\overline{BD}$의 교점을 F라 하자. $\overline{BE}=\overline{BF}=10$, $\overline{BC}=15$이고 △OFC의 넓이가 12일 때, △CAE의 넓이를 구하시오.

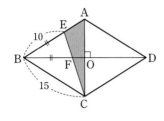

06

오른쪽 그림의 □ABCD에서 $\overline{AE}=\overline{EF}=\overline{FD}$, $\overline{BG}=\overline{GH}=\overline{HC}$일 때, □EGHF$=k$□ABCD를 만족시키는 상수 k의 값을 구하시오.

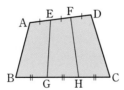

07

다음 그림과 같이 넓이가 2π인 반원 O에 직사각형 ABCD가 내접한다. 점 P가 $\overline{AD}$ 위를 움직일 때, $\overline{BP}+\overline{PC}$의 최솟값을 구하시오.

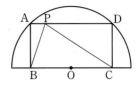

08

오른쪽 그림에서 □EFGH는 평행사변형 ABCD를 두 대각선의 교점 O를 중심으로 동일한 평면 위에서 시계 방향으로 회전시킨 것이다. $\overline{BD}=4$ cm일 때, 다음 물음에 답하시오.

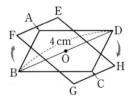

(1) □EFGH가 □ABCD를 시계 방향으로 60°만큼 회전시킨 것일 때, $\overline{BF}$의 길이를 구하시오.

(2) □BHDF의 넓이의 최댓값을 구하시오.

유형 1 | 등변사다리꼴

출제경향 등변사다리꼴의 정의를 정확히 알고 평행하지 않은 한 쌍의 대변의 길이와 두 밑각의 크기가 같음을 이용하는 문제가 출제된다.

공략비법
(1) 등변사다리꼴 : 밑변의 양 끝 각의 크기가 같은 사다리꼴
(2) 등변사다리꼴의 성질
  ① 평행하지 않은 한 쌍의 대변의 길이가 같다.
  ② 두 대각선의 길이가 같다.

1 대표
•2012년 3월 교육청 | 4점

다음은 두 대각선이 서로 수직으로 만나는 등변사다리꼴의 넓이를 구하는 과정이다.

그림과 같이 사각형 ABCD는 $\overline{AD} /\!/ \overline{BC}$, $\overline{AC} \perp \overline{BD}$인 등변사다리꼴이다.

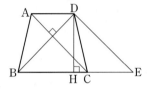

꼭짓점 D에서 직선 BC에 내린 수선의 발을 H라 하고, 점 D를 지나고 대각선 AC와 평행하게 그은 직선이 직선 BC와 만나는 점을 E라 하자.
사각형 ACED는 평행사변형이므로
$$\overline{AD} + \overline{BC} = \boxed{(7)} \quad \cdots\cdots \bigcirc$$
$\angle BDE = 90°$이고 $\overline{BD} = \overline{DE}$이므로 삼각형 DBE는 직각이등변삼각형이다.
$$\therefore \overline{BE} = \boxed{(4)} \quad \cdots\cdots \bigcirc$$
$\bigcirc$, $\bigcirc$에 의하여
$$\square ABCD = \frac{1}{2}(\overline{AD} + \overline{BC}) \times \overline{DH} = \boxed{(5)}$$

위의 과정에서 (가), (나), (다)에 알맞은 것은?

	(가)	(나)	(다)
①	$\overline{BE}$	$2\overline{DC}$	$\overline{DC}^2$
②	$\overline{BE}$	$2\overline{DH}$	$\overline{DC}^2$
③	$\overline{BE}$	$2\overline{DH}$	$\overline{DH}^2$
④	$2\overline{AC}$	$2\overline{DH}$	$\overline{DH}^2$
⑤	$2\overline{AC}$	$2\overline{DC}$	$\overline{DC}^2$

유형 2 | 평행선과 넓이

출제경향 밑변이 공통이고 밑변과 평행한 직선 위의 한 점을 꼭짓점으로 하는 삼각형들은 평행한 두 직선 사이의 거리가 일정하여 삼각형의 높이가 모두 같아진다. 이를 이용하여 넓이가 같은 삼각형, 사각형을 찾는 문제가 자주 출제된다.

공략비법 넓이가 같은 두 삼각형 찾기
(i) 평행한 두 직선을 찾는다.
(ii) 한 직선에 공통으로 포함되는 변을 찾는다.
(iii) (ii)의 공통변과 평행한 다른 직선 위의 두 점과 각각 연결하여 생기는 두 개의 삼각형이 넓이가 같은 삼각형이다.

2 대표
•2009년 3월 교육청 | 3점

그림과 같이 세 변의 길이가 서로 다른 삼각형 ABC에서 변 AC를 한 변의 길이로 하면서 변 BC의 연장선 위에 $\overline{AC} = \overline{CD}$가 되도록 점 D를 정하여 마름모 ACDE를 그린다. 또한, 변 AB를 한 변으로 하면서 $\angle BAF = \angle CAE$가 되도록 마름모 AFGB를 그린다. 삼각형 ABE와 넓이가 같은 삼각형을 •보기•에서 모두 고른 것은?

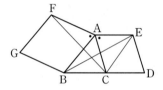

• 보기 •

ㄱ. 삼각형 ABC   ㄴ. 삼각형 ACE   ㄷ. 삼각형 AFC

① ㄱ   ② ㄴ   ③ ㄱ, ㄴ
④ ㄴ, ㄷ   ⑤ ㄱ, ㄴ, ㄷ

3 유사

다음 그림과 같이 두 평행사변형 ABCD와 EBFG에서 점 E는 $\overline{AD}$, 점 C는 $\overline{FG}$ 위에 있을 때, 옳지 않은 것은?

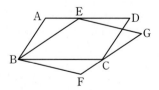

① $\triangle ABC = \triangle EBF$
② $\triangle DEC = \triangle GCE$
③ $\square ABCD = \square EBFG$
④ $\triangle BFC + \triangle ECG = \frac{1}{2} \square ABCD$
⑤ $\triangle ABC + \triangle BFG = \square ABCD$

III

도형의 닮음

도형의 닮음

100점 노트

주의

Ⓐ 기호의 올바른 사용
△ABC와 △DEF가
(1) 합동이면 △ABC≡△DEF
(2) 닮음이면 △ABC∽△DEF
(3) 넓이가 같으면 △ABC=△DEF

참고

Ⓑ (1) 항상 닮음인 평면도형
두 원, 두 직각이등변삼각형, 변의 개
수가 같은 두 정다각형, 중심각의 크
기가 같은 두 부채꼴 등이 있다.
(2) 항상 닮음인 입체도형
두 구, 모서리의 개수가 같은 두 정다
면체 등이 있다.
(3) 원 또는 구에서의 닮음비
대응하는 변 또는 모서리가 존재하지
않는 원 또는 구에서의 닮음비는 반지
름의 길이의 비와 같다.
(4) 닮음비가 1 : 1인 두 도형은 서로 합동
이다.
▶ STEP 2 | 02번

Ⓒ 축도와 축척
실제 거리나 높이를 직접 측정하기 어려
운 경우에는 닮음을 이용한다.
(1) 축도 : 어떤 도형을 일정한 비율로 줄
인 그림
(2) 축척 : 축도에서의 길이와 실제 길이의
비율

$$（축척）=\frac{（축도에서의 길이）}{（실제 길이）}$$

▶ STEP 2 | 03번, 07번

Ⓓ 직각삼각형의 닮음의 응용
∠A=90°인 직각삼각형 ABC의 꼭짓점
A에서 빗변 BC에 내린 수선의 발을 H
라 할 때,
△ABC∽△HBA∽△HAC (AA 닮음)

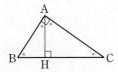

(1) △ABC∽△HBA에서
$\overline{AB} : \overline{BH}=\overline{BC} : \overline{AB}$
$⇨ \overline{AB}^2=\overline{BH}×\overline{BC}$
(2) △ABC∽△HAC에서
$\overline{CB} : \overline{AC}=\overline{AC} : \overline{CH}$
$⇨ \overline{AC}^2=\overline{CH}×\overline{CB}$
(3) △HBA∽△HAC에서
$\overline{BH} : \overline{AH}=\overline{AH} : \overline{CH}$
$⇨ \overline{AH}^2=\overline{BH}×\overline{CH}$
▶ STEP 1 | 06번, STEP 2 | 17번, 21번

닮은 도형 Ⓐ

한 도형을 일정한 비율로 확대 또는 축소한 도형이
다른 도형과 합동일 때, 두 도형은 서로 닮음인 관계
에 있다 또는 서로 닮은 도형이라 한다.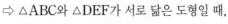

⇨ △ABC와 △DEF가 서로 닮은 도형일 때,
이것을 기호 ∽를 사용하여 △ABC∽△DEF와 같이 나타낸다.
꼭짓점은 대응하는 순서대로 쓴다.

닮은 도형의 성질 Ⓑ Ⓒ

(1) 평면도형에서 닮음의 성질 : 서로 닮은 두 평면도형에서
① 대응변의 길이의 비는 일정하다.
② 대응각의 크기는 각각 같다.
(2) 닮음비 : 서로 닮은 두 평면도형에서 대응변의 길이의 비
(3) 입체도형에서 닮음의 성질 : 서로 닮은 두 입체도형에서
① 대응하는 모서리의 길이의 비는 일정하다. ┗닮음비
② 대응하는 면은 서로 닮은 도형이다.

닮은 도형의 넓이의 비와 부피의 비

(1) 서로 닮은 두 평면도형의 넓이의 비
두 평면도형의 넓이의 비는 닮음비의 각 항의 제곱의 비와 같다.
⇨ 닮음비가 $m : n$이면 넓이의 비는 $m^2 : n^2$이다.
(2) 서로 닮은 두 입체도형의 부피의 비
두 입체도형의 부피의 비는 닮음비의 각 항의 세제곱의 비와 같다.
⇨ 닮음비가 $m : n$이면 부피의 비는 $m^3 : n^3$이다.
참고 닮음비가 $m : n$이면 겉넓이의 비는 $m^2 : n^2$이다.

삼각형의 닮음 조건 Ⓓ

(1) 세 쌍의 대응변의 길이의 비가 같을 때 (SSS 닮음)

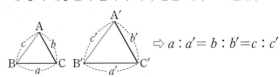

$⇨ a : a'=b : b'=c : c'$

(2) 두 쌍의 대응변의 길이의 비가 같고, 그 끼인각의 크기가 같을 때 (SAS 닮음)

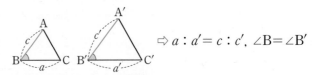

$⇨ a : a'=c : c', ∠B=∠B'$

(3) 두 쌍의 대응각의 크기가 각각 같을 때 (AA 닮음)

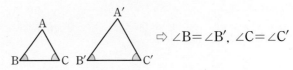

$⇨ ∠B=∠B', ∠C=∠C'$

참고 직각삼각형의 한 내각의 크기는 90°이므로 나머지 두 내각 중에서 한 내각
의 크기만 서로 같으면 AA 닮음에 의하여 닮은 삼각형이 된다.

Step 1 시험에 꼭 나오는 문제

01 평면도형에서 닮음의 성질

다음 그림에서 □ABCD∽□HGFE일 때, 옳지 <u>않은</u> 것은?

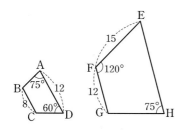

① ∠C=120°   ② ∠B=105°
③ $\overline{AB}$: $\overline{HG}$=4 : 5   ④ $\overline{CD}$=10
⑤ $\overline{HE}$=18

02 입체도형에서 닮음의 성질

다음 그림에서 두 원뿔 A, B는 서로 닮은 도형이다. 원뿔 B의 전개도에서 옆면인 부채꼴의 중심각의 크기는 $a°$, 넓이는 $b\pi$ cm²일 때, 두 상수 a, b에 대하여 $a+b$의 값은?

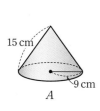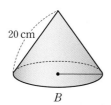

① 420   ② 432   ③ 444
④ 456   ⑤ 468

03 닮은 도형의 넓이의 비와 부피의 비

서로 닮은 두 원기둥 A, B의 높이가 각각 4 cm, 6 cm이고, 원기둥 A의 부피가 96π cm³일 때, 원기둥 B의 밑넓이를 구하시오.

04 삼각형의 닮음 조건

다음 그림과 같이 삼각형 ABC에서 $\overline{BD}$=9, $\overline{AD}$=6, $\overline{CD}$=7이 되도록 $\overline{BC}$ 위에 점 D를 정한다. $\overline{AB}$=12일 때, $\overline{AC}$의 길이를 구하고, 사용한 삼각형의 닮음 조건을 쓰시오.

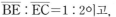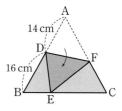

05 삼각형의 닮음

오른쪽 그림과 같이 정삼각형 모양의 종이 ABC를 $\overline{DF}$를 접는 선으로 하여 꼭짓점 A가 변 BC와 점 E에서 만나도록 접었다.
$\overline{BE}$: $\overline{EC}$=1 : 2이고,
$\overline{AD}$=14 cm, $\overline{BD}$ = 16 cm일 때, $\overline{EF}$의 길이는?

① 15 cm   ② $\dfrac{35}{2}$ cm   ③ 20 cm

④ $\dfrac{45}{2}$ cm   ⑤ 25 cm

06 직각삼각형의 닮음

오른쪽 그림과 같이 ∠A=90°인 직각삼각형 ABC의 꼭짓점 A에서 변 BC에 내린 수선의 발을 H라 하자. $\overline{AC}$=20 cm, $\overline{CH}$=16 cm일 때, $\overline{AB}$의 길이는?

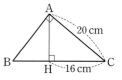

① 15 cm   ② 15.5 cm   ③ 16 cm
④ 16.5 cm   ⑤ 17 cm

유형❶ 닮은 도형

01 대표문제

오른쪽 그림에서 세 직사각형 ABCD, FCDE, AGHE는 모두 닮은 도형이다. $\overline{AB}=8$ cm, $\overline{ED}=5$ cm일 때, 선분 AG의 길이는?

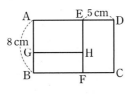

① $\dfrac{9}{2}$ cm   ② $\dfrac{37}{8}$ cm   ③ $\dfrac{19}{4}$ cm

④ $\dfrac{39}{8}$ cm   ⑤ 5 cm

02

• 보기 •에서 옳은 것을 모두 고른 것은?

┌─ 보기 ──────────────────────────┐

ㄱ. 한 내각의 크기가 같은 두 이등변삼각형은 닮은 도형이다.

ㄴ. 모든 정팔면체는 닮은 도형이다.

ㄷ. 두 원의 둘레의 길이의 비로 닮음비를 알 수 없다.

ㄹ. 합동인 두 도형은 닮은 도형이고, 그 닮음비는 1 : 1이다.

└────────────────────────────────┘

① ㄱ, ㄹ   ② ㄴ, ㄷ   ③ ㄴ, ㄹ

④ ㄱ, ㄴ, ㄷ   ⑤ ㄱ, ㄴ, ㄹ

03 〔앗! 실수〕

소영이는 지도를 이용하여 학교에서 가장 가까운 도서관을 찾기로 하였다. 축척이 1 : 3000인 지도에서 가장 가까운 도서관을 찾아 학교에서 도서관까지 직선 길이를 재었더니 15 cm이었다. 소영이가 1분에 100 m의 일정한 속력으로 학교에서 도서관까지 걸어갈 때 걸리는 시간은 몇 분 몇 초인지 구하시오. (단, 소영이는 학교에서 도서관까지 직선 도로를 따라 걷는다.)

04

오른쪽 그림에서 세 삼각형 ABC, FBA, EDC는 모두 닮은 도형이다. $\overline{AB}=\overline{AD}=9$ cm, $\overline{CD}=6$ cm, $\overline{CE}=5$ cm일 때, 사각형 AFED의 둘레의 길이는?

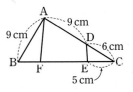

① 26 cm   ② 27 cm   ③ 28 cm

④ 29 cm   ⑤ 30 cm

05

다음 그림과 같이 직선 $y=\dfrac{1}{3}x+1$과 x축 사이에 세 개의 정사각형 A, B, C가 있다. 이때, 세 정사각형 A, B, C의 닮음비는?

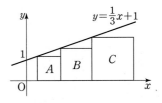

① 3 : 4 : 5   ② 3 : 5 : 7   ③ 4 : 7 : 10

④ 5 : 9 : 13   ⑤ 9 : 12 : 16

유형❷ 닮은 도형의 넓이의 비와 부피의 비

06 대표문제

오른쪽 그림과 같이 원뿔을 $\overline{QA}:\overline{AP}:\overline{PB}=3:2:1$이 되도록 밑면에 평행한 평면으로 잘랐다. 이때, 두 원뿔대 F와 F'의 부피의 비는?

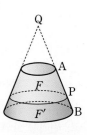

① 2 : 1   ② 5 : 4

③ 9 : 8   ④ 11 : 10

⑤ 14 : 13

07

실제 거리가 40 m인 두 지점 사이의 거리가 8 cm로 나타내어진 지도가 있다. 이 지도에서 넓이가 12 cm²인 땅의 실제 넓이는 몇 m²인지 구하시오.

08

서로 닮은 두 원기둥 모양의 물통 A, B가 있다. 두 물통의 겉면을 페인트로 칠하는 데 A는 20 g, B는 45 g이 사용되었다. 물통 A에는 물이 가득 담겨 있고 높이가 27 cm인 물통 B에는 높이가 5 cm만큼 물이 담겨 있다. 물통 A에 가득 담겨 있는 물을 전부 물통 B에 부었을 때, 물통 B에서 물의 높이는?

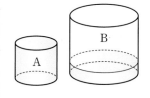

① 7 cm   ② 9 cm   ③ 11 cm
④ 13 cm   ⑤ 15 cm

09

스웨덴의 수학자인 코흐가 고안한 도형 '코흐 눈송이(Koch snowflake)'는 다음과 같은 규칙에 따라 만든다.

[규칙 I] 정삼각형을 하나 그린다.
[규칙 II] 각 변을 삼등분한 것 중 가운데 부분을 삭제하고, 삭제한 부분의 양 끝에 삭제한 부분과 같은 길이의 선분을 각각 붙이고, 이 두 선분을 연결하여 그린다.
[규칙 III] 각 변에 대하여 [규칙 II]의 과정을 반복한다.

위의 규칙에 따라 차례대로 그림을 그리면 [그림 1], [그림 2], [그림 3], …과 같다.

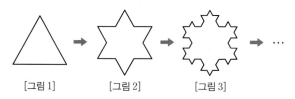

[그림 1]   [그림 2]   [그림 3]

[그림 1]의 정삼각형의 넓이를 A라 하면 [그림 4]에서 만들어진 도형의 넓이가 kA일 때, 상수 k의 값을 구하시오.

유형❸ 삼각형의 닮음 조건

10 대표문제

그림과 같이 사각형 ABCD에서 $\overline{AB}=4$, $\overline{BC}=9$, $\overline{AD}=3$ 이다. 대각선 BD는 ∠B의 이등분선이고 ∠BDA=∠BCD일 때, 선분 DC의 길이는? [2017년 3월 교육청]

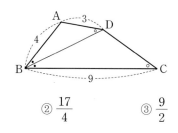

① 4   ② $\dfrac{17}{4}$ ③ $\dfrac{9}{2}$

④ $\dfrac{19}{4}$ ⑤ 5

11

오른쪽 그림과 같은 삼각형 ABC에서 $\overline{AB}=9$ cm, $\overline{BC}=12$ cm, $\overline{AC}=14$ cm, $\overline{DF}=8$ cm이고 ∠ABD=∠BCE=∠CAF일 때, 삼각형 DEF의 둘레의 길이는?

(단, 세 점 D, E, F는 각각 $\overline{AF}$, $\overline{BD}$, $\overline{CE}$ 위의 점이다.)

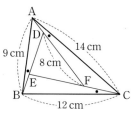

① 18 cm   ② 18.5 cm   ③ 19 cm
④ 19.5 cm   ⑤ 20 cm

12

오른쪽 그림과 같은 △ABC에서 변 BC 위의 점 D와 변 AB 위의 점 E에 대하여 $\overline{AE}=\overline{EB}=\overline{ED}$ 이고, $\overline{AB}=12$ cm, $\overline{BD}=8$ cm, $\overline{CD}=1$ cm일 때, $\overline{AC}$의 길이를 구하시오.

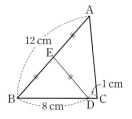

13

오른쪽 그림과 같이 삼각형 ABC에서 각 A의 이등분선과 변 BC가 만나는 점을 D라 하자. 선분 AD 위에 $\overline{BD}=\overline{BE}$가 되도록 점 E를 정하면 $\overline{AE}=6\ cm$, $DE=4\ cm$일 때, $\overline{BD}:\overline{CD}$를 가장 간단한 자연수의 비로 나타내시오.

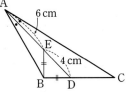

14

오른쪽 그림과 같이 삼각형 ABC의 변 BC의 연장선 위의 한 점 D에 대하여 두 삼각형 ABC와 ECD가 닮음이 되도록 점 E를 정하고 선분 BE와 변 AC의 교점을 F라 하자. $\overline{BC}=6$, $\overline{CD}=4$, $\overline{DE}=8$일 때, $\overline{CF}$의 길이는?

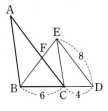

① $\dfrac{21}{5}$ ② $\dfrac{22}{5}$ ③ $\dfrac{23}{5}$

④ $\dfrac{24}{5}$ ⑤ 5

15

서술형

오른쪽 그림과 같이 한 변의 길이가 5인 정삼각형 ABC의 변 BC 위에 $\overline{BD}:\overline{CD}=3:2$가 되도록 점 D를 정하고, 변 AC 위에 $\angle ADE=60°$가 되도록 점 E를 정할 때, $\overline{AD}^2$의 값을 구하시오.

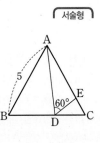

16

도전 문제

다음 그림과 같이 사각형 ABCD의 두 변 AD, BC의 연장선이 만나는 점을 P라 하자. $\angle ABC=\angle BCD$이고, $\overline{PA}=4$, $\overline{PB}=3$, $\overline{PC}=6$, $\overline{PD}=7$일 때, $\overline{AB}\times\overline{CD}$의 값을 구하시오.

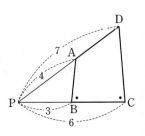

유형 ❹ 직각삼각형의 닮음

17 대표문제

오른쪽 그림과 같이 $\angle A=90°$인 직각삼각형 ABC에서 $\overline{AH}\perp\overline{BC}$이고 $\overline{BH}=16\ cm$, $\overline{CH}=4\ cm$일 때, △ABH의 넓이를 구하시오.

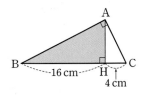

18

오른쪽 그림과 같이 두 점 A, B에서 직선 l에 내린 수선의 발을 각각 P, Q라 하자. 또한, 두 선분 AQ와 BP의 교점을 X라 하고 점 X에서 직선 l에 내린 수선의 발을 Y라 할 때, ·보기·에서 옳은 것을 모두 고른 것은?

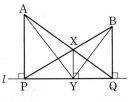

·보기·
ㄱ. $\overline{AP}:\overline{XY}=\overline{PQ}:\overline{YQ}$
ㄴ. $\overline{AP}:\overline{BQ}=\overline{PY}:\overline{YQ}$
ㄷ. $\angle AYX=\angle BYX$

① ㄱ   ② ㄱ, ㄴ   ③ ㄱ, ㄷ

④ ㄴ, ㄷ   ⑤ ㄱ, ㄴ, ㄷ

19

오른쪽 그림과 같이 직사각형 모양의 종이 ABCD를 대각선 BD를 접는 선으로 하여 점 C가 점 F에 오도록 접었을 때, $\overline{EG}$의 길이를 구하시오.

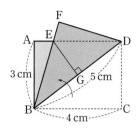

20

오른쪽 그림과 같이 $\overline{AD} \# \overline{BC}$인 사다리꼴 ABCD의 넓이가 40 cm²이고 $\overline{AD}=4$ cm, $\overline{BC}=6$ cm이다. 두 대각선 AC, BD의 교점 E에서 $\overline{BC}$에 내린 수선의 발을 H라 할 때, $\overline{EH}$의 길이는?

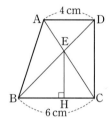

① $\dfrac{23}{5}$ cm ② $\dfrac{24}{5}$ cm ③ 5 cm

④ $\dfrac{26}{5}$ cm ⑤ $\dfrac{27}{5}$ cm

21

다음 그림과 같이 $\angle A=90°$인 직각삼각형 ABC에서 $\overline{AB}=30$ cm, $\overline{BC}=50$ cm, $\overline{AC}=40$ cm이다. 변 BC의 중점을 M, 꼭짓점 A에서 변 BC에 내린 수선의 발을 D, 점 D에서 선분 AM에 내린 수선의 발을 E라 할 때, 선분 DE의 길이는?

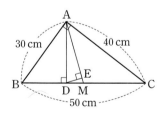

① 6 cm ② $\dfrac{31}{5}$ cm ③ $\dfrac{162}{25}$ cm

④ $\dfrac{168}{25}$ cm ⑤ 7 cm

22

오른쪽 그림과 같이 $\angle B=90°$, $\overline{AB}=12$ cm, $\overline{BC}=9$ cm, $\overline{AC}=15$ cm인 직각삼각형 ABC가 있다. □DEFG가 $\overline{DE} : \overline{EF}=5 : 4$인 직사각형이 되도록 직각삼각형 ABC의 각 변 위에 네 점 D, E, F, G를 정할 때, $\overline{EF}$의 길이를 구하시오.

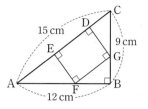

23

다음 그림의 사각형 ABCD는 넓이가 60 cm²인 정사각형이다. 두 변 AB, BC 위의 점 E, F에 대하여 $\angle EDF=45°$이고 두 점 E, F에서 대각선 BD에 내린 수선의 발을 각각 G, H라 하면 $\overline{DH}=6$ cm일 때, $\overline{GH}$의 길이를 구하시오.

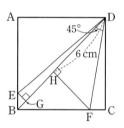

24

[도전 문제]

오른쪽 그림과 같이 $\angle A=90°$인 직각삼각형 ABC가 있다. 꼭짓점 A에서 변 BC에 내린 수선의 발을 A_1, 점 A_1에서 변 AC에 내린 수선의 발을 B_1, 점 B_1에서 변 BC에 내린 수선의 발을 A_2라 하고, 이와 같은 방법으로 점 B_2, A_3, B_3, …을 차례대로 정하면 $\overline{AB} : \overline{A_1B_1}=9 : 4$일 때, $\overline{AA_1} : \overline{A_3B_3}$을 가장 간단한 자연수의 비로 나타내시오.

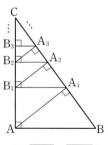

01

오른쪽 그림과 같은 사각형 ABCD에서 변 BC 위의 점 E에 대하여 ∠BAE=∠CAD, ∠ABE=∠ACD이고 $\overline{AC}$와 $\overline{DE}$의 교점을 F라 할 때, 다음 물음에 답하시오.

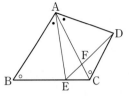

(1) 삼각형 ABE와 닮음인 삼각형을 찾고, 그 이유를 설명하시오.

(2) 삼각형 ABC와 닮음인 삼각형을 찾고, 그 이유를 설명하시오.

(3) 삼각형 AFD와 닮음인 삼각형을 찾고, 그 이유를 설명하시오.

02

[그림 1]과 같이 한 모서리의 길이가 서로 같은 정사면체 4개와 정팔면체 1개를 붙이면 [그림 2]와 같은 정사면체를 만들 수 있다. 이를 이용하여 [그림 1]의 정팔면체와 [그림 2]의 정사면체의 부피의 비를 가장 간단한 자연수의 비로 나타내시오.

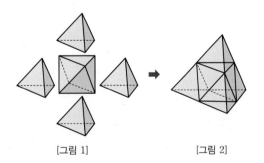

[그림 1]   [그림 2]

03

다음 그림과 같이 $\overline{AB}$=12 cm, $\overline{BC}$=16 cm인 직사각형 ABCD에서 변 BC 위에 $\overline{BE}:\overline{CE}$=5 : 3이 되도록 점 E를 정하고, $\overline{AB}$ 위에 ∠DEF=90°가 되도록 점 F를 정하자. $\overline{AD}$의 연장선과 $\overline{EF}$의 연장선의 교점을 H라 할 때, 물음에 답하시오.

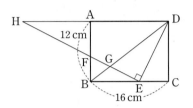

(1) $\overline{AF}$의 길이를 구하시오.

(2) $\overline{AH}$의 길이를 구하시오.

(3) $\overline{BG}:\overline{DG}$를 가장 간단한 자연수의 비로 나타내시오.

04

다음 그림과 같이 눈높이가 1.8 m인 학생이 피라미드를 보고 서 있다. 이 학생의 눈높이에 대한 그림자의 길이는 2.4 m이고 피라미드의 그림자의 끝은 이 학생이 서 있는 곳과 일치하였다. 이 학생이 바닥과 평행하게 피라미드를 바라보았을 때 피라미드까지의 거리는 10.6 m이고, 피라미드를 옆에서 보면 높이 AH와 밑변 BC의 길이의 비가 3 : 2인 이등변삼각형일 때, 물음에 답하시오.

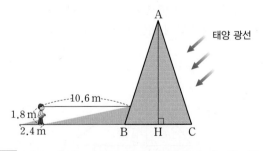

(1) $\overline{AH}$=h m일 때, 점 H로부터 이 학생이 서 있는 곳까지의 거리를 h를 사용하여 나타내시오.

(2) 피라미드의 높이를 구하시오.

05

다음 그림과 같이 [1단계]에서 정삼각형 ABC의 한 변 AB를 삼등분한 선분을 한 변으로 하는 정삼각형을 3개 그린 후 색칠한다. [2단계]에서 한 변 A_1B_1을 삼등분한 선분을 한 변으로 하는 정삼각형을 3개 그린 후 색칠한다. 이와 같은 방법으로 [3단계], [4단계], …의 그림을 그리고 색칠할 때, 색이 칠해지지 않은 처음의 정삼각형과 [4단계]에서 새로 색칠되는 정삼각형 하나의 닮음비를 가장 간단한 자연수의 비로 나타내시오.

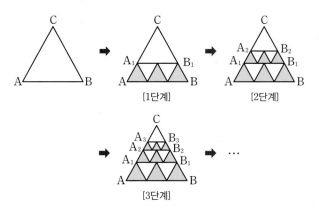

06

다음 그림과 같이 밑면의 반지름의 길이의 비가 $2:3$이고 높이가 같은 두 원뿔 A, B가 밑면이 서로 평행하게 놓여 있다. 두 원뿔 A, B의 단면의 넓이가 같도록 밑면에 평행한 평면으로 잘라 생긴 두 원뿔의 부피를 각각 V_1, V_2라 하자. $V_1=9$일 때, V_2의 값을 구하시오.

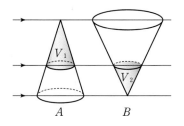

07

다음 그림과 같이 $\overline{AD}=6$인 직사각형 ABCD의 두 변 AD, BC의 중점을 각각 E, F라 하면 □ABCD∽□AEFB이다. 이 직사각형 ABCD를 $\overline{DF}$를 접는 선으로 하여 점 C가 점 G에 오도록 접을 때, 점 G에서 두 변 AB, AD에 내린 수선의 발을 각각 H, I라 하자. 이때, $\overline{AI}$의 길이를 구하시오.

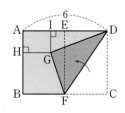

08

다음 그림과 같이 삼각형 ABC의 내접원과 세 변의 접점을 각각 D, E, F라 하고, $\overline{AE}$와 $\overline{DF}$의 교점을 P라 할 때, $\overline{AP}:\overline{PE}$를 가장 간단한 자연수의 비로 나타내시오.

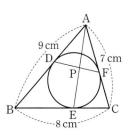

blacklabel 미리보는 학력평가

정답체크 p. 3 | 정답과 해설 pp. 51~52

유형 1 | 닮은 도형의 넓이의 비와 부피의 비

출제경향 주어진 도형에서 닮은 도형을 찾아 닮음비를 구하고 넓이의 비 또는 부피의 비를 이용하여 도형의 넓이 또는 부피를 구하는 문제가 출제된다.

공략비법
(ⅰ) 닮은 도형을 먼저 찾는다.
(ⅱ) 두 도형의 닮음비를 구한다.
(ⅲ) 두 도형의 넓이의 비 또는 부피의 비를 구한다.
(ⅳ) 문제의 답을 구한다.

1 대표
• 2016년 3월 교육청 | 3점

지름의 길이가 8 cm, 12 cm인 구 모양의 두 구슬 A, B의 가격은 구슬의 부피에 비례한다고 한다. 두 구슬 A, B의 가격을 각각 a원, b원이라 할 때, $\dfrac{b}{a}$의 값은?

(단, a와 b는 양수이다.)

① $\dfrac{3}{2}$ ② $\dfrac{9}{4}$ ③ $\dfrac{23}{8}$

④ $\dfrac{25}{8}$ ⑤ $\dfrac{27}{8}$

2 유사
• 2011년 3월 교육청 | 4점

그림과 같이 △ABC와 △DCE에 대하여 세 점 B, C, E는 모두 직선 l 위에 있다. $\overline{BC}=3$, $\overline{CE}=6$이고 △ABC∽△DCE이다. 점 A에서 직선 l까지의 거리가 2일 때, 두 삼각형을 직선 l을 회전축으로 하여 1회전시킨 입체도형의 부피는?

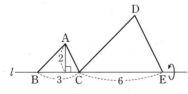

① 18π ② 27π ③ 36π
④ 45π ⑤ 54π

유형 2 | 삼각형의 닮음 조건의 활용

출제경향 삼각형이 아닌 도형에서 삼각형의 닮음 조건을 이용하여 닮음인 두 삼각형을 찾고 이를 활용하는 문제가 출제된다.

공략비법 평행사변형에서의 활용
(1) 평행선의 성질을 이용하여 두 쌍의 대응각의 크기가 같은 두 삼각형을 찾는다.
(2) 오른쪽 그림과 같은 □ABCD가 평행사변형일 때,
$\overline{AB}\,/\!/\,\overline{DE}$
⇨ $\angle a=\angle b$, $\angle c=\angle d$
⇨ △FAB∽△FED (AA 닮음)

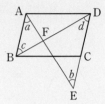

3 대표
• 2018년 3월 교육청 | 4점

그림과 같이 평행사변형 ABCD에서 ∠A의 이등분선이 변 BC와 만나는 점을 E, 변 DC의 연장선과 만나는 점을 F라 하자.

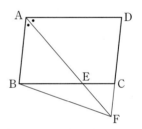

다음은 $\overline{AB}:\overline{AD}=2:3$이고 평행사변형 ABCD의 넓이가 30일 때, 삼각형 BFE의 넓이를 구하는 과정이다.

> $\overline{AB}\,/\!/\,\overline{DF}$이므로 $\angle DFA=\angle BAF$
> 그러므로 삼각형 DAF는 $\overline{DA}=\overline{DF}$인 이등변삼각형이다.
> $\overline{CF}=\overline{DF}-\overline{DC}=\overline{DA}-\overline{AB}$이므로
> $\overline{CF}=$ (가) $\times\overline{AB}$
> △ABE∽△FCE이므로
> $\overline{EF}=$ (나) $\times\overline{AF}$
> $\overline{AB}\,/\!/\,\overline{DF}$이므로 삼각형 ABF의 넓이는 삼각형 ABD의 넓이와 같다.
> 따라서 삼각형 BFE의 넓이는 (다) 이다.

위의 (가), (나), (다)에 들어갈 알맞은 수를 각각 a, b, c라 할 때, abc의 값은?

① $\dfrac{1}{3}$ ② $\dfrac{1}{2}$ ③ $\dfrac{2}{3}$

④ $\dfrac{5}{6}$ ⑤ 1

06

Ⅲ. 도형의 닮음

닮음의 활용

100점 노트

100점 공략

Ⓐ 삼각형의 두 변의 중점을 연결한 선분과 나머지 한 변 사이의 관계

(1) 삼각형 ABC에서 두 변 AB, AC의 중점을 각각 M, N 이라 하면 $\overline{BC}/\!/\overline{MN}$,

$\overline{MN}=\dfrac{1}{2}\overline{BC}$

(2) 삼각형 ABC에서 변 AB의 중점 M 을 지나고 변 BC 에 평행한 직선과 변 AC의 교점을 N이라 하면 $\overline{AN}=\overline{NC}$

Ⓑ 사다리꼴에서 평행선과 선분의 길이의 비

사다리꼴 ABCD에서 $\overline{AD}/\!/\overline{EF}/\!/\overline{BC}$이고, $\overline{AD}=a$, $\overline{BC}=b$, $\overline{AE}=m$, $\overline{BE}=n$일 때

$\overline{EF}=\dfrac{an+bm}{m+n}$

▶ STEP 1 | 04번, STEP 2 | 12번

Ⓒ 평행선 사이에 있는 선분의 길이의 비의 응용

두 삼각형 ABC와 BCD 에서 두 선분 AC와 BD의 교점을 E라 할 때, $\overline{AB}/\!/\overline{EF}/\!/\overline{DC}$이고, $\overline{AB}=a$, $\overline{CD}=b$이면

(1) $\overline{EF}=\dfrac{ab}{a+b}$ (2) $\overline{BF}:\overline{FC}=a:b$

▶ STEP 2 | 11번

중요

Ⓓ 삼각형의 무게중심과 넓이

삼각형 ABC의 무게중심을 G라 하면
△GAF
$=$△GBF$=$△GBD
$=$△GCD$=$△GCE
$=$△GAE$=\dfrac{1}{6}$△ABC

▶ STEP 1 | 06번, STEP 2 | 16번

삼각형에서 평행선과 선분의 길이의 비 Ⓐ

삼각형 ABC에서 두 점 D, E가 각각 $\overline{AB}$, $\overline{AC}$ 또는 그 연장선 위에 있을 때, $\overline{BC}/\!/\overline{DE}$이면

(1) $\overline{AB}:\overline{AD}=\overline{AC}:\overline{AE}=\overline{BC}:\overline{DE}$

(2) $\overline{AD}:\overline{DB}=\overline{AE}:\overline{EC}$

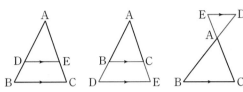

삼각형의 각의 이등분선

삼각형 ABC에서 ∠A의 이등분선이 변 BC와 만나는 점 또는 ∠A의 외각의 이등분선이 변 BC의 연장선과 만나는 점을 D라 하면

$$\overline{AB}:\overline{AC}=\overline{BD}:\overline{CD}$$

 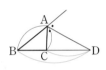

평행선 사이의 선분의 길이의 비 Ⓑ Ⓒ

세 평행선이 다른 두 직선과 만날 때, 평행선 사이에 있는 선분의 길이의 비는 같다.

➡ $l/\!/m/\!/n$이면 $a:b=c:d$

└ $a:b=c:d$가 성립해도 세 직선 l, m, n은 평행하지 않을 수 있다.

 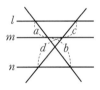

삼각형의 중선

(1) 중선 : 삼각형에서 한 꼭짓점과 그 대변의 중점을 이은 선분

(2) 삼각형의 중선의 성질

삼각형의 한 중선은 그 삼각형의 넓이를 이등분한다.

➡ $\overline{AD}$가 △ABC의 중선이면

$$\triangle ABD=\triangle ACD=\dfrac{1}{2}\triangle ABC$$

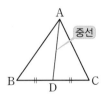

삼각형의 무게중심 Ⓓ

삼각형의 세 중선은 한 점(무게중심)에서 만나고, 이 점은 세 중선을 각 꼭짓점으로부터 그 길이가 각각 2 : 1이 되도록 나눈다.

➡ $\overline{AG}:\overline{GD}=\overline{BG}:\overline{GE}=\overline{CG}:\overline{GF}=2:1$

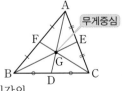

참고 이등변삼각형의 외심, 내심, 무게중심은 모두 꼭지각의 이등분선 위에 있고, 정삼각형의 외심, 내심, 무게중심은 모두 일치한다.

시험에 꼭 나오는 문제

01 삼각형에서 평행선과 선분의 길이의 비

다음 그림에서 $\overline{DE}/\!/\overline{FG}/\!/\overline{HC}$, $\overline{FE}/\!/\overline{HG}/\!/\overline{BC}$이고
$\overline{AD}=3$, $\overline{DF}=2$일 때, $\dfrac{\overline{HB}}{\overline{AD}}$의 값은?

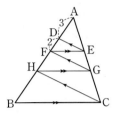

① $\dfrac{50}{27}$ ② $\dfrac{8}{3}$ ③ $\dfrac{15}{4}$

④ $\dfrac{50}{9}$ ⑤ $\dfrac{25}{3}$

02 삼각형의 두 변의 중점을 연결한 선분과 나머지 한 변 사이의 관계

오른쪽 그림과 같은 삼각형 ABC에서 점 E는 변 BC의 중점이고, 변 AB를 연장한 직선 위의 점 F에 대하여 변 AC가 선분 FE의 길이를 이등분한다. $\overline{BF}=24$ cm일 때, 변 AB의 길이는?

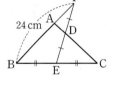

① 15 cm   ② 16 cm   ③ 17 cm
④ 18 cm   ⑤ 19 cm

03 삼각형의 각의 이등분선

오른쪽 그림과 같은 △ABC에서 $\overline{AD}$, $\overline{BE}$는 각각 ∠A, ∠B의 이등분선이다. $\overline{AB}=8$ cm, $\overline{BD}=4$ cm, $\overline{CD}=2$ cm일 때, $\overline{AE}$의 길이를 구하시오.

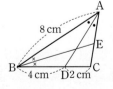

04 평행선 사이의 선분의 길이의 비

다음 그림과 같은 사다리꼴 ABCD에서 $\overline{AD}/\!/\overline{EF}/\!/\overline{BC}$이고, $\overline{AE}=2\overline{EB}$이다. $\overline{AD}=9$ cm, $\overline{BC}=15$ cm일 때, $\overline{MN}$의 길이는?

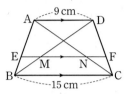

① 5 cm   ② 5.5 cm   ③ 6 cm
④ 6.5 cm   ⑤ 7 cm

05 삼각형의 무게중심

오른쪽 그림과 같은 삼각형 ABC에서 점 G는 무게중심이고, $\overline{EF}/\!/\overline{BC}$이다. $\overline{AD}=18$ cm일 때, $\overline{EG}$의 길이는?

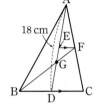

① 2 cm   ② 2.5 cm
③ 3 cm   ④ 3.5 cm
⑤ 4 cm

06 삼각형의 무게중심과 넓이

오른쪽 그림에서 $\overline{BD}=\overline{DE}=\overline{EC}$이고, 점 G는 △ADC의 무게중심이다. □FDEG=10 cm²일 때, △ABC의 넓이를 구하시오.

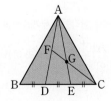

Step ② A등급을 위한 문제

유형❶ 삼각형에서 평행선과 선분의 길이의 비

01 대표문제

오른쪽 그림과 같은 삼각형 ABC에서 변 AB 위의 한 점 D를 지나고 변 BC에 평행한 직선이 변 AC와 만나는 점을 E라 할 때, ∠AEF를 이등분하는 직선은 점 B를 지난다. $\overline{DE}=12$ cm, $\overline{EC}=21$ cm일 때, $\overline{AE}$의 길이는?

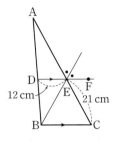

① 26 cm ② 27 cm ③ 28 cm
④ 29 cm ⑤ 30 cm

02

〔앗! 실수〕

오른쪽 그림과 같은 평행사변형 ABCD의 변 CD 위에 $\overline{CE}:\overline{DE}=3:4$가 되도록 점 E를 정하고, 직선 AE와 선분 BD가 만나는 점을 F, 직선 AE와 변 BC의 연장선이 만나는 점을 G라 할 때, $\overline{AF}:\overline{FE}:\overline{EG}$를 가장 간단한 자연수의 비로 나타내시오.

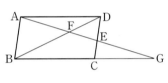

03

〔서술형〕

오른쪽 그림과 같은 삼각형 ABC에서 두 변 BC, AC에 각각 $\overline{BD}:\overline{DC}=3:4$, $\overline{AE}:\overline{EC}=5:7$을 만족시키는 두 점 D, E를 정하고 $\overline{AD}$, $\overline{BE}$의 교점을 F라 하자. $\overline{AF}:\overline{FD}=a:b$, $\overline{BF}:\overline{FE}=c:d$일 때, $a+b+c+d$의 값을 구하시오.
(단, $a:b$, $c:d$는 각각 가장 간단한 자연수의 비이다.)

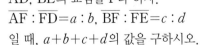

유형❷ 삼각형의 두 변의 중점을 연결한 선분과 나머지 한 변 사이의 관계

04 대표문제

오른쪽 그림과 같은 삼각형 ABC에서 $\overline{AC}$를 삼등분하는 점을 각각 D, E라 하고, $\overline{BC}$ 위의 점 F에 대하여 $\overline{AF}$와 $\overline{BD}$가 만나는 점을 G라 하자. $\overline{AG}=\overline{GF}$이고, $\overline{BG}=9$ cm일 때, $\overline{EF}$의 길이는?

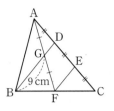

① 4.5 cm ② 5 cm ③ 6 cm
④ 6.5 cm ⑤ 7 cm

05

오른쪽 그림과 같이 한 모서리의 길이가 40 cm인 정사면체 A-BCD에서 $\overline{BE}=30$ cm가 되도록 하는 점 E를 $\overline{BC}$ 위에 잡자. 점 E에서 시작하여 $\overline{AC}$ 위의 점 F와 $\overline{AD}$ 위의 점 G를 차례대로 지나 점 B에 이르는 길이가 최소가 되도록 할 때, $\overline{CF}$의 길이와 $\overline{DG}$의 길이를 각각 구하시오.

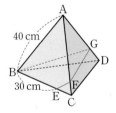

06

오른쪽 그림과 같은 평행사변형 ABCD에서 점 O는 두 대각선의 교점이고, 점 E는 $\overline{AB}$의 연장선 위의 $\overline{AB}=\overline{BE}$를 만족시키는 점이다. ∠AEO=∠CEO이고, ∠AEO : ∠EAO=2 : 7일 때, ∠BOE의 크기는?

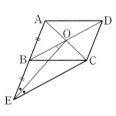

① 10° ② 15° ③ 20°
④ 25° ⑤ 30°

유형❸ 삼각형의 각의 이등분선

07 대표문제

다음 그림과 같이 $\overline{AB}=8$ cm, $\overline{CA}=6$ cm인 △ABC에서 ∠A의 이등분선과 $\overline{BC}$가 만나는 점을 D라 하고, ∠A의 외각의 이등분선과 $\overline{BC}$의 연장선이 만나는 점을 E라 할 때, 삼각형 ACE의 넓이가 21 cm²이다. 이때, 삼각형 ADE의 넓이는?

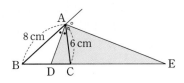

① 24 cm² ② 26 cm² ③ 28 cm²

④ 30 cm² ⑤ 32 cm²

08

오른쪽 그림과 같이 $\overline{AB}=8$, $\overline{AC}=12$, $\overline{BC}=15$인 삼각형 ABC에서 ∠BAC를 이등분하는 직선과 변 BC가 만나는 점을 D라 하고, 변 AB 위에 ∠ADE=∠ACD가 되도록 점 E를 정하자. 이때, 두 삼각형 BDE와 ACD의 넓이의 비를 가장 간단한 자연수의 비로 나타내시오.

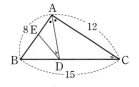

09

오른쪽 그림과 같이 $\overline{AB}=10$, $\overline{CA}=6$인 삼각형 ABC에서 ∠BAC를 이등분하는 직선과 변 BC가 만나는 점을 D라 하자. 변 AB 위의 점 E에 대하여 두 선분 AD와 CE가 만나는 점을 F라 하면 $\overline{CF}=\overline{CD}$, $\overline{AD}=5$일 때, $\overline{FD}$의 길이를 구하시오.

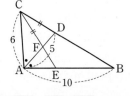

유형❹ 평행선 사이에 있는 선분의 길이의 비

10 대표문제

오른쪽 그림과 같은 사다리꼴 ABCD에서 $\overline{AD}/\!/\overline{EF}/\!/\overline{GH}/\!/\overline{BC}$ 일 때, $2x-3y$의 값은?

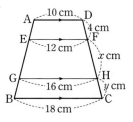

① 4 ② 5

③ 6 ④ 7

⑤ 8

11

다음 그림에서 $\overline{AB}$, $\overline{EF}$, $\overline{DC}$가 모두 $\overline{BC}$에 수직이고 $\overline{AB}=12$ cm, $\overline{DC}=36$ cm, $\overline{BC}=24$ cm일 때, △BFE와 △AED의 넓이의 차를 구하시오.

(단, 점 E는 $\overline{BD}$ 위에 있다.)

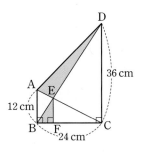

12

$\overline{AD}=9$ cm, $\overline{BC}=12$ cm인 등변사다리꼴의 각 변을 삼등분하여 다음 그림과 같이 9개의 부분으로 나누었다. ㈎ 부분과 ㈏ 부분의 넓이의 비를 가장 간단한 자연수의 비로 나타내면 $a:b$일 때, $a+b$의 값은?

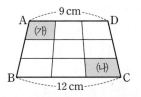

① 25 ② 30 ③ 37

④ 42 ⑤ 49

유형⑤ 삼각형의 무게중심

13 대표문제

오른쪽 그림과 같이 $\overline{AB}$를 한 변으로 하는 △PAB와 △P′AB의 무게중심을 각각 G, G′이라 할 때, 다음 중 옳지 않은 것은?

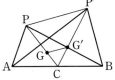

① $\overline{PG} : \overline{GC} = 2 : 1$
② $\overline{GG'} : \overline{PP'} = 1 : 2$
③ $\overline{GG'} /\!/ \overline{PP'}$
④ $\overline{AC} = \overline{BC}$
⑤ △P′AC = △P′CB

14

서술형

오른쪽 그림과 같이 ∠C=90°인 직각삼각형 ABC에서 점 G는 무게중심이고, 점 I는 내심이다. $\overline{AB}=10$ cm, $\overline{BC}=8$ cm, $\overline{CA}=6$ cm일 때, $\overline{GI}$의 길이를 구하시오.

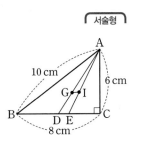

15

다음 그림과 같이 부피가 1080 cm³인 정사면체 A−BCD에서 각 면의 무게중심을 꼭짓점으로 하는 정사면체 E−FGH를 만들 때, 정사면체 E−FGH의 부피는?

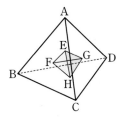

① 20 cm³
② 30 cm³
③ 40 cm³
④ 50 cm³
⑤ 60 cm³

16

오른쪽 그림의 평행사변형 ABCD에서 두 변 AD, CD의 중점을 각각 E, F라 하고, 두 선분 BE와 AF의 교점을 H, 두 선분 CE와 AF의 교점을 I라 하자. 이때, 두 삼각형 ICF와 EHI의 넓이의 비를 가장 간단한 자연수의 비로 나타내시오.

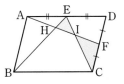

17

다음 그림과 같이 한 변의 길이가 24 cm인 정사각형 ABCD가 있다. 변 BC 위의 한 점 H에 대하여 세 삼각형 ABH, AHD, DHC의 무게중심을 각각 E, F, G라 하자. 이때, 삼각형 EFG의 넓이는?

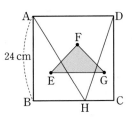

① 58 cm²
② 60 cm²
③ 62 cm²
④ 64 cm²
⑤ 66 cm²

18

도전 문제

오른쪽 그림과 같이 $\overline{AB}=\overline{AD}$, $\overline{BC}=\overline{CD}$인 사각형 ABCD에서 $\overline{AB}$의 중점을 M, $\overline{CD}$의 중점을 N이라 하자. 대각선 AC와 $\overline{DM}$, $\overline{BN}$이 만나는 점을 각각 P, Q라 할 때, $\dfrac{\overline{AC}}{\overline{PQ}}$의 값을 구하시오.

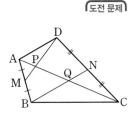

01

다음 그림과 같은 삼각형 ABC에서 변 BC의 사등분점을 D, E, F라 하고, 변 AC의 중점을 M이라 하자. 선분 BM과 세 선분 AD, AE, AF의 교점을 각각 G, H, I라 할 때, 물음에 답하시오.

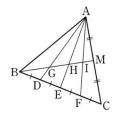

(1) $\overline{GM} : \overline{HM} : \overline{IM}$을 가장 간단한 자연수의 비로 나타내시오.

(2) $\overline{BG} : \overline{GH} : \overline{HI} : \overline{IM}$을 가장 간단한 자연수의 비로 나타내시오.

02

다음 그림과 같이 직사각형 ABCD에 $\overline{EA}=\overline{EB}$, $\overline{GF}=\overline{GC}$인 이등변삼각형 2개가 내접하고 있다. $\overline{AB}=\overline{AG}=8$, $\overline{BF}=2$일 때, △ABE와 △GFC의 넓이의 비를 가장 간단한 자연수의 비로 나타내시오.

(단, 점 E는 $\overline{GF}$ 위에 있다.)

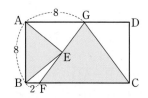

03

다음 그림과 같이 $\overline{AB}=\overline{AD}=2$인 마름모 ABCD가 있다. 변 AB의 연장선 위에 $\overline{BE}=1$이 되도록 점 E를 잡고, 선분 ED가 두 선분 BC, AC와 만나는 점을 각각 F, G라 할 때, 물음에 답하시오.

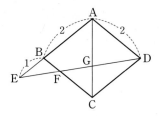

(1) $\overline{BF} : \overline{AD}$를 가장 간단한 자연수의 비로 나타내시오.

(2) $\overline{FG} : \overline{GD}$를 가장 간단한 자연수의 비로 나타내시오.

(3) △GFC : △ACD를 가장 간단한 자연수의 비로 나타내시오.

04

다음 그림과 같이 직선 l 위에 있지 않은 세 점 A, B, C에서 직선 l에 내린 수선의 발을 각각 D, E, F라 하자. △ABC의 무게중심 G에서 직선 l에 내린 수선의 발을 H라 하고, $\overline{AD}=12$, $\overline{BE}=8$, $\overline{CF}=28$일 때, 선분 GH의 길이를 구하시오.

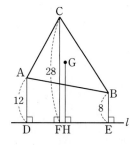

05

다음 그림과 같이 삼각형 ABC에서 변 AB의 중점을 D, 선분 BD의 중점을 E, 선분 CD의 중점을 F라 하자. 점 D를 지나고 변 BC에 평행인 직선이 선분 AF와 만나는 점을 G라 하고, 두 선분 EG, DF의 교점을 H라 할 때, 삼각형 DBC의 넓이는 삼각형 DHG의 넓이의 k배이다. k의 값을 구하시오. [2018년 3월 교육청]

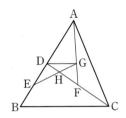

06

다음 그림의 사각형 ABCD에서 $\overline{AB}=\overline{CD}=12$ cm이고, 대각선 BD의 중점을 G라 할 때 $\overline{AG}/\!/\overline{DC}$이다. 반직선 CD 위에 $\overline{CP}=18$ cm가 되도록 점 P를 정하면 세 점 B, A, P는 일직선 위에 있다. 두 변 AD, BC의 중점을 각각 E, F라 하고 반직선 FE가 선분 AP, 반직선 CD와 만나는 점을 각각 Q, R라 하자. $\angle BDC-\angle ABD=90°$일 때, 물음에 답하시오.

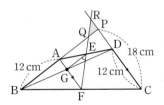

(1) $\angle GEF$의 크기를 구하시오.

(2) 삼각형 PQR의 넓이를 구하시오.

07

다음 그림과 같이 직각이등변삼각형 ABC에서 변 AB의 중점을 D라 하고, 점 A에서 변 BC에 내린 수선의 발을 H라 하자. 점 A에서 선분 CD에 내린 수선의 발 I에 대하여 선분 AI를 연장한 직선이 변 BC와 만나는 점을 E라 하고, 두 선분 CD와 AH가 만나는 점을 F라 할 때, $\overline{DI}:\overline{FC}=1:a$, $\overline{BE}:\overline{EH}=b:1$이다. 이때, ab의 값을 구하시오.

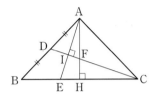

08

다음 그림과 같은 평행사변형 ABCD의 두 변 BC, CD의 중점을 각각 M, N이라 하고, 대각선 BD와 선분 AM, AN의 교점을 각각 P, Q라 하자. 점 Q를 지나고 선분 AC에 평행한 직선과 두 변 AD, CD의 교점을 각각 R, S라 할 때, 평행사변형 ABCD의 넓이는 48이다. 이때, $\triangle AMO$와 $\triangle CRS$의 넓이의 합을 구하시오. (단, 점 O는 평행사변형 ABCD의 두 대각선의 교점이다.)

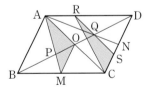

┌─ **유형 1 | 삼각형의 두 변의 중점을 연결한 선분의 성질** ─┐

출제경향 주어진 도형에서 삼각형을 찾고 두 변의 중점을 연결하여 선분의 길이를 구하거나 한 변의 중점을 지나고 다른 한 변에 평행한 선분을 그어서 선분의 길이를 구하는 문제가 자주 출제된다.

공략비법 삼각형의 두 변의 중점을 연결한 선분의 성질

(1) $\triangle ABC$에서 $\overline{AM}=\overline{BM}$, $\overline{AN}=\overline{CN}$이면

$\overline{MN}/\!/\overline{BC}$, $\overline{MN}=\dfrac{1}{2}\overline{BC}$

(2) $\triangle ABC$에서 $\overline{AM}=\overline{MB}$, $\overline{MN}/\!/\overline{BC}$이면

$\overline{AN}=\overline{NC}$

1 대표
• 2014년 3월 교육청 | 3점

발판의 간격이 일정하게 만들어진 사다리의 발판 중 두 개가 부서져 있다. 오른쪽 그림과 같이 두 발판의 길이는 각각 55, 61이다. 부서진 발판을 새로 만들어 교체하려고 할 때, 만들어야 하는 두 발판의 길이의 합은?

(단, 사다리의 발판은 서로 평행하고 두께는 무시한다.)

① 110   ② 112   ③ 114
④ 116   ⑤ 118

2 유사
• 2018년 3월 교육청 | 4점

그림과 같이 육각형 ABCDEF에서 사각형 BDEF는 둘레의 길이가 88인 직사각형이다. 네 변 AB, BC, CD, FA의 각각의 중점 P, Q, R, S에 대하여 세 선분 CA, RS, DF가 다음 조건을 만족시킨다.

┌─────────────────────────────────────┐
│ ㈎ $\overline{CA}/\!/\overline{RS}/\!/\overline{DF}$ ㈏ $\overline{CA}=38$, $\overline{DF}=32$ │
└─────────────────────────────────────┘

사각형 PQRS의 둘레의 길이는?

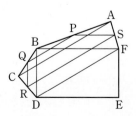

① 68   ② 70   ③ 72
④ 74   ⑤ 76

┌─ **유형 2 | 삼각형의 무게중심** ─┐

출제경향 삼각형에서 무게중심의 성질을 이용하여 선분의 길이를 구하는 문제가 자주 출제된다.

공략비법 삼각형에서 무게중심의 성질
삼각형의 세 중선은 한 점(무게중심)에서 만나고, 이 점은 세 중선을 각 꼭짓점으로부터 그 길이가 각각 2 : 1이 되도록 나눈다.

$\Rightarrow \overline{AG}:\overline{GD}=\overline{BG}:\overline{GE}=\overline{CG}:\overline{GF}$
$=2:1$

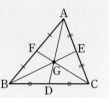

3 대표
• 2016년 3월 교육청 | 3점

그림과 같이 평행사변형 ABCD에서 두 삼각형 ABC, CDA의 무게중심을 각각 E, F라 하자. $\overline{BD}=24$일 때, 선분 EF의 길이는?

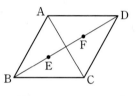

① 4   ② 5   ③ 6
④ 7   ⑤ 8

4 유사

그림과 같이 $\overline{AB}=18\,\text{cm}$, $\overline{BC}=22\,\text{cm}$, $\overline{AC}=16\,\text{cm}$인 삼각형 ABC에서 변 BC의 중점을 M이라 하자.
$\overline{AM}=13\,\text{cm}$이고, 두 삼각형 ABM과 ACM의 무게중심을 각각 G, G′이라 할 때, 삼각형 GG′M의 둘레의 길이를 구하시오.

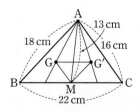

IV

피타고라스 정리

07

피타고라스 정리

100점 노트

Ⓐ 정사각형을 이용한 설명
정사각형 AGHB의 넓이는 한 변의 길이가 각각 a, b인 두 정사각형의 넓이의 합과 같으므로
$$c^2=a^2+b^2$$

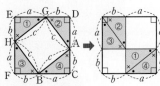

▶ STEP 2 | 11번

Ⓑ 피타고라스의 수
피타고라스 정리를 만족시키는 세 자연수를 피타고라스의 수라 한다.
(예) $(3, 4, 5)$, $(5, 12, 13)$, $(6, 8, 10)$, $(7, 24, 25)$

▶ STEP 3 | 08번

Ⓒ 직각삼각형에서의 활용
∠A=90°인 직각삼각형 ABC에서 두 점 D, E가 각각 $\overline{AB}$, $\overline{AC}$ 위에 있을 때,
$$\overline{BE}^2+\overline{CD}^2=\overline{DE}^2+\overline{BC}^2$$

▶ STEP 2 | 21번

Ⓓ 사각형에서의 활용
(1) 사각형 ABCD에서 두 대각선이 직교하면 $\overline{AB}^2+\overline{CD}^2=\overline{BC}^2+\overline{DA}^2$

(2) 직사각형 ABCD 내부에 있는 점 P에 대하여 $\overline{AP}^2+\overline{CP}^2=\overline{BP}^2+\overline{DP}^2$

▶ STEP 2 | 22번

Ⓔ 히포크라테스의 원의 넓이
직각삼각형 ABC의 세 변을 지름으로 하는 반원에서
(색칠한 부분의 넓이)=△ABC=$\frac{1}{2}bc$

▶ STEP 2 | 20번

피타고라스 정리
직각삼각형에서 직각을 낀 두 변의 길이를 각각 a, b라 하고 빗변의 길이를 c라 하면
$$a^2+b^2=c^2$$
└ 직각삼각형에서 빗변은 길이가 가장 긴 변으로, 직각의 대변이다.

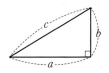

피타고라스 정리의 설명 Ⓐ

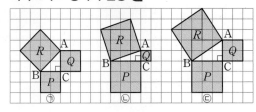

	P의 넓이	Q의 넓이	R의 넓이
㉠	4	4	8
㉡	9	1	10
㉢	9	4	13

(ⅰ) 한 칸의 넓이가 1인 모눈종이에서 ∠C=90°인 직각삼각형 ABC와 그 세 변을 각각 한 변으로 하는 정사각형 P, Q, R를 그린다.

(ⅱ) (P의 넓이)+(Q의 넓이)=(R의 넓이)이므로 직각삼각형 ABC의 세 변의 길이 사이에는 $\overline{BC}^2+\overline{CA}^2=\overline{AB}^2$이 성립함을 알 수 있다.

직각삼각형이 될 조건 Ⓑ
세 변의 길이가 각각 a, b, c인 삼각형 ABC에서
$$a^2+b^2=c^2$$
이면 이 삼각형은 빗변의 길이가 c인 직각삼각형이다.

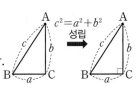

삼각형의 각의 크기와 변의 길이 사이의 관계

┌ 삼각형이 되기 위한 조건
(나머지 두 변의 길이의 차)<(한 변의 길이)
<(나머지 두 변의 길이의 합)

(1) △ABC에서 $\overline{AB}=c$, $\overline{BC}=a$, $\overline{CA}=b$일 때
① ∠C<90°이면 $c^2<a^2+b^2$
② ∠C=90°이면 $c^2=a^2+b^2$ → 피타고라스 정리
③ ∠C>90°이면 $c^2>a^2+b^2$

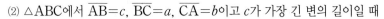

(2) △ABC에서 $\overline{AB}=c$, $\overline{BC}=a$, $\overline{CA}=b$이고 c가 가장 긴 변의 길이일 때
① $c^2<a^2+b^2$이면 ∠C<90° (△ABC는 예각삼각형)
② $c^2=a^2+b^2$이면 ∠C=90° (△ABC는 직각삼각형) → 직각삼각형이 될 조건
③ $c^2>a^2+b^2$이면 ∠C>90° (△ABC는 둔각삼각형)

피타고라스 정리의 도형에의 활용 Ⓒ Ⓓ Ⓔ
(1) 닮음을 이용한 직각삼각형의 성질
∠A=90°인 직각삼각형 ABC에서 $\overline{AD}\perp\overline{BC}$일 때
① 피타고라스 정리 : $a^2=b^2+c^2$
② 직각삼각형의 닮음 : $c^2=ax$, $b^2=ay$, $h^2=xy$
③ 직각삼각형의 넓이 : $bc=ah$

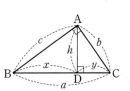

(2) 직각삼각형의 세 반원 사이의 관계
직각삼각형 ABC에서 세 변을 지름으로 하는 반원의 넓이를 각각 S_1, S_2, S_3이라 할 때,
$$S_3=S_1+S_2$$

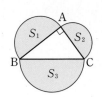

Step ❶ 시험에 꼭 나오는 문제

01 평면도형에서의 피타고라스 정리

다음 그림에서 $\overline{AB}=\overline{AC}=\overline{CD}=\overline{DE}$이고 $\overline{BE}=14$일 때, $\overline{AB}$의 길이는?

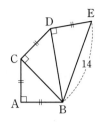

① 4   ② 5   ③ 6
④ 7   ⑤ 8

02 입체도형에서의 피타고라스 정리

다음 그림과 같이 반지름의 길이가 13이고 중심이 O인 구에 높이가 18인 원뿔이 내접하고 있다. 원뿔의 부피는?

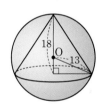

① 144π ② 540π ③ 864π
④ 1728π ⑤ 2592π

03 피타고라스 정리의 설명

오른쪽 그림은 $\angle C=90°$인 직각삼각형 ABC의 각 변을 한 변으로 하는 세 정사각형을 그린 것이다. $\square AFGB=45\,cm^2$, $\square CBHI=25\,cm^2$일 때, $\triangle AFC$의 넓이는?

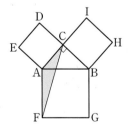

① $9\,cm^2$ ② $10\,cm^2$ ③ $11\,cm^2$
④ $12\,cm^2$ ⑤ $13\,cm^2$

04 직각삼각형이 될 조건

세 변의 길이가 다음과 같은 삼각형 중 직각삼각형인 것을 모두 고르면? (정답 2개)

① 2 cm, 3 cm, 4 cm
② 3 cm, 4 cm, 5 cm
③ 4 cm, 7 cm, 8 cm
④ 6 cm, 7 cm, 9 cm
⑤ 5 cm, 12 cm, 13 cm

05 삼각형의 각의 크기와 변의 길이 사이의 관계

$\triangle ABC$에서 $\angle C>90°$이고 $\overline{AC}=5$, $\overline{BC}=12$, $\overline{AB}=x$일 때, x의 값의 범위는?

① $x<5$ ② $x<12$ ③ $7<x<13$
④ $13<x<17$ ⑤ $x>17$

06 닮음을 이용한 직각삼각형의 성질

오른쪽 그림과 같이 $\angle A=90°$인 직각삼각형 ABC에서 $\overline{AH}\perp\overline{BC}$일 때, $x+y-z$의 값을 구하시오.

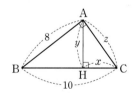

07 직각삼각형의 세 반원 사이의 관계

오른쪽 그림은 $\angle B=90°$, $\overline{AB}=6$인 직각삼각형 ABC의 각 변을 지름으로 하는 세 반원을 그린 것이다. $\overline{BC}$를 지름으로 하는 반원의 넓이가 4π일 때, $\overline{AC}$를 지름으로 하는 반원의 넓이를 구하시오.

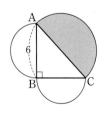

유형❶ 피타고라스 정리

01 대표문제

다음 그림에서 □ABC_1D_1은 한 변의 길이가 2인 정사각형이고, 점 C_2, C_3, C_4, C_5, C_6, C_7, C_8은 각각 점 B를 중심으로 하고 $\overline{BD_1}$, $\overline{BD_2}$, $\overline{BD_3}$, $\overline{BD_4}$, $\overline{BD_5}$, $\overline{BD_6}$, $\overline{BD_7}$을 반지름으로 하는 원과 $\overline{BC_1}$의 연장선의 교점이다. 이때, $\overline{BD_8}$의 길이는?

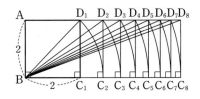

① 4   ② 5   ③ 6
④ 7   ⑤ 8

02

오른쪽 그림의 사다리꼴 ABCD에서 ∠C=∠D=∠AEF=90°이다. $\overline{CF}=\overline{DF}=\overline{EF}$이고 $\overline{AD}=4$, $\overline{BC}=9$일 때, $\overline{CD}$의 길이를 구하시오.

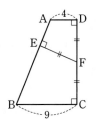

03

오른쪽 그림과 같이 길이가 10 cm인 원기둥의 한 모선 AB에 대하여 점 A에서 점 B까지 겉면을 따라 최단 거리로 실을 두 바퀴 감았더니 실의 길이가 26 cm가 되었다. 이때, 원기둥의 밑면의 둘레의 길이는?

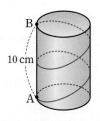

① 6 cm   ② 8 cm   ③ 12 cm
④ 8π cm   ⑤ 12π cm

04

다음 그림과 같이 반지름의 길이가 각각 3, 12인 두 원 O, O′에서 직선 AB는 두 원 O와 O′에 동시에 접하고, 두 점 A, B는 그 접점이다. $\overline{OO'}=25$일 때, $\overline{AB}$의 길이는?

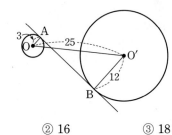

① 14   ② 16   ③ 18
④ 20   ⑤ 22

05

오른쪽 그림에서 점 G는 ∠C=90°인 직각삼각형 ABC의 무게중심이고, $\overline{CA}=12$, $\overline{CB}=16$일 때, $\overline{CG}$의 길이를 구하시오.

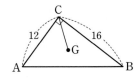

06

다음 그림과 같은 삼각기둥에서 점 M은 $\overline{CF}$의 중점이고, △AEM은 정삼각형일 때, 이 삼각기둥의 옆넓이를 구하시오.

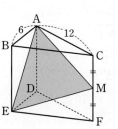

07

오른쪽 그림과 같이 이등변삼각형 ABC의 밑변 BC 위의 한 점 P에서 두 변 AB, AC에 내린 수선의 발을 각각 Q, R라 하자. $\overline{AB}=\overline{AC}=26$, $\overline{BC}=20$일 때, $\overline{PQ}+\overline{PR}$의 값을 구하시오.

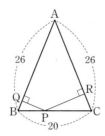

08

오른쪽 그림과 같이 ∠B=90°, $\overline{AB}=\overline{BC}=8$인 직각이등변삼각형 ABC를 $\overline{EF}$를 접는 선으로 하여 꼭짓점 C가 $\overline{AB}$ 위의 점 D에 오도록 접었다. $\overline{BE}=3$일 때, 삼각형 DEF 의 넓이는?

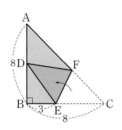

① $\dfrac{20}{3}$　　② $\dfrac{15}{2}$　　③ $\dfrac{25}{3}$

④ 10　　⑤ $\dfrac{35}{3}$

09

[도전 문제]

오른쪽 그림은 빗변의 길이가 10인 직각이등변삼각형 ABC 에 내접하는 반원을 그리고 그 반원에 내접하는 직각이등변삼각형 DEF를 그린 후 다시 이 삼각형에 내접하는 반원을 그린 것이다. 이때, 색칠한 부분의 넓이는?

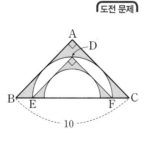

① $\dfrac{25}{2}-\dfrac{25}{8}\pi$　　② $25-\dfrac{25}{4}\pi$　　③ $\dfrac{75}{2}-\dfrac{75}{8}\pi$

④ $75-\dfrac{75}{4}\pi$　　⑤ $25-\dfrac{25}{8}\pi$

유형❷ 피타고라스 정리의 설명

10 대표문제

오른쪽 그림은 ∠A=90°인 직각삼각형 ABC의 각 변을 한 변으로 하는 정사각형을 그린 것이다. 꼭짓점 A에서 $\overline{BC}$에 내린 수선의 발을 J, $\overline{AJ}$의 연장선과 $\overline{FG}$가 만나는 점을 K라 할 때, 다음 중 항상 옳은 것은?

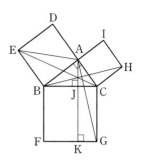

① $\overline{AG}=\overline{BH}$

② △ABC=△AEB

③ △AEC=△AGC

④ □ADEB=□AEBC

⑤ □ADEB+□ACHI=□BFKJ

11

오른쪽 그림과 같은 둘레의 길이가 48 cm인 정사각형 모양의 색종이 ABCD에서 $\overline{AE}=\overline{BF}=\overline{CG}=\overline{DH}$가 되도록 네 점 E, F, G, H를 정한 후, $\overline{EF}$, $\overline{FG}$, $\overline{GH}$, $\overline{HE}$를 접는 선으로 하여 네 모퉁이를 접었더니 넓이가 16 cm²인 사각형 A'B'C'D'이 만들어졌다. 이때, 사각형 EFGH의 넓이를 구하시오.

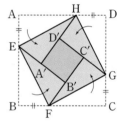

12

오른쪽 그림은 ∠A=90°인 직각삼각형 ABC의 각 변을 한 변으로 하는 정사각형을 그린 것이다. $\overline{AB}=6$, $\overline{BC}=10$일 때, △BEF의 넓이를 구하시오.

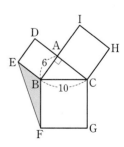

13

다음 그림은 ∠A=90°이고 $\overline{AB}$=4 m, $\overline{AC}$=3 m인 직각삼각형 ABC와 그 세 변을 각각 한 변으로 하는 정사각형을 계속 이어 붙여 그린 '피타고라스의 나무'이다. 이 그림을 벽에 그리고 정사각형에만 페인트로 칠하려고 한다. 페인트 한 통으로는 4 m²를 칠할 수 있다고 할 때, 필요한 페인트는 최소 몇 통인지 구하시오.

(단, 모든 직각삼각형은 서로 닮음이다.)

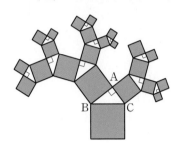

유형**❸** 삼각형의 각의 크기와 변의 길이 사이의 관계

14 대표문제

다음 중 직각삼각형의 세 변의 길이가 될 수 있는 서로 다른 세 수를 골라 삼각형을 만들 때, 이 삼각형의 넓이는?

9	13	17	40	41

① $\dfrac{117}{2}$ ② $\dfrac{153}{2}$ ③ $\dfrac{221}{2}$

④ 180 ⑤ 260

15

세 변의 길이가 각각 4, 6, x인 삼각형이 둔각삼각형이 되도록 하는 모든 정수 x의 값의 합은?

① 15 ② 17 ③ 20

④ 22 ⑤ 24

16

오른쪽 그림과 모양과 크기가 같은 사각형 4개가 한 점에서 만난다. ∠B=90°이고 $\overline{AB}$=4 cm, $\overline{BC}$=3 cm, $\overline{CD}$=13 cm, $\overline{AD}$=12 cm일 때, 색칠한 부분의 넓이를 구하시오.

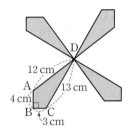

17

삼각형 ABC에서 세 변 AB, BC, CA를 각각 한 변으로 하는 정사각형을 그리고 그 넓이를 차례대로 S_1, S_2, S_3이라 할 때, 다음 중 옳지 <u>않은</u> 것은?

① $S_1=S_2+S_3$이면 ∠C는 직각이다.
② $S_3>S_1+S_2$이면 ∠A는 예각이다.
③ $S_2<S_1+S_3$이면 △ABC는 예각삼각형이다.
④ $S_2=S_1+S_3$이면 △ABC는 직각삼각형이다.
⑤ $S_2>S_1+S_3$이면 △ABC는 둔각삼각형이다.

18

2부터 6까지의 자연수가 각각 적힌 5개의 공이 있다. 이 중에서 임의로 3개의 공을 동시에 뽑아 공에 적힌 수를 세 변의 길이로 하는 삼각형을 만들려고 한다. 3개의 공에 적힌 수를 세 변의 길이로 하는 삼각형의 개수를 a, 그때 만들어진 삼각형 중에서 직각삼각형의 개수를 b라 할 때, $a+b$의 값은?

① 5 ② 6 ③ 7

④ 8 ⑤ 9

유형❹ 피타고라스 정리의 도형에의 활용

19 대표문제

오른쪽 그림에서 □ABCD와 □CEFG는 각각 넓이가 36, 4인 정사각형이고 점 B에서 $\overline{AE}$에 내린 수선의 발을 H라 할 때, $\overline{BH}$의 길이를 구하시오.

(단, 세 점 B, C, E는 한 직선 위에 있다.)

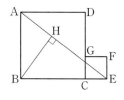

20

오른쪽 그림은 가로의 길이가 5, 세로의 길이가 9인 직사각형의 각 변을 지름으로 하는 반원과 직사각형의 대각선을 지름으로 하는 원을 그린 것이다. 이때, 색칠한 부분의 넓이는?

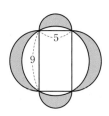

① 30π
② 45π
③ 30
④ $\dfrac{45}{2}$
⑤ 45

21

다음 그림과 같이 ∠A=90°이고 $\overline{BC}=10$인 직각삼각형 ABC에서 $\overline{DE}\,/\!/\,\overline{BC}$, $\overline{EF}\,/\!/\,\overline{CD}$, $\overline{AF}:\overline{FD}=3:2$일 때, $\overline{BE}^2+\overline{CD}^2$의 값을 구하시오.

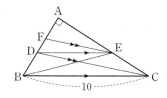

22

오른쪽 그림과 같은 직사각형 ABCD의 내부에 있는 두 점 P, Q에 대하여 $\overline{AD}\,/\!/\,\overline{PQ}\,/\!/\,\overline{BC}$이고 $\overline{AP}=8$, $\overline{BP}=6$일 때, $\overline{DQ}^2-\overline{CQ}^2$의 값을 구하시오.

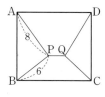

23

오른쪽 그림과 같이 원점 O에서 일차방정식 $3x-4y=12$의 그래프에 내린 수선의 발을 H라 할 때, $\overline{OH}$의 길이는?

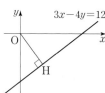

① $\dfrac{12}{5}$
② 3
③ $\dfrac{15}{4}$
④ 4
⑤ 5

24

다음 그림과 같이 ∠A=90°인 직각삼각형 ABC의 두 변 AB, AC를 지름으로 하는 반원의 넓이를 각각 S_1, S_2라 할 때, $\overline{BC}$를 반지름으로 하는 사분원의 넓이를 S_1, S_2에 대한 식으로 나타내시오.

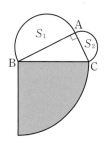

01

다음 그림과 같이 x축 위의 점 P와 두 점 A(0, 3), B(15, 5)에 대하여 물음에 답하시오.

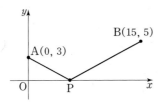

(1) 두 선분 PA, PB에 대하여 $\overline{PA}+\overline{PB}$의 최솟값을 구하시오.

(2) (1)에서 구한 $\overline{PA}+\overline{PB}$의 값이 최소가 될 때의 x축 위의 점 P의 x좌표를 구하시오.

02

다음 그림은 $\angle A=90°$, $\overline{AB}=7$인 직각삼각형 ABC에서 $\overline{AB}$를 한 변으로 하는 정사각형 ADEB와 $\overline{BC}$를 한 변으로 하는 정사각형 BFGC를 그린 것이다. 점 M이 $\overline{EF}$의 중점이고 $\overline{BM}=2$일 때, 정사각형 BFGC의 넓이를 구하시오.
(단, 점 M은 $\overline{AB}$의 연장선 위에 있다.)

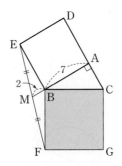

03

다음 그림과 같이 중심이 O이고 반지름의 길이가 25인 구에서 평행한 두 평면으로 구를 잘랐을 때, 생기는 단면을 각각 A, B라 하자. 중심 O와 두 단면 사이의 거리가 각각 7, 15일 때, 물음에 답하시오.

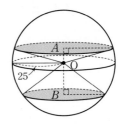

(1) 두 단면 A, B의 넓이의 차를 구하시오.

(2) 점 O가 꼭짓점이고 두 단면 A, B를 각각 밑면으로 하는 두 원뿔의 부피의 비를 가장 간단한 자연수의 비로 나타내시오.

04

다음 그림과 같은 9개의 선분 OA, OB, OC, $\cdots$, OI 중에서 3개의 선분을 택할 때, 세 선분을 변으로 하는 직각삼각형은 모두 몇 개인지 구하시오. (단, $\overline{OP}=\overline{PA}=\overline{AB}=\overline{BC}=\overline{CD}=\overline{DE}=\overline{EF}=\overline{FG}=\overline{GH}=\overline{HI}=1$)

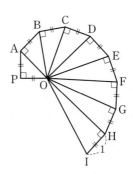

05

오른쪽 그림과 같은 원뿔대에서 $\overline{AB}=12$ cm, 작은 밑면인 원의 반지름의 길이는 3 cm, 큰 밑면인 원의 반지름의 길이는 6 cm이다. 점 A에서 $\overline{AB}$의 중점 M까지 겉면을 따라 실을 팽팽하게 한 바퀴 감았을 때, 이 실의 길이를 구하시오.

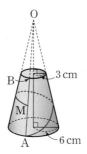

06

다음 그림과 같은 직각이등변삼각형 ABC에서 두 점 D, E 는 변 AC의 삼등분점이다. 점 D에서 $\overline{BC}$에 평행한 선을 그어 $\overline{BE}$의 연장선과 만나는 점을 P라 하면 삼각형 PED 의 넓이는 3이다. 이때, $\overline{AC}$의 길이를 구하시오.

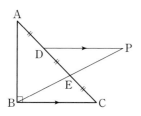

07

50 km 이내에 있는 선박의 위치를 탐지할 수 있는 구조선이 평평한 바다 위를 순찰하고 있었다. 이 구조선이 오전 7시에 A 섬에서 서쪽으로 200 km 떨어진 지점을 지날 때, A 섬 근처에서 어떤 선박이 실종되었다는 신고를 접수하고, 즉시 A 섬을 향해 시속 50 km의 일정한 속력으로 출동하였다. 구조선이 실종 선박을 최초로 탐지한 순간 실종 선박은 A 섬에서 북쪽으로 40 km 떨어져 있었다. 그때의 시각을 구하시오. (단, 실종 선박의 위치는 고정되어 있고, 실종 선박과 섬의 크기는 무시한다.)

08

오른쪽 그림은 한 변의 길이가 12인 정삼각형 ABC의 각 변에 서로 다른 직각삼각형을 붙인 것이다. 삼각형 ABC와 세 직각삼각형이 만나는 변은 직각삼각형의 빗변이 아니고, 직각삼각형의 각 변의 길이는 자연수일 때, 세 직각삼각형의 넓이의 합의 최솟값을 구하시오.

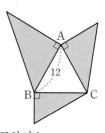

유형 1 | 피타고라스 정리와 도형

출제경향 피타고라스 정리를 이용하여 삼각형에서 변의 길이를 구하는 문제가 출제된다.

공략비법
(1) △ABC에서 ∠A=90°이면 $\overline{BC}^2=\overline{AB}^2+\overline{AC}^2$이 성립한다.
(2) 직각삼각형이 주어지지 않을 때에는 한 점에서 대변에 수선을 내려 직각삼각형을 만들고 피타고라스 정리를 이용한다.

1 대표
• 2010년 3월 교육청 | 4점

그림과 같이 $\overline{AB}=9$, $\overline{BC}=12$, ∠B=90°인 직각삼각형 ABC가 있다. 변 AC 위에 $\overline{AP}=\overline{PQ}=\overline{QC}$가 되도록 두 점 P, Q를 정할 때, $\overline{BP}^2+\overline{BQ}^2$의 값은?

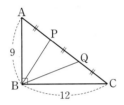

① 125　　　② 132　　　③ 142
④ 155　　　⑤ 162

2 유사
• 2017년 3월 교육청 | 3점

그림과 같이 정사각형 ABCD에서 선분 BC 위에 $\overline{PC}=1$이 되도록 점 P를 잡는다. ∠PAD의 이등분선이 두 선분 DC, DP와 만나는 점을 각각 Q, R라 하면 $\overline{PR}:\overline{RD}=17:15$이다. 선분 QC의 길이를 l이라 할 때, $70l$의 값을 구하시오.

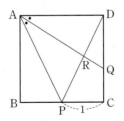

유형 2 | 접은 도형에서 피타고라스 정리

출제경향 접은 도형을 다시 펼치면 접은 부분의 변의 길이와 각의 크기는 같으므로 길이가 같은 변과 크기가 같은 각을 찾아 피타고라스 정리를 이용하는 문제가 출제된다.

공략비법
(1) 접은 도형을 다시 펼친다고 할 때, 겹쳐지는 변을 찾는다.
(2) 접은 도형을 다시 펼친다고 할 때, 겹쳐지는 각을 찾는다.
(3) 접은 도형을 펼쳐 겹쳐지는 두 도형은 합동임을 이용한다.

3 대표
• 2014년 3월 교육청 | 4점

그림과 같이 $\overline{AB}=12$, $\overline{BC}=15$인 직사각형 ABCD에서 꼭짓점 C가 변 AD 위의 점 E에 오도록 접었다. 삼각형 ABE에 내접하는 원의 넓이는?

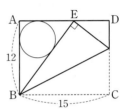

① 9π　　　② 10π　　　③ 11π
④ 12π　　　⑤ 13π

4 유사
• 2012년 3월 교육청 | 4점

한 변의 길이가 24인 정사각형 모양의 종이가 있다. 이 종이의 각 꼭짓점을 그림과 같이 A, B, C, D라 하고, 꼭짓점 C가 변 AD의 중점 M과 만나도록 접었다. 접힌 선의 길이를 l이라 할 때, l^2의 값을 구하시오.

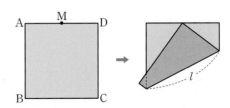

V

확률

08

경우의 수

100점 노트

100점 공략

Ⓐ 중복되는 경우가 있다면 중복되는 경우의 수를 뺀다.
- 예 한 개의 주사위를 던질 때 2의 배수 또는 3의 배수의 눈이 나오는 경우
  2의 배수의 눈 : 2, 4, 6 ⇨ 3가지
  3의 배수의 눈 : 3, 6 ⇨ 2가지
  2와 3의 공배수의 눈 : 6 ⇨ 1가지
  ∴ (구하는 경우의 수)
  $=3+2-1=4$
  ▶ STEP 2 | 07번

Ⓑ 최단 거리로 이동하는 경우의 수
A 지점에서 B 지점을 거쳐 C 지점까지 최단 거리로 가는 경우의 수는
(A → B인 경우의 수)
× (B → C인 경우의 수)
- 예 A 지점에서 P 지점을 거쳐 B 지점까지 최단 거리로 가는 경우의 수는

  $2×3=6$
  ▶ STEP 2 | 12번, STEP 3 | 04번

참고

Ⓒ 3명의 대표를 뽑는 경우의 수
n명 중에서 3명의 대표를 뽑을 때,
(1) 자격이 모두 다른 대표를 뽑는 경우의 수
  ⇨ $n×(n-1)×(n-2)$
(2) 자격이 모두 같은 대표를 뽑는 경우의 수
  ⇨ $\dfrac{n×(n-1)×(n-2)}{3×2×1}$
  ▶ STEP 1 | 07번

100점 공략

Ⓓ 선분 또는 삼각형의 개수
$n(n≥3)$개의 점 중에서 어느 세 점도 한 직선 위에 있지 않을 때
(1) 두 점을 연결하여 만들 수 있는 선분의 개수
  ⇨ n명 중에서 자격이 같은 2명의 대표를 뽑는 경우의 수
  ⇨ $\dfrac{n×(n-1)}{2}$
(2) 세 점을 연결하여 만들 수 있는 삼각형의 개수
  ⇨ n명 중에서 자격이 모두 같은 3명의 대표를 뽑는 경우의 수
  ⇨ $\dfrac{n×(n-1)×(n-2)}{3×2×1}$
  ▶ STEP 1 | 08번, STEP 2 | 23번

사건과 경우의 수

(1) 사건 : 같은 조건에서 반복할 수 있는 실험이나 관찰의 결과
(2) 경우의 수 : 사건이 일어나는 가짓수
  └ 경우의 수를 구할 때에는 중복되지 않게 가능한 모든 경우를 빠짐없이 구한다.

사건 A 또는 사건 B가 일어나는 경우의 수 Ⓐ

두 사건 A와 B가 동시에 일어나지 않을 때, 사건 A가 일어나는 경우의 수가
m, 사건 B가 일어나는 경우의 수가 n이면 └ 중복되는 경우가 없음을 의미한다.

  (사건 A 또는 사건 B가 일어나는 경우의 수)$=m+n$ ← 합의 법칙

두 사건 A, B가 동시에 일어나는 경우의 수 Ⓑ
                                            ┌ '연속적으로'
사건 A가 일어나는 경우의 수가 m이고, 그 각각에 대하여 사건 B가 일어나는
경우의 수가 n이면

  (두 사건 A, B가 동시에 일어나는 경우의 수)$=m×n$ ← 곱의 법칙

한 줄로 세우는 경우의 수

(1) n명을 한 줄로 세우는 경우의 수는
  $$n×(n-1)×(n-2)×\cdots×3×2×1$$
(2) n명 중에서 r명을 뽑아 한 줄로 세우는 경우의 수는
  $$n×(n-1)×(n-2)×\cdots×(n-r+1) \ (\text{단}, \ r≤n)$$
(3) 이웃하여 한 줄로 세우는 경우의 수는 다음과 같은 순서로 구한다.
  (ⅰ) 이웃하는 것을 하나로 묶어 한 줄로 세우는 경우의 수를 구한다.
  (ⅱ) 묶음 안에서 자리를 바꾸는 경우의 수를 구한다.
  (ⅲ) ((ⅰ)의 경우의 수) × ((ⅱ)의 경우의 수)를 구한다.

자연수의 개수

(1) 0을 포함하지 않는 경우
  0이 아닌 서로 다른 한 자리의 자연수가 각각 하나씩 적힌 n장의 카드 중에서
  ① 2장을 뽑아 만들 수 있는 두 자리의 자연수의 개수는
    $$n×(n-1)$$
  ② 3장을 뽑아 만들 수 있는 세 자리의 자연수의 개수는
    $$n×(n-1)×(n-2)$$
(2) 0을 포함하는 경우 ← 맨 앞 자리에는 0이 올 수 없다.
  0과 서로 다른 한 자리의 자연수가 각각 하나씩 적힌 n장의 카드 중에서
  ① 2장을 뽑아 만들 수 있는 두 자리의 자연수의 개수는
    ┌ 0을 제외한 $(n-1)$장 중에서 1장을 뽑는 경우의 수
    $$(n-1)×(n-1)$$
                 └ 십의 자리에 있는 숫자를 제외한 $(n-1)$장 중에서 1장을 뽑는 경우의 수
  ② 3장을 뽑아 만들 수 있는 세 자리의 자연수의 개수는
    $$(n-1)×(n-1)×(n-2)$$

대표를 뽑는 경우의 수 Ⓒ Ⓓ

(1) n명 중에서 자격이 다른 2명의 대표를 뽑는 경우의 수는
    ┌ 예 회장, 부회장
  $$n×(n-1)$$
            └ '순서를 생각하지 않고'
(2) n명 중에서 자격이 같은 2명의 대표를 뽑는 경우의 수는
        ┌ 예 대의원 2명
  $$\dfrac{n×(n-1)}{2}$$

시험에 꼭 나오는 문제

01 사건과 경우의 수

한 개의 주사위를 던질 때, 다음 사건 중 일어나는 경우의 수가 가장 작은 것은?

① 소수의 눈이 나온다.　　② 짝수의 눈이 나온다.
③ 4 이하의 눈이 나온다.　　④ 3의 배수의 눈이 나온다.
⑤ 6의 약수의 눈이 나온다.

02 사건 A 또는 사건 B가 일어나는 경우의 수

1부터 8까지의 자연수가 각각 하나씩 적힌 8장의 카드가 있다. 이 중에서 2장의 카드를 동시에 뽑을 때, 카드에 적힌 두 수의 합이 5 또는 8인 경우의 수는?

① 4　　　　　② 5　　　　　③ 8
④ 10　　　　⑤ 11

03 두 사건 A, B가 동시에 일어나는 경우의 수

오른쪽 그림과 같이 네 지점 A, B, C, D를 연결한 도로망이 있다. 한 번 지난 지점은 다시 지나지 않는다고 할 때, A 지점에서 B 지점까지 가는 경우의 수를 구하시오.

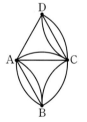

04 한 줄로 세우는 경우의 수

학생 A, B, C, D가 봉사 활동을 하는 4일 동안 하루에 한 명씩 네 명 모두 식사 당번을 하려고 한다. 식사 당번 순서를 정할 때, A가 셋째 날에 식사 당번을 하도록 하는 경우의 수를 구하시오. [2015년 3월 교육청]

05 이웃하여 한 줄로 세우는 경우의 수

부모님과 자녀 3명으로 이루어진 5명의 가족이 나란히 서서 사진을 찍으려고 한다. 이때, 부모님은 부모님끼리, 자녀는 자녀끼리 이웃하여 서는 경우의 수는?

① 12　　　　② 16　　　　③ 20
④ 24　　　　⑤ 28

06 자연수의 개수

0, 1, 2, 3, 4가 각각 하나씩 적힌 5장의 카드 중에서 2장의 카드를 동시에 뽑아 두 자리의 자연수를 만들려고 한다. 이때, 짝수인 두 자리의 자연수의 개수를 구하시오.

07 대표를 뽑는 경우의 수

6명의 학생 A, B, C, D, E, F가 있다. 이 중에서 자격이 모두 같은 대표 3명을 뽑을 때, A는 포함되고 F는 포함되지 않는 경우의 수는?

① 2　　　　　② 4　　　　　③ 6
④ 10　　　　⑤ 12

08 선분 또는 삼각형의 개수

오른쪽 그림과 같이 원 위에 6개의 점 A, B, C, D, E, F가 있다. 이 점들 중에서 두 점을 연결하여 만들 수 있는 선분의 개수를 a, 세 점을 연결하여 만들 수 있는 삼각형의 개수를 b라 할 때, $a+b$의 값을 구하시오.

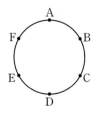

유형❶ 사건과 경우의 수

01   대표문제

1, 2, 3, 4가 각각 하나씩 적혀 있는 4개의 공과 다음 그림과 같이 1번, 2번, 3번, 4번이 하나씩 붙어 있는 4개의 상자가 있다. 각 상자마다 공을 하나씩 넣을 때, 공과 상자의 번호가 일치하지 않는 경우의 수는?

(단, 공을 넣는 순서는 고려하지 않는다.)

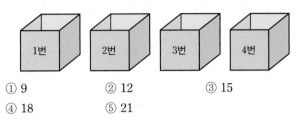

① 9   ② 12   ③ 15
④ 18   ⑤ 21

02

1000원을 지불하여 50원, 100원, 200원짜리 세 종류의 우표를 각각 한 장 이상 구입하는 방법의 수는?

(단, 거스름돈이 생기지 않도록 우표를 구입한다.)

① 14   ② 15   ③ 16
④ 17   ⑤ 18

03   〔앗! 실수〕

기본 점수로 4점을 가지고 시작하는 동전 던지기 게임이 있다. 동전을 한 번 던져 앞면이 나오면 1점을 얻고 뒷면이 나오면 2점을 잃는데, 점수를 모두 잃으면 게임이 끝난다고 한다. 이 게임에 참가한 A가 동전을 5번 던진 후 게임이 끝나는 경우의 수를 구하시오.

04   〔서술형〕

한 개의 주사위를 두 번 던져서 첫 번째 나온 눈의 수를 a, 두 번째 나온 눈의 수를 b라 하자. 이때, 일차방정식

$$(a-4)(3-b)x+y+2a-2=0$$

의 그래프가 x축과 만나지 않는 경우의 수를 구하시오.

유형❷ 사건 A 또는 사건 B가 일어나는 경우의 수

05   대표문제

2, 3, 5, 7이 각각 하나씩 적힌 4장의 카드가 들어 있는 주머니가 있다. 이 주머니에서 1장의 카드를 뽑아 적혀 있는 수를 확인한 후 다시 집어넣는 것을 2번 반복할 때, 첫 번째 나온 수를 x, 두 번째 나온 수를 y라 하자. $\dfrac{y}{x}$가 정수이거나 유한소수로 나타내어지는 경우의 수를 구하시오.

06

어느 야구 경기에서 타자가 안타를 치면 기록표에 ○표시를 하고, 안타를 치지 못하면 ×표시를 하기로 할 때, 기록표에서 ×표시가 연속해서 나와 ××가 되는 횟수를 n이라 하자. 예를 들어, 다음 기록표에서 타자는 4명이고 $n=2$이다. 5명의 타자에 대하여 $n=2$ 또는 $n=4$가 되는 경우의 수는?

타순	1	2	3	4
기록	×	×	×	○

① 5   ② 6   ③ 7
④ 8   ⑤ 9

07

각 면에 1부터 12까지의 자연수가 각각 하나씩 적혀 있는 정십이면체 모양의 주사위가 있다. 이 주사위를 두 번 던져서 바닥에 닿는 면에 적힌 눈의 수를 차례대로 x, y라 하자. 이때, 좌표평면 위의 점 (x, y)가 $y=3x-1$의 그래프 위에 있거나 $y=\dfrac{24}{x}$의 그래프 위에 있는 경우의 수를 구하시오.

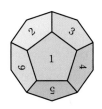

유형❸ 두 사건 A, B가 동시에 일어나는 경우의 수

08 대표문제

다음 그림과 같이 입구, 약수터, 정상 사이를 연결한 등산로가 있다. 한 번 지난 등산로는 다시 지나지 않는다고 할 때, 입구에서 출발하여 정상에 올라갔다가 다시 입구로 내려오는 경우의 수는?

(단, a, b, c, d, p, q, r, m, n은 서로 다른 등산로이다.)

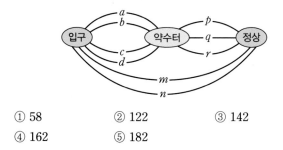

① 58　　　② 122　　　③ 142
④ 162　　　⑤ 182

09

100원짜리 동전 2개와 크기가 서로 다른 주사위 2개를 동시에 던질 때, 동전은 서로 같은 면이 나오고, 주사위의 두 눈의 수의 곱은 홀수인 경우의 수를 구하시오.

10

지현이는 서로 다른 깃발을 차례로 들거나 내리는 방법으로 깃발 신호를 만들려고 한다. 서로 다른 깃발 3개를 사용하여 표현할 수 있는 신호는 모두 x개이고 신호 255개를 만들기 위해 필요한 서로 다른 깃발은 y개라 할 때, $x+y$의 값은? (단, 든 깃발이 하나도 없는 경우는 신호를 나타내지 않는다.)

① 13　　　② 15　　　③ 17
④ 19　　　⑤ 21

11

20 이하의 자연수 a와 10 이하의 자연수 b에 대하여 $a+b$의 값이 3의 배수일 때, 순서쌍 (a, b)의 개수는?

① 65　　　② 67　　　③ 69
④ 71　　　⑤ 73

12　　도전 문제

다음 그림과 같은 모양의 도로망이 있다. 이 도로망을 따라 지웅이가 집에서 출발하여 서점을 들러 학교까지 가장 짧은 거리로 가는 경우의 수를 구하시오.

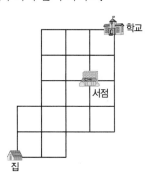

유형❹ 한 줄로 세우는 경우의 수

13 대표문제

오른쪽 그림과 같은 도형의 다섯 개의 영역 A, B, C, D, E에 빨강, 주황, 노랑, 초록, 파랑의 5가지 색을 칠하려고 한다. 같은 색을 여러 번 사용해도 좋으나 이웃하는 영역은 서로 다른 색을 칠하려고 할 때, 색을 칠하는 경우의 수는?

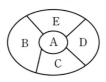

① 120 　　② 180 　　③ 240

④ 360 　　⑤ 420

14

여학생 3명과 남학생 3명을 한 줄로 세울 때, 맨 앞에는 남학생이 서고 남학생끼리는 서로 이웃하지 않는 경우의 수는?

① 102 　　② 104 　　③ 106

④ 108 　　⑤ 110

15

다음 그림과 같은 5개의 영역 A, B, C, D, E에 5가지의 서로 다른 색을 칠하려고 한다. 같은 색을 여러 번 사용해도 되지만 변끼리 이웃한 영역은 서로 다른 색을 칠할 때, 색을 칠하는 경우의 수를 구하시오.

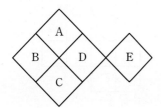

16

5명의 학생 A, B, C, D, E를 한 줄로 세울 때, 다음 조건을 모두 만족시키는 경우의 수를 구하시오.

> (개) 3명의 학생 A, B, C 중에서 2명은 이웃한다.
>
> (내) 3명의 학생 A, B, C가 모두 이웃하지는 않는다.

유형❺ 자연수의 개수

17 대표문제

0, 1, 2, 3, 4가 각각 하나씩 적힌 다섯 장의 카드에서 서로 다른 세 장의 카드를 뽑아 만들 수 있는 세 자리의 자연수 중 짝수의 개수를 x, 3의 배수의 개수를 y라 할 때, $x-y$의 값을 구하시오.

18

순서대로 읽은 수와 거꾸로 읽은 수가 일치하는 자연수를 '대칭수'라 한다. 예를 들어, 77, 353, 1991 등은 대칭수이다. 이때, 10보다 크고 1000보다 작은 대칭수의 개수는?

① 66 　　② 77 　　③ 88

④ 99 　　⑤ 110

19

1부터 5까지의 자연수가 각각 하나씩 적혀 있는 5장의 카드가 있다. 이 중에서 동시에 3장의 카드를 뽑아 만들 수 있는 세 자리의 홀수 중 작은 것부터 크기순으로 나열하였을 때, 19번째에 오는 수는?

① 243　　　　② 321　　　　③ 341

④ 413　　　　⑤ 531

유형❻ 대표를 뽑는 경우의 수

20 대표문제

수학 시험에 ○, ×를 표시하는 6문제가 출제되었다. 수연이가 무심코 이 6문제에 ○, ×를 표시할 때, 적어도 세 문제 이상을 맞히는 경우의 수는?

① 32　　　　② 35　　　　③ 37

④ 39　　　　⑤ 42

21

한 상자에 1부터 10까지의 자연수가 각각 하나씩 적혀 있는 10장의 카드가 있다. 10장의 카드에서 한 장씩 세 번 카드를 뽑은 후 그 카드에 적혀 있는 수를 차례대로 a, b, c라 할 때, $a<b<c$가 되는 경우의 수는?

(단, 한 번 뽑은 카드는 상자에 다시 넣지 않는다.)

① 120　　　　② 150　　　　③ 180

④ 210　　　　⑤ 240

22

어느 시험장에 A, B, C, D, E가 각각 하나씩 적힌 5개의 의자가 놓여 있다. a, b, c, d, e의 수험 번호를 하나씩 받은 5명의 수험생이 의자에 한 명씩 임의로 앉을 때, 2명만 자신의 수험 번호와 같은 알파벳이 적힌 의자에 앉고 나머지 3명은 자신의 수험 번호가 아닌 알파벳이 적힌 의자에 앉게 되는 경우의 수는?

① 20　　　　② 16　　　　③ 10

④ 9　　　　⑤ 6

23 　　　　　　　　　　　　　　서술형

다음 그림과 같이 반원 위에 8개의 점 A, B, C, …, H가 있다. 이 점들 중 세 점을 연결하여 만들 수 있는 삼각형의 개수를 구하시오.

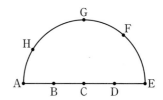

24

12개의 복식 팀이 참가하는 테니스 시합이 있다. 조별 예선은 6개 팀씩 2개의 조로 나누어 각 조에 속한 모든 팀이 서로 한 번씩 경기를 하여 조별 1위, 2위인 4개 팀을 확정한다. 확정된 4개의 팀은 다시 두 팀씩 경기를 하는데, 한 조에서 1위인 팀이 다른 한 조에서 2위인 팀과 한 번 경기를 치르고, 그 결과 이긴 팀끼리 경기를 하여 1위, 2위를 정하고 진 팀끼리 경기를 하여 3위, 4위를 정한다. 이 시합에서 열린 모든 경기의 수를 구하시오. (단, 비기는 경우는 없다.)

01

다음은 어떤 도시에서 개최한 공예 전시장의 전시실과 통로를 나타낸 것이다. 물음에 답하시오.

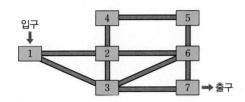

(1) 관람자가 입구로 들어가 번호가 작은 전시실에서 번호가 큰 전시실로 이동하여 출구로 나오려고 할 때, 관람하는 방법의 수를 구하시오.

(단, 모든 전시실을 관람할 필요는 없다.)

(2) 관람자가 입구로 들어가 한 번 이용한 통로는 이용하지 않고 모든 전시실을 관람한 다음 출구로 나오려고 할 때, 관람한 전시실의 번호의 순서를 모두 구하시오.

(단, 모든 전시실은 한 번씩만 통과한다.)

02

좌표평면 위의 원점 $(0, 0)$에서 출발하여 다음 규칙에 따라 이동하는 점 P가 있다.

[규칙 I] 한 개의 주사위를 던져 나온 눈의 수가 홀수이면 x축의 방향으로 그 수만큼 이동한다.
[규칙 II] 한 개의 주사위를 던져 나온 눈의 수가 짝수이면 y축의 방향으로 그 수만큼 이동한다.

한 개의 주사위를 여러 번 던져 주어진 규칙에 따라 점 P가 이동할 때, 주사위를 모두 던진 후 점 P가 점 $(3, 2)$에 도착하는 경우의 수를 구하시오.

03

어느 중학교의 체육대회에서 400 m 이어달리기 경기에 출전하기 위해 1반의 5명의 학생 A, B, C, D, E가 준비하고 있다. 다음 물음에 답하시오.

(1) 이어달리기의 순서를 정하는 경우의 수를 구하시오.
(2) A가 마지막 주자로 달리지 않는 경우의 수를 구하시오.
(3) B가 C보다 먼저 달리는 경우의 수를 구하시오.

04

오른쪽 그림과 같은 경로를 따라 점 P에서 출발하여 점 Q까지 가려고 한다. 각 경로에서는 반드시 왼쪽에서 오른쪽으로, 아래에서 위로, 비스듬한 선은 왼쪽 아래에서 오른쪽 위로만 움직일 수 있다고 할 때, 점 P에서 점 Q까지 가는 방법의 수를 구하시오.

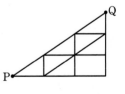

05

다음 그림과 같이 강당에 8개의 의자가 한 줄로 놓여 있다. 이 의자에 4명의 학생이 앉을 때, 어느 두 명도 이웃하지 않도록 앉는 경우의 수를 구하시오.

(단, 빈 의자끼리는 구별하지 않는다.)

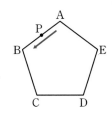

06

오른쪽 그림과 같이 한 변의 길이가 1인 정오각형 ABCDE에서 점 P는 시계 반대 방향으로 정오각형의 변을 따라 움직인다. 서로 다른 세 개의 주사위를 동시에 던져 나온 눈의 수의 합만큼 이동한다고 할 때, 세 개의 주사위를 동시에 한 번 던진 후 점 A에서 출발한 점 P가 점 E에 놓이게 되는 경우의 수를 구하시오.

07

오른쪽 그림과 같이 세 변의 길이가 각각 a, b, c인 삼각형 ABC가 있다. 서로 다른 세 자연수 a, b, c가 다음 조건을 모두 만족시킬 때, 삼각형 ABC의 개수를 구하시오.

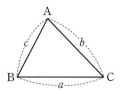

> (가) 삼각형 ABC의 세 변 중에서 가장 긴 변은 a이다.
> (나) 삼각형 ABC의 세 변의 길이의 합은 30이다.

08

오른쪽 그림과 같이 A, B, C, D, E 다섯 개의 섬이 있다. 이 섬들 사이에 네 개의 다리를 놓아 모든 섬이 연결되게 하려고 한다. 이때, 다리를 이용하여 섬들을 연결하는 방법의 수를 구하시오.

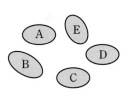

┌ 유형 1 │ 경우의 수의 실생활에의 활용 ─

출제경향 실생활 상황에서 각 경우를 분류하고 경우의 수를 구할 수 있는지를 묻는 문제가 출제된다.

공략비법
(i) 문자의 순서를 정하여 분류한다.
(ⅱ) 각 경우의 수를 빠짐없이 구한다.

1 대표
• 2016년 3월 교육청 │ 3점

그림과 같이 두 원판 A, B가 있다.

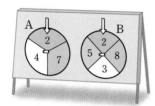

두 원판 A, B를 각각 한 번씩 돌려 회전이 멈추었을 때 화살표($\Downarrow$)가 가리키는 수를 각각 a, b라 하자. 이때, $a<b$인 경우의 수를 구하시오. (단, 화살표가 경계선을 가리키는 경우는 생각하지 않는다.)

2 유사

[그림 1]과 같이 1부터 8까지의 숫자가 적힌 원판에 화살을 차례대로 2발 쏠 때, 첫 번째로 맞힌 부분에 적힌 숫자를 a, 두 번째로 맞힌 부분에 적힌 숫자를 b라 하자. [그림 2]와 같이 좌표평면 위의 세 점 A(6, 3), B(4, 6), C(2, 2)를 꼭짓점으로 하는 삼각형을 만들 때, 일차함수 $y=\dfrac{b}{a}x$의 그래프가 삼각형 ABC와 만나는 경우의 수를 구하시오.
(단, 화살이 경계선에 맞거나 원판을 벗어난 경우는 생각하지 않는다.)

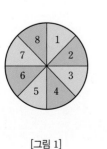

[그림 1]

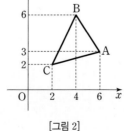

[그림 2]

┌ 유형 2 │ 경우의 수의 합과 곱 ─

출제경향 실생활 문제에서 경우의 수의 합, 곱을 이용하는 상황을 정확히 판단하여 문제를 해결할 수 있는지를 묻는 문제가 출제된다.

공략비법
(i) 기준을 세워 주어진 상황을 분류한다.
(ⅱ) (i)의 각 상황에 따른 경우의 수를 구한다.
(ⅲ) 경우의 수의 합 또는 곱을 이용하여 경우의 수를 구한다.

3 대표
• 2014년 3월 교육청 │ 4점

1부터 9까지의 자연수가 하나씩 적힌 9장의 카드가 있다. 갑은 숫자 2, 5, 9가 적힌 카드를, 을은 숫자 1, 7, 8이 적힌 카드를, 병은 숫자 3, 4, 6이 적힌 카드를 각각 가지고 있다. 갑, 을, 병 세 사람이 동시에 카드를 한 장씩 꺼낼 때, 카드에 적힌 숫자가 가장 큰 사람이 갑이 되는 경우의 수는?

① 7 　　　　② 8 　　　　③ 9
④ 10 　　　　⑤ 11

4 유사
• 2010년 3월 교육청 │ 3점

어느 고등학교의 방학 중 방과후학교에서 1교시에는 2개 강좌, 2교시에는 3개 강좌, 3교시에는 4개 강좌를 개설하였다. 어떤 학생이 개설된 서로 다른 9개 강좌 중 2개 강좌를 선택하여 수강하려고 할 때, 그 방법의 수는?
　　　　　(단, 한 교시에는 1개 강좌만 수강할 수 있다.)

① 20 　　　　② 26 　　　　③ 30
④ 36 　　　　⑤ 40

Ⅴ. 확률

확률

Ⓐ 확률은 보통 영어 단어 probability의
첫 문자 p로 나타낸다.

100점 공략

Ⓑ 중복되는 경우가 있다면 중복되는 경우
의 확률을 뺀다.

예 한 개의 주사위를 던질 때 2의 배수
또는 3의 배수의 눈이 나올 확률은
(2의 배수의 눈이 나올 확률)
　+(3의 배수의 눈이 나올 확률)
　−(2와 3의 공배수의 눈이 나올 확률)
$$=\frac{3}{6}+\frac{2}{6}-\frac{1}{6}=\frac{2}{3}$$

▶ STEP 2 | 07번

Ⓒ **두 사건 A, B 중 적어도 하나가 일어
날 확률**
(두 사건 A, B 중 적어도 하나가 일어날 확률)
=1−(두 사건 A, B가 모두 일어나지 않을 확률)
=1−(사건 A가 일어나지 않을 확률)
　　×(사건 B가 일어나지 않을 확률)

중요

Ⓓ **연속하여 꺼내는 경우의 확률**
(1) 꺼낸 것을 다시 넣고 연속하여 꺼내는
경우의 확률
　⇨ 처음에 꺼낼 때와 나중에 꺼낼 때
　　의 조건이 같다.
　⇨ 처음에 꺼낸 것을 다시 꺼낼 수 있
　　으므로 처음 사건이 나중 사건에
　　영향을 주지 않는다.
(2) 꺼낸 것을 다시 넣지 않고 연속하여
꺼내는 경우의 확률
　⇨ 처음에 꺼낼 때와 나중에 꺼낼 때
　　의 조건이 다르다.
　⇨ 처음에 꺼낸 것을 다시 꺼낼 수 없
　　으므로 처음 사건이 나중 사건에
　　영향을 준다.

▶ STEP 3 | 01번

Ⓔ **가위바위보에서의 확률**
세 사람이 가위바위보를 할 때
(1) (비길 확률)
　=(모두 같은 것을 낼 확률)
　　+(모두 다른 것을 낼 확률)
(2) (승부가 결정될 확률)
　=1−(비길 확률)

▶ STEP 2 | 11번

확률 Ⓐ

(1) 사건 A가 일어날 확률 : 같은 조건에서 실험이나 관찰을 여러 번 반복할 때,
어떤 사건 A가 일어나는 상대도수가 가까워지는 일정한 값
(2) 어떤 실험이나 관찰에서 각 경우가 일어날 가능성이 같을 때, 일어나는 모든
경우의 수를 n, 어떤 사건 A가 일어나는 경우의 수를 a라 하면 사건 A가
일어날 확률 p는

$$p=\frac{(사건\ A가\ 일어나는\ 경우의\ 수)}{(일어나는\ 모든\ 경우의\ 수)}=\frac{a}{n}$$

확률의 성질

(1) 확률의 기본 성질
　① 어떤 사건이 일어날 확률을 p라 하면 $0\le p\le 1$이다.
　② 절대로 일어나지 않는 사건의 확률은 0이다.
　③ 반드시 일어나는 사건의 확률은 1이다.
(2) 사건 A가 일어나지 않을 확률
　사건 A가 일어날 확률을 p라 하면
　　　(사건 A가 일어나지 않을 확률)$=1-p$
　참고 어떤 사건이 일어나는 경우보다 일어나지 않는 경우가 더 간단하거나
　　‘적어도’, ‘~아닐’, ‘~못할’과 같은 표현이 있을 때, 어떤 사건이 일어나
　　지 않을 확률을 활용하면 좋다.

확률의 계산 Ⓑ Ⓒ Ⓓ Ⓔ ← '또는', '이거나'와 같은 표현이 있는 경우

(1) 사건 A 또는 사건 B가 일어날 확률
　두 사건 A, B가 동시에 일어나지 않을 때, 사건 A가 일어날 확률을 p,
　사건 B가 일어날 확률을 q라 하면
　　　(사건 A 또는 사건 B가 일어날 확률)$=p+q$ ← 확률의 덧셈
(2) 사건 A와 사건 B가 동시에 일어날 확률
　　　　　　　　← '동시에', '그리고', '~와'와 같은 표현이 있는 경우
　두 사건 A, B가 서로 영향을 끼치지 않을 때, 사건 A가 일어날 확률을 p,
　사건 B가 일어날 확률을 q라 하면
　　　(사건 A와 사건 B가 동시에 일어날 확률)$=p\times q$ ← 확률의 곱셈

도형에서의 확률

도형 전체의 넓이를 일어나는 모든 경우의 수로, 사건에 해당하는 부분의 넓이
를 어떤 사건이 일어나는 경우의 수로 생각한다. 즉,

$$(도형에서의\ 확률)=\frac{(사건에\ 해당하는\ 부분의\ 넓이)}{(도형\ 전체의\ 넓이)}$$

Step 1 시험에 꼭 나오는 문제

01 확률

1부터 9까지의 숫자가 각각 하나씩 적힌 9장의 카드에서 3장의 카드를 동시에 뽑을 때, 카드에 적힌 숫자의 합이 16이될 확률을 구하시오.

02 확률의 성질

어떤 사건 A가 일어날 확률을 p, 일어나지 않을 확률을 q라할 때, • 보기 •에서 옳은 것을 모두 고른 것은?

> • 보기 •
>
> ㄱ. $p+q=1$　　　　　ㄴ. $0 \leq p \leq 1$
> ㄷ. $0 < q < 1$　　　　　ㄹ. $p = q-1$
> ㅁ. $q=1$이면 사건 A는 반드시 일어난다.

① ㄱ, ㄴ　　　② ㄷ, ㄹ　　　③ ㄱ, ㄴ, ㄹ
④ ㄱ, ㄷ, ㅁ　　　⑤ ㄴ, ㄹ, ㅁ

03 사건 A가 일어나지 않을 확률

어느 동아리에 가입할 학생들을 추가 모집하는데 4명의 남학생과 2명의 여학생이 신청서를 냈다. 신청서를 낸 6명의학생의 순서를 임의로 정하여 한 명씩 면접을 볼 때, 두 여학생이 연속하여 면접을 보지 않을 확률을 구하시오.

04 사건 A 또는 사건 B가 일어날 확률

오른쪽 그래프는 어느 가정의 9월 한 달 동안 하루에 사용한 전기 사용량을 조사하여 나타낸 히스토그램이다. 이 중 임의로 한 날짜를 선택할 때, 그 날의 전기 사용량이 6 kWh 미만이거나 8 kWh 이상일 확률은?

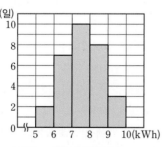

① $\dfrac{3}{10}$　　　② $\dfrac{11}{30}$　　　③ $\dfrac{13}{30}$

④ $\dfrac{19}{30}$　　　⑤ $\dfrac{7}{10}$

05 사건 A와 사건 B가 동시에 일어날 확률

어떤 전철역에서 오전 7시에 도착 예정인 전철이 정각에 도착할 확률은 $\dfrac{1}{2}$, 일찍 도착할 확률은 $\dfrac{1}{6}$일 때, 오전 7시에도착 예정인 전철이 이 전철역에 이틀 연속 늦게 도착할 확률은?

① $\dfrac{2}{3}$　　　② $\dfrac{1}{3}$　　　③ $\dfrac{1}{6}$

④ $\dfrac{1}{9}$　　　⑤ $\dfrac{1}{12}$

06 연속하여 꺼내는 경우의 확률

흰 구슬 3개, 검은 구슬 5개가 들어 있는 주머니가 있다. 갑과 을이 이 순서대로 각각 한 개의 구슬을 주머니에서 임의로 꺼낼 때, 갑과 을이 같은 색의 구슬을 꺼낼 확률은?

(단, 꺼낸 구슬은 다시 넣지 않는다.)

① $\dfrac{3}{8}$　　　② $\dfrac{13}{28}$　　　③ $\dfrac{15}{28}$

④ $\dfrac{5}{8}$　　　⑤ $\dfrac{3}{4}$

07 도형에서의 확률

오른쪽 그림과 같이 반지름의 길이가 6인 원이 있다. 이 원 안에 임의의 점 P를 잡을 때, 원의 중심 O에 대하여 $3 \leq \overline{OP} \leq 4$일 확률은?

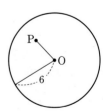

① $\dfrac{1}{9}$　　　② $\dfrac{5}{36}$

③ $\dfrac{1}{6}$　　　④ $\dfrac{7}{36}$

⑤ $\dfrac{2}{9}$

Step 2 A등급을 위한 문제

유형① 여러 가지 확률

01 대표문제

1부터 5까지의 숫자가 각각 하나씩 적힌 5장의 카드가 상자 안에 들어 있다. 이 중에서 한 장의 카드를 임의로 뽑아 숫자를 확인하는 것을 4번 반복할 때, 뽑은 카드에 적힌 숫자 중 가장 작은 것이 2일 확률은?

(단, 뽑은 카드는 다시 상자에 넣는다.)

① $\dfrac{37}{625}$　　② $\dfrac{81}{625}$　　③ $\dfrac{7}{25}$

④ $\dfrac{256}{625}$　　⑤ $\dfrac{3}{5}$

02

길이가 1 cm, 2 cm, 3 cm, 4 cm, 6 cm인 막대가 하나씩 있다. 이 중 3개의 막대를 선택하여 삼각형을 만들 때, 삼각형이 만들어질 확률을 구하시오.

03

꽃병에 서로 다른 장미 4송이, 서로 다른 백합 5송이가 꽂혀 있다. 이 중 두 송이를 임의로 골라 두 친구에게 각각 한 송이씩 주려고 할 때, 장미를 적어도 한 송이 주게 될 확률을 구하시오.

04

A, B 두 개의 주사위를 동시에 던질 때, A 주사위를 던져서 나온 눈의 수를 a, B 주사위를 던져서 나온 눈의 수를 b라 하자. 이때, 연립방정식 $\begin{cases} 2x+y=3 \\ ax+by=5 \end{cases}$의 해가 존재하지 않을 확률은?

① $\dfrac{1}{12}$　　② $\dfrac{1}{6}$　　③ $\dfrac{1}{5}$

④ $\dfrac{1}{4}$　　⑤ $\dfrac{1}{3}$

05

그림과 같이 배열된 책상 A, B, C, D에 1, 2, 3, 4의 숫자가 하나씩 적힌 카드 4장을 임의로 한 장씩 올려놓았다. 책상 C에 놓인 카드에 적힌 수가 책상 A에 놓인 카드에 적힌 수보다 크고, 책상 D에 놓인 카드에 적힌 수가 책상 B에 놓인 카드에 적힌 수보다 클 확률은? [2015년 3월 교육청]

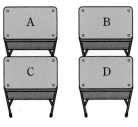

① $\dfrac{1}{6}$　　② $\dfrac{1}{5}$　　③ $\dfrac{1}{4}$

④ $\dfrac{1}{3}$　　⑤ $\dfrac{1}{2}$

06 서술형

두 개의 주사위 A, B를 동시에 던져 나온 눈의 수를 각각 a, b라 하자. 이때, 두 일차함수 $y=2x+5$, $y=ax+b$의 그래프가 만날 확률을 구하시오.

유형② 사건 A 또는 사건 B가 일어날 확률

07 대표문제

A, B, C, D, E 다섯 명의 학생을 한 줄로 세울 때, A가 맨 앞에 오거나 B가 맨 앞에서 두 번째에 올 확률은?

① $\dfrac{5}{20}$　　② $\dfrac{3}{10}$　　③ $\dfrac{7}{20}$

④ $\dfrac{2}{5}$　　⑤ $\dfrac{9}{20}$

08

서로 다른 세 개의 주사위를 동시에 던질 때, 나오는 세 눈의 수의 곱이 40의 배수일 확률은?

① $\dfrac{1}{24}$　　② $\dfrac{5}{72}$　　③ $\dfrac{1}{12}$

④ $\dfrac{7}{36}$　　⑤ $\dfrac{5}{24}$

09

각 면에 -1, 0, 1, 2, 3, 4가 하나씩 적혀 있는 정육면체 모양의 주사위가 있다. 오른쪽 그림과 같이 한 변의 길이가 1인 정사각형 ABCD에서 점 P는 이 주사위를 두 번 던져 나온 두 눈의 수의 합의 절댓값만큼 정사각형의 변을 따라 이웃한 꼭짓점으로 이동한다. 이때, 두 눈의 수의 합이 음수이면 시계 방향으로, 두 눈의 수의 합이 양수이면 시계 반대 방향으로 움직인다. 꼭짓점 A에서 출발한 점 P가 주사위를 두 번 던져 이동한 후, 꼭짓점 D에 놓일 확률을 구하시오.

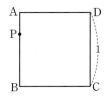

유형❸ 사건 A와 사건 B가 동시에 일어날 확률

10 대표문제

지수와 수연이가 윷놀이를 하고 있다. 지수가 이번에 4개의 윷가락을 던져 도 또는 개가 나오면 수연이의 말을 잡아서 이기게 된다고 한다. 각 윷가락에서 평평한 면이 위로 나올 확률은 $\dfrac{2}{3}$, 둥근 면이 위로 나올 확률이 $\dfrac{1}{3}$일 때, 4개의 윷가락을 던져 지수가 이기게 될 확률을 구하시오.

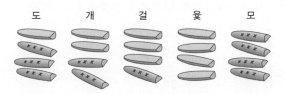

도　　개　　걸　　윷　　모

11

갑, 을, 병 세 사람이 가위바위보를 두 번 할 때, 첫 번째에는 비기고 두 번째에 승부가 결정될 확률을 구하시오.

12

앗! 실수

A 주머니에는 흰 공 1개와 검은 공 3개가 들어 있고, B 주머니에는 흰 공 2개가 들어 있다. 두 주머니 중 임의로 어느 1개를 택하여 1개의 공을 꺼낼 때, 그 공이 흰 공일 확률은?

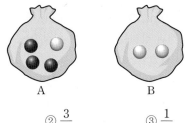

A　　　　B

① $\dfrac{1}{4}$　　② $\dfrac{3}{8}$　　③ $\dfrac{1}{2}$

④ $\dfrac{5}{8}$　　⑤ $\dfrac{3}{4}$

13

주사위 한 개를 계속 던지다가 4의 눈이 연속해서 2번 나오면 주사위 던지는 것을 중지한다고 한다. 주사위를 4번 던진 후, 던지는 것이 중지될 확률은?

① $\dfrac{5^2}{6^4}$　　② $\dfrac{5}{6^4}$　　③ $\dfrac{5}{6^3}$

④ $\dfrac{1}{6^3}$　　⑤ $\dfrac{1}{6^2}$

14

A 팀과 B 팀이 축구 시합을 하는데 승패가 결정되지 않아 승부차기를 하였다. 현재 각 팀의 3번째 선수까지 시도하여 그 결과가 다음 표와 같다.

팀 \ 회차	1회	2회	3회	4회	5회
A 팀	성공	실패	성공		
B 팀	성공	실패	실패		

A 팀 선수들의 승부차기 성공률은 $\frac{1}{3}$로 같고, B 팀 선수들의 승부차기 성공률은 $\frac{1}{2}$로 같다고 할 때, 5회 이내에 A 팀이 이길 확률을 구하시오. (단, A 팀부터 시작하여 서로 번갈아 가며 공을 차고, 승부가 결정된 후에는 공을 차지 않는다.)

유형④ 연속하여 꺼내는 경우

15 대표문제

A 주머니에는 파란 공 3개, 빨간 공 2개, B 주머니에는 파란 공 2개, 빨간 공 3개가 들어 있다. 주사위 1개를 던져 나온 눈의 수가 6의 약수이면 A 주머니를 택하고, 6의 약수가 아니면 B 주머니를 택하여 주머니에서 공을 한 개씩 두 번 임의로 꺼낼 때, 꺼낸 공이 모두 빨간 공일 확률은?
(단, 꺼낸 공은 다시 넣지 않는다.)

① $\frac{1}{6}$　　　② $\frac{1}{5}$　　　③ $\frac{7}{30}$

④ $\frac{1}{3}$　　　⑤ $\frac{2}{5}$

16

검은 바둑돌 3개와 흰 바둑돌 5개가 들어 있는 상자에서 한 개의 바둑돌을 임의로 꺼내어 색을 확인한 후 넣고, 꺼낸 바둑돌과 색이 같은 바둑돌 한 개를 더 넣은 다음 다시 한 개의 바둑돌을 임의로 꺼낸다. 이때, 나중에 꺼낸 바둑돌이 검은 바둑돌일 확률을 구하시오.

17　　　　　　　　　　　　　　　 도전 문제

주머니 속에 꽝인 제비와 당첨 제비가 여러 개 들어 있다. 이 주머니에 꽝인 제비 4개를 더 넣으면 전체 제비의 $\frac{6}{7}$이 꽝인 제비가 되고, 당첨 제비 2개를 더 넣으면 전체 제비의 $\frac{1}{3}$이 당첨 제비가 된다고 한다. 수영, 민지, 지혁이가 이 순서대로 반복하여 주머니에서 한 개씩 제비를 임의로 뽑을 때, 당첨 제비를 가장 먼저 뽑는 사람이 이기는 게임을 한다. 이때, 수영이가 이길 확률을 구하시오.
(단, 뽑은 제비는 다시 넣지 않는다.)

유형⑤ 도형에서의 확률

18 대표문제

오른쪽 그림과 같은 원 모양의 과녁에 한 발의 화살을 쏘아 5점을 얻을 확률은 $\frac{16}{25}$, 15점을 얻을 확률은 $\frac{4}{25}$이다. 가장 큰 원의 반지름의 길이가 20이고, 두 번째로 큰 원의 반지름의 길이가 r_1, 가장 작은 원의 반지름의 길이가 r_2라 할 때, $r_1 - r_2$의 값을 구하시오. (단, 화살이 과녁을 벗어나는 경우는 없으며, 과녁의 경계선에 맞는 것은 생각하지 않는다.)

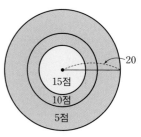

19

다음 그림과 같이 6등분된 세 원판 A, B, C가 있다. 이 세 개의 원판을 한 번씩 돌려서 바늘이 멈추는 면에 적힌 세 수를 각각 a, b, c라 할 때, $a(b+c)$가 홀수일 확률을 구하시오.
(단, 바늘이 경계선에서 멈추는 것은 생각하지 않는다.)

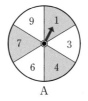　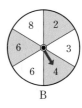　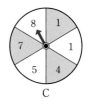

① $\frac{1}{3}$　　　② $\frac{10}{27}$　　　③ $\frac{11}{27}$

④ $\frac{4}{9}$　　　⑤ $\frac{13}{27}$

01

주머니 속에 4장의 숫자 카드 1, 2, 3, 4 와 8장의 문자 카드 a, b, c, d, e, f, g, h 가 들어 있다. 다음 물음에 답하시오.

(1) 주머니에서 한 장씩 카드를 두 번 임의로 꺼내는데 꺼낸 카드는 다시 넣지 않는다고 할 때, 첫 번째는 숫자 카드가 나오고 두 번째는 문자 카드가 나올 확률을 구하시오.

(2) 주머니에서 2장의 카드를 동시에 임의로 꺼내는데 숫자 카드 한 장과 문자 카드 한 장이 나올 확률을 구하시오.

02

어느 모임에 참석한 4명의 친구가 같은 종류의 우산을 1개 씩 쓰고 우산거치대에 놓았다. 모임이 끝난 후 우산을 임의로 가져간다고 할 때, 자신의 우산을 가져간 사람이 1명 이하일 확률이 $\dfrac{q}{p}$이다. $p+q$의 값을 구하시오.

(단, p, q는 서로소인 자연수이다.)

03

다음 그림과 같이 좌표평면 위의 점 (1, 1)의 위치에 점 P 가 놓여 있다.

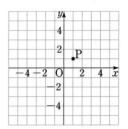

동전 한 개를 던져 앞면이 나오면 점 P가 놓여진 위치로부터 x축의 양의 방향으로 1만큼, y축의 양의 방향으로 2만큼 이동하고, 뒷면이 나오면 x축의 음의 방향으로 a만큼, y축의 음의 방향으로 1만큼 이동한다. 물음에 답하시오.

(단, $a>0$)

(1) 동전을 4번 던진 후, 점 P가 점 $(-1, 3)$의 위치에 놓이기 위한 a의 값을 구하시오.

(2) 동전을 4번 던진 후, 점 P가 점 $(-1, 3)$의 위치에 놓일 확률을 구하시오.

04

어떤 학생이 버스나 지하철 중에서 어느 하나를 한 번만 타고 등교한다. 버스를 탄 다음 날 버스를 탈 확률은 $\dfrac{1}{3}$이고, 지하철을 탈 확률은 $\dfrac{2}{3}$이다. 또한, 지하철을 탄 다음 날 버스를 탈 확률과 지하철을 탈 확률은 각각 $\dfrac{1}{2}$이다. 이번 주 월요일에 버스로 등교하였을 때, 그 주 목요일에 지하철로 등교할 확률을 구하시오.

05

다음 과정을 차례대로 시행한다.

> [과정 1] 한 모서리의 길이가 1인 정육면체 125개를 그
> 림과 같이 빈틈없이 쌓아 한 모서리의 길이가 5
> 인 정육면체 한 개를 만든다.
>
> [과정 2] 한 모서리의 길이가 5인 정육면체가 책상과 닿
> 아 있는 면을 제외한 나머지 다섯 개의 면 전체
> 에 색칠을 한다.
>
> [과정 3] 쌓은 정육면체를 무너뜨린 후, 한 모서리의 길
> 이가 1인 125개의 정육면체 중 한 개를 임의로
> 선택한다.

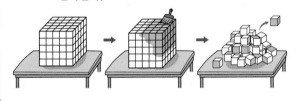

위의 [과정 3]에서 선택한 정육면체가 적어도 한 면이 색칠
된 정육면체일 확률은 $\dfrac{q}{p}$일 때, $p+q$의 값을 구하시오.

(단, p, q는 서로소인 자연수이다.)

06

1부터 7까지의 자연수가 각각 하나씩 적힌 7개의 공이 주머
니에 들어 있다. 이 주머니에서 임의로 4개의 공을 동시에
꺼낼 때, 꺼낸 공에 적힌 수 중에서 가장 작은 수와 가장 큰
수의 합이 다른 두 수의 합과 같을 확률을 구하시오.

07

갑, 을, 병 세 사람이 달리기 시합을 하는데 제비뽑기를 하
여 세 명 중 한 명은 부전승으로 결승에 진출하고 나머지 두
사람이 시합하여 이긴 사람이 결승에 올라간다. 이때, 갑이
을을 이길 확률이 p, 을이 병을 이길 확률이 $\dfrac{2}{3}$, 병이 갑을
이길 확률이 $\dfrac{3}{5}$이다. 이 시합에서 을이 최종 우승할 확률이
$\dfrac{17}{30}$일 때, p의 값을 구하시오. $\left(\text{단, 비기는 경우는 없고, 제}\right.$

비뽑기를 하여 부전승으로 올라갈 확률은 모두 $\left.\dfrac{1}{3}\text{이다.}\right)$

08

다음 그림과 같이 10등분된 원판에 1부터 10까지의 자연수
가 적혀 있다. 이 원판을 회전시킨 후 화살을 2번 쏘았을 때,
첫 번째 화살이 맞은 부분에 적힌 수를 a, 두 번째 화살이
맞은 부분에 적힌 수를 b라 하자. 이때, x절편이 a, y절편
이 b인 직선 l과 x절편, y절편이 모두 a인 직선 m에 대하
여 두 직선 l, m과 y축으로 둘러싸인 부분의 넓이가 8일 확
률을 구하시오. (단, 화살이 원판을 벗어나는 경우는 없으
며, 원판의 경계선에 맞는 것은 생각하지 않는다.)

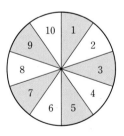

┌─ **유형 1 | 경우의 수를 이용한 확률의 계산**

출제경향 어떤 사건이 일어나는 경우의 수를 직접 구하여 확률을 계산하는 문제가 주로 출제된다.

공략비법
(i) 일어날 수 있는 모든 경우의 수를 구한다.
(ii) 사건 A가 일어나는 경우의 수를 직접 세거나 나뭇가지 모양의 그림으로 나타내어 구하거나 합의 법칙, 곱의 법칙 등을 이용하여 구한 후, $\dfrac{(\text{사건 } A\text{가 일어나는 경우의 수})}{(\text{일어나는 모든 경우의 수})}$의 값을 구한다.

1 대표
• 2017년 3월 교육청 | 3점

그림과 같이 말판 위에 1부터 12까지의 숫자가 하나씩 적혀 있는 칸이 연결되어 있다. 서로 다른 두 개의 주사위를 동시에 던져 나오는 두 눈의 수의 합과 같은 숫자가 적혀 있는 칸에 말(♟)을 놓는 게임이 있다. 이 게임을 한 번 할 때 8보다 큰 수가 적혀 있는 칸에 말이 놓일 확률은?

① $\dfrac{2}{9}$ ② $\dfrac{5}{18}$ ③ $\dfrac{1}{3}$

④ $\dfrac{7}{18}$ ⑤ $\dfrac{4}{9}$

2 유사
• 2018년 3월 교육청 | 3점

그림과 같이 한 변의 길이가 1인 여러 개의 정사각형으로 이루어진 도형이 있다. 한 개의 주사위를 두 번 던져 첫 번째 나온 눈의 수의 길이만큼 점 A에서 오른쪽 방향으로 이동한 점을 B라 하고, 두 번째 나온 눈의 수의 길이만큼 점 B에서 위쪽 방향으로 이동한 점을 C라 하자. 삼각형 ABC의 넓이가 15 이상이 될 확률은?

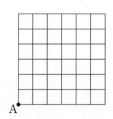

① $\dfrac{1}{36}$ ② $\dfrac{1}{18}$ ③ $\dfrac{1}{12}$

④ $\dfrac{1}{9}$ ⑤ $\dfrac{5}{36}$

┌─ **유형 2 | 사건 A와 사건 B가 동시에 일어날 확률**

출제경향 사건 A와 사건 B가 동시에 일어날 확률을 계산하는 문제가 주로 출제된다.

공략비법
(i) 사건 A와 사건 B가 일어날 확률을 각각 구한다.
(ii) 두 사건이 동시에 일어나는 사건인지 판단한다.
(iii) 확률의 덧셈과 곱셈을 이용하여 확률을 계산한다.

3 대표
• 2014년 3월 교육청 | 3점

주머니 A에는 흰 공이 3개, 파란 공이 5개 들어 있고, 주머니 B에는 흰 공이 7개, 파란 공이 3개 들어 있다. 주머니 A와 주머니 B에서 각각 공을 한 개씩 꺼낼 때, 두 공이 모두 흰 공일 확률은 $\dfrac{q}{p}$이다. $p+q$의 값을 구하시오.

(단, p, q는 서로소인 자연수이다.)

4 유사

주머니 속에 크기와 모양이 같은 빨간 공 1개, 파란 공 5개가 들어 있다. 갑이 먼저 한 개의 공을 꺼내 색을 확인한 다음 다시 넣고, 을이 한 개의 공을 꺼내 색을 확인한다. 이때, 두 사람 중 적어도 한 사람이 빨간 공을 꺼낼 확률은?

① $\dfrac{1}{18}$ ② $\dfrac{5}{36}$ ③ $\dfrac{2}{9}$

④ $\dfrac{11}{36}$ ⑤ $\dfrac{7}{18}$

OX로 개념을 적용하는
고등 국어 문제 기본서

더 THE 개념
블랙라벨

국어

국어 문학   국어 독서   국어 문법

개념은 빠짐없이! 설명은 분명하게!
연습은 충분하게! 내신과 수능까지!

BLACKLABEL

짧은 호흡, 다양한 도식과 예문으로	꼼꼼한 OX 문제, 충분한 드릴형 문제로	내신형 문제부터 수능 고난도까지
직관적인 **개념 학습**	**국어 개념** **완벽 훈련**	**내신 만점** **수능 만점**

개념의 이해와 적용
단계별 학습을 위한
플러스 기본서

더 THE 개념
블랙라벨

수학

15개정 **교육과정**	고등 수학(상)	수학 I	확률과 통계	**22개정** **교육과정**	공통수학1
	고등 수학(하)	수학 II	미적분		공통수학2 (출시 예정)

더 확장된 개념! 더 최신 트렌드!
더 어려운 문제! 더 친절한 해설!

B L A C K L A B E L

사고력을 키워 주고 문제해결에 필요한	예시와 증명으로 스스로 학습 가능한	트렌드를 분석하여 엄선한 필수 문제로
확 장 된 개 념	자 세 한 설 명	최 신 기 출 문 제

블랙라벨은 최고의 제품에만 허락되는 이름입니다

blacklabel

A등급을 위한 명품 수학 블랙라벨

2015 개정교과 중학 수학 **2**-2

정답과 해설

블랙라벨 A등급을 위한 명품 수학

'진짜 A등급 문제집'을 만나고 싶어?

따져봐! **누가** **집필했나** ····· 특목고·강남8학군 교사 집필

살펴봐! **누가** **검토했나** ····· 강남8학군 유명 강사 검토

알아봐! **누가** **공부하나** ····· 상위 4% 학생들의 필독서

정답과 해설

A등급을 위한 명품 수학

블랙라벨

Speed Check

III 도형의 닮음

05. 도형의 닮음

| Step 1 / 시험에 꼭 나오는 문제 | p.45 | Step 2 / A등급을 위한 문제 | | | | pp.46~49 | Step 3 / 종합 사고력 도전 문제 | pp.50~51 | 미리보는 학력평가 | p.52 |

01 ③　02 ④　03 54π cm²
04 8, SAS 닮음　05 ②　06 ①

01 ④　02 ③　03 4분 30초　04 ③　05 ⑤　06 ⑤
07 300 m²　08 ④　09 $\dfrac{376}{243}$　10 ③　11 ⑤　12 9 cm
13 3 : 5　14 ④　15 19　16 10　17 64 cm²　18 ⑤
19 $\dfrac{15}{8}$ cm　20 ②　21 ④　22 $\dfrac{9}{2}$ cm　23 4 cm
24 243 : 32

01 풀이 참조　02 1 : 2
03 (1) 7 cm　(2) 14 cm　(3) 1 : 3
04 (1) $\dfrac{4}{3}h$ m　(2) 10 m　　05 81 : 8
06 6　07 2　08 16 : 15

1 ⑤　2 ③
3 ④

06. 닮음의 활용

| Step 1 / 시험에 꼭 나오는 문제 | p.54 | Step 2 / A등급을 위한 문제 | | | pp.55~57 | Step 3 / 종합 사고력 도전 문제 | pp.58~59 | 미리보는 학력평가 | p.60 |

01 ①　02 ②　03 $\dfrac{16}{7}$ cm　04 ⑤
05 ③　06 45 cm²

01 ③　02 28 : 16 : 33　03 22　04 ③
05 $\overline{CF}=16$ cm, $\overline{DG}=25$ cm　06 ③　07 ①　08 3 : 8
09 2　10 ①　11 81 cm²　12 ④　13 ②　14 $\dfrac{2}{3}$ cm
15 ③　16 5 : 2　17 ④　18 3

01 (1) 63 : 35 : 15　(2) 42 : 28 : 20 : 15
02 5 : 12
03 (1) 1 : 3　(2) 2 : 3　(3) 4 : 15
04 16　05 15　06 (1) 45°　(2) $\dfrac{9}{2}$ cm²
07 $\dfrac{20}{3}$　08 $\dfrac{34}{3}$

1 ①　2 ⑤
3 ⑤　4 $\dfrac{56}{3}$ cm

IV 피타고라스 정리

07. 피타고라스 정리

| Step 1 / 시험에 꼭 나오는 문제 | p.63 | Step 2 / A등급을 위한 문제 | | | pp.64~67 | Step 3 / 종합 사고력 도전 문제 | pp.68~69 | 미리보는 학력평가 | p.70 |

01 ④　02 ③　03 ②　04 ②, ⑤
05 ④　06 $\dfrac{12}{5}$　07 $\dfrac{17}{2}\pi$

01 ③　02 12　03 ③　04 ④　05 $\dfrac{20}{3}$　06 360
07 $\dfrac{240}{13}$　08 ③　09 ③　10 ①　11 80 cm²　12 24
13 29통　14 ④　15 ⑤　16 144 cm²　17 ③　18 ④
19 $\dfrac{24}{5}$　20 ⑤　21 136　22 28　23 ①　24 $2(S_1+S_2)$

01 (1) 17　(2) $\dfrac{45}{8}$　02 65
03 (1) 176π　(2) 84 : 125　　04 12개
05 30 cm　06 6　　07 오전 10시 24분
08 180

1 ①　2 60
3 ①　4 720

V 확률

08. 경우의 수

| Step 1 / 시험에 꼭 나오는 문제 | p.73 | Step 2 / A등급을 위한 문제 | | | | | pp.74~77 | Step 3 / 종합 사고력 도전 문제 | pp.78~79 | 미리보는 학력평가 | p.80 |

01 ④　02 ②　03 13　04 6　05 ④
06 10　07 ③　08 35

01 ①　02 ③　03 5　04 10　05 10　06 ③　07 9
08 ②　09 18　10 ②　11 ②　12 54　13 ⑤　14 ④
15 1300　16 72　17 10　18 ④　19 ③　20 ⑤　21 ①
22 ①　23 46　24 34

01 (1) 6　(2) 풀이 참조 02 6
03 (1) 120　(2) 96　(3) 60　　04 21
05 120　06 43　07 24　08 125

1 6　2 33
3 ⑤　4 ②

09. 확률

| Step 1 / 시험에 꼭 나오는 문제 | p.82 | Step 2 / A등급을 위한 문제 | | | | pp.83~85 | Step 3 / 종합 사고력 도전 문제 | pp.86~87 | 미리보는 학력평가 | p.88 |

01 $\dfrac{2}{21}$　02 ①　03 $\dfrac{2}{3}$　04 ③　05 ④
06 ②　07 ④

01 ③　02 $\dfrac{1}{5}$　03 $\dfrac{13}{18}$　04 ①　05 ③　06 $\dfrac{31}{36}$　07 ③
08 ②　09 $\dfrac{5}{18}$　10 $\dfrac{32}{81}$　11 $\dfrac{2}{9}$　12 ④　13 ③　14 $\dfrac{5}{9}$
15 ①　16 $\dfrac{3}{8}$　17 $\dfrac{2}{5}$　18 4　19 ③

01 (1) $\dfrac{8}{33}$　(2) $\dfrac{16}{33}$　02 41
03 (1) 2　(2) $\dfrac{3}{8}$　04 $\dfrac{31}{54}$　05 214
06 $\dfrac{13}{35}$　07 $\dfrac{1}{4}$　08 $\dfrac{1}{25}$

1 ②　2 ③
3 101　4 ④

I 삼각형의 성질

01 삼각형의 성질

01 ① **02** ③ **03** ② **04** ④ **05** $82\,\text{cm}^2$
06 $18\,\text{cm}^2$

01

△DBC에서 $\overline{BC}=\overline{DC}$이므로

$\angle CBD=\angle BDC=25^\circ$

즉, $\angle DCE=25^\circ+25^\circ=50^\circ$이고, $\angle ACD=\angle DCE$이므로

$\angle ACE=2\times50^\circ=100^\circ$

따라서 $\angle ABC=\angle ACB=180^\circ-100^\circ=80^\circ$이므로

$\angle A=180^\circ-2\times80^\circ=20^\circ$ 답 ①

02

△ABC에서 $\overline{AD}$는 ∠A의 이등분선이므로

$\angle ADB=90^\circ$, $\overline{BD}=\overline{DC}$

이때, $\triangle ABD=\dfrac{1}{2}\times\overline{AB}\times\overline{DE}=\dfrac{1}{2}\times\overline{BD}\times\overline{AD}$에서

$\dfrac{1}{2}\times10\times\dfrac{24}{5}=\dfrac{1}{2}\times\overline{BD}\times8$

$\therefore \overline{BD}=6\,(\text{cm})$

$\therefore \overline{BC}=2\overline{BD}=2\times6=12\,(\text{cm})$ 답 ③

03

이등변삼각형 ABC에서 $\overline{AB}=\overline{AC}$이고, $\angle A=36^\circ$이므로

$\angle B=\angle C=\dfrac{1}{2}\times(180^\circ-36^\circ)=72^\circ$ (③)

$\therefore \angle ABD=\dfrac{1}{2}\angle B=\dfrac{1}{2}\times72^\circ=36^\circ$

즉, △ABD는 $\overline{AD}=\overline{BD}$인 이등변삼각형이므로

$\overline{BD}=\overline{AD}=10\,\text{cm}$ (①),

$\angle ADB=180^\circ-2\times36^\circ=108^\circ$ (⑤)

이때, $\angle BDC=180^\circ-\angle ADB=180^\circ-108^\circ=72^\circ=\angle C$이므로 △BCD는 $\overline{BD}=\overline{BC}$인 이등변삼각형이다.

$\therefore \overline{BC}=\overline{BD}=10\,\text{cm}$ (④)

따라서 옳지 않은 것은 ②이다. 답 ②

04

△ABD와 △CAE에서

$\angle ADB=\angle CEA=90^\circ$, $\overline{AB}=\overline{CA}$,

$\angle ABD=90^\circ-\angle BAD=\angle CAE$

$\therefore \triangle ABD\equiv\triangle CAE$ (RHA 합동)

따라서 △ABD≡△CAE임을 설명할 때, 사용하지 않는 것은 ④이다. 답 ④

05

오른쪽 그림에서

$\angle a+\angle b=90^\circ$,

$\angle b+\angle c=90^\circ$이므로

$\angle a=\angle c$

즉, △ABD와 △CAE에서

$\angle ADB=\angle CEA=90^\circ$, $\overline{AB}=\overline{CA}$,

$\angle ABD=\angle CAE$

$\therefore \triangle ABD\equiv\triangle CAE$ (RHA 합동)

즉, $\overline{DA}=\overline{EC}=8\,\text{cm}$, $\overline{AE}=\overline{BD}=10\,\text{cm}$이므로

$\overline{DE}=\overline{DA}+\overline{AE}=8+10=18\,(\text{cm})$

이때, 사각형 DBCE는 사다리꼴이므로

(사다리꼴 DBCE의 넓이)$=\dfrac{1}{2}\times(\overline{BD}+\overline{CE})\times\overline{DE}$

$=\dfrac{1}{2}\times(10+8)\times18=162\,(\text{cm}^2)$

$\therefore \triangle ABC=$(사다리꼴 DBCE의 넓이)$-(\triangle ABD+\triangle CAE)$

$=$(사다리꼴 DBCE의 넓이)$-2\triangle ABD$

$=162-2\times\dfrac{1}{2}\times10\times8$

$=82\,(\text{cm}^2)$ 답 $82\,\text{cm}^2$

06

△ABC는 $\overline{AC}=\overline{BC}$인 직각이등변삼각형이므로

$\angle BAC=\angle ABC=45^\circ$

이때, △AED에서 ∠EDA＝90°－45°＝45°이므로 △AED는
$\overline{EA}=\overline{ED}$인 직각이등변삼각형이다.
한편, △DEB와 △DCB에서
∠DEB＝∠DCB＝90°, $\overline{BD}$는 공통, ∠EBD＝∠CBD
∴ △DEB≡△DCB (RHA 합동)
즉, $\overline{DE}=\overline{DC}=6\,\mathrm{cm}$이므로 $\overline{EA}=\overline{ED}=6\,\mathrm{cm}$
$\therefore \triangle AED = \frac{1}{2} \times \overline{AE} \times \overline{ED}$

$$= \frac{1}{2} \times 6 \times 6 = 18\,(\mathrm{cm}^2)$$ 답 18 cm²

따라서 △CEB에서 35°＋90°＋∠BCE＝180°
∴ ∠BCE＝55°
∴ ∠BCD＝55°－20°＝35° 답 35°

| 다른풀이 |
△CAD는 $\overline{CA}=\overline{CD}$인 이등변삼각형이므로
∠CDA＝∠CAD＝180°－110°
$\qquad$＝70°
∠BCD＋∠DBC＝∠CDA＝70°
∴ ∠BCD＝35°

01

△BDF와 △CED에서
△ABC는 $\overline{AB}=\overline{AC}$인 이등변삼각형이므로
$\angle FBD = \angle DCE = \frac{1}{2} \times (180° - 40°) = 70°$,
$\overline{BF}=\overline{CD}$, $\overline{BD}=\overline{CE}$
∴ △BDF≡△CED (SAS 합동)
즉, ∠BDF＝∠CED
이때, ∠EDB＝∠x＋∠BDF이고
△CED에서 ∠EDB＝∠C＋∠CED이므로
∠x＝∠C＝70° 답 ④

02

∠CAE의 외각의 크기는 110°이므로
∠CAD＝180°－110°＝70°
이때, △CAD는 $\overline{CA}=\overline{CD}$인 이등변삼각형이므로
∠CDE＝∠CAE＝70°
즉, ∠ACD＝180°－2×70°＝40°
$\therefore \angle DCE = \frac{1}{2} \times 40° = 20°$
이등변삼각형 CAD에서 꼭지각 C의 이등분선은 밑변 AD를 수
직이등분하므로
∠CED＝90°

03

△ABD에서 $\overline{DA}=\overline{DB}$이므로 ∠DAB＝∠DBA＝30°
∴ ∠ADE＝30°＋30°＝60°

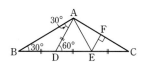

또한, △ADE에서 $\overline{DA}=\overline{DE}$이므로 △ADE는 정삼각형이다.
즉, $\overline{AE}=\overline{EC}$이므로 △AEC는 이등변삼각형이다.
이때, 이등변삼각형의 꼭짓점에서 밑변에 내린 수선은 밑변의 수
직이등분선이므로 $\overline{AF}=\overline{FC}$
∴ △AEC＝2△ECF $\qquad$ ……㉠
한편, 세 삼각형 ABD, ADE, AEC는 밑변의 길이와 높이가
각각 같으므로 넓이가 모두 같다.
즉, △ABC＝3△AEC
∴ △ABC＝6△ECF (∵ ㉠)
따라서 △ABC의 넓이는 △ECF의 넓이의 6배이다. 답 ④

04

∠BAD＝∠a, ∠DAE＝∠b, ∠EAC＝∠c라 하자.
∠BAC＝100°이므로
∠a＋∠b＋∠c＝100° $\qquad$ ……㉠
$\overline{BA}=\overline{BE}$이므로 ∠AED＝∠BAE＝∠$a$＋∠$b$
$\overline{CA}=\overline{CD}$이므로 ∠ADC＝∠CAD＝∠$b$＋∠$c$
이때, △ADE에서 ∠DAE＋∠ADE＋∠AED＝180°
∠b＋(∠b＋∠c)＋(∠a＋∠b)＝180°
∴ ∠a＋3∠b＋∠c＝180° $\qquad$ ……㉡
㉡－㉠을 하면 2∠b＝80°
∴ ∠b＝40° $\qquad$ ……㉢

$\therefore \angle ADB+\angle AEC=(180^\circ-\angle ADE)+(180^\circ-\angle AED)$

$=180^\circ-(\angle b+\angle c)+180^\circ-(\angle a+\angle b)$

$=360^\circ-(\angle a+2\angle b+\angle c)$

$=360^\circ-140^\circ$ ($\because$ ㉠, ㉢)

$=220^\circ$ 답 220°

blacklabel 특강 필수개념

평행선의 성질

(1)

$l /\!/ m$이면
$\angle a=\angle b$ (동위각)

(2)

$l /\!/ m$이면
$\angle c=\angle d$ (엇각)

05

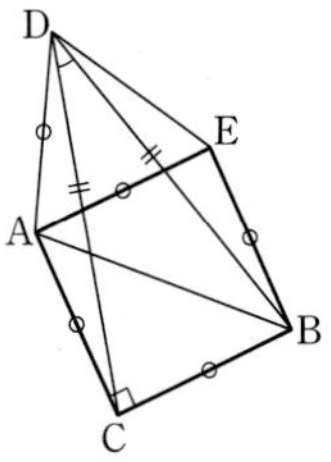

오른쪽 그림과 같이 사각형 ACBE가 정사각형이 되도록 점 E를 정하자.

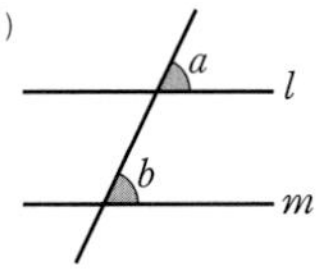

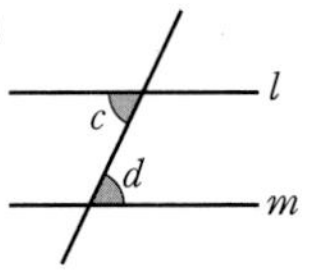

$\triangle DAC$와 $\triangle DEB$에서

$\overline{AC}=\overline{EB}$, $\overline{DC}=\overline{DB}$,

$\angle ACD=90^\circ-\angle DCB$

$=90^\circ-\angle DBC=\angle EBD$

$\therefore \triangle DAC\equiv\triangle DEB$ (SAS 합동)

즉, $\overline{AD}=\overline{ED}$이고, $\overline{AD}=\overline{AC}=\overline{AE}$이므로 $\triangle DAE$는 정삼각형이다.

또한, $\triangle ADC$에서 $\angle DAC=90^\circ+60^\circ=150^\circ$이고

$\overline{AD}=\overline{AC}$이므로

$\angle ADC=\angle ACD=\frac{1}{2}\times(180^\circ-150^\circ)=15^\circ$

$\therefore \angle BDC=60^\circ-(15^\circ+15^\circ)=30^\circ$ 답 ③

06

ㄱ. $\angle FEC=\angle PEF$ ($\because$ 접은 각), $\angle FEC=\angle PFE$ ($\because$ 엇각)

이므로 $\angle PEF=\angle PFE$

즉, $\triangle PEF$는 이등변삼각형이므로

$\overline{PF}=\overline{PE}=6$ cm

ㄴ. $\angle PEB=180^\circ-(\angle PEF+\angle FEC)$

$=180^\circ-(65^\circ+65^\circ)=50^\circ$

ㄷ. $\triangle PEF=\frac{1}{2}\times\overline{PF}\times\overline{AB}$이고 $\overline{PF}=6$ cm, $\overline{AB}=5$ cm

이므로 $\triangle PEF=\frac{1}{2}\times6\times5=15(\text{cm}^2)$

ㄹ. $\angle PFE=\angle FEC=65^\circ$, $\angle PEB=50^\circ$ ($\because$ ㄴ)이므로

$\angle PFE\neq\angle PEB$

ㅁ. $\angle APH=\angle PEB$ ($\because$ 동위각)

이므로 $\angle APH=\angle PEB=50^\circ$ ($\because$ ㄴ)

따라서 옳은 것은 ㄱ, ㄴ, ㄷ이다. 답 ④

07

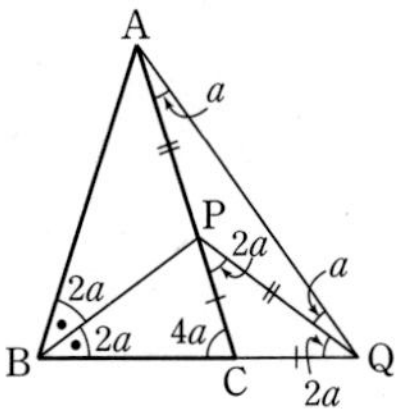

오른쪽 그림과 같이 $\overline{AQ}$를 긋자.

$\triangle APQ$에서 $\overline{PA}=\overline{PQ}$이므로

$\angle PAQ=\angle PQA=\angle a$라 하면

$\angle QPC=\angle a+\angle a=2\angle a$

$\triangle PCQ$에서 $\overline{CP}=\overline{CQ}$이므로

$\angle CQP=\angle CPQ=2\angle a$

$\angle ACB=2\angle a+2\angle a=4\angle a$

$\triangle ABC$에서 $\overline{AB}=\overline{AC}$이므로

$\angle ABC=\angle ACB=4\angle a$

이때, $\overline{BP}$는 $\angle B$의 이등분선이므로

$\angle ABP=\angle PBC=2\angle a$

즉, $\angle PBC=\angle PQC$이므로 $\overline{PB}=\overline{PQ}=\overline{PA}$이고,

$\triangle PAB$는 $\overline{PA}=\overline{PB}$인 이등변삼각형이므로

$\angle BAP=\angle ABP=2\angle a$

이때, $\triangle ABC$에서 $2\angle a+4\angle a+4\angle a=180^\circ$

$10\angle a=180^\circ$ $\therefore \angle a=18^\circ$

$\therefore \angle QPC=2\angle a=2\times18^\circ=36^\circ$ 답 36°

08

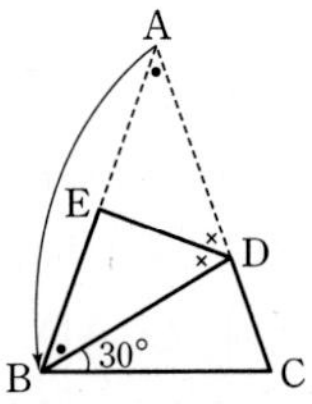

오른쪽 그림에서 $\angle DAE=\angle DBE$이고

$\triangle ABC$는 $\overline{AB}=\overline{AC}$인 이등변삼각형이므로

$\angle ABC=\angle ACB=\angle DAE+30^\circ$

즉, $\triangle ABC$에서 $3\angle DAE+2\times30^\circ=180^\circ$

$3\angle DAE=120^\circ$ $\therefore \angle DAE=40^\circ$

한편, $\triangle ABD$는 $\overline{AD}=\overline{BD}$인 이등변삼각형이고 $\angle D$의 이등분선은 $\overline{AB}$를 수직이등분하므로

$\angle DEA=\angle DEB=90^\circ$, $\angle DBE=\angle DAE=40^\circ$

따라서 $\triangle BDE$에서

$\angle BDE=180^\circ-(\angle DEB+\angle DBE)$

$=180^\circ-(90^\circ+40^\circ)=50^\circ$ 답 ④

09

$\triangle ABC$는 $\overline{AB}=\overline{AC}$인 이등변삼각형이므로

$\angle B=\angle C$

이때, $\overline{AB}/\!/\overline{QR}$이므로 $\angle B=\angle CQR$ ($\because$ 동위각)

또한, $\overline{AC}/\!/\overline{PQ}$이므로 $\angle C=\angle BQP$ ($\because$ 동위각)

크기가 같은 각을 표시하면 다음 그림과 같다.

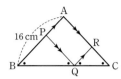

즉, $\angle B=\angle BQP$이므로 $\triangle PBQ$는 $\overline{BP}=\overline{PQ}$인 이등변삼각형

이고, $\angle C=\angle CQR$이므로 $\triangle CRQ$는 $\overline{QR}=\overline{CR}$인 이등변삼각

형이다.

따라서 사각형 APQR의 둘레의 길이는

$\begin{aligned}
\overline{AP}+\overline{PQ}+\overline{QR}+\overline{AR}&=\overline{AP}+\overline{BP}+\overline{CR}+\overline{AR}\\
&=\overline{AB}+\overline{AC}\\
&=16+16=32\,(\text{cm})
\end{aligned}$

답 32 cm

단계	채점 기준	배점
(가)	평행선의 성질을 이용하여 $\angle B=\angle CQR$ $\angle C=\angle BQP$를 보인 경우	40%
(나)	두 삼각형 PBQ, CRQ가 이등변삼각형임을 보인 경우	30%
(다)	사각형 APQR의 둘레의 길이를 구한 경우	30%

10

$\triangle ABC$는 $\overline{AB}=\overline{AC}$인 이등변삼각형이므로

$\angle ABC=\angle ACB=\dfrac{1}{2}\times(180°-100°)=40°$

$\therefore \angle ABD=\angle DBC=\dfrac{1}{2}\times40°=20°$

$\triangle ABD$에서 $\angle ADB=180°-(100°+20°)=60°$

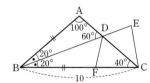

위의 그림과 같이 $\overline{BC}$ 위에 $\overline{AB}=\overline{BF}$가 되는 점 F를 잡으면

$\triangle ABD$와 $\triangle FBD$에서

$\overline{BA}=\overline{BF}$, $\overline{BD}$는 공통, $\angle DBA=\angle DBF$

즉, $\triangle ABD\equiv\triangle FBD$ (SAS 합동)이므로

$\overline{DF}=\overline{DA}$, $\angle DFB=\angle DAB=100°$,

$\angle FDB=\angle ADB=60°$

이때, $\angle DFC=20°+60°=80°$이므로

$\angle FDC=180°-(80°+40°)=60°$

또한, $\angle EDC=\angle ADB=60°$ ($\because$ 맞꼭지각)

$\triangle DFC$와 $\triangle DEC$에서

$\overline{DF}=\overline{DE}$, $\angle FDC=\angle EDC=60°$,

$\overline{DC}$는 공통

즉, $\triangle DFC\equiv\triangle DEC$ (SAS 합동)에서

$\angle ECD=\angle FCD=40°$, $\angle DEC=\angle DFC=80°$이므로

$\angle BEC=80°$ $\therefore a=80$

$\triangle BCE$에서 $\angle BCE=\angle BEC=80°$이므로 $\triangle BCE$는 이등변삼

각형이다.

즉, $\overline{BE}=\overline{BC}=10$이므로

$b=10$

$\therefore a+b=80+10=90$

답 90

11

$\triangle QBP$와 $\triangle SPB$에서

$\angle BQP=\angle PSB=90°$ ……㉠

$\overline{BP}$는 공통 ……㉡

또한, $\overline{AB}=\overline{AC}$에서 $\angle QBP=\angle C$이고

$\overline{SP}/\!/\overline{AC}$이므로 $\angle SPB=\angle C$ ($\because$ 동위각)

$\therefore \angle QBP=\angle SPB$ ……㉢

㉠, ㉡, ㉢에서 $\triangle QBP\equiv\triangle SPB$ (RHA 합동)

$\therefore \overline{PQ}=\overline{BS}$ ……㉣

한편, 사각형 SPRD는 직사각형이므로

$\overline{PR}=\overline{SD}$ ……㉤

㉣, ㉤에서

$\begin{aligned}
\overline{BD}&=\overline{BS}+\overline{SD}=\overline{PQ}+\overline{PR}\\
&=6+10=16\,(\text{cm})
\end{aligned}$

답 ②

12

$\triangle ABC$와 $\triangle DBE$에서

$\angle ABC=\angle DBE=90°$,

$\overline{AC}=\overline{DE}$, $\overline{BC}=\overline{BE}$

$\therefore \triangle ABC\equiv\triangle DBE$ (RHS 합동)

이때, $\angle A=38°$이므로

$\angle DEB=\angle ACB=180°-(90°+38°)=52°$

따라서 사각형 EBCF에서

$\angle CFE=360°-(52°+90°+52°)=166°$

답 166°

13

$\triangle$ABE와 $\triangle$ADG에서

$\angle$ABE$=\angle$ADG$=90°$,

$\overline{AE}=\overline{AG}$, $\overline{AB}=\overline{AD}$

즉, $\triangle$ABE$\equiv\triangle$ADG (RHS 합동)이므로

$\angle$BAE$=\angle$DAG$=180°-(90°+50°)=40°$

또한, $\angle$DAG$+\angle$BAG$=90°$이므로

$\angle$BAG$=90°-40°=50°$

즉, $\angle$EAG$=40°+50°=90°$이고, $\overline{AE}=\overline{AG}$이므로 $\triangle$AEG는

직각이등변삼각형이다.

$\therefore \angle$AEG$=\dfrac{1}{2}\times(180°-90°)=45°$

$\therefore \angle x=\angle$BAE$+\angle$AEG

$\qquad =40°+45°=85°$ 답 $85°$

14

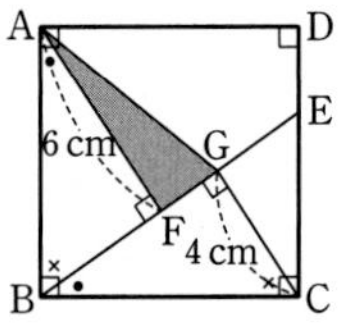

오른쪽 그림과 같이

$\triangle$ABF와 $\triangle$BCG에서

$\overline{AB}=\overline{BC}$, $\angle$AFB$=\angle$BGC$=90°$,

$\angle$ABF$=\angle$BCG

즉, $\triangle$ABF$\equiv\triangle$BCG (RHA 합동)이므로

$\overline{BG}=\overline{AF}=6$ cm, $\overline{BF}=\overline{CG}=4$ cm

이때, $\overline{FG}=\overline{BG}-\overline{BF}=6-4=2$ (cm)이므로

$\triangle$AFG$=\dfrac{1}{2}\times\overline{FG}\times\overline{AF}=\dfrac{1}{2}\times2\times6=6$ (cm²) 답 6 cm²

15

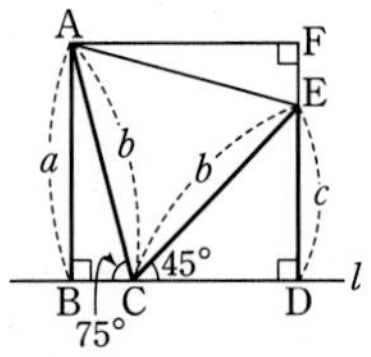

오른쪽 그림과 같이 점 A에서 $\overline{DE}$의 연장
선 위에 내린 수선의 발을 F라 하자.

$\angle$ACE$=180°-(75°+45°)=60°$이고

$\overline{AC}=\overline{CE}$이므로 $\triangle$ACE는 정삼각형이다.

$\therefore \overline{AE}=b$, $\angle$CAE$=60°$

$\triangle$ABC에서 $\angle$BAC$=180°-(90°+75°)=15°$이므로

$\angle$EAF$=90°-(15°+60°)=15°$

이때, $\triangle$ABC와 $\triangle$AFE에서

$\overline{AC}=\overline{AE}$, $\angle$ABC$=\angle$AFE$=90°$,

$\angle$BAC$=\angle$FAE$=15°$

즉, $\triangle$ABC$\equiv\triangle$AFE (RHA 합동)이므로

$\overline{AF}=\overline{AB}=a$

따라서 사각형 ABDF는 한 변의 길이가 a인 정사각형이므로

$\overline{BD}=\overline{AF}=a$ 답 ①

(1) $\angle$ACE$=60°$이므로 $\triangle$ACE는 정삼각형이다.

$\therefore \overline{AE}=6$

이때, $\overline{BD}>\overline{AE}=6$이므로 보기에서 ②는 $\overline{BD}$의 길이가 될 수 없다.

(2) $\angle$ECD$=45°$이므로 $\triangle$CDE는 $\overline{CD}=\overline{DE}$인 직각이등변삼각형이다.

$\therefore \overline{CD}=c$

이때, $\overline{BD}>\overline{CD}=c$이므로 보기에서 ③은 $\overline{BD}$의 길이가 될 수 없다.

16 해결단계

❶단계	직각삼각형의 합동을 이용하여 a의 값을 구한다.
❷단계	직각삼각형의 합동을 이용하여 b의 값을 구한다.
❸단계	$a+b$의 값을 구한다.

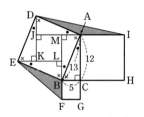

위의 그림과 같이 네 점 J, K, L, M을 정하면

$\triangle$ABC$\equiv\triangle$BAM$\equiv\triangle$ADJ$\equiv\triangle$DEK$\equiv\triangle$EBL (RHA 합동)

이때, $\overline{DJ}=\overline{BC}=5$이므로

$a=\triangle$AID$=\dfrac{1}{2}\times\overline{AI}\times\overline{DJ}=\dfrac{1}{2}\times12\times5=30$

$\overline{EL}=\overline{AC}=12$이므로

$b=\triangle$BEF$=\dfrac{1}{2}\times\overline{BF}\times\overline{EL}=\dfrac{1}{2}\times5\times12=30$

$\therefore a+b=30+30=60$ 답 ②

17

오른쪽 그림과 같이 점 D에서 $\overline{AB}$에 내린 수선의
발을 M이라 하자.

$\triangle$BCD와 $\triangle$BMD에서

$\angle$BCD$=\angle$BMD$=90°$, $\angle$MBD$=\angle$CBD,

$\overline{BD}$는 공통

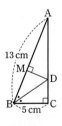

즉, $\triangle$BCD$\equiv\triangle$BMD (RHA 합동)이므로

$\overline{CD}=\overline{MD}$, $\overline{BM}=\overline{BC}=5$

이때, $\overline{CD}=\overline{MD}=h$ cm라 하면 $\triangle$ABC$=30$ cm²이므로

$\triangle$ABC$=\triangle$ABD$+\triangle$BCD$=30$에서

$\dfrac{1}{2}\times13\times h+\dfrac{1}{2}\times5\times h=30$

$9h=30$ $\therefore h=\dfrac{10}{3}$

즉, $\overline{CD}=\dfrac{10}{3}$ cm

또한, $\triangle ABC=\dfrac{1}{2}\times 5\times\overline{AC}=30$에서 $\overline{AC}=12$ cm

$\therefore \overline{AD}=\overline{AC}-\overline{CD}=12-\dfrac{10}{3}=\dfrac{26}{3}$ (cm)　　　답 $\dfrac{26}{3}$ cm

18

$\triangle PDA$와 $\triangle PEA$에서

$\angle PDA=\angle PEA=90^\circ$, $\overline{PA}$는 공통, $\angle DAP=\angle EAP$

$\therefore \triangle PDA\equiv\triangle PEA$ (RHA 합동)

같은 방법으로 $\triangle PEC\equiv\triangle PFC$ (RHA 합동)

$\therefore \overline{DA}=\overline{EA}=4$, $\overline{PD}=\overline{PE}=\overline{PF}=5$

또한, 오른쪽 그림과 같이 $\overline{BP}$를 그으면

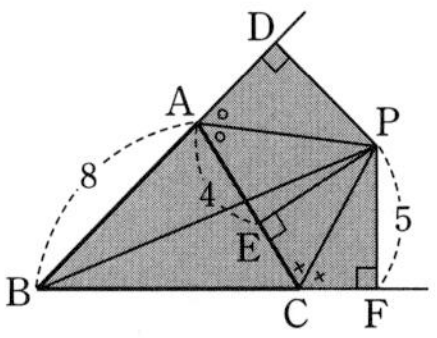

$\triangle PDB$와 $\triangle PFB$에서

$\angle PDB=\angle PFB=90^\circ$, $\overline{BP}$는 공통,

$\overline{PD}=\overline{PF}$

$\therefore \triangle PDB\equiv\triangle PFB$ (RHS 합동)

따라서 $\triangle PDB=\triangle PFB=\dfrac{1}{2}\times(8+4)\times5=30$이므로

(사각형 PDBF의 넓이)$=2\triangle PDB=2\times30=60$　　　답 ②

blacklabel 특강　풀이첨삭

각의 이등분선의 성질을 문제에 적용해 보자. 각의 이등분선 위의 한 점에서 그 각을 이루는 두 변까지의 길이가 같음을 이용하여 $\overline{PF}=\overline{PE}=\overline{PD}$임을 알 수 있다.
또한, 각을 이루는 두 변에서 같은 거리에 있는 점은 그 각의 이등분선 위에 있음을 이용하여 $\angle PBD=\angle PBF$임을 알 수 있다.

Step 3　종합 사고력 도전 문제　　　　pp. 13~14

| **01** (1) $\dfrac{180^\circ}{7}$ (2) 14 | **02** 5 | **03** (1) 2 cm (2) 18 cm² |
| **04** 16 cm² | **05** 54 cm² | **06** 3 cm | **07** 9 cm | **08** 30° |

01 해결단계

(1)	❶단계	$\angle BAC=\angle a$라 하고 그림에서 각 각을 $\angle a$를 사용하여 나타낸다.
	❷단계	$\angle BAC$의 크기를 구한다.
(2)	❸단계	조건을 만족시키는 n의 값을 구한다.

(1) 오른쪽 그림과 같이 $\triangle ABC$에서

$\angle BAC=\angle a$라 하면

$\angle AED=\angle BAC=\angle a$,

$\angle EDB=\angle EBD=2\angle a$

$\therefore \angle BCE=\angle BEC=\angle BAC+\angle EBD$

$\qquad\qquad\quad=\angle a+2\angle a=3\angle a$

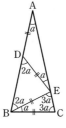

이때, $\triangle ABC$에서

$\angle a+3\angle a+3\angle a=180^\circ$

$7\angle a=180^\circ$　　$\therefore \angle a=\dfrac{180^\circ}{7}$

$\therefore \angle BAC=\dfrac{180^\circ}{7}$

(2) 꼭짓점 A를 중심으로 하여 정다각형을 만들려면 꼭지각의 크기의 합이 360°가 되어야 하므로

$\dfrac{180^\circ}{7}\times n=360^\circ$　　$\therefore n=14$

답 (1) $\dfrac{180^\circ}{7}$ (2) 14

02 해결단계

❶단계	$\triangle PAB$, $\triangle PCD$, $\triangle PDA$가 모두 점 P를 꼭짓점으로 하는 이등변삼각형일 때의 점 P의 위치를 구한다.
❷단계	$\triangle PAB$, $\triangle PCD$, $\triangle PDA$, $\triangle PBC$ 중에서 하나가 정삼각형이 되도록 하는 점 P에서 주어진 조건을 만족시킴을 확인하고 그 위치의 개수를 구한다.
❸단계	❶, ❷단계에서 구한 점 P의 개수를 더한다.

(i) 두 변 AB, CD의 중점을 잇는 선분과 두 변 BC, DA의 중점을 잇는 선분의 교점에 점 P가 위치할 때,

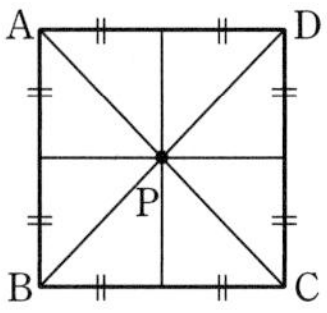

$\overline{AP}=\overline{BP}=\overline{CP}=\overline{DP}$이므로

$\triangle PAB$, $\triangle PCD$, $\triangle PDA$는 모두 이등변삼각형이다.

(ii) 점 B와 점 C를 각각 중심으로 하고, 정사각형의 한 변을 반지름으로 하는 두 원의 교점에 점 P가 위치할 때,

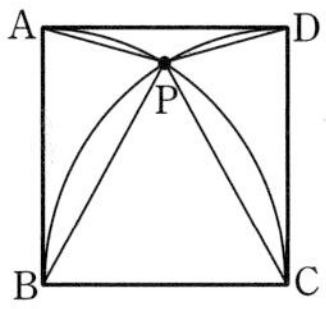

$\overline{BC}=\overline{BP}=\overline{CP}$에서 $\triangle BCP$는 정삼각형이므로

$\angle ABP=\angle DCP$　　$\therefore \overline{AP}=\overline{DP}$

즉, $\triangle PDA$는 이등변삼각형이다.

또한, $\overline{BA}=\overline{BP}=\overline{CP}=\overline{CD}$이므로 $\triangle PAB$, $\triangle PCD$는 이등변삼각형이다.

같은 방법으로 점 C와 점 D, 점 A와 점 D, 점 A와 점 B를 각각 중심으로 하고 정사각형의 한 변을 반지름으로 하는 원의 교점에 점 P가 위치할 때,

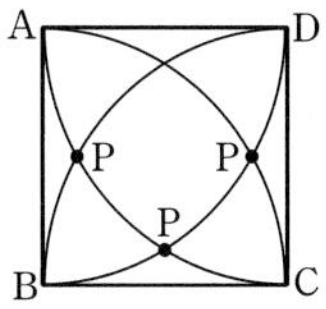

$\triangle PAB$, $\triangle PCD$, $\triangle PDA$는 모두 이등변삼각형이다.

(i), (ii)에서 구하는 점 P의 개수는 $1+4=5$이다.　　답 5

blacklabel 특강　필수개념

중심각의 크기와 호, 현의 길이

한 원에서

(1) 같은 크기의 중심각에 대한 현의 길이는 같다.

(2) 같은 길이의 현에 대한 중심각의 크기는 같다.

(3) 현의 길이는 중심각의 크기에 정비례하지 않는다.

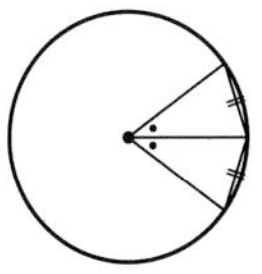

03 해결단계

(1)	❶단계	각의 이등분선의 성질을 이용하여 $\overline{DB}=\overline{DC}$임을 보인다.
	❷단계	$\triangle BDE \equiv \triangle CDF$임을 보인다.
	❸단계	$\overline{CF}$의 길이를 구한다.
(2)	❹단계	❸단계에서 구한 값을 이용하여 $\triangle ADC$의 넓이를 구한다.

(1) $\triangle AED$와 $\triangle AFD$에서

$\angle AED = \angle AFD = 90°$, $\overline{AD}$는 공통, $\angle DAE = \angle DAF$

즉, $\triangle AED \equiv \triangle AFD$ (RHA 합동)이므로

$\overline{DE} = \overline{DF}$ ······㉠

$\triangle DBH$와 $\triangle DCH$에서

$\angle BHD = \angle CHD = 90°$, $\overline{HD}$는 공통, $\overline{BH} = \overline{CH}$

즉, $\triangle DBH \equiv \triangle DCH$ (SAS 합동)이므로

$\overline{DB} = \overline{DC}$ ······㉡

한편, $\angle BED = \angle CFD = 90°$ ······㉢

㉠, ㉡, ㉢에서

$\triangle BDE \equiv \triangle CDF$ (RHS 합동)

$\therefore \overline{CF} = \overline{BE} = \overline{AB} - \overline{AE}$

$= \overline{AB} - \overline{AF} = 10 - 8 = 2 \, (\text{cm})$

(2) $\overline{AC} = \overline{AF} - \overline{CF} = 8 - 2 = 6 \, (\text{cm})$이고,

$\overline{DF} = \overline{DE} = 6$ cm이므로

$\triangle ADC = \dfrac{1}{2} \times \overline{AC} \times \overline{DF} = \dfrac{1}{2} \times 6 \times 6 = 18 \, (\text{cm}^2)$

답 (1) 2 cm (2) 18 cm^2

04 해결단계

❶단계	점 D에서 $\overline{BC}$에 내린 수선의 발을 H라 하고, $\triangle DEH \equiv \triangle EFC$임을 보인다.
❷단계	$\overline{CE}$, $\overline{CF}$의 길이를 각각 구한다.
❸단계	$\triangle CFE$의 넓이를 구한다.

점 D에서 $\overline{BC}$에 내린 수선의 발을 H라 하면

$\triangle DEH$와 $\triangle EFC$에서

$\angle DHE = \angle ECF = 90°$, $\overline{DE} = \overline{EF}$,

$\angle DEH = 180° - (90° + \angle CEF)$

$= 90° - \angle CEF = \angle EFC$

즉, $\triangle DEH \equiv \triangle EFC$ (RHA 합동)

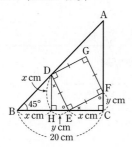

이때, 위의 그림과 같이 $\overline{DH} = \overline{EC} = x$ cm, $\overline{EH} = \overline{CF} = y$ cm라 하면

$\triangle BHD$는 직각이등변삼각형이므로 $\overline{BH} = \overline{DH}$

즉, $\overline{BE} = 12$ cm에서 $x + y = 12$ ······㉠

또한, $\triangle ABC$는 직각이등변삼각형이므로 $\overline{BC} = \overline{AC}$

즉, $\overline{BC} = 20$ cm에서 $2x + y = 20$ ······㉡

㉠, ㉡을 연립하여 풀면

$x = 8$, $y = 4$

$\therefore \triangle CFE = \dfrac{1}{2} \times 8 \times 4 = 16 \, (\text{cm}^2)$

답 16 cm^2

05 해결단계

❶단계	$\triangle BEM \equiv \triangle CDM$임을 보인다.
❷단계	$\overline{EM}$과 $\overline{BE}$의 길이를 각각 구한다.
❸단계	$\triangle ABM$의 넓이를 구한다.

$\triangle BEM$과 $\triangle CDM$에서

$\angle BEM = \angle CDM = 90°$, $\overline{BM} = \overline{CM}$,

$\angle BME = \angle CMD$ ($\because$ 맞꼭지각)

즉, $\triangle BEM \equiv \triangle CDM$ (RHA 합동)이므로

$\overline{EM} = \overline{DM} = 6$ cm, $\overline{BE} = \overline{CD} = 9$ cm

$\therefore \triangle ABM = \dfrac{1}{2} \times \overline{AM} \times \overline{BE}$

$\qquad = \dfrac{1}{2} \times (\overline{AE} - \overline{EM}) \times \overline{BE}$

$\qquad = \dfrac{1}{2} \times (18 - 6) \times 9$

$\qquad = 54 \, (\text{cm}^2)$

답 54 cm^2

06 해결단계

❶단계	$\triangle ABD$, $\triangle DB'E$가 이등변삼각형임을 보인다.
❷단계	$\overline{BE}$의 길이를 구한다.
❸단계	$\overline{CE}$의 길이를 구한다.

$\angle B = \angle B'$이고, $\overline{AB} /\!/ \overline{B'C'}$이므로 $\angle BAD = \angle B'$ ($\because$ 엇각)

$\therefore \angle B = \angle BAD$

즉, $\triangle ABD$는 $\overline{DA} = \overline{DB}$인 이등변삼각형이다.

또한, $\angle B = \angle BEB'$ ($\because$ 엇각)이므로

$\angle B' = \angle B'ED$

즉, △DB'E는 $\overline{DB'}=\overline{DE}$인 이등변삼각형이므로

$\overline{BE}=\overline{BD}+\overline{DE}=\overline{AD}+\overline{DB'}$

$\qquad =\overline{AB'}=\overline{AB}=10\,\mathrm{cm}$

$\therefore \overline{CE}=\overline{BC}-\overline{BE}=13-10=3(\mathrm{cm})$ 답 3 cm

07 해결단계

❶단계	적당한 보조선을 그어 합동인 삼각형을 찾는다.
❷단계	평행선의 성질을 이용하여 크기가 같은 각, 길이가 같은 변을 찾는다.
❸단계	세 변 AB, AC, BE의 길이 사이의 관계를 이용하여 $\overline{BE}$의 길이를 구한다.

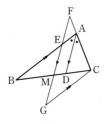

위의 그림과 같이 점 C에서 $\overline{AB}$에 평행한 선을 그어 $\overline{FM}$의 연장선과 만나는 점을 G라 하자.

△BME와 △CMG에서

$\overline{BM}=\overline{CM}$, ∠BME=∠CMG ($\because$ 맞꼭지각),

∠EBM=∠GCM ($\because$ 엇각)

즉, △BME≡△CMG (ASA 합동)이므로

$\overline{BE}=\overline{CG}$ ……㉠

이때, ∠AEF=∠EAD=∠CAD=∠AFE이므로

$\overline{AE}=\overline{AF}$

$\overline{AB}/\!/\overline{CG}$에서 ∠CGM=∠AEF=∠AFE이므로

$\overline{CG}=\overline{CF}$ ……㉡

㉠, ㉡에서 $\overline{BE}=\overline{CF}$이므로

$\overline{AB}+\overline{AC}=\overline{BE}+\overline{AE}+\overline{CF}-\overline{AF}$

$\qquad\qquad =\overline{BE}+\overline{CF}=2\overline{BE}$

$\therefore \overline{BE}=\dfrac{1}{2}(\overline{AB}+\overline{AC})$

$\qquad =\dfrac{1}{2}\times(12+6)=9(\mathrm{cm})$ 답 9 cm

08 해결단계

❶단계	선분 AC를 한 변으로 하는 정삼각형을 그린다.
❷단계	△DAP≡△ABC임을 보인다.
❸단계	∠PCA의 크기를 구한다.
❹단계	∠BPC의 크기를 구한다.

∠BAC=∠a라 하면

∠B=∠ACB=4∠BAC=4∠a

△ABC에서 ∠a+4∠a+4∠a=180°이므로

9∠a=180° $\therefore$ ∠a=20°

$\therefore$ ∠B=∠ACB=4×20°=80°

이때, $\overline{AC}$를 한 변으로 하는 정삼각형 ACD를 그린 후, $\overline{DP}$를 그으면 다음 그림과 같다.

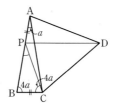

△DAP와 △ABC에서

$\overline{AD}=\overline{BA}$, $\overline{AP}=\overline{BC}$,

∠DAP=∠ABC=80°

즉, △DAP≡△ABC (SAS 합동)이므로

∠ADP=∠BAC=20°

$\therefore$ ∠PDC=60°-∠ADP=60°-20°=40°

또한, $\overline{DA}=\overline{DP}=\overline{DC}$이므로

∠DPC=∠DCP=$\dfrac{1}{2}$×(180°-40°)=70°

$\therefore$ ∠PCA=∠DCP-∠DCA=70°-60°=10°

따라서 △APC에서

∠BPC=∠PAC+∠PCA=20°+10°=30° 답 30°

미리보는 학력평가			p. 15
1 68	**2** ②	**3** ①	**4** 24

1

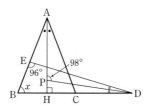

위의 그림과 같이 $\overline{AP}$가 이등변삼각형의 꼭지각의 이등분선이므로 그 연장선이 $\overline{BC}$와 만나는 점을 H라 하면

$\overline{AH} \perp \overline{BC}$

$\triangle PHD$에서 $\angle HDP = 98° - 90° = 8°$이므로

$\angle BDE = 2\angle HDP = 2 \times 8° = 16°$

따라서 $\triangle BDE$에서

$\angle EBD = 180° - (96° + 16°) = 68°$ $\therefore \angle ABC = 68°$

$\therefore x = 68$ 답 68

2

$\overline{AD}$가 이등변삼각형 ABC의 꼭지각의 이등분선이므로

$\overline{BD} = \overline{CD}$, $\angle ADB = \angle ADC = 90°$

$\triangle PBD$와 $\triangle PCD$에서

$\overline{BD} = \overline{CD}$, $\angle BDP = \angle CDP = 90°$, $\overline{PD}$는 공통

$\therefore \triangle PBD \equiv \triangle PCD$ (SAS 합동)

즉, $\triangle PBC$는 $\angle BPC = 90°$, $\overline{PB} = \overline{PC}$인 직각이등변삼각형이

므로 $\angle PBC = \angle PCB = 45°$

또한, $\triangle PBD$와 $\triangle PCD$에서

$\angle BPD = \angle CPD = \frac{1}{2} \times 90° = 45°$이므로

$\overline{BD} = \overline{PD} = \overline{CD} = 5$ cm

$\therefore \overline{BC} = \overline{BD} + \overline{DC} = 5 + 5 = 10$ (cm)   답 ②

3

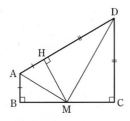

위의 그림과 같이 $\overline{AM}$, $\overline{DM}$을 긋자.

$\triangle ABM$과 $\triangle AHM$에서

$\angle ABM = \angle AHM = 90°$, $\overline{AM}$은 공통, $\overline{BM} = \overline{HM}$

$\therefore \triangle ABM \equiv \triangle AHM$ (RHS 합동)

$\triangle MCD$와 $\triangle MHD$에서

$\angle MCD = \angle MHD = 90°$, $\overline{DM}$은 공통, $\overline{CM} = \overline{HM}$

$\therefore \triangle MCD \equiv \triangle MHD$ (RHS 합동)

따라서

(사각형 ABCD의 넓이) $= 2\triangle AMH + 2\triangle MDH$

이므로

$\triangle AMH = \frac{1}{2} \times 4 \times \overline{AH} = 2\overline{AH}$,

$\triangle MDH = \frac{1}{2} \times 4 \times \overline{HD} = 2\overline{HD}$에서

(사각형 ABCD의 넓이) $= 2 \times 2\overline{AH} + 2 \times 2\overline{HD}$

$= 4(\overline{AH} + \overline{HD})$

$= 4\overline{AD}$

$= 36$

$\therefore \overline{AD} = 9$ 답 ①

4

$\triangle BAD$와 $\triangle BHD$에서

$\angle BAD = \angle BHD = 90°$, $\overline{BD}$는 공통, $\overline{AD} = \overline{HD}$

$\therefore \triangle BAD \equiv \triangle BHD$ (RHS 합동)

$\overline{AD} = \overline{HD} = h$라 하면

사각형 ABCD의 넓이는 두 삼각형 ABD, BCD의 넓이의 합

과 같으므로

$\triangle ABD + \triangle BCD = \frac{1}{2} \times 4 \times h + \frac{1}{2} \times 6 \times h$

$= 2h + 3h = 5h = 15$

$\therefore h = 3$

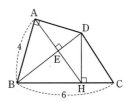

이때, 위의 그림과 같이 사각형 ABHD의 두 대각선의 교점을

E라 하면 $\triangle ABE$와 $\triangle HBE$에서

$\overline{BE}$는 공통, $\overline{AB} = \overline{HB}$, $\angle ABE = \angle HBE$

즉, $\triangle ABE \equiv \triangle HBE$ (SAS 합동)이므로

$\angle AEB = \angle HEB = 90°$, $\overline{AE} = \overline{HE}$

한편, $\triangle DHC$에서 $\overline{HC} = 2$, $\overline{DH} = 3$이므로

$\triangle DHC = \frac{1}{2} \times 2 \times 3 = 3$

따라서 사각형 ABHD의 넓이는 $15 - 3 = 12$이므로

(사각형 ABHD의 넓이) $= 2 \times \triangle ABD$

$= 2 \times \frac{1}{2} \times \overline{BD} \times \overline{AE}$

$= \overline{AE} \times \overline{BD}$

$= \frac{1}{2} \times \overline{AH} \times \overline{BD} = 12$

$\therefore \overline{AH} \times \overline{BD} = 24$ 답 24

02 삼각형의 외심과 내심

Step 1	시험에 꼭 나오는 문제			p. 17
01 30 cm	**02** ④	**03** ④	**04** 14 cm	**05** (2, 2)
06 ⑤	**07** ④	**08** ①		

01

삼각형의 세 변의 수직이등분선이 만나는 점이 외심이므로
$\overline{AD}=\overline{BD}=5\,cm$, $\overline{BE}=\overline{EC}=6\,cm$, $\overline{AF}=\overline{CF}=4\,cm$
따라서 △ABC의 둘레의 길이는
$2(\overline{BD}+\overline{EC}+\overline{CF})=2\times(5+6+4)=30\,(cm)$ 답 30 cm

02

직각삼각형의 빗변의 중점은 외심이므로
$\overline{AM}=\overline{BM}=\overline{CM}$
따라서 △ABM은 $\overline{MA}=\overline{MB}$인
이등변삼각형이므로
$\angle MAB=\angle MBA=65°$
∴ $\angle BMC=\angle MAB+\angle MBA=65°+65°=130°$ 답 ④

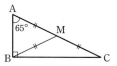

03

점 I가 △ABC의 내심이고, $\angle A=80°$이므로
$\angle DIE=\angle BIC$ (∵ 맞꼭지각)
$=90°+\dfrac{1}{2}\angle A$
$=90°+\dfrac{1}{2}\times80°$
$=130°$
이때, 사각형 ADIE의 네 내각의 크기의 합은 360°이므로
$80°+\angle x+130°+(180°-\angle y)=360°$
$390°+\angle x-\angle y=360°$
∴ $\angle y-\angle x=390°-360°=30°$ 답 ④

04

$\overline{DE}\,/\!/\,\overline{BC}$이므로 $\angle IBC=\angle DIB$ (∵ 엇각)
즉, △DBI에서 $\angle DBI=\angle DIB$이므로 △DBI는 $\overline{DB}=\overline{DI}$인 이등변삼각형이다.

또한, $\overline{DE}\,/\!/\,\overline{BC}$이므로 $\angle ICB=\angle EIC$ (∵ 엇각)
즉, △EIC에서 $\angle EIC=\angle ECI$이므로 △EIC는 $\overline{EI}=\overline{EC}$인 이등변삼각형이다.
따라서 $\overline{DE}=\overline{DI}+\overline{IE}=\overline{DB}+\overline{EC}$이므로 △ADE의 둘레의 길이는
$\overline{AD}+\overline{DE}+\overline{AE}=\overline{AD}+\overline{DB}+\overline{EC}+\overline{AE}$
$=\overline{AB}+\overline{AC}$
$=8+6=14\,(cm)$ 답 14 cm

05

오른쪽 그림과 같이 주어진 조건을 만족시키는 삼각형 AOB를 좌표평면 위에 놓고, △AOB의 내접원과 세 변 AO, OB, BA의 접점을 각각 P, Q, R라 하자.

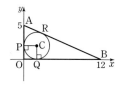

$\overline{OP}=a$라 하면 $\overline{OQ}=\overline{OP}=a$
$\overline{AR}=\overline{AP}=5-a$, $\overline{BR}=\overline{BQ}=12-a$
이때, $\overline{AR}+\overline{BR}=\overline{AB}=13$이므로
$(5-a)+(12-a)=13$
$2a=4$ ∴ $a=2$
따라서 $\overline{OQ}=2$, $\overline{OP}=2$이므로 점 C의 좌표는 (2, 2)이다.

답 (2, 2)

┃ 다른풀이 ┃

오른쪽 그림과 같이 주어진 조건을 만족시키는 삼각형 AOB를 좌표평면 위에 놓고 내접원의 중심을 C, 내접원의 반지름의 길이를 r라 하면 C(r, r)이다.
이때,

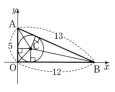

△OAB=△CAO+△CBO+△CAB이므로
$\dfrac{1}{2}\times5\times12=\dfrac{1}{2}\times5\times r+\dfrac{1}{2}\times12\times r+\dfrac{1}{2}\times13\times r$
$30=15r$ ∴ $r=2$
따라서 내접원의 중심 C의 좌표는 (2, 2)이다.

06

△ABC의 내접원의 넓이가 16π이므로 내접원의 반지름의 길이는 4이다.
∴ △ABC=△IAB+△IBC+△ICA
$=\dfrac{1}{2}\times4\times(13+15+14)$
$=84$ 답 ⑤

07

$\angle A=180°-(36°+64°)=80°$

점 I는 △ABC의 내심이므로

$\angle BAI=\dfrac{1}{2}\angle A=\dfrac{1}{2}\times80°=40°$

또한, 점 O는 △ABC의 외심이므로

$\overline{OA}=\overline{OB}$, $\angle AOB=2\angle C=2\times64°=128°$

이때, △OAB에서 $\angle OAB=\dfrac{1}{2}\times(180°-128°)=26°$이므로

$\angle OAI=\angle BAI-\angle OAB=40°-26°=14°$

같은 방법으로 $\angle IBC=\dfrac{1}{2}\angle B=\dfrac{1}{2}\times36°=18°$

$\angle BOC=2\angle A=2\times80°=160°$이므로

$\angle OBC=\dfrac{1}{2}\times(180°-160°)=10°$

$\therefore \angle IBO=\angle IBC-\angle OBC=18°-10°=8°$

$\therefore \angle IBO+\angle OAI=8°+14°=22°$ 　　　　답 ④

08

직각삼각형의 내접원과 외접원의 넓이가 각각 4π cm², 25π cm²이므로 반지름의 길이는 각각 2 cm, 5 cm이고, 외심은 빗변 AC의 중점이므로 오른쪽 그림에서

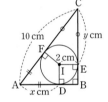

$\overline{ID}=\overline{IE}=\overline{IF}=2$ cm,

$\overline{AC}=2\times5=10\,(cm)$

이때, $\overline{AD}=x$ cm, $\overline{CE}=y$ cm라 하면

$\overline{AF}=\overline{AD}=x$ cm, $\overline{CF}=\overline{CE}=y$ cm이므로

$\overline{AC}=\overline{AF}+\overline{CF}$에서 $x+y=10$ ……㉠

$\therefore \triangle ABC=\triangle ICA+\triangle IAB+\triangle IBC$

$\quad=\dfrac{1}{2}\times\{10\times2+2(x+2)+2(y+2)\}$

$\quad=\dfrac{1}{2}\times\{2(x+y)+28\}$

$\quad=\dfrac{1}{2}\times(2\times10+28)\ (\because ㉠)$

$\quad=\dfrac{1}{2}\times48=24\,(cm^2)$ 　　　　답 ①

Step 2	A등급을 위한 문제			pp. 18~21
01 ⑤	02 ②	03 ②	04 30°	05 ③
06 30°	07 156°	08 ③	09 15 : 22 : 29	
10 63°	11 ②	12 70°	13 56°	14 $\dfrac{3}{2}\pi$ cm²
15 20 cm	16 ③	17 ④	18 60°	19 64°
20 ④	21 ④	22 ③	23 ③	24 1

01

⑤ $\overline{OD}=\overline{OE}=\overline{OF}$는 점 O가 △ABC의 내심일 때 성립한다.

따라서 옳지 않은 것은 ⑤이다. 　　　　답 ⑤

02

△ABC의 외심이 $\overline{BC}$ 위에 있으므로 △ABC는 $\angle BAC=90°$인 직각삼각형이고, 점 O′이 △ABO의 외심이므로 △O′BO는 $\overline{O'B}=\overline{O'O}$인 이등변삼각형이다.

$\therefore \angle BO'O=180°-(40°+40°)=100°$

이때, $\angle BAO=\dfrac{1}{2}\angle BO'O=\dfrac{1}{2}\times100°=50°$이므로

$\angle OAC=\angle BAC-\angle BAO=90°-50°=40°$ 　　　　답 ②

03

복원하기 위해 △ABC의 외심을 찾으면 된다.

이때, 삼각형의 외심은 각 변의 수직이등분선의 교점이므로 $\overline{AB}$, $\overline{BC}$의 수직이등분선의 교점을 찾아 외심을 찾는다.

따라서 중심을 찾는 방법으로 옳은 것은 ②이다. 　　　　답 ②

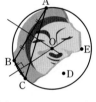

---

blacklabel 특강　　교과 외 지식

얼굴무늬 수막새(인면문원와당)

신라의 미소로 유명한 신라 시대의 기와 유물로, 인면문 수막새라고도 부른다. 이는 경상북도 경주시 탑정동 영묘사지에서 출토되었다. 대개 수막새는 연꽃무늬로 장식하는데 이 수막새는 사람의 얼굴 표정이 있는 것으로 드문 예이다. 진품은 국립경주박물관에 있다.

04

다음 그림과 같이 $\overline{DE}$의 중점을 O라 하면 점 O는 직각삼각형 ADE의 외심이므로

$\angle AOD=40°$, $\overline{AO}=\overline{DO}=\overline{EO}$

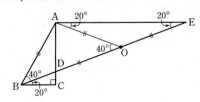

이때, $\overline{DE}=2\overline{AB}$이므로 $\overline{AB}=\overline{AO}$

즉, $\triangle ABO$는 $\overline{AB}=\overline{AO}$인 이등변삼각형이므로

$\angle ABO=\angle AOB=40°$

한편, $\overline{AE}/\!/\overline{BC}$이므로

$\angle AED=\angle DBC$ ($\because$ 엇각)

　　　　$=20°$

$\therefore \angle ABC=\angle ABD+\angle DBC=40°+20°=60°$

따라서 $\triangle ABC$에서

$\angle BAC=180°-(90°+60°)=30°$ 　　　　　답 $30°$

05

점 O가 $\triangle ABC$의 외심이므로 $\angle OAB=\angle OBA=\angle a$,

$\angle OAC=\angle OCA=\angle b$라 하자.

$\triangle PBQ$에서 $\overline{PB}=\overline{PQ}$이므로 $\angle PQB=\angle PBQ=\angle a$

$\triangle QPC$에서 $\overline{QP}=\overline{QC}$이므로 $\angle QPC=\angle QCP=\angle b$

한편, $\angle POQ=\angle BOC=2\angle A=2(\angle a+\angle b)$

이때, $\triangle POQ$의 세 내각의 크기의 합은 $180°$이므로

$\angle a+\angle b+2(\angle a+\angle b)=180°$

$3(\angle a+\angle b)=180°$ 　　$\therefore \angle a+\angle b=60°$

$\therefore \angle A=\angle a+\angle b=60°$ 　　　　　답 ③

06

$\angle A : \angle B : \angle C=7 : 3 : 2$이므로

$\angle A=\dfrac{7}{12}\times180°=105°$, $\angle B=\dfrac{3}{12}\times180°=45°$,

$\angle C=\dfrac{2}{12}\times180°=30°$

이때, $7\angle BAP=\angle A$이므로

$\angle BAP=\dfrac{1}{7}\angle A=\dfrac{1}{7}\times105°=15°$

$\therefore \angle PAC=105°-15°=90°$

점 M은 직각삼각형 APC의 빗변의
중점이므로 $\triangle APC$의 외심이다.

$\therefore \overline{PM}=\overline{AM}=\overline{CM}$

또한, $\triangle ABP$에서

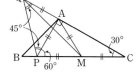

$\angle APM=\angle ABP+\angle BAP=45°+15°=60°$이므로

$\triangle APM$은 정삼각형이다.

한편, $\triangle AQP$에서 $\angle PAQ=90°$, $\angle APQ=45°$이므로

$\angle AQP=45°$

즉, $\triangle AQP$는 직각이등변삼각형이다.

따라서 $\overline{AM}=\overline{AP}=\overline{AQ}$이므로 $\triangle AQM$은 이등변삼각형이다.

이때, $\angle QAM=\angle QAP+\angle PAM=90°+60°=150°$이므로

$\angle AQM+\angle AMQ=180°-150°=30°$

$\therefore \angle AQM=\angle AMQ=\dfrac{1}{2}\times30°=15°$

$\therefore \angle PQM=\angle PQA-\angle AQM$

　　　　$=45°-15°=30°$ 　　　　　답 $30°$

07 해결단계

❶단계	$\angle OMN=\angle x$라 하고 $\angle A$, $\angle MOC$, $\angle NOC$의 크기를 $\angle x$를 사용하여 나타낸다.
❷단계	$\triangle OMN$의 세 내각의 크기의 합이 $180°$임을 이용하여 $\angle x$의 크기를 구한다.
❸단계	$\angle MON$의 크기를 구한다.

$\angle OMN=\angle x$라 하면 $\angle B=4\angle x$, $\angle C=6\angle x$이므로

$\triangle ABC$에서

$\angle A=180°-(4\angle x+6\angle x)=180°-10\angle x$

점 O가 $\triangle ABC$의 외심이므로 $\triangle OBN\equiv\triangle OCN$

즉, $\angle NOC=\dfrac{1}{2}\angle BOC=\angle A$

또한, $\angle MOC=\angle AOC=2\angle B=8\angle x$

$\therefore \angle MON=\angle MOC+\angle NOC$

　　　　$=\angle MOC+\angle A$

　　　　$=8\angle x+(180°-10\angle x)$

　　　　$=180°-2\angle x$

이때, $\triangle ONM$의 세 내각의 크기의 합은 $180°$이므로

$\angle MON+\angle ONM+\angle OMN=180°$

$(180°-2\angle x)+12°+\angle x=180°$

$\therefore \angle x=12°$

$\therefore \angle MON=180°-2\times12°=156°$ 　　　　　답 $156°$

08

③ $\overline{AD}=\overline{AF}$, $\overline{BD}=\overline{BE}$, $\overline{CE}=\overline{CF}$이므로

　$\overline{BE}=\dfrac{1}{2}(\overline{BD}+\overline{BE})=\dfrac{1}{2}(\overline{AB}+\overline{BC}-\overline{AC})$

따라서 옳지 않은 것은 ③이다. 　　　　　답 ③

09

점 E는 $\triangle BCD$의 내심이고, $\angle BDC=110°$이므로

$\angle BEC=90°+\dfrac{1}{2}\angle BDC=90°+\dfrac{1}{2}\times110°=145°$

이때, $\angle EBC = \angle a$, $\angle ECB = \angle b$라 하면

△EBC에서 $\angle a + \angle b = 180° - 145° = 35°$

$\therefore \angle BAC = 180° - 3(\angle a + \angle b)$

$\qquad = 180° - 3 \times 35° = 75°$

$\therefore \angle BAC : \angle BDC : \angle BEC = 75° : 110° : 145°$

$\qquad\qquad\qquad\qquad\qquad = 15 : 22 : 29$

답 15 : 22 : 29

| 다른풀이 |

△DBC에서 $\angle BDC = 110°$이므로

$\angle DBC + \angle DCB = 180° - 110° = 70°$

즉, $\angle EBC + \angle ECB = \dfrac{1}{2} \times 70° = 35°$이고,

$\angle ABC + \angle ACB = \dfrac{3}{2} \times 70° = 105°$이므로

$\angle BEC = 180° - 35° = 145°$,

$\angle BAC = 180° - 105° = 75°$

$\therefore \angle BAC : \angle BDC : \angle BEC = 75° : 110° : 145°$

$\qquad\qquad\qquad\qquad\qquad = 15 : 22 : 29$

10

△ABC는 $\overline{AB} = \overline{AC}$인 이등변삼각형이고, $\angle A = 36°$이므로

$\angle B = \dfrac{1}{2} \times (180° - 36°) = 72°$

점 I는 △ABC의 내심이므로

$\angle DBC = \dfrac{1}{2} \angle B = \dfrac{1}{2} \times 72° = 36°$

또한, △DCE는 $\overline{CD} = \overline{CE}$인 이등변삼각형이고,

$\angle CED = 54°$이므로

$\angle CDE = \angle CED = 54°$,

$\angle DCE = 180° - (54° + 54°) = 72°$

이때, 점 I'은 △CDE의 내심이므로

$\angle CDI' = \dfrac{1}{2} \angle CDE = \dfrac{1}{2} \times 54° = 27°$

△DBC에서 $\angle DCE = \angle DBC + \angle CDB$이므로

$72° = 36° + \angle CDB \quad \therefore \angle CDB = 36°$

$\therefore \angle IDI' = \angle CDB + \angle CDI'$

$\qquad\qquad = 36° + 27° = 63°$

답 63°

11

오른쪽 그림과 같이 점 I에서 $\overline{BC}$에 내린 수선의 발을 H라 하면 H는 내접원과 $\overline{BC}$의 접점이다. $\overline{BI}$, $\overline{CI}$를 그으면

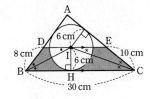

$\angle DBI = \angle HBI = \angle DIB$,

$\angle ECI = \angle HCI = \angle EIC$이므로

$\overline{DB} = \overline{DI}$, $\overline{EC} = \overline{EI}$

$\therefore \overline{DE} = \overline{DI} + \overline{EI} = \overline{DB} + \overline{EC}$

$\qquad = 8 + 10 = 18 \,(\text{cm})$

따라서 색칠한 부분의 넓이는

(사다리꼴 DBCE의 넓이) − (반원의 넓이)

$= \dfrac{1}{2} \times (18 + 30) \times 6 - \dfrac{1}{2} \times \pi \times 6^2$

$= 144 - 18\pi \,(\text{cm}^2)$

답 ②

12

△ABC에서 $\angle A = 180° - (40° + 80°) = 60°$

점 I가 △ABC의 내심이므로

$\angle CAI = \dfrac{1}{2} \angle A = \dfrac{1}{2} \times 60° = 30°$

△AHC에서 $\angle CAH = 180° - (90° + 80°) = 10°$

$\therefore \angle x = 30° - 10° = 20°$

$\angle BAI = \dfrac{1}{2} \angle A = 30°$이고

$\angle ABI = \dfrac{1}{2} \angle B = 20°$

△ABI에서 $\angle y = \angle ABI + \angle BAI$이므로

$\angle y = 30° + 20° = 50°$

$\therefore \angle x + \angle y = 20° + 50° = 70°$

답 70°

13

두 점 I, J가 각각 △ABD, △DBC의 내심이므로

$\angle ABI = \angle IBD$, $\angle DBJ = \angle JBC$

$\therefore \angle ABC = 2\angle IBJ = 2 \times 44° = 88°$

$\overline{AD} /\!/ \overline{BC}$이므로

$\angle BAD = 180° - 88° = 92°$

$\angle BAI = \angle IAD$이므로

$\angle IAD = \dfrac{1}{2} \angle BAD = \dfrac{1}{2} \times 92° = 46°$

······· (가)

△ABD는 $\overline{AB} = \overline{AD}$인 이등변삼각형이므로

$\overline{AE} \perp \overline{BD}$

$\therefore \angle ADB = \angle ABD = 180° - (90° + 46°) = 44°$

$\overline{AD} /\!/ \overline{BC}$이므로 $\angle DBC = \angle ADB = 44°$

$\overline{BD} = \overline{BC}$이므로

$\angle BDC = \angle BCD = \dfrac{1}{2} \times (180° - 44°) = 68°$

$\therefore \angle BDJ = \angle JDC = \dfrac{1}{2} \angle BDC = \dfrac{1}{2} \times 68° = 34°$

······· (나)

△AED에서 ∠EAD=46°이고

∠EDA=∠ADB+∠BDJ=44°+34°=78°이므로

∠AED=180°-(46°+78°)=56°

(다)
답 56°

단계	채점 기준	배점
(가)	∠IAD의 크기를 구한 경우	40%
(나)	∠BDJ의 크기를 구한 경우	40%
(다)	∠AED의 크기를 구한 경우	20%

14

내접원의 반지름의 길이를 r cm라 하면

△ABC=△IAB+△IBC+△ICA에서

$\dfrac{1}{2}\times 6\times 8=\dfrac{1}{2}r(8+10+6)$

$24=12r$ ∴ $r=2$

또한, 점 I가 △ABC의 내심이므로

$\angle BIC=90°+\dfrac{1}{2}\angle A$

$\quad\quad\quad =90°+\dfrac{1}{2}\times 90°=135°$

따라서 색칠한 부분의 넓이는

$\pi\times 2^2\times \dfrac{135}{360}=\dfrac{3}{2}\pi\ (\text{cm}^2)$

답 $\dfrac{3}{2}\pi$ cm²

15

내접원의 반지름의 길이를 r cm라 하면

$\overline{RC}=\overline{CQ}=r$ cm이므로

$\overline{BR}=\overline{BP}=(12-r)$ cm, $\overline{AQ}=\overline{AP}=(5-r)$ cm

$\overline{AB}=\overline{BP}+\overline{AP}=\overline{BR}+\overline{AQ}$에서

$(12-r)+(5-r)=13,\ 2r=4$ ∴ $r=2$

즉, $\overline{BR}=\overline{BP}=10$ cm, $\overline{AQ}=\overline{AP}=3$ cm

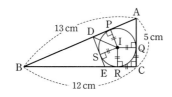

△DPI와 △DSI에서

∠DPI=∠DSI=90°, $\overline{PI}=\overline{SI}$, $\overline{DI}$는 공통

∴ △DPI≡△DSI (RHS 합동)

∴ $\overline{DP}=\overline{DS}$

같은 방법으로 $\overline{ES}=\overline{ER}$

따라서 △DBE의 둘레의 길이는

$\overline{BD}+\overline{DE}+\overline{BE}=\overline{BD}+\overline{DS}+\overline{SE}+\overline{BE}$

$\quad\quad\quad\quad\quad\quad\quad =\overline{BD}+\overline{DP}+\overline{ER}+\overline{BE}$

$\quad\quad\quad\quad\quad\quad\quad =\overline{BP}+\overline{BR}$

$\quad\quad\quad\quad\quad\quad\quad =10+10=20(\text{cm})$

답 20 cm

16

$\overline{BD}=\overline{BE}=a$ cm라 하면

$\overline{AD}=\overline{AF}=(5-a)$ cm, $\overline{EC}=\overline{FC}=(8-a)$ cm

이때, $\overline{AC}=\overline{AF}+\overline{FC}=7$ cm이므로

$(5-a)+(8-a)=7$

$2a=6$ ∴ $a=3$

△ABC의 내접원의 반지름의 길이를 r cm라 하면

△ABC=△IAB+△IBC+△ICA에서

$S=\dfrac{1}{2}r(5+8+7)=10r$ ∴ $r=\dfrac{1}{10}S$

따라서 색칠한 부분의 넓이는

$\triangle IBD+\triangle IBE=2\times\left(\dfrac{1}{2}\times 3\times\dfrac{1}{10}S\right)$

$\quad\quad\quad\quad\quad\quad\quad\quad =\dfrac{3}{10}S(\text{cm}^2)$

답 ③

17

△ACH의 내접원의 반지름의 길이를 r_1, △CHB의 내접원의 반지름의 길이를 r_2라 하자.

$\triangle ABC=\dfrac{1}{2}\times\overline{AB}\times\overline{CH}=\dfrac{1}{2}\times\overline{CA}\times\overline{CB}$이므로

$\dfrac{1}{2}\overline{CH}=\dfrac{1}{2}ab$ ∴ $\overline{CH}=ab$

다음 그림과 같이 △ACH와 내접원의 세 접점을 D, E, F라 하면

$\overline{HE}=\overline{HF}=r_1$, $\overline{AD}=\overline{AE}=\overline{AH}-r_1$, $\overline{CD}=\overline{CF}=ab-r_1$

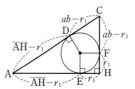

$\overline{AC}=\overline{AD}+\overline{DC}$에서 $(\overline{AH}-r_1)+(ab-r_1)=b$이므로

$2r_1=\overline{AH}+ab-b$ ······ ㉠

같은 방법으로 △CHB에서

$(\overline{HB}-r_2)+(ab-r_2)=a$이므로

$2r_2=\overline{HB}+ab-a$ ······ ㉡

㉠+㉡을 하면

$2(r_1+r_2)=\overline{AH}+\overline{HB}+2ab-a-b$

이때, $\overline{AH}+\overline{HB}=\overline{AB}=1$이므로

$2(r_1+r_2)=1+2ab-a-b$

$\therefore r_1+r_2=\dfrac{1+2ab-a-b}{2}$ 답 ④

18

점 I는 △ABC의 내심이므로 ∠BAE=∠CAE=35°

$\therefore \angle A=2\times 35°=70°$

점 O는 △ABC의 외심이므로

$\overline{OA}=\overline{OB}=\overline{OC}$, ∠BOC=2∠A=2×70°=140°

△OAB에서 ∠ABO=∠BAO=20°

△OBC에서 $\angle OBC=\dfrac{1}{2}\times(180°-140°)=20°$

따라서 ∠B=∠ABO+∠OBD=20°+20°=40°이므로

△ABD에서

∠ADE=∠BAO+∠B=20°+40°=60° 답 60°

19

외심과 내심이 꼭짓점 A와 밑변의 중점을 지나는 직선 위에 있으므로 △ABC는 $\overline{AB}=\overline{AC}$인 이등변삼각형이다.

$\therefore \angle B=\angle C=\dfrac{1}{2}\times(180°-76°)=52°$

이때, 점 I는 △ABC의 내심이므로

$\angle DCI=\dfrac{1}{2}\angle C=\dfrac{1}{2}\times 52°=26°$

또한, 점 O는 △ABC의 외심이므로 $\overline{OD}$는 $\overline{AC}$의 수직이등분선이다.

$\therefore \angle CDO=90°$

따라서 △DEC에서

∠DEC=180°-(90°+26°)=64° 답 64°

20

점 O가 △EBC의 외심이므로

∠OCB=∠OBC=30°

$\therefore \angle ECB=24°+30°=54°$

이때, 두 직선 l, m이 평행하므로

∠EAD=∠ECB=54° (∵ 엇각)

이때, 점 I는 △AED의 내심이므로

$\angle IAE=\dfrac{1}{2}\angle EAD=\dfrac{1}{2}\times 54°=27°$

한편, △OBC는 $\overline{OB}=\overline{OC}$인 이등변삼각형이므로

∠BOC=180°-2×30°=120°

$\therefore \angle BEC=\dfrac{1}{2}\angle BOC=\dfrac{1}{2}\times 120°=60°$

이때, ∠AED=∠BEC=60° (∵ 맞꼭지각)이고,

$\angle AEI=\dfrac{1}{2}\angle AED=\dfrac{1}{2}\times 60°=30°$

따라서 삼각형 IAE에서

∠AIE=180°-(27°+30°)=123° 답 ④

│다른풀이│

∠OBE=∠a라 하면 점 O가 △EBC의 외심이므로

$2\angle a+2\times 24°+2\times 30°=180°$

$2\angle a=72°$ $\therefore \angle a=36°$

$\therefore \angle EBC=36°+30°=66°$

이때, 두 직선 l, m이 평행하므로

∠EDA=∠EBC=66° (∵ 엇각)

점 I가 △AED의 내심이므로

$\angle AIE=90°+\dfrac{1}{2}\angle EDA=90°+\dfrac{1}{2}\times 66°=123°$

blacklabel 특강　오답피하기

세 점 I, E, O가 한 직선 위에 있다고 오해하지 않도록 한다. 세 점이 한 직선 위에 있으려면 두 삼각형 AED, EBC가 각각 ∠AED, ∠BEC를 꼭지각으로 하는 이등변삼각형이어야 한다.

21

오른쪽 그림과 같이 △ABC의 내접원의 중심을 I라 하면

∠IFB=∠IDB=90°

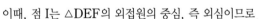

이므로 사각형 FBDI에서

∠FID=180°-70°=110°

이때, 점 I는 △DEF의 외접원의 중심, 즉 외심이므로

$\angle FED=\dfrac{1}{2}\angle FID=\dfrac{1}{2}\times 110°=55°$

$\therefore \angle AEF+\angle CED=180°-\angle FED$

$=180°-55°=125°$ 답 ④

22

점 I는 △ABC의 내심이므로 ∠BAI=∠CAI

이때, ∠CAI=∠CBD이므로

∠BAI=∠CBD

또한, ∠ABI=∠IBC이므로

∠IBD=∠IBC+∠CBD

$=\angle ABI+\angle BAI$

$=\angle BID$ (∵ 외각)

따라서 △BDI는 $\overline{DB}=\overline{DI}$인 이등변삼각형이므로

$\overline{BD}=\overline{DI}=\overline{OD}-\overline{OI}=6-2=4$ 답 ③

23

$\triangle ABC$는 직각삼각형이므로 $\triangle ABC$의 내접원의 반지름의 길이를 a라 하면

$\overline{IE}=\overline{IF}=\overline{EC}=\overline{FC}=a$

또한, $\overline{BE}=\overline{BD}=b$, $\overline{AD}=\overline{AF}=c$라 하면

$\overline{AB}=b+c=20$, $\overline{BC}+\overline{AC}=2a+b+c=28$이므로

$2a=8$ $\therefore a=4$

$\triangle ABC$에서 $\angle A=180°-(90°+40°)=50°$이고,

사각형 ADIF에서

$\angle DIF=360°-(50°+90°+90°)=130°$

즉, 부채꼴 DIF의 중심각의 크기는 130°이고, 반지름의 길이는 4이므로

$\widehat{DF}=2\pi\times4\times\dfrac{130}{360}=\dfrac{26}{9}\pi$

한편, $\overline{AB}$가 $\triangle ABC$의 외접원의 지름이므로 외접원의 반지름의 길이는 10이다. 또한, $\angle B=40°$이므로

$\angle AOC=2\angle B=2\times40°=80°$

즉, 부채꼴 AOC의 중심각의 크기는 80°이고, 반지름의 길이는 10이므로

$\widehat{AC}=2\pi\times10\times\dfrac{80}{360}=\dfrac{40}{9}\pi$

$\therefore \widehat{AC}-\widehat{DF}=\dfrac{40}{9}\pi-\dfrac{26}{9}\pi=\dfrac{14}{9}\pi$

답 ③

blacklabel 특강 필수개념

부채꼴의 호의 길이와 넓이

반지름의 길이가 r, 중심각의 크기가 $x°$인 부채꼴에서

$$(\text{호의 길이})=2\pi r\times\dfrac{x}{360},\quad(\text{넓이})=\pi r^2\times\dfrac{x}{360}$$

24 해결단계

❶단계	점 M이 삼각형 ABC의 외심임을 확인한다.
❷단계	$\overline{MI}$, $\overline{ME}$의 길이를 구한다.
❸단계	$\overline{IE}$의 길이를 구한다.

직각삼각형 ABC의 빗변 AB의 중점 M은 $\triangle ABC$의 외심이고, $\overline{AB}=10$이므로

$\overline{AM}=\overline{BM}=\overline{CM}=\dfrac{10}{2}=5$

이때, $\triangle MBC$는 $\overline{MB}=\overline{MC}$인 이등변삼각형이므로

$\overline{BG}=\overline{BH}=\dfrac{1}{2}\overline{BC}=\dfrac{1}{2}\times8=4$

$\therefore \overline{MI}=\overline{MG}=\overline{BM}-\overline{BG}=5-4=1$ ……㉠

또한, $\triangle AMC$는 $\overline{AM}=\overline{CM}$인 이등변삼각형이므로

$\overline{AD}=\overline{AF}=\dfrac{1}{2}\overline{AC}=\dfrac{1}{2}\times6=3$

$\therefore \overline{ME}=\overline{MD}=\overline{AM}-\overline{AD}=5-3=2$ ……㉡

㉠, ㉡에서

$\overline{IE}=\overline{ME}-\overline{MI}=2-1=1$

답 1

| **다른풀이** |

점 M이 직각삼각형 ABC의 빗변 AB의 중점이므로 M은 삼각형 ABC의 외심이다.

$\therefore \overline{MA}=\overline{MB}=\overline{MC}=\dfrac{1}{2}\overline{AB}=5$

삼각형 AMC에서 $\overline{MD}=\overline{ME}=x$라 하면

$\overline{AF}=\overline{AD}=\overline{AM}-\overline{MD}=5-x$, $\overline{CF}=\overline{CE}=\overline{CM}-\overline{ME}=5-x$

이때, $\overline{AF}+\overline{CF}=\overline{AC}$이므로

$(5-x)+(5-x)=6$, $2x=4$ $\therefore x=\overline{ME}=2$

또한, 삼각형 BMC에서 $\overline{MG}=\overline{MI}=y$라 하면

$\overline{BH}=\overline{BG}=\overline{BM}-\overline{MG}=5-y$, $\overline{CH}=\overline{CI}=\overline{CM}-\overline{MI}=5-y$

이때, $\overline{BH}+\overline{CH}=\overline{BC}$이므로

$(5-y)+(5-y)=8$, $2y=2$ $\therefore y=\overline{MI}=1$

$\therefore \overline{IE}=\overline{ME}-\overline{MI}=2-1=1$

Step 3 종합 사고력 도전 문제 pp. 22~23

01 (1) 90° (2) 풀이 참조 (3) 75°	**02** $2500\pi\,\text{m}^2$
03 (1) 50° (2) 50°	**04** 155° **05** $\dfrac{8}{3}$ cm **06** 6
07 20°	**08** $\dfrac{12}{13}$

01 해결단계

(1)	❶단계	점 M이 삼각형 QPC의 외심임을 이용하여 $\angle AQC$의 크기를 구한다.
(2)	❷단계	$\angle BAP$의 크기를 구한다.
	❸단계	$\overline{QA}=\overline{QB}=\overline{QC}$임을 확인하고 점 Q가 삼각형 ABC의 외심임을 설명한다.
(3)	❹단계	$\angle ACB$의 크기를 구한다.

(1) $\triangle QPM$은 정삼각형이고 $\overline{PM}=\overline{CM}$이므로

$\overline{PM}=\overline{QM}=\overline{MC}$

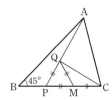

즉, 점 M은 삼각형 QPC의 외심이고, 외심이 변 PC의 중점이므로 $\triangle QPC$는 $\angle PQC=90°$인 직각삼각형이다.

$\therefore \angle AQC=180°-90°=90°$

(2) $\triangle QPM$은 정삼각형이고 $\overline{BP}=\dfrac{1}{2}\overline{PC}$, $\overline{PM}=\overline{CM}$이므로

$\triangle PQB$와 $\triangle MQC$에서 $\overline{BP}=\overline{CM}$, $\overline{PQ}=\overline{MQ}$이고

$\angle QPB = \angle QMC = 180° - 60° = 120°$이므로

$\triangle PQB \equiv \triangle MQC$ (SAS 합동)

$\therefore \overline{BQ} = \overline{CQ}$

또한, $\angle QBP = \dfrac{1}{2} \times (180° - 120°) = 30°$

$\therefore \angle QBA = 45° - 30° = 15°$

이때, $\triangle BQA$에서 $\angle BQP = \angle BAP + \angle QBA$이므로

$30° = \angle BAP + 15° \qquad \therefore \angle BAP = 15°$

$\therefore \angle BAP = \angle QBA$

즉, $\triangle QAB$는 $\overline{QB} = \overline{QA}$인 이등변

삼각형이다.

따라서 $\overline{QA} = \overline{QB} = \overline{QC}$이므로 점 Q

는 삼각형 ABC의 외심이다.

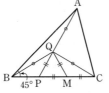

(3) $\triangle QAB$에서

$\angle AQB = 180° - 2 \times 15° = 150°$이므로

$\angle ACB = \dfrac{1}{2} \angle AQB = \dfrac{1}{2} \times 150° = 75°$

답 (1) $90°$ (2) 풀이 참조 (3) $75°$

02 해결단계

❶단계	점 D가 삼각형 ABC의 내부에 있음을 확인한다.
❷단계	물을 줄 수 있는 부분의 넓이가 최소가 되는 스프링클러의 위치를 구한다.
❸단계	스프링클러로 물을 줄 수 있는 부분의 넓이의 최솟값을 구한다.

4개의 화분 A, B, C, D의 위치와 두 화분 사이의 거리를 그림

으로 나타내면 다음과 같다.

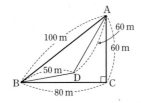

이때, $\overline{AB} < \overline{BD} + \overline{DA} < \overline{BC} + \overline{AC}$이므로 점 D는 $\triangle ABC$의

내부에 있다.

360° 회전하는 스프링클러 한 대를 설치하여 화분 4개에 모두 물

을 줄 때, 물을 줄 수 있는 부분의 넓이를 최소가 되게 하려면 스

프링클러는 $\triangle ABC$의 외접원의 중심인 외심에 설치해야 한다.

이때, $\triangle ABC$는 $\angle C = 90°$인 직각삼각형이므로 $\triangle ABC$의 외심

은 $\overline{AB}$의 중점이다.

따라서 스프링클러로 물을 줄 수 있는 부분의 넓이의 최솟값은

$\overline{AB}$를 지름으로 하는 원의 넓이와 같으므로

$\pi \times \left(\dfrac{100}{2}\right)^2 = 2500\pi$ (m^2) 답 2500π m^2

03 해결단계

(1)	❶단계	점 I가 $\triangle ABC$의 내심임을 이용하여 $\angle FDH$의 크기를 구한다.
(2)	❷단계	점 I가 $\triangle DHF$의 외심임을 확인한다.
	❸단계	$\angle AHF$의 크기를 구한다.

(1) 점 I는 $\angle B$, $\angle C$의 이등분선의 교점이므로

$\triangle ABC$의 내심이다.

$\therefore \angle BIC = 90° + \dfrac{1}{2}\angle A = 90° + \dfrac{1}{2} \times 80° = 130°$

사각형 IEDG에서

$\angle EDG = 360° - (90° + 90° + 130°) = 50°$

$\therefore \angle FDH = 50°$

(2) $\triangle FBE \equiv \triangle DBE$ (ASA 합동)에서 $\overline{FE} = \overline{DE}$

$\triangle DCG \equiv \triangle HCG$ (ASA 합동)에서 $\overline{DG} = \overline{HG}$

이때, 점 I는 $\overline{FD}$, $\overline{HD}$의 수직이등분선의 교점이므로

$\triangle DHF$의 외심이다.

또한, $\angle FID = 180° - \angle B$이므로

$\angle FHD = \dfrac{1}{2}\angle FID = 90° - \dfrac{1}{2}\angle B$

$\angle DHC = \dfrac{1}{2} \times (180° - \angle C) = 90° - \dfrac{1}{2}\angle C$

$\therefore \angle AHF = 180° - (\angle FHD + \angle DHC)$

$\qquad = \dfrac{1}{2}(\angle B + \angle C)$

$\qquad = \dfrac{1}{2} \times (180° - 80°)$

$\qquad = 50°$

답 (1) $50°$ (2) $50°$

04 해결단계

❶단계	외심의 성질을 이용하여 $\angle BOC$, $\angle OBC$의 크기를 각각 구한다.
❷단계	내심의 성질을 이용하여 $\angle DBO$의 크기를 구한다.
❸단계	$\angle BDO$의 크기를 구한다.

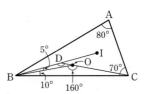

점 O는 $\triangle ABC$의 외심이므로

$\angle BOC = 2\angle A = 2 \times 80° = 160°$

$\therefore \angle DOB = 180° - 160° = 20°$

$\triangle OBC$에서 $\overline{OB} = \overline{OC}$이므로

$\angle OBC = \dfrac{1}{2} \times (180° - 160°) = 10°$

$\triangle ABC$에서 $\angle B = 180° - (80° + 70°) = 30°$

또한, 점 I는 $\triangle ABC$의 내심이므로

$\angle DBC = \dfrac{1}{2}\angle B = \dfrac{1}{2} \times 30° = 15°$

$\therefore \angle DBO = \angle DBC - \angle OBC = 15° - 10° = 5°$

따라서 $\triangle DBO$의 세 내각의 크기의 합은 $180°$이므로

$\angle BDO = 180° - (5° + 20°) = 155°$ 　　　　　답 $155°$

05 해결단계

❶단계	삼각형 ABC의 넓이를 구한다.
❷단계	두 원의 반지름의 길이를 r cm라 하고 삼각형 ABC의 넓이를 r를 사용하여 나타낸다.
❸단계	원의 반지름의 길이를 구한다.

$\triangle ABC$는 $\angle A$가 직각인 직각삼각형이므로

$\triangle ABC = \dfrac{1}{2} \times 16 \times 12 = 96\,(cm^2)$

이때, 다음 그림과 같이 두 원의 반지름의 길이를 r cm라 하자.

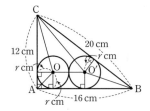

$\triangle ABC = \triangle ACO + \triangle COO' + \triangle BCO'$
$\qquad\qquad + (사각형\ ABO'O의\ 넓이)$

이므로

$96 = \dfrac{1}{2} \times \{12r + 2r(12-r) + 20r + (2r+16)r\}$

$96 = 36r \qquad \therefore r = \dfrac{8}{3}\,(cm)$

따라서 원의 반지름의 길이는 $\dfrac{8}{3}$ cm이다. 　　　답 $\dfrac{8}{3}$ cm

06 해결단계

❶단계	삼각형 ABC의 내접원을 그리고 합동인 삼각형을 찾아 $\overline{AC}$의 길이를 구한다.
❷단계	주어진 원이 삼각형 ABE의 외접원임을 확인하고 $\overline{AE}$의 길이를 구한다.
❸단계	$\overline{EC}$의 길이를 구한다.

다음 그림과 같이 삼각형 ABC의 내접원을 그리고 점 I에서 $\triangle ABC$의 각 변에 내린 수선의 발을 각각 P, Q, R라 하자.

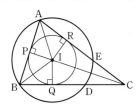

이때, 두 선분 AI, BI는 큰 원의 반지름이고, 세 선분 PI, QI, RI는 작은 원의 반지름이다.

즉, $\overline{AI} = \overline{BI}$이고, $\overline{PI} = \overline{QI} = \overline{RI}$이므로

$\triangle ARI \equiv \triangle API \equiv \triangle BPI \equiv \triangle BQI$ (RHS 합동)

또한, 점 I는 $\triangle ABC$의 내심이므로

$\overline{CR} = \overline{CQ}$

이때, $\overline{AP} = \overline{BP} = \dfrac{1}{2} \times 10 = 5$이므로

$\overline{BQ} = \overline{AR} = 5$, $\overline{CR} = \overline{CQ} = 16 - 5 = 11$

$\therefore \overline{AC} = 5 + 11 = 16$

한편, 다음 그림과 같이 선분 BE를 그으면 큰 원은 $\triangle ABE$의 외접원이다.

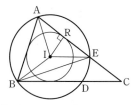

$\overline{IR} \perp \overline{AE}$, $\overline{AR} = \overline{ER} = 5$이므로 $\overline{AE} = 5 + 5 = 10$

$\overline{EC} = \overline{AC} - \overline{AE} = 16 - 10 = 6$ 　　　　　답 6

07 해결단계

❶단계	점 O가 $\triangle ABC$의 외심임을 이용하여 $\angle BOC$의 크기를 구한다.
❷단계	$\triangle OAC$가 직각이등변삼각형임을 확인한다.
❸단계	점 M이 $\triangle AHC$와 $\triangle AOC$의 외심임을 이용하여 $\triangle MOC$가 직각이등변삼각형임을 보인다.
❹단계	$\angle HMO$의 크기를 구한다.

$\triangle ABH$에서 $\angle H = 90°$, $\angle BAH = 45°$이므로

$\angle ABH = 45°$

즉, $\triangle ABH$는 $\angle H = 90°$인 직각이등변삼각형이다.

이때, 점 O는 $\triangle ABC$의 외심이므로

$\overline{OA} = \overline{OB} = \overline{OC}$

즉, $\triangle OBC$는 $\overline{OB} = \overline{OC}$인 이등변삼각형이므로

$\angle OBC = \angle OCB = 10°$

$\therefore \angle BOC = 180° - (10° + 10°) = 160°$

또한, $\triangle OAB$는 $\overline{OA} = \overline{OB}$인 이등변삼각형이므로

$\angle OAB = \angle OBA = 45° + 10° = 55°$

즉, $\angle AOB = 180° - (55° + 55°) = 70°$이므로

$\angle AOC = \angle BOC - \angle AOB = 160° - 70° = 90°$

따라서 $\triangle OAC$는 $\angle AOC = 90°$이고 $\overline{OA} = \overline{OC}$인 직각이등변삼각형이다.

$\triangle OBH$와 $\triangle OAH$에서

$\overline{AH} = \overline{BH}$, $\overline{OA} = \overline{OB}$, $\overline{OH}$는 공통이므로

$\triangle OBH \equiv \triangle OAH$ (SSS 합동)

$\therefore \angle BOH = \angle AOH = \dfrac{1}{2}\angle AOB = \dfrac{1}{2} \times 70° = 35°$

한편, 점 M은 선분 AC의 중점이므로 점 M은 직각삼각형 AHC의 외심인 동시에 직각삼각형 AOC의 외심이다.

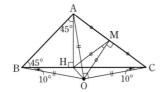

$$\therefore \overline{MA}=\overline{MH}=\overline{MO}=\overline{MC}$$

즉, △MOC는 $\angle CMO=90°$, $\overline{MO}=\overline{MC}$인 직각이등변삼각형이므로

$$\angle MOC=\angle MCO=45° \qquad \therefore \angle MOA=45°$$

$$\angle MOH=\angle MOA+\angle AOH$$
$$=45°+35°=80°$$

△MOH는 $\overline{MH}=\overline{MO}$인 이등변삼각형이므로

$$\angle MHO=\angle MOH=80°$$

$$\therefore \angle HMO=180°-(80°+80°)=20°$$ 답 20°

08 해결단계

❶단계	세 원 O, P, Q에 대하여 △ABC의 넓이를 △ABC의 세 변의 길이를 사용하여 나타낸다.
❷단계	❶단계의 세 식의 양변을 각각 더하여 △ABC의 넓이를 나타낸다.
❸단계	△ABC의 내접원의 반지름의 길이를 구한다.

$\overline{BC}=a$, $\overline{AC}=b$, $\overline{AB}=c$라 하면 다음 그림에서

$$△ABC=(\text{사각형 ABOC의 넓이})-△OBC$$
$$=△ABO+△ACO-△OBC$$

이므로

$$△ABC=\frac{1}{2}×2×c+\frac{1}{2}×2×b-\frac{1}{2}×2×a$$
$$=c+b-a\,(\text{cm}^2) \qquad \cdots\cdots ㉠$$

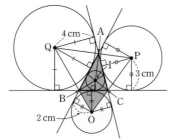

같은 방법으로

$$△ABC=△ACQ+△BCQ-△QAB$$
$$=\frac{1}{2}×4×b+\frac{1}{2}×4×a-\frac{1}{2}×4×c$$
$$=2(b+a-c)\,(\text{cm}^2) \qquad \cdots\cdots ㉡$$

또한,

$$△ABC=△ABP+△BCP-△PAC$$
$$=\frac{1}{2}×3×c+\frac{1}{2}×3×a-\frac{1}{2}×3×b$$
$$=\frac{3}{2}(c+a-b)\,(\text{cm}^2) \qquad \cdots\cdots ㉢$$

㉠$+\frac{1}{2}×$㉡$+\frac{2}{3}×$㉢을 하면

$$\frac{13}{6}△ABC=a+b+c$$

$$\therefore △ABC=\frac{6}{13}(a+b+c)\,(\text{cm}^2)$$

한편, △ABC의 내접원의 반지름의 길이를 r라 하면

$$△ABC=△IAB+△IBC+△ICA=\frac{1}{2}r(a+b+c)$$

이므로

$$\frac{1}{2}r(a+b+c)=\frac{6}{13}(a+b+c)$$

$$\frac{r}{2}=\frac{6}{13} \qquad \therefore r=\frac{6}{13}×2=\frac{12}{13}$$ 답 $\frac{12}{13}$

미리보는 **학력평가**   p. 24

1 ⑤	2 ⑤	3 14	4 ①

1

△ABC의 외접원의 중심을 O라 하면 점 O는 삼각형 ABC의 외심이다.

즉, 다음 그림과 같이 $\angle BAC=x°$라 하면

$$\angle BOC=2x°$$

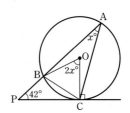

△OBC는 이등변삼각형이므로

$$\angle OBC=\angle OCB=\frac{1}{2}×(180°-2x°)=90°-x°$$

원의 접선은 그 접점을 한 끝 점으로 하는 반지름에 수직이므로

$$\overline{PC}\perp\overline{OC}$$

$$\therefore \angle BCP=90°-\angle OCB=90°-(90°-x°)=x°$$

△BPC에서

$$\angle ABC=\angle BPC+\angle BCP=x°+42°$$

또한, △ABC는 $\overline{AB}=\overline{AC}$인 이등변삼각형이므로

$$\angle ACB=\angle ABC=x°+42°$$

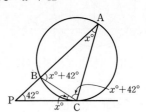

삼각형 ABC의 세 내각의 크기의 합은 $180°$이므로

$x°+x°+42°+x°+42°=180°$

$3x°=96°$ ∴ $x=32°$ 답 ⑤

2

$∠A=∠a$라 하면 $∠B=∠C=4∠A=4∠a$이고, 삼각형의 세 내각의 크기의 합은 $180°$이므로

$9∠a=180°$ ∴ $∠a=20°$

오른쪽 그림과 같이 △ABC의 외심을 O라 하면

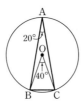

$∠BOC=2∠A=2×20°=40°$

따라서 원 O에 내접하고, $\overline{BC}$를 한 변으로 하는 정n각형은 $40°×n=360°$를 만족시키므로

$n=9$ 답 ⑤

3

삼각형 ABC의 내접원의 반지름의 길이를 r라 하면 삼각형 ABC의 넓이는

$\dfrac{1}{2}×\overline{AB}×\overline{AC}=\dfrac{1}{2}r(\overline{AB}+\overline{BC}+\overline{CA})$

$\dfrac{1}{2}×10×24=\dfrac{1}{2}r(10+26+24)$

$120=30r$ ∴ $r=4$

오른쪽 그림과 같이 점 I에서 변 AB에 내린 수선의 발을 J라 하면 △BIH와 △BIJ에서

$\overline{IH}=\overline{IJ}$, $\overline{BI}$는 공통, $∠IHB=∠IJB=90°$

즉, △BIH≡△BIJ (RHS 합동)이므로

$\overline{BH}=\overline{BJ}=\overline{AB}-\overline{AJ}=10-4=6$

$\overline{BM}=\dfrac{1}{2}\overline{BC}=\dfrac{1}{2}×26=13$

∴ $\overline{MH}=\overline{BM}-\overline{BH}=13-6=7$

따라서 삼각형 IHM의 넓이는

$\dfrac{1}{2}×7×4=14$ 답 14

│ 다른풀이 1 │

$r=4$이고 △BIH≡△BIJ이므로

$\overline{JB}=\overline{AB}-\overline{AJ}=10-4=6$

즉, △BIJ, △BIH의 넓이는 $\dfrac{1}{2}×6×4=12$

이때, $\overline{MB}=\dfrac{1}{2}\overline{BC}=13$이므로 삼각형 IHM의 넓이는

△BIM-△BIH$=\dfrac{1}{2}×13×4-12=14$

│ 다른풀이 2 │

점 I에서 변 AB, 변 AC에 내린 수선의 발을 각각 J, K라 하고 $\overline{HM}=x$라 하면

$\overline{AJ}=\overline{AK}=4$이므로

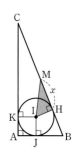

$\overline{CK}=20$, $\overline{CH}=13+x$

이때, $\overline{CK}=\overline{CH}$이므로

$20=13+x$ ∴ $x=7$

따라서 삼각형 IHM의 넓이는

$\dfrac{1}{2}×7×4=14$

4

다음 그림과 같이 내접원의 중심에서 삼각형 ABC의 세 변에 내린 수선의 발을 각각 D, E, F라 하자.

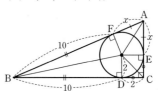

$\overline{AE}=x$라 하면 내접원의 성질에 의하여

$\overline{CD}=\overline{CE}=2$

$\overline{BF}=\overline{BD}=\overline{BC}-\overline{CD}=12-2=10$

$\overline{AF}=\overline{AE}=x$

삼각형 ABC의 내접원의 반지름의 길이가 2이므로

$△ABC=\dfrac{1}{2}×2×(\overline{AB}+\overline{BC}+\overline{CA})$

$=\dfrac{1}{2}×2×\{(x+10)+12+(2+x)\}$

$=2x+24$ ······㉠

또한,

$△ABC=\dfrac{1}{2}×\overline{BC}×\overline{AC}$

$=\dfrac{1}{2}×12×(x+2)$

$=6x+12$ ······㉡

㉠, ㉡이 서로 같으므로

$2x+24=6x+12$, $4x=12$ ∴ $x=3$

즉, 직각삼각형 ABC의 빗변 AB의 길이는

$10+3=13$

직각삼각형의 외심은 빗변의 중점이므로 빗변 AB는 삼각형 ABC의 외접원의 지름이다.

따라서 직각삼각형 ABC의 외접원의 둘레의 길이는

$2π×\dfrac{13}{2}=13π$ 답 ①

II 사각형의 성질

03 평행사변형

Step 1 시험에 꼭 나오는 문제   p. 27

01 ③   02 62°   03 6   04 ⑤   05 ④
06 ③

01

$\triangle$AGD와 $\triangle$HGC에서

$\overline{DG}=\overline{CG}$, $\angle$ADG$=\angle$HCG ($\because$ 엇각),

$\angle$DGA$=\angle$CGH ($\because$ 맞꼭지각)

$\therefore$ $\triangle$AGD$\equiv$$\triangle$HGC (ASA 합동)

$\therefore$ $\overline{CH}=\overline{AD}=8$

또한, $\overline{BC}=\overline{AD}=8$이므로

$\overline{BH}=\overline{BC}+\overline{CH}=8+8=16$ 답 ③

---

blacklabel 특강   필수개념

삼각형의 합동 조건
두 삼각형은 다음의 각 경우에 서로 합동이다.
(1) 세 변의 길이가 각각 같을 때 (SSS 합동)

(2) 두 변의 길이가 각각 같고, 그 끼인각의 크기가
같을 때 (SAS 합동)

(3) 한 변의 길이가 같고, 그 양 끝 각의 크기가 각각
같을 때 (ASA 합동)

02

평행사변형의 대각의 크기는 서로 같으므로

$\angle$D$=\angle$B$=56°$

$\overline{DE}$는 $\angle$D의 이등분선이므로

$\angle$ADF$=\dfrac{1}{2}\angle$D$=\dfrac{1}{2}\times56°=28°$

$\triangle$AFD에서

$\angle$DAF$=180°-(90°+28°)=62°$

평행사변형의 이웃하는 두 내각의 크기의 합이 180°이므로

$(\angle$BAF$+62°)+56°=180°$

$\therefore$ $\angle$BAF$=180°-118°=62°$ 답 62°

03

$\triangle$APO와 $\triangle$CQO에서

$\overline{AO}=\overline{CO}$, $\angle$AOP$=\angle$COQ ($\because$ 맞꼭지각),

$\angle$PAO$=\angle$QCO ($\because$ 엇각)

$\therefore$ $\triangle$APO$\equiv$$\triangle$CQO (ASA 합동)

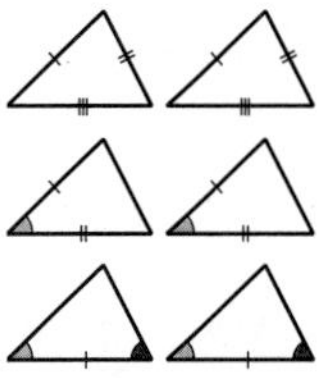

이때, $\overline{QO}=\overline{PO}=4$ cm, $\overline{CQ}=\overline{AP}=2$ cm이므로

$x=4$, $y=2$

$\therefore$ $x+y=4+2=6$ 답 6

04

① 오른쪽 그림의 □ABCD는
   $\angle$A$=\angle$B$=90°$
이지만 평행사변형이라 할 수 없다.

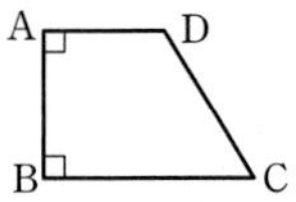

② 오른쪽 그림의 □ABCD는
   $\overline{AO}=\overline{BO}$, $\overline{CO}=\overline{DO}$
이지만 평행사변형이라 할 수 없다.

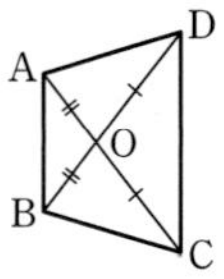

③ 오른쪽 그림의 □ABCD는
   $\overline{AB}=\overline{BC}$, $\overline{AD}=\overline{CD}$
이지만 평행사변형이라 할 수 없다.

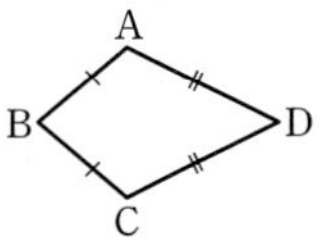

④ 오른쪽 그림의 □ABCD는
   $\overline{AB}=\overline{DC}$, $\angle$ADB$=\angle$CBD
이지만 평행사변형이라 할 수 없다.

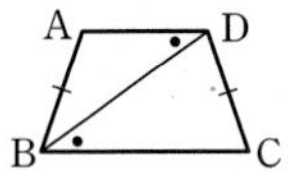

⑤ 오른쪽 그림과 같이 $\overline{AD}$의 연장선 위에
점 E를 잡으면 $\angle$A$+\angle$D$=180°$이므로
   $\angle$EAB$=\angle$D
즉, 동위각의 크기가 같으므로
   $\overline{AB}/\!/\overline{CD}$
이때, $\overline{AD}/\!/\overline{BC}$이므로 □ABCD는 두 쌍의 대변이 각각 평행
하다.
따라서 □ABCD는 평행사변형이다.

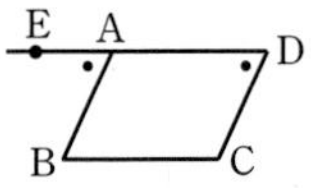

그러므로 □ABCD가 평행사변형이 되는 것은 ⑤이다.   답 ⑤

05

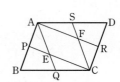

□AQCS에서 $\overline{AS}=\boxed{\overline{QC}}$, $\overline{AS}/\!/\boxed{\overline{QC}}$이므로 한 쌍의 대변이
$\boxed{평행}$하고, 그 길이가 같다.

따라서 $\boxed{\square \text{AQCS}}$는 평행사변형이므로 $\overline{\text{AQ}} /\!/ \overline{\text{SC}}$

$\therefore \overline{\text{AE}} /\!/ \overline{\text{FC}}$ ······㉠

$\boxed{\square \text{APCR}}$에서 같은 방법으로 하면

$\boxed{\overline{\text{AF}} /\!/ \overline{\text{EC}}}$ ······㉡

㉠, ㉡에서 □AECF는 평행사변형이다.

따라서 ㈎~㈺에 들어갈 것으로 옳지 않은 것은 ④이다.

답 ④

06

평행사변형 ABCD의 넓이는

$9 \times 6 = 54$

평행사변형 ABCD의 내부의 한 점 P에 대하여

$\triangle \text{PAB} + \triangle \text{PCD} = \triangle \text{PBC} + \triangle \text{PDA}$이므로

$\triangle \text{PAB} + \triangle \text{PCD} = \frac{1}{2}\square \text{ABCD} = \frac{1}{2} \times 54 = 27$

이때, $\triangle \text{PAB} : \triangle \text{PCD} = 2 : 1$이므로

$\triangle \text{PAB} = \frac{2}{3} \times 27 = 18$

답 ③

Step 2	A등급을 위한 문제			pp.28~30
01 ⑤	02 ④	03 16 cm	04 142°	05 36°
06 ⑤	07 ③	08 75°	09 ②	10 ②
11 42°	12 ③	13 ④	14 120	15 ①
16 158 cm²	17 ②	18 81 cm²		

01

$\overline{\text{AD}} /\!/ \overline{\text{BC}}$이므로 $\angle \text{ADF} = \angle \text{DFC}$ (∵ 엇각)

즉, $\angle \text{CDF} = \angle \text{DFC}$이므로 $\triangle \text{CDF}$는 $\overline{\text{CD}} = \overline{\text{CF}}$인 이등변삼각형이다.

$\therefore \overline{\text{CF}} = \overline{\text{CD}} = 4$

한편, $\angle \text{ADF} = \angle a$라 하면 $\angle \text{EAD} = 90° - \angle a$ ······㉠

$\angle \text{BAD} + \angle \text{CDA} = 180°$이므로

$\angle \text{BAE} + (90° - \angle a) + 2\angle a = 180°$

$\therefore \angle \text{BAE} = 90° - \angle a$ ······㉡

㉠, ㉡에서 $\angle \text{BAE} = \angle \text{EAD}$

또한, $\angle \text{EAD} = \angle \text{BEA}$ (∵ 엇각)

즉, $\angle \text{BAE} = \angle \text{BEA}$이므로 $\triangle \text{ABE}$는 $\overline{\text{BA}} = \overline{\text{BE}}$인 이등변삼각형이다.

$\therefore \overline{\text{BE}} = \overline{\text{AB}} = 4$

이때, $\overline{\text{BC}} = \overline{\text{BE}} + \overline{\text{CF}} - \overline{\text{EF}}$이므로

$5 = 4 + 4 - \overline{\text{EF}}$ $\therefore \overline{\text{EF}} = 3$

답 ⑤

02

$\overline{\text{AB}} = \overline{\text{AM}}$이므로 $\angle \text{ABM} = \angle \text{AMB}$

$\overline{\text{DM}} = \overline{\text{DC}}$이므로 $\angle \text{DMC} = \angle \text{DCM}$

또한, $\overline{\text{AD}} /\!/ \overline{\text{BC}}$이므로

$\angle \text{AMB} = \angle \text{MBC}$, $\angle \text{DMC} = \angle \text{MCB}$ (∵ 엇각)

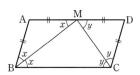

위의 그림과 같이 $\angle \text{AMB} = \angle x$, $\angle \text{DMC} = \angle y$라 하면

□ABCD에서

$\angle \text{A} + 2\angle x + 2\angle y + \angle \text{D} = 360°$

이때, $\angle \text{A} + \angle \text{D} = 180°$이므로

$2\angle x + 2\angle y = 180°$ $\therefore \angle x + \angle y = 90°$

$\therefore \angle \text{BMC} = 180° - (\angle x + \angle y)$

$= 180° - 90° = 90°$

답 ④

03

□ABEO는 평행사변형이므로 $\overline{\text{AO}} = \overline{\text{BE}}$

이때, $\overline{\text{AO}} = \overline{\text{OC}}$이므로 $\overline{\text{OC}} = \overline{\text{BE}}$ ······㉠

또한, $\overline{\text{AO}} /\!/ \overline{\text{BE}}$이므로 $\overline{\text{OC}} /\!/ \overline{\text{BE}}$

$\therefore \angle \text{COF} = \angle \text{BEF}$ (∵ 엇각) ······㉡

$\angle \text{FCO} = \angle \text{FBE}$ (∵ 엇각) ······㉢

㉠, ㉡, ㉢에서 $\triangle \text{BEF} \equiv \triangle \text{COF}$ (ASA 합동)이므로

$\overline{\text{BF}} = \overline{\text{FC}} = 5 \text{ cm}$, $\overline{\text{EF}} = \overline{\text{OF}} = 3 \text{ cm}$

$\therefore \overline{\text{AD}} = \overline{\text{BC}} = 2\overline{\text{BF}} = 2 \times 5 = 10 (\text{cm})$,

$\overline{\text{DC}} = \overline{\text{AB}} = 2\overline{\text{EF}} = 2 \times 3 = 6 (\text{cm})$

$\therefore \overline{\text{AD}} + \overline{\text{DC}} = 10 + 6 = 16 (\text{cm})$

답 16 cm

04

$\angle \text{DCF} = \angle \text{AHF} = 52°$ (∵ 엇각)이므로

$\angle \text{BCD} = 2\angle \text{DCF} = 2 \times 52° = 104°$

$\therefore \angle \text{BAD} = \angle \text{BCD} = 104°$

$\angle \text{B} + \angle \text{C} = 180°$이므로 $\angle \text{B} = 180° - 104° = 76°$

$\therefore \angle \text{ABE} = \frac{1}{2}\angle \text{B} = \frac{1}{2} \times 76° = 38°$

$\triangle \text{ABE}$에서

$\angle \text{GED} = \angle \text{ABE} + \angle \text{BAD}$

$= 38° + 104° = 142°$

답 142°

05

정오각형의 한 내각의 크기는

$$\frac{180° \times (5-2)}{5} = \frac{540°}{5} = 108°$$ ……(가)

즉, $\angle ABE = 108°$이고 □ABCD는 평행사변형이므로

$\angle BCD = 180° - \angle ABE = 180° - 108° = 72°$

$\therefore \angle BAD = \angle BCD = 72°$

이때, $\angle GAE = \angle BCD = 72°$이므로

$\angle GAB = \angle GAE + \angle BAD - \angle x$에서

$108° = 72° + 72° - \angle x$ ……(나)

$\therefore \angle x = 144° - 108° = 36°$ ……(다)

답 36°

단계	채점 기준	배점
(가)	정오각형의 한 내각의 크기를 구한 경우	30%
(나)	$\angle x$에 대한 식을 세운 경우	50%
(다)	$\angle x$의 크기를 구한 경우	20%

blacklabel 특강 필수개념

정 n각형의 한 내각의 크기

정 n각형의 한 내각의 크기는 $\dfrac{180° \times (n-2)}{n}$이다.

06

$\angle DAQ = \angle PQA$ ($\because$ 엇각)이고, $\angle PAQ = \angle DAQ$이므로

$\angle PQA = \angle PAQ$ $\therefore \overline{PA} = \overline{PQ}$

(i) 점 P가 점 B에 위치한 경우

△APQ는 이등변삼각형이므로 $\overline{PQ} = \overline{AB} = 5$

(ii) 점 P가 점 C에 위치한 경우

△APQ는 이등변삼각형이므로 $\overline{PQ} = \overline{AC} = 11$

(i), (ii)에서 점 Q가 움직인 거리는

$(8-5) + 11 = 3 + 11 = 14$

답 ⑤

07

$\overline{AB} /\!/ \overline{CD}$이므로 $\angle BEF = \angle DCF$ ($\because$ 엇각)이고,

$\angle BFE = \angle DFC$ ($\because$ 맞꼭지각)이다.

이때, △BFE가 이등변삼각형이므로

$\angle BFE = \angle BEF$

$\therefore \angle DFC = \angle DCF$

즉, △DFC는 $\overline{DF} = \overline{DC}$인 이등변삼각형이다.

$\therefore \overline{DF} = \overline{DC} = \overline{AB} = 10$

이때, $\overline{BF} = \overline{BE} = 6$이므로

평행사변형 ABCD의 대각선 BD의 길이는

$\overline{BD} = \overline{BF} + \overline{DF} = 6 + 10 = 16$

평행사변형의 두 대각선의 교점은 서로 다른 것을 이등분하므로

$\overline{OB} = \frac{1}{2}\overline{BD} = \frac{1}{2} \times 16 = 8$

$\therefore \overline{OF} = \overline{OB} - \overline{BF} = 8 - 6 = 2$

답 ③

08 해결단계

❶단계	점 M을 지나고 $\overline{AB}$에 평행한 직선을 그어 $\overline{AD}$와 만나는 점 O를 찾는다.
❷단계	이등변삼각형의 성질을 이용하여 $\angle EMO$의 크기를 구한다.
❸단계	$\angle EMC$의 크기를 구한다.

오른쪽 그림과 같이 점 M을 지나고 $\overline{AB}$에 평행한 직선이 $\overline{AD}$와 만나는 점 O라 하자.

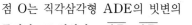

점 O는 직각삼각형 ADE의 빗변의 중점이므로 외심이고, $\overline{AB} : \overline{AD} = 1 : 2$ 이므로 $\overline{OE} = \overline{OA} = \overline{OD} = \overline{OM}$

이때, 이등변삼각형 AOE에서 $\angle OAE = \angle B = 50°$ ($\because$ 동위각) 이므로

$\angle AOE = 180° - (50° + 50°) = 80°$

□ABMO는 평행사변형이므로 $\angle AOM = \angle B = 50°$

이등변삼각형 OEM에서

$\angle EMO = \frac{1}{2} \times \{180° - (80° + 50°)\} = 25°$

또한, $\overline{AB} /\!/ \overline{OM}$이므로 $\angle OMC = \angle B = 50°$ ($\because$ 동위각)

$\therefore \angle EMC = \angle EMO + \angle OMC = 25° + 50° = 75°$

답 75°

blacklabel 특강 필수개념

삼각형의 외심

삼각형 ABC의 세 변의 수직이등분선은 한 점(외심) O 에서 만나고, 이 점에서 삼각형의 세 꼭짓점에 이르는 거리는 모두 같다.

특히, 직각삼각형의 외심은 빗변의 중점과 일치한다.

09

평행사변형 ABCD의 두 대각선은 서로 다른 것을 이등분하므로 $\overline{OB} = \overline{OD}$, $\overline{OA} = \overline{OC}$

이때, $\overline{BE} = \overline{DF}$이므로 $\overline{OE} = \overline{OF}$

즉, $\overline{OA} = \overline{OC}$, $\overline{OE} = \overline{OF}$이므로

□AECF는 평행사변형이다.

따라서 옳은 것은 ② $\overline{\mathrm{AE}}=\overline{\mathrm{CF}}$이다.　　　　답 ②

10

③ $\triangle\mathrm{ABC}\equiv\triangle\mathrm{DCB}$이면 $\overline{\mathrm{AB}}=\overline{\mathrm{CD}}$이므로 □ABCD는 한 쌍의 대변의 길이가 같은 사각형이고, 오른쪽 그림과 같이 이 것만으로는 평행사변형이 되는 조건을 만족시키지 않는다.

따라서 평행사변형 ABCD가 되는 조건이 아닌 것은 ③이다.

답 ③

①의 $\triangle\mathrm{ABO}\equiv\triangle\mathrm{CDO}$에서 $\overline{\mathrm{OA}}=\overline{\mathrm{OC}}$, $\overline{\mathrm{OB}}=\overline{\mathrm{OD}}$이므로 두 대각선이 서로 다른 것을 이등분한다. 즉, □ABCD는 평행사변형이다.
②의 $\triangle\mathrm{ABC}\equiv\triangle\mathrm{CDA}$에서 $\overline{\mathrm{AB}}=\overline{\mathrm{CD}}$, $\overline{\mathrm{BC}}=\overline{\mathrm{AD}}$이므로 두 쌍의 대변의 길이가 각각 같다. 즉, □ABCD는 평행사변형이다.
④의 $\angle\mathrm{ABO}=\angle\mathrm{CDO}$에서 두 직선이 평행할 조건에 의하여 $\overline{\mathrm{AB}}\,/\!/\,\overline{\mathrm{CD}}$이다. 이때, $\overline{\mathrm{AB}}=\overline{\mathrm{CD}}$이므로 한 쌍의 대변이 평행하고, 그 길이가 같다. 즉, □ABCD는 평행사변형이다.
⑤의 $\angle\mathrm{ABC}+\angle\mathrm{BAD}=180°$에서 사각형의 네 내각의 합이 $360°$이므로 $\angle\mathrm{BCD}+\angle\mathrm{CDA}=180°$
이때, $\angle\mathrm{BAD}=\angle\mathrm{BCD}$이므로 $\angle\mathrm{ABC}=\angle\mathrm{CDA}$
즉, 두 쌍의 대각의 크기가 각각 같으므로 □ABCD는 평행사변형이다.

11

$\triangle\mathrm{ABP}$와 $\triangle\mathrm{CDQ}$에서
$\overline{\mathrm{AB}}=\overline{\mathrm{CD}}$, $\angle\mathrm{APB}=\angle\mathrm{CQD}=90°$,
$\angle\mathrm{BAP}=\angle\mathrm{DCQ}$ (∵ 엇각)
∴ $\triangle\mathrm{ABP}\equiv\triangle\mathrm{CDQ}$ (RHA 합동)
∴ $\overline{\mathrm{BP}}=\overline{\mathrm{DQ}}$　　……㉠
한편, $\triangle\mathrm{APD}$와 $\triangle\mathrm{CQB}$에서
$\overline{\mathrm{AD}}=\overline{\mathrm{CB}}$, $\angle\mathrm{DAP}=\angle\mathrm{BCQ}$ (∵ 엇각)
$\overline{\mathrm{AP}}=\overline{\mathrm{CQ}}$ (∵ $\triangle\mathrm{ABP}\equiv\triangle\mathrm{CDQ}$)
∴ $\triangle\mathrm{APD}\equiv\triangle\mathrm{CQB}$ (SAS 합동)
∴ $\overline{\mathrm{DP}}=\overline{\mathrm{BQ}}$　　……㉡
㉠, ㉡에서 □PBQD는 평행사변형이므로
$\angle x=180°-\angle\mathrm{BPD}=180°-(90°+48°)=42°$　답 42°

12

$\angle\mathrm{A}=\angle\mathrm{C}$이므로 $\angle\mathrm{EAF}=\dfrac{1}{2}\angle\mathrm{A}=\dfrac{1}{2}\angle\mathrm{C}=\angle\mathrm{ECF}$
이때, $\angle\mathrm{AEB}=\angle\mathrm{EAF}$ (∵ 엇각)이므로
$\angle\mathrm{AEB}=\angle\mathrm{FCE}$　　∴ $\overline{\mathrm{AE}}\,/\!/\,\overline{\mathrm{CF}}$

또한, $\overline{\mathrm{AD}}\,/\!/\,\overline{\mathrm{BC}}$에서 $\overline{\mathrm{AF}}\,/\!/\,\overline{\mathrm{CE}}$
즉, 두 쌍의 대변이 각각 서로 평행하므로 □AECF는 평행사변형이다.
이때, $\angle\mathrm{A}+\angle\mathrm{B}=180°$이므로 $\angle\mathrm{A}=180°-60°=120°$
∴ $\angle\mathrm{BAE}=\dfrac{1}{2}\angle\mathrm{A}=\dfrac{1}{2}\times120°=60°$
즉, $\triangle\mathrm{ABE}$는 정삼각형이므로
$\overline{\mathrm{AB}}=\overline{\mathrm{AE}}=\overline{\mathrm{BE}}=3\,\mathrm{cm}$
또한, $\overline{\mathrm{BC}}=\overline{\mathrm{AD}}=8\,\mathrm{cm}$이므로
$\overline{\mathrm{EC}}=\overline{\mathrm{BC}}-\overline{\mathrm{BE}}=8-3=5\,(\mathrm{cm})$
∴ (□AECF의 둘레의 길이)$=2(\overline{\mathrm{AE}}+\overline{\mathrm{EC}})=2\times(3+5)$
　　　　　　　　　　　　　　　$=16\,(\mathrm{cm})$　　　답 ③

13

□ABCD가 평행사변형이 되려면
$\overline{\mathrm{AB}}\,/\!/\,\overline{\mathrm{CD}}$에서 $\dfrac{b-3}{a-3}=\dfrac{-2+4}{2+2}=\dfrac{1}{2}$
즉, $a-3=2(b-3)$이므로
$a-2b=-3$　　……㉠
$\overline{\mathrm{AD}}\,/\!/\,\overline{\mathrm{BC}}$에서 $\dfrac{b+4}{a+2}=\dfrac{3+2}{3-2}=5$
즉, $5(a+2)=b+4$이므로 $5a-b=-6$　　……㉡
㉠, ㉡을 연립하여 풀면 $a=-1$, $b=1$
∴ $a+b=-1+1=0$　　　　답 ④

연립일차방정식의 풀이
(1) 대입법 : 연립방정식의 한 방정식을 $x=(y$에 대한 식) 또는 $y=(x$에 대한 식) 꼴로 정리하고 이를 다른 한 방정식에 대입하여 한 미지수를 없앤 후 해를 구한다.
(2) 가감법 : 두 방정식을 변끼리 더하거나 빼서 한 미지수를 없앤 후 해를 구한다.

14

$\overline{\mathrm{AQ}}\,/\!/\,\overline{\mathrm{PC}}$가 되려면 $\overline{\mathrm{AP}}=\overline{\mathrm{CQ}}$이어야 한다.
점 P가 점 A에서 출발한 지 $x\,(x>5)$초 후의 $\overline{\mathrm{AP}}$, $\overline{\mathrm{CQ}}$의 길이는 각각 $\overline{\mathrm{AP}}=2x$, $\overline{\mathrm{CQ}}=3(x-5)$이므로
$2x=3(x-5)$, $2x=3x-15$　　∴ $x=15$
즉, $\overline{\mathrm{AP}}=\overline{\mathrm{CQ}}=2x=2\times15=30$
이때, □ABCD$=200$, $\overline{\mathrm{AD}}=50$이므로
□AQCP$=\dfrac{\overline{\mathrm{AP}}}{\overline{\mathrm{AD}}}\times$□ABCD$=\dfrac{30}{50}\times200=120$　　답 120

15

△APO와 △CQO에서

$\overline{AO}=\overline{CO}$, ∠PAO=∠QCO (∵ 엇각),

∠AOP=∠COQ (∵ 맞꼭지각)

∴ △APO≡△CQO (ASA 합동)

이때, △APO의 넓이가 $5\,cm^2$이므로

△CQO=△APO=$5\,cm^2$

한편, $\triangle DOC=\dfrac{1}{4}\square ABCD=\dfrac{1}{4}\times 64=16(cm^2)$이므로

$\triangle DOQ=\triangle DOC-\triangle CQO$

$\qquad\quad=16-5=11(cm^2)$ 답 ①

16

오른쪽 그림과 같이 □ABCD

의 대각선 AC를 그으면

$\square ABCD=2\triangle ABC$ ……㉠

△ABC의 넓이를 S라 하면

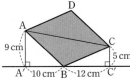

$S=\square AA'C'C-\triangle AA'B-\triangle CBC'$

$\quad=\dfrac{1}{2}\times(9+5)\times(10+12)-\dfrac{1}{2}\times 9\times 10-\dfrac{1}{2}\times 12\times 5$

$\quad=154-45-30=79(cm^2)$

㉠에서

$\square ABCD=2S=2\times 79=158(cm^2)$ 답 $158\,cm^2$

17

□ABCD가 평행사변형이므로 $\overline{AE}/\!\!/\overline{CF}$이고

$\overline{AB}=\overline{CD}$에서 $\overline{AE}=\overline{CF}$이므로

□AECF는 평행사변형이다.

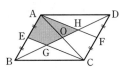

한편, 위의 그림과 같이 $\overline{AC}$와 $\overline{BD}$의 교점을 O라 하면

△AOH와 △COG에서

$\overline{OA}=\overline{OC}$, ∠OAH=∠OCG (∵ 엇각),

∠AOH=∠COG (∵ 맞꼭지각)이므로

△AOH≡△COG (ASA 합동)

∴ △AOH=△COG

∴ □AEGH=□AEGO+△AOH

$\qquad\qquad\;=\square AEGO+\triangle COG$

$\qquad\qquad\;=\triangle AEC=\dfrac{1}{4}\square ABCD$

$\qquad\qquad\;=\dfrac{1}{4}\times 72=18$ 답 ②

18

△ABG와 △DFG에서

∠BAG=∠FDG (∵ 엇각), $\overline{AB}=\overline{DF}$,

∠ABG=∠DFG (∵ 엇각)

∴ △ABG≡△DFG (ASA 합동)

즉, △DFG=△ABG=△ABH=$18\,cm^2$

또한, △ABH와 △ECH에서

∠BAH=∠CEH (∵ 엇각), $\overline{AB}=\overline{EC}$,

∠ABH=∠ECH (∵ 엇각)

∴ △ABH≡△ECH (ASA 합동)

즉, △ECH=△ABH=$18\,cm^2$ ⋯⋯(가)

이때, □GHCD

$\qquad=\square ABHG=2\triangle ABH$

$\qquad=2\times 18=36(cm^2)$

$\triangle PHG=\dfrac{1}{4}\square ABHG=\dfrac{1}{4}\times 36=9(cm^2)$ ⋯⋯(나)

∴ △EFP=△PHG+□GHCD+△ECH+△DFG

$\qquad\quad=9+36+18+18=81(cm^2)$ ⋯⋯(다)

답 $81\,cm^2$

단계	채점 기준	배점
(가)	△DFG와 △ECH의 넓이를 각각 구한 경우	40%
(나)	□GHCD와 △PHG의 넓이를 각각 구한 경우	40%
(다)	△EFP의 넓이를 구한 경우	20%

Step 3	종합 사고력 도전 문제	pp. 31~32

01 (1) 평행사변형, 이유는 풀이 참조 (2) $256\,cm^2$ **02** 32

03 (1) 6, 9 (2) $\dfrac{15}{2}$ **04** 1 : 4 **05** 72°

06 평행사변형, $76\,cm^2$ **07** 2 : 5 **08** 59°

01 해결단계

(1)	❶단계	$\square A_2B_2C_2D_2$가 어떤 사각형인지 말하고, 그 이유를 설명한다.
	❷단계	$\square A_2B_2C_2D_2$의 넓이가 $\square A_1B_1C_1D_1$의 넓이의 몇 배인지 구한다.
(2)	❸단계	$\square A_9B_9C_9D_9$의 넓이가 $\square A_1B_1C_1D_1$의 넓이의 몇 배인지 구한다.
	❹단계	$\square A_1B_1C_1D_1$의 넓이를 구한다.

(1) $\triangle A_1B_2A_2$와 $\triangle C_1D_2C_2$에서

$\angle A_1=\angle C_1$, $\overline{A_1A_2}=\overline{C_1C_2}$, $\overline{A_1B_2}=\overline{C_1D_2}$

∴ $\triangle A_1B_2A_2\equiv\triangle C_1D_2C_2$ (SAS 합동)

∴ $\overline{A_2B_2}=\overline{C_2D_2}$

같은 방법으로 $\overline{A_2D_2}=\overline{C_2B_2}$

즉, $\square A_2B_2C_2D_2$에서 두 쌍의 대변의 길이가 각각 서로 같으므로 $\square A_2B_2C_2D_2$는 평행사변형이다.

(2) 오른쪽 그림과 같이 $\square A_1B_1C_1D_1$에 $\overline{A_2C_2}$, $\overline{B_2D_2}$를 그으면 합동인 평행사변형 4개가 생기고, 각 평행사변형의 대각선은 그 넓이를 이등

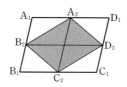

분하므로 $\square A_1B_1C_1D_1$의 각 변의 중점을 연결하여 만든 $\square A_2B_2C_2D_2$의 넓이는 $\square A_1B_1C_1D_1$의 넓이의 $\frac{1}{2}$이다.

$$\therefore \square A_2B_2C_2D_2=\frac{1}{2}\square A_1B_1C_1D_1$$

같은 방법으로

$$\square A_3B_3C_3D_3=\frac{1}{2}\square A_2B_2C_2D_2=\frac{1}{2^2}\square A_1B_1C_1D_1$$

$$\square A_4B_4C_4D_4=\frac{1}{2^3}\square A_1B_1C_1D_1$$

$$\vdots$$

$$\square A_9B_9C_9D_9=\frac{1}{2^8}\square A_1B_1C_1D_1$$

$$\therefore \square A_1B_1C_1D_1=2^8\square A_9B_9C_9D_9$$
$$=2^8\times1=256(\text{cm}^2)$$

답 (1) 평행사변형, 이유는 풀이 참조

(2) $256\,\text{cm}^2$

02 해결단계

❶단계	두 삼각형 ACD와 DEA가 합동임을 보인다.
❷단계	두 삼각형 AEF와 DCF가 합동임을 보인다.
❸단계	삼각형 DFC의 둘레의 길이를 구한다.

$\triangle ACD$와 $\triangle DEA$에서

$\overline{AB}=\overline{DC}$, $\overline{AB}=\overline{AE}$이므로 $\overline{DC}=\overline{AE}$,

$\angle CDA=\angle B$, $\angle EAD=\angle AEB=\angle B$이므로

$\angle CDA=\angle EAD$,

$\overline{AD}$는 공통

$\therefore \triangle ACD\equiv\triangle DEA$ (SAS 합동)

$\therefore \overline{DE}=\overline{AC}=20$

$\triangle AEF$와 $\triangle DCF$에서

$\angle DEC=\angle ACE$이므로 $\overline{FE}=\overline{FC}$

이때, $\overline{AC}=\overline{DE}$이므로 $\overline{AF}=\overline{DF}$

$\angle AFE=\angle DFC$ ($\because$ 맞꼭지각)

$\therefore \triangle AEF\equiv\triangle DCF$ (SAS 합동)

$\therefore$ (삼각형 DFC의 둘레의 길이)

$\quad=\overline{DF}+\overline{FC}+\overline{DC}$

$\quad=\overline{DF}+\overline{FE}+\overline{AB}$

$\quad=\overline{DE}+\overline{AB}=\overline{AC}+\overline{AB}$

$\quad=20+12=32$

답 32

03 해결단계

(1)	❶단계	주어진 평행사변형을 빈틈없이 붙여 평행사변형 ABCD를 만든다.
	❷단계	❶단계에서 만든 평행사변형 ABCD의 이웃하는 두 변의 길이를 구한다.
(2)	❸단계	l_1, l_2의 값을 각각 구한다.
	❹단계	l_1+l_2의 값을 구한다.

(1) 6개의 평행사변형을 서로 겹치지 않게 빈틈없이 붙여서 만든 평행사변형 ABCD는 다음 그림과 같다.

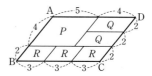

따라서 평행사변형 ABCD의 이웃하는 두 변의 길이는 6, 9이다.

(2) l_1과 l_2를 나타내면 다음 그림과 같다.

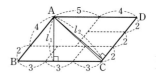

평행사변형 ABCD의 넓이가 27이므로

$$\triangle ABC=\triangle ACD=\frac{1}{2}\square ABCD=\frac{1}{2}\times27=\frac{27}{2}$$

$$\triangle ABC=\frac{1}{2}\times9\times l_1=\frac{27}{2}$$이므로 $l_1=3$

$$\triangle ACD=\frac{1}{2}\times6\times l_2=\frac{27}{2}$$이므로 $l_2=\frac{9}{2}$

$$\therefore l_1+l_2=3+\frac{9}{2}=\frac{15}{2}$$

답 (1) 6, 9 (2) $\dfrac{15}{2}$

04 해결단계

❶단계	$\overline{EF}$를 그어 $\square ABFE$와 $\square EFCD$가 합동인 평행사변형임을 보인다.
❷단계	$\square ABCD$의 넓이가 $\square GFHE$의 넓이의 몇 배인지 구한다.
❸단계	$\square GFHE$의 넓이와 $\square ABCD$의 넓이의 비를 가장 간단한 자연수의 비로 나타낸다.

$\overline{AE}=\overline{ED}=\overline{BF}=\overline{FC}$이고, $\overline{AD}\,\text{//}\,\overline{BC}$이므로 오른쪽 그림과 같이 $\overline{EF}$를 그으면 $\square ABFE$와 $\square EFCD$는 합동인 평행사변형이다.

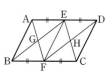

이때, $\square ABFE=4\triangle GFE$, $\square EFCD=4\triangle HEF$이므로

$\square ABCD=\square ABFE+\square EFCD$

$\qquad\qquad=4(\triangle GFE+\triangle HEF)$

$\qquad\qquad=4\square GFHE$

$\therefore \square GFHE:\square ABCD=\square GFHE:4\square GFHE$

$\qquad\qquad\qquad\qquad\quad=1:4$

답 1 : 4

05 해결단계

❶단계	$\overline{BM}$의 연장선과 $\overline{CD}$의 연장선의 교점을 나타낸다.
❷단계	합동인 삼각형을 찾아 점 D가 직각삼각형 CFE의 외심임을 확인한다.
❸단계	∠DCE의 크기를 구한다.

다음 그림과 같이 $\overline{BM}$의 연장선과 $\overline{CD}$의 연장선의 교점을 F라 하자.

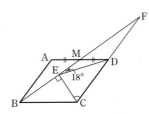

이때, $\overline{AB} /\!/ \overline{CF}$이므로 ∠BAM=∠FDM (∵ 엇각)

또한, $\overline{AM}=\overline{DM}$, ∠AMB=∠DMF (∵ 맞꼭지각)

∴ △ABM≡△DFM (ASA 합동)

∴ $\overline{AB}=\overline{CD}=\overline{DF}$

이때, ∠CEF=90°이므로 점 D는 직각삼각형 CFE의 빗변의 중점이므로 외심이다.

∴ $\overline{DC}=\overline{DE}=\overline{DF}$

따라서 △DEC는 $\overline{DE}=\overline{DC}$인 이등변삼각형이므로

∠DCE=∠DEC=90°−18°=72°　　　　　답 72°

06 해결단계

❶단계	□ABCD가 어떤 사각형인지 말하고, 그 이유를 설명한다.
❷단계	□ABCD의 넓이를 구한다.

$\overline{OA}=\overline{OC}$ (큰 원의 반지름), $\overline{OB}=\overline{OD}$ (작은 원의 반지름)이므로 □ABCD의 두 대각선은 서로 다른 것을 이등분한다.

따라서 □ABCD는 평행사변형이다.

△BFO와 △DEO에서

∠BOF=∠DOE (∵ 맞꼭지각), $\overline{OB}=\overline{OD}$,

∠OBF=∠ODE (∵ 엇각)

∴ △BFO≡△DEO (ASA 합동)

∴ △BFO=△DEO

따라서 △AOD=△AOE+△DEO

$\qquad\qquad\quad$ =△AOE+△BFO

$\qquad\qquad\quad$ =12+7=19(cm²)

이므로

□ABCD=4△AOD=4×19=76(cm²)

답 평행사변형, 76 cm²

07 해결단계

❶단계	△BEC가 □ABCD의 몇 배인지 구한다.
❷단계	△BCG가 □ABCD의 몇 배인지 구한다.
❸단계	□ABCD의 넓이와 □BEFG의 넓이의 비를 가장 간단한 자연수의 비로 나타낸다.

∠BCD=180°−∠ABC=180°−60°=120°

□ABCD≡□CEFG이므로 ∠DCE=120°

∴ ∠BCE=360°−(120°+120°)=120°

즉, △BCD와 △BCE에서

$\overline{BC}$는 공통, ∠BCD=∠BCE, $\overline{CD}=\overline{CE}$이므로

△BCD≡△BCE (SAS 합동)

∴ $\triangle BEC=\triangle BCD=\dfrac{1}{2}\square ABCD$

한편, 오른쪽 그림과 같이 $\overline{AB}$의 연장선과 점 G를 지나면서 $\overline{AD}$와 평행한 직선의 교점을 H라 하면 □BCGH는 평행사변형이므로

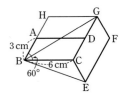

$\triangle BCG=\dfrac{1}{2}\square BCGH=\square ABCD$

∴ □BEFG=△BCG+□CEFG+△BEC

$\qquad\qquad =\square ABCD+\square ABCD+\dfrac{1}{2}\square ABCD$

$\qquad\qquad =\dfrac{5}{2}\square ABCD$

∴ $\square ABCD : \square BEFG = 1 : \dfrac{5}{2} = 2 : 5$

답 2 : 5

08 해결단계

❶단계	□ABEC가 어떤 사각형인지 말하고, 그 이유를 설명한다.
❷단계	△COE, △ABO가 이등변삼각형임을 확인한다.
❸단계	∠ABD의 크기를 구한다.

□ABCD는 평행사변형이므로 $\overline{AB} /\!/ \overline{CD}$, $\overline{AB}=\overline{CD}$

∴ $\overline{AB} /\!/ \overline{CE}$, $\overline{AB}=\overline{CE}$

즉, □ABEC는 평행사변형이다.

∠BEC=∠BEO+∠OED=31°+31°=62°이므로

∠OCE=180°−∠BEC=180°−62°=118°

△COE에서 ∠COE=180°−(118°+31°)=31°

즉, △COE는 $\overline{OC}=\overline{CE}$인 이등변삼각형이다.

또한, □ABCD는 평행사변형이므로 $\overline{OC}=\overline{OA}$이고

$\overline{OC}=\overline{CE}$에서 $\overline{OC}=\overline{AB}$이므로 $\overline{AB}=\overline{OA}$

즉, △ABO는 이등변삼각형이다.

이때, ∠OAB=∠BEC=62°이므로

$\angle ABD=\dfrac{1}{2}\times(180°−62°)=59°$

답 59°

미리보는 **학력평가**		p. 33

1 ④ **2** (−4, 3), (0, −3), (4, 1) **3** ③
4 8

1

다음 그림과 같이 평균대의 양 끝에 10개의 점 P, P′, Q, Q′, R, R′, S, S′, T, T′을 정하자.

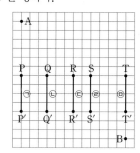

지나는 평균대에 따른 이동 거리는 다음과 같다.

평균대 ㉠ : $\overline{\text{AP}}+\overline{\text{P}'\text{B}}+$ (평균대의 길이)
평균대 ㉡ : $\overline{\text{AQ}}+\overline{\text{Q}'\text{B}}+$ (평균대의 길이)
평균대 ㉢ : $\overline{\text{AR}}+\overline{\text{R}'\text{B}}+$ (평균대의 길이)
평균대 ㉣ : $\overline{\text{AS}}+\overline{\text{S}'\text{B}}+$ (평균대의 길이)
평균대 ㉤ : $\overline{\text{AT}}+\overline{\text{T}'\text{B}}+$ (평균대의 길이)

이때, 평균대의 길이는 모두 같으므로 평균대의 길이를 뺀 나머지 이동 거리가 가장 짧은 평균대를 지나야 한다.

평균대의 길이가 모눈 한 칸의 한 변의 길이의 4배와 같으므로 다음 그림과 같이 점 B를 위로 4칸 평행이동한 점을 B′이라 하자.

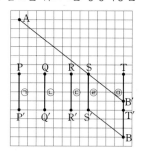

□SS′BB′은 평행사변형이므로 $\overline{\text{SS}'}=\overline{\text{BB}'}$, $\overline{\text{SB}'}=\overline{\text{S}'\text{B}}$

즉, 이동 거리는 A 지점에서 B′ 지점까지 이동한 후 B′ 지점에서 B 지점까지 이동하는 거리와 같다.

따라서 이동 거리가 가장 짧은 것은 $\overline{\text{AB}'}+\overline{\text{B}'\text{B}}$이므로 $\overline{\text{AB}'}$ 위에 끝 점이 있는 평균대 ㉣을 지나야 한다. 답 ④

2

A(−2, 0), B(0, 2), C(2, −1)이므로
□ACBD가 평행사변형인 경우 : D(−4, 3)

□ACDB가 평행사변형인 경우 : D(4, 1)
□ADCB가 평행사변형인 경우 : D(0, −3)
따라서 구하는 점 D의 좌표는 (−4, 3), (0, −3), (4, 1)이다.
답 (−4, 3), (0, −3), (4, 1)

3

ㄱ. △DBE와 △ABC에서
∠DBE=60°−∠EBA=∠ABC

ㄴ. △DBE와 △ABC에서
$\overline{\text{DB}}=\overline{\text{AB}}$, $\overline{\text{BE}}=\overline{\text{BC}}$, ∠DBE=∠ABC
∴ △DBE≡△ABC (SAS 합동) ······㉠
또한, △ABC와 △FEC에서
$\overline{\text{BC}}=\overline{\text{EC}}$, $\overline{\text{AC}}=\overline{\text{FC}}$,
∠ACB=60°−∠ECA=∠FCE
∴ △ABC≡△FEC (SAS 합동) ······㉡
㉠, ㉡에서 △DBE≡△FEC이므로 $\overline{\text{DB}}=\overline{\text{EF}}$

ㄷ. △DBE≡△ABC≡△FEC이므로
$\overline{\text{DB}}=\overline{\text{DA}}=\overline{\text{EF}}$, $\overline{\text{DE}}=\overline{\text{AC}}=\overline{\text{AF}}$
즉, □AFED는 두 쌍의 대변의 길이가 각각 같으므로 평행사변형이다.
이때, ∠BAC=150°이면
∠DAF=360°−(150°+60°+60°)=90°
즉, □AFED는 직사각형이므로 $\overline{\text{AD}}=\overline{\text{AF}}$가 항상 성립하는 것은 아니다.

따라서 옳은 것은 ㄱ, ㄴ이다. 답 ③

4

오른쪽 그림과 같이 $\overline{\text{DP}}$의 연장선 위에 $\overline{\text{DP}}=\overline{\text{PR}}$가 되는 점 R를 정하면 □ADGR는 두 대각선이 서로 다른 것을 이등분하므로 평행사변형이다.

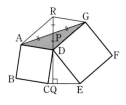

△CDE와 △RGD에서
$\overline{\text{CD}}=\overline{\text{AD}}=\overline{\text{RG}}$, $\overline{\text{DE}}=\overline{\text{GD}}$
∠ADC=∠GDE=90°이므로
∠CDE=180°−(∠ADP+∠PDG)
  =180°−(∠PRG+∠PDG)=∠RGD
따라서 △CDE≡△RGD (SAS 합동)이므로
△CDE=△RGD
이때, $\overline{\text{RD}}=\overline{\text{CE}}=4$, $\overline{\text{PD}}=\dfrac{1}{2}\overline{\text{RD}}=2$이므로
$\overline{\text{DQ}}=\overline{\text{PQ}}-\overline{\text{PD}}=6-2=4$
∴ △ADG=△RGD=△CDE
  $=\dfrac{1}{2}\times\overline{\text{CE}}\times\overline{\text{DQ}}=\dfrac{1}{2}\times4\times4=8$ 답 8

04 여러 가지 사각형

Step 1 시험에 꼭 나오는 문제   p. 35

01 ⑤	02 60°	03 ⑤	04 9 cm	05 ④
06 ④	07 ①			

01

□ABCD는 평행사변형이므로

$\angle A + \angle B - 180°$, $\frac{1}{2}\angle A + \frac{1}{2}\angle B = 90°$

△ABE에서 $\angle AEB = 180° - 90° = 90°$이므로

$\angle FEH = 90°$

같은 방법으로 $\angle BHC = \angle FGH = \angle AFD = 90°$

즉, □EFGH는 네 내각의 크기가 모두 같으므로 직사각형이다.

이때, ①, ②, ③, ④는 직사각형의 성질이고, ⑤는 마름모의 성질

이므로 옳지 않은 것은 ⑤이다.   답 ⑤

02

□ABCD는 마름모이므로

△ABP와 △ADQ에서

$\overline{AB} = \overline{AD}$, $\angle ABP = \angle ADQ$,

$\angle APB = \angle AQD = 90°$

∴ △ABP ≡ △ADQ (RHA 합동)

∴ $\angle BAP = \angle DAQ = 180° - (60° + 90°) = 30°$

이때, $\angle BAD = 180° - \angle B = 180° - 60° = 120°$이므로

$\angle PAQ = 120° - (30° + 30°) = 60°$ 답 60°

03

□ABCD는 정사각형이고 △EBC는 정삼각형이므로

$\overline{EC} = \overline{CD}$

즉, △ECD는 이등변삼각형이다.

이때, $\angle DCE = 90° - \angle ECB = 90° - 60° = 30°$이므로

$\angle CDE = \frac{1}{2} \times (180° - 30°) = 75°$

한편, $\overline{BD}$는 정사각형의 대각선이므로 $\angle CDB = 45°$

∴ $\angle EDB = \angle CDE - \angle CDB = 75° - 45° = 30°$ 답 ⑤

04

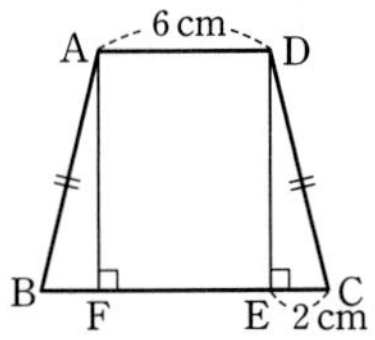

오른쪽 그림과 같이 꼭짓점 A에서 $\overline{BC}$에

내린 수선의 발을 F라 하면

△ABF와 △DCE에서

$\overline{AB} = \overline{DC}$, $\angle ABF = \angle DCE$,

$\angle AFB = \angle DEC = 90°$이므로

△ABF ≡ △DCE (RHA 합동)

∴ $\overline{BF} = \overline{CE} = 2$ cm

이때, $\overline{FE} = \overline{AD} = 6$ cm이므로

$\overline{BC} = 2 + 6 + 2 = 10$(cm)

따라서 □ABCD $= \frac{1}{2} \times (6 + 10) \times \overline{DE} = 72$이므로

$8\overline{DE} = 72$ ∴ $\overline{DE} = 9$ cm   답 9 cm

05

④ (다) : $\overline{AC} = \overline{BD}$ 또는 $\angle A = \angle B$

따라서 옳지 않은 것은 ④이다.   답 ④

06

$\overline{AD} /\!/ \overline{BC}$이므로 두 삼각형 ABE, BED는 밑변 BE가 공통이

고 높이가 같다.

∴ △ABE = △BED (①=③)

또한, $\overline{BD} /\!/ \overline{EF}$이므로 두 삼각형 BED, BDF는 밑변 BD가 공

통이고 높이가 같다.

∴ △BED = △BDF (③=⑤)

$\overline{AB} /\!/ \overline{CD}$이므로 두 삼각형 BDF, ADF는 밑변 DF가 공통이

고 높이가 같다.

∴ △BDF = △ADF (⑤=②)

따라서 넓이가 나머지 넷과 다른 삼각형은 ④ △BEF이다.

답 ④

△BED와 △BEF는 밑변 BE가 공통이지만 높이가 다르다. 즉, 두 삼각형의 넓이

가 다르다.

07

점 D는 $\overline{BC}$의 중점이므로

$\triangle ADC = \frac{1}{2}\triangle ABC = \frac{1}{2} \times 20 = 10$

또한, 점 P는 $\overline{AD}$의 중점이므로

$\triangle PDC = \frac{1}{2}\triangle ADC = \frac{1}{2} \times 10 = 5$ 답 ①

01

$\triangle$ABE와 $\triangle$AFE에서

$\angle$ABE=$\angle$AFE=90°, $\overline{\text{AE}}$는 공통,

$\angle$BAE=$\angle$FAE=$\dfrac{1}{2}\times(90°-30°)=30°$

$\therefore$ $\triangle$ABE≡$\triangle$AFE (RHA 합동)

또한, $\triangle$AEF와 $\triangle$CEF에서

$\overline{\text{EF}}$는 공통, $\angle$AFE=$\angle$CFE=90°,

$\angle$AEB=$\angle$AEF=$\angle$CEF=60°

$\therefore$ $\triangle$AEF≡$\triangle$CEF (ASA 합동)

$\therefore$ $\overline{\text{AB}}=\overline{\text{AF}}=\overline{\text{CF}}$ (①), $\angle$EAF=$\angle$ECF (④)

이때, $\overline{\text{AF}}=\overline{\text{CF}}$에서 점 F는 직사각형 ABCD의 두 대각선의
교점이므로 $\overline{\text{CF}}=\overline{\text{DF}}$ (③)

또한, $\triangle$AFD는 $\overline{\text{AF}}=\overline{\text{FD}}$인 이등변삼각형이므로

$\angle$FAD=$\angle$FDA (⑤)

따라서 옳지 않은 것은 ②이다. 답 ②

02

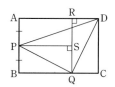

위의 그림과 같이 점 Q에서 $\overline{\text{AD}}$에 내린 수선의 발을 R, 점 P에
서 $\overline{\text{QR}}$에 내린 수선의 발을 S라 하면

$\overline{\text{AD}}$∥$\overline{\text{PS}}$에서 $\angle$ADP=$\angle$DPS ($\because$ 엇각),

$\overline{\text{PS}}$∥$\overline{\text{BC}}$에서 $\angle$BQP=$\angle$QPS ($\because$ 엇각)이므로

$\angle$ADP+$\angle$BQP=$\angle$DPS+$\angle$QPS=$\angle$DPQ ……㉠

한편, $\triangle$PBQ와 $\triangle$QCD에서

$\overline{\text{PB}}=\overline{\text{QC}}$, $\overline{\text{BQ}}=\overline{\text{CD}}$, $\angle$PBQ=$\angle$QCD=90°이므로

$\triangle$PBQ≡$\triangle$QCD (SAS 합동)

$\therefore$ $\overline{\text{PQ}}=\overline{\text{QD}}$, $\angle$BQP=$\angle$CDQ

이때, $\angle$BQP+$\angle$BPQ=$\angle$BQP+$\angle$CQD=90°이므로

$\angle$PQS+$\angle$DQS=$\angle$DQP=90°

따라서 $\triangle$QPD는 $\overline{\text{PQ}}=\overline{\text{QD}}$, $\angle$PQD=90°인 직각이등삼각형이
다.

$\therefore$ $\angle$DPQ=45° $\therefore$ $\angle$ADP+$\angle$BQP=45° ($\because$ ㉠) 답 ①

03

□ABCD는 직사각형이므로

$\overline{\text{OA}}=\overline{\text{OB}}=\overline{\text{OC}}=\overline{\text{OD}}$

즉, $\triangle$OAD는 $\overline{\text{OA}}=\overline{\text{OD}}$인 이등변삼각형이다.

이때, $\angle$FAD=$\angle x$라 하면 $\angle$OAD=$\angle$ODA=$2\angle x$이므로

$\triangle$AFD에서 $\angle x+2\angle x+111°=180°$

$3\angle x=69°$ $\therefore$ $\angle x=23°$

한편, $\angle$DAE=$\angle$OEB=90°이므로 $\overline{\text{AD}}$∥$\overline{\text{EO}}$

$\therefore$ $\angle$AOE=$\angle$OAD ($\because$ 엇각)

$\qquad$ =$2\angle x=2\times23°=46°$ 답 46°

04

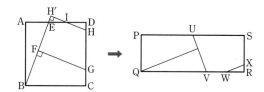

위의 그림과 같이 점 I에 대한 점 H의 대칭점을 점 H′이라 하면

$\triangle$IEH′≡$\triangle$IHD (ASA 합동)이므로

□FGHH′과 □SUVR는 합동이다.

따라서 $\overline{\text{RS}}=\overline{\text{PQ}}=\overline{\text{BF}}=\overline{\text{FH}′}$이므로

$\overline{\text{RS}}=\dfrac{1}{2}\overline{\text{BH}′}=\dfrac{1}{2}(\overline{\text{BE}}+\overline{\text{EH}′})=\dfrac{1}{2}(\overline{\text{BE}}+\overline{\text{DH}})$ 답 ⑤

05

$\triangle$ABP는 정삼각형이므로 $\angle$PBC=84°-60°=24°

$\overline{\text{BP}}=\overline{\text{BA}}=\overline{\text{BC}}$이므로 $\triangle$BCP는 이등변삼각형이다.

$\therefore$ $\angle$BCP=$\dfrac{1}{2}\times(180°-24°)=78°$

이때, $\angle$BCD=180°-84°=96°이므로

$\angle$PCD=96°-78°=18° 답 18°

06

□ABCD는 마름모이고, 마름모의 두 대각선은 서로 다른 것을
수직이등분하므로

$\overline{\text{OC}}=\dfrac{1}{2}\overline{\text{AC}}=\dfrac{1}{2}\times10=5(\text{cm})$

$\overline{\text{OD}}=\dfrac{1}{2}\overline{\text{BD}}=\dfrac{1}{2}\times8=4(\text{cm})$

이때, ∠DOC=90°이므로 마름모 EOCF는 한 변의 길이가 5 cm인 정사각형이다. ──────(나)

∴ □DCFE=□EOCF−△DOC

$$=5\times5-\frac{1}{2}\times5\times4=15\,(cm^2)$$

──────(다)

답 15 cm²

단계	채점 기준	배점
(가)	$\overline{OC},\overline{OD}$의 길이를 각각 구한 경우	20%
(나)	□EOCF가 정사각형임을 설명한 경우	40%
(다)	□DCFE의 넓이를 구한 경우	40%

07

오른쪽 그림과 같이 두 선분 CO, OD를 그으면 점 O가 △ACD의 외심이므로

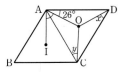

∠ODA=∠OAD=26°

이때, ∠ODC=∠OCD=∠x, ∠OCA=∠OAC=∠y라 하면

∠x+∠y+26°=90° ∴ ∠x+∠y=64°

또한, $\overline{AB}/\!/\overline{CD}$이므로

∠BAC=∠DCA=∠x+∠y=64°

마름모의 성질에 의하여 ∠BAC=∠CAD이므로

64°=∠y+26° ∴ ∠y=38°

점 I가 △ABC의 내심이므로

$$\angle IAC=\frac{1}{2}\angle BAC=\frac{1}{2}\times64°=32°$$

∴ ∠IAO=∠IAC+∠OAC=32°+38°=70°   답 ③

blacklabel 특강 필수개념

삼각형의 외심의 응용

점 O가 △ABC의 외심일 때
∠x+∠y+∠z=90°

08

□NQOP는 직사각형이므로 $\overline{PQ}=\overline{NO}$이다.

이때, $\overline{NO}$의 길이가 가장 짧아지는 때는 점 N이 점 O에서 $\overline{AB}$에 내린 수선의 발일 때이다.

□ABCD는 마름모이므로

$\overline{AB}=\overline{AD}=10$, $\overline{OA}=\frac{1}{2}\overline{AC}=\frac{1}{2}\times12=6$,

$\overline{OB}=\frac{1}{2}\overline{BD}=\frac{1}{2}\times16=8$, ∠AOB=90°

△AOB에서 $\overline{OA}\times\overline{OB}=\overline{AB}\times\overline{ON}$이므로

$6\times8=10\times\overline{ON}$ $\therefore \overline{ON}=\frac{24}{5}$

따라서 $\overline{PQ}$의 길이의 최솟값은 $\frac{24}{5}$이다.   답 ③

09

∠EPB=22°이므로

∠BPD=180°−22°=158°

이때, △BPC와 △DPC에서

$\overline{CB}=\overline{CD}$, $\overline{PC}$는 공통, ∠BCP=∠DCP=45°이므로

△BPC≡△DPC (SAS 합동)

즉, ∠BPC=∠DPC이므로

$$\angle DPC=\frac{1}{2}\angle BPD=\frac{1}{2}\times158°=79°$$

따라서 △APD에서 ∠ADP+45°=79°이므로

∠ADP=34°   답 34°

10

부채꼴의 반지름의 길이를 r라 하자.

$\overline{BD}=r$이고 정사각형의 두 대각선의 길이는 같고, 서로 다른 것을 수직이등분하므로

$\overline{AC}=\overline{BD}=r$

이때, $\square ABCD=\frac{1}{2}\times\overline{AC}\times\overline{BD}$에서

$\frac{1}{2}\times r\times r=32$이므로

$r^2=64$ $\therefore r=8\,(\because r>0)$

따라서 주어진 부채꼴의 반지름의 길이는 8이다.   답 8

11

다음 그림과 같이 $\overline{BE}=\overline{DG}$가 되도록 $\overline{CD}$의 연장선 위에 점 G를 잡고, $\overline{AG}$를 긋자.

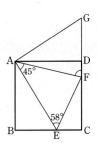

△ABE와 △ADG에서

$\overline{AB}=\overline{AD}$, ∠B=∠ADG=90°, $\overline{BE}=\overline{DG}$

∴ △ABE≡△ADG (SAS 합동)

이때, ∠BAE+∠FAD=90°-45°=45°이고

∠BAE=∠DAG이므로

∠FAG=∠FAD+∠DAG=45°

△AEF와 △AGF에서

∠EAF=∠GAF, $\overline{AE}=\overline{AG}$, $\overline{AF}$는 공통

∴ △AEF≡△AGF (SAS 합동)

∴ ∠AFD=∠AFE=180°-(45°+58°)=77°　　답 ③

12

△AEO와 △DFO에서

∠OAE=∠ODF=45°, $\overline{OA}=\overline{OD}$,

∠AOE=90°-∠AOF=∠DOF

∴ △AEO≡△DFO (ASA 합동)

∴ $\overline{AE}=\overline{DF}=8-5=3$

한편,

$$\square AEOF=\triangle AEO+\triangle AOF$$
$$=\triangle DFO+\triangle AOF$$
$$=\triangle AOD=\frac{1}{4}\square ABCD=\frac{1}{4}\times 8\times 8=16$$

∴ $\triangle EOF=\square AEOF-\triangle AEF$
$$=16-\frac{1}{2}\times 5\times 3=\frac{17}{2}$$　　답 ②

13

등변사다리꼴의 성질에 의하여

∠ADC=∠DAB=120°,

∠ABC=∠DCB=180°-120°=60°

$\overline{AB}\,/\!/\,\overline{DE}$에서 □ABED는 평행사변형이므로

∠DEC=∠ABE=60° (∵ 동위각)

즉, △DEC는 정삼각형이다.

한편, 오른쪽 그림과 같이 $\overline{AE}$를 그

으면 $\overline{AD}\,/\!/\,\overline{EC}$, $\overline{AD}=\overline{EC}$이므로

□AECD는 평행사변형이다.

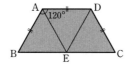

∴ △ABE=△AED=△DEC

$$=\frac{1}{2}\square ABED=\frac{1}{2}\times 24=12$$

∴ □ABCD=△ABE+△AED+△DEC

$$=12+12+12=36$$　　답 36

14

점 D의 좌표가 (5, 8)이므로

$\overline{AD}=5$, $\overline{AO}=8$

△AED의 넓이가 $\frac{15}{2}$이므로

$$\triangle AED=\frac{1}{2}\times\overline{AD}\times\overline{AE}$$
$$=\frac{1}{2}\times 5\times\overline{AE}=\frac{15}{2}$$

$\overline{AE}=3$　　∴ E(0, 5)

△AEC의 넓이가 12이므로

$$\triangle AEC=\frac{1}{2}\times\overline{AE}\times\overline{OC}$$
$$=\frac{1}{2}\times 3\times\overline{OC}=12$$

$\overline{OC}=8$　　∴ C(8, 0)

한편, $\overline{OB}=\overline{OC}-\overline{AD}=8-5=3$　　∴ B(-3, 0)

따라서 두 점 B, D를 지나는 일차함수의 그래프의 기울기는

$$\frac{8-0}{5-(-3)}=\frac{8}{8}=1$$　　답 ③

blacklabel 특강　필수개념

일차함수의 그래프의 기울기

두 점 (x_1, y_1), (x_2, y_2)를 지나는 일차함수의 그래프의 기울기 a는

$$a=\frac{y_2-y_1}{x_2-x_1}=\frac{y_1-y_2}{x_1-x_2}\ (\text{단},\ x_1\neq x_2)$$

15 해결단계

❶단계	△OAB≡△ODC임을 확인한다.
❷단계	△ABO의 외심이 점 E임을 확인한다.
❸단계	$\overline{EO}+\overline{BF}$의 값을 구한다.

△OAB와 △ODC에서 ∠AOB=∠DOC=90°

□ABCD는 등변사다리꼴이므로

$\overline{AB}=\overline{DC}$, ∠ABO=∠DCO

∴ △OAB≡△ODC (RHA 합동)

∠OAB=∠ODC=90°-∠DCO=∠COH=∠EOA이므로

$\overline{EA}=\overline{EO}$

$\angle OBA = \angle OCD = 90° - \angle ODH = \angle DOH = \angle EOB$이므로
$\overline{EB} = \overline{EO}$

즉, 직각삼각형 ABO에서 점 E는 빗변 AB의 중점이므로 외심
이고, $\overline{EA} = \overline{EO} = \overline{EB} = \dfrac{1}{2} \times a = \dfrac{a}{2}$이다.

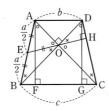

한편, 등변사다리꼴 ABCD의 꼭짓점 D에서 $\overline{BC}$에 내린 수선의
발을 G라 하면

$\overline{FG} = \overline{AD} = b$, $\overline{BF} = \overline{CG} = \dfrac{1}{2} \times (c-b) = \dfrac{c-b}{2}$

$\therefore \overline{EO} + \overline{BF} = \dfrac{a}{2} + \dfrac{c-b}{2} = \dfrac{a-b+c}{2}$ 　　　답 $\dfrac{a-b+c}{2}$

16

① 두 대각선의 길이가 같은 직사각형은 직사각형도 될 수 있다.
② 두 대각선의 길이가 같은 사각형은 등변사다리꼴도 될 수 있다.
③ 두 대각선이 서로 직교하는 사각형은 마름모도 될 수 있다.
④ 한 내각의 크기가 90°인 마름모는 정사각형이다.
⑤ 두 대각선이 서로 수직인 평행사변형은 마름모이다.
따라서 옳은 것은 ④이다. 　　　답 ④

17

ㄱ. 평행사변형의 각 변의 중점을 연결하여 만든 사각형은 평행
　사변형이므로 사각형 A_1이 평행사변형이면
　A_n $(n=2, 3, 4, \cdots)$도 평행사변형이다.
ㄴ. A_1이 직사각형이면 A_2는 마름모, A_3은 직사각형, A_4는 마
　름모, $\cdots$이므로 A_{2n} $(n=1, 2, 3, \cdots)$은 마름모이다.
ㄷ. 오른쪽 그림에서 A_2는 정사각형이지만
　A_1은 등변사다리꼴이다.
따라서 옳은 것은 ㄱ, ㄴ이다.

답 ③

18

(i) 두 쌍의 대변의 길이가 각각 같은 것은
　평행사변형, 직사각형, 마름모, 정사각형의 4개이다.
　$\therefore a = 4$
(ii) 두 대각선의 길이가 같은 것은
　직사각형, 등변사다리꼴, 정사각형의 3개이다.
　$\therefore b = 3$
(iii) 두 대각선이 서로 수직인 것은 마름모, 정사각형의 2개이다.
　$\therefore c = 2$
(iv) 네 내각의 크기가 모두 같은 것은
　직사각형, 정사각형의 2개이다. 　　　$\therefore d = 2$
(v) 이웃하는 두 내각의 크기의 합이 항상 180°인 것은
　평행사변형, 직사각형, 마름모, 정사각형의 4개이다.
　$\therefore e = 4$
(i)~(v)에서
$a - b + c - d + e = 4 - 3 + 2 - 2 + 4 = 5$ 　　　답 5

19

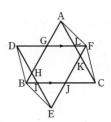

$\overline{BC} /\!/ \overline{DF}$, $\overline{BC} = \overline{DF}$이므로 □BCFD는 평행사변형이다.

이때, ∠GBI＝∠DGH＝60° (∵ 엇각)이므로 네 삼각형
DHG, HBI, JCK, KFL은 모두 정삼각형이다.

또한, □ABEF도 평행사변형이므로 $\overline{AB}$∥$\overline{FE}$이다.

따라서 $\overline{BC}$∥$\overline{DF}$, $\overline{AB}$∥$\overline{FE}$이므로 □GBJF는 평행사변형이다.

ㄱ. $\overline{GB}＝\overline{FJ}$이므로 $\overline{AG}＝\overline{JE}$이다. 즉, △AGL≡△EJI이다.

ㄴ. $\overline{GH}$∥$\overline{KJ}$, $\overline{GH}＝\overline{KJ}$이므로 □GHJK는 평행사변형이다.

ㄷ. □GBJF는 평행사변형이다.

ㄹ. $\overline{GL}$∥$\overline{BC}$, $\overline{GB}＝\overline{LC}$이므로 □GBCL은 등변사다리꼴이다.

ㅁ. □DECA는 평행사변형이다.

　　즉, $\overline{ED}$∥$\overline{CA}$이므로 □KIEC는 사다리꼴이다.

따라서 옳은 것은 ㄱ, ㄴ, ㄹ이다.　　　　　　　답 ④

20

△EBF : △EFD＝$\overline{BF}$: $\overline{DF}$이므로

8 : △EFD＝2 : 5, 2△EFD＝40　　∴ △EFD＝20

또한, $\overline{EC}$∥$\overline{AD}$이므로 △AEC＝△DEC

∴ △ABC＝△EBC＋△AEC

　　　　＝△EBC＋△DEC

　　　　＝△EBD

　　　　＝△EBF＋△EFD

　　　　＝8＋20＝28　　　　　　　　　　　　답 28

21

$\overline{AF}$: $\overline{FB}$＝1 : 3, $\overline{BD}$: $\overline{DC}$＝1 : 2, $\overline{CE}$: $\overline{EA}$＝1 : 4이므로

△AFE＝$\dfrac{1}{4}$△ABE＝$\dfrac{1}{4}$×$\dfrac{4}{5}$△ABC

　　　＝$\dfrac{1}{5}$△ABC＝$\dfrac{1}{5}$×60＝12(cm²)

△BDF＝$\dfrac{1}{3}$△BCF＝$\dfrac{1}{3}$×$\dfrac{3}{4}$△ABC

　　　＝$\dfrac{1}{4}$△ABC＝$\dfrac{1}{4}$×60＝15(cm²)

△CED＝$\dfrac{1}{5}$△ADC＝$\dfrac{1}{5}$×$\dfrac{2}{3}$△ABC

　　　＝$\dfrac{2}{15}$△ABC＝$\dfrac{2}{15}$×60＝8(cm²)

∴ △DEF＝△ABC－(△AFE＋△BDF＋△CED)

　　　　＝60－(12＋15＋8)＝25(cm²)　　　답 ①

22

$\overline{AE}$: $\overline{EC}$＝7 : 3, $\overline{AB}$: $\overline{BD}$＝5 : 1

이므로 오른쪽 그림과 같이 $\overline{CD}$를 그

으면

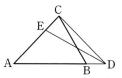

△ADE＝$\dfrac{7}{10}$△ADC

△ABC＝$\dfrac{5}{6}$△ADC

즉, △ADE : △ABC＝$\dfrac{7}{10}$△ADC : $\dfrac{5}{6}$△ADC＝21 : 25이므로

△ADE＝$\dfrac{21}{25}$△ABC＝$\dfrac{84}{100}$△ABC

따라서 △ADE의 넓이는 △ABC의 넓이의 84 %이다.　　답 ④

23

$\overline{AE}$∥$\overline{BD}$이므로 △EAD＝△EAB

또한, $\overline{AB}$∥$\overline{CE}$이므로 △EAB＝△CAB

∴ △EAD＝△CAB＝$\dfrac{1}{2}$×7×3＝$\dfrac{21}{2}$　　　　　답 $\dfrac{21}{2}$

24 해결단계

❶단계	평행사변형의 성질을 이용하여 넓이가 같은 삼각형을 모두 찾는다.
❷단계	색칠한 부분과 같은 넓이를 갖는 도형을 나타낸다.
❸단계	색칠한 부분의 넓이를 구한다.

다음 그림과 같이 각 점을 정하자.

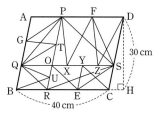

$\overline{PR}$∥$\overline{AB}$이므로 △TGQ＝△PGQ, △UQB＝△RQB

$\overline{QS}$∥$\overline{PD}$이므로 △XFP＝△SFP, △ZDF＝△SDF

$\overline{QS}$∥$\overline{RC}$이므로 △ORE＝△SRE, △YEC＝△SEC

따라서 구하는 넓이는 다음 그림의 색칠한 부분의 넓이와 같다.

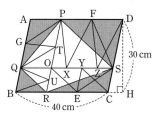

$\therefore \triangle AQP + \triangle BRQ + \triangle CSR + \triangle DPS$

$= \frac{1}{2}\square AQOP + \frac{1}{2}\square BROQ + \frac{1}{2}\square CSOR + \frac{1}{2}\square DPOS$

$= \frac{1}{2}(\square AQOP + \square BROQ + \square CSOR + \square DPOS)$

$= \frac{1}{2}\square ABCD = \frac{1}{2} \times 40 \times 30 = 600(\text{cm}^2)$　　답 600 cm^2

Step 3	종합 사고력 도전 문제	pp. 40~41

01 112	**02** 풀이 참조	**03** (1) 6 (2) 18
04 6 cm	**05** 40	**06** $\frac{1}{3}$	**07** 4
08 (1) 2 cm (2) 8 cm²		

01 해결단계

❶단계	△ABF와 △BEA가 이등변삼각형임을 보인다.
❷단계	□ABEF가 마름모임을 보인다.
❸단계	□ABCD의 넓이를 구한다.

$\overline{AD} /\!/ \overline{BC}$이므로

$\angle AFB = \angle FBE (\because \text{엇각})$,

$\angle AEB = \angle FAE (\because \text{엇각})$

즉, △ABF와 △BEA는 이등변삼각형이다.

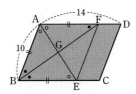

이때, $\overline{AB} = \overline{BE} = \overline{AF} = 10$이므로 □ABEF는 마름모이다.

즉, $\triangle GBE = \triangle GAB = 20$이므로

$\triangle ABE = \triangle GAB + \triangle GBE = 20 + 20 = 40$

한편, $\overline{BE} : \overline{EC} = 10 : 4 = 5 : 2$이므로

$\triangle ABE : \triangle AEC = 5 : 2$

$40 : \triangle AEC = 5 : 2, \ 5\triangle AEC = 80$　　$\therefore \triangle AEC = 16$

따라서 $\triangle ABC = \triangle ABE + \triangle AEC = 40 + 16 = 56$이므로

$\square ABCD = 2\triangle ABC = 2 \times 56 = 112$　　답 112

---

02 해결단계

❶단계	보조선을 그어 넓이가 같은 삼각형을 모두 찾는다.
❷단계	오각형 ABCDE와 넓이가 같은 삼각형을 그린다.
❸단계	오각형 ABCDE의 넓이를 구한다.

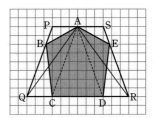

위의 그림과 같이 사다리꼴의 각 꼭짓점을 P, Q, R, S라 하자.

이때, $\overline{AC} /\!/ \overline{PQ}$, $\overline{AD} /\!/ \overline{SR}$이므로

$\triangle ABC = \triangle AQC$, $\triangle ADE = \triangle ADR$

따라서 오각형 ABCDE와 넓이가 같은 삼각형은 △AQR이고

(오각형 ABCDE의 넓이) $=$ (△AQR의 넓이)

$= \frac{1}{2} \times 12 \times 8 = 48$　　답 풀이 참조

03 해결단계

(1)	**❶단계**	□ABCD=△AED가 되려면 $\overline{BD} /\!/ \overline{CE}$이어야 함을 보인다.
(2)	**❷단계**	$\overline{BD} /\!/ \overline{CE}$를 만족시키는 a의 값을 구한다.
	❸단계	□ABCD의 넓이를 구한다.

(1)
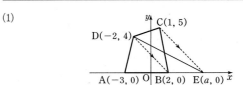

점 E가 선분 AB의 연장선 위에 있으므로

$\square ABCD = \triangle ABD + \triangle BCD$

$\triangle AED = \triangle ABD + \triangle BED$

이때, □ABCD=△AED가 되려면 △BCD=△BED이어
야 한다.

즉, $\overline{BD} /\!/ \overline{CE}$이므로 두 점 B, D를 지나는 일차함수의 그래
프의 기울기와 두 점 C, E를 지나는 일차함수의 그래프의 기
울기가 같다.

$\dfrac{0-5}{a-1} = \dfrac{0-4}{2-(-2)}, \ \dfrac{-5}{a-1} = -1$

$a - 1 = 5$　　$\therefore a = 6$

(2) $\square ABCD = \triangle AED$

$= \frac{1}{2} \times (3+6) \times 4 = 18$

답 (1) 6 (2) 18

04 해결단계

❶단계	점 D가 삼각형 BFE의 외심임을 확인한다.
❷단계	△ABD와 △CDF가 합동임을 보인다.
❸단계	$\overline{CF}$의 길이를 구한다.

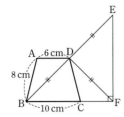

점 D가 직각삼각형 BFE에서 빗변 BE의 중점이므로 △BFE
의 외심이다.

즉, $\overline{BD}=\overline{DE}=\overline{DF}$

이때, △ABD와 △CDF에서

$\overline{AD}/\!/\overline{BF}$이므로 ∠ADB=∠DBC (∵ 엇각)이고,

∠DBC=∠DFB

즉, ∠ADB=∠CFD

또한, ∠A=∠DCF이므로 ∠ABD=∠CDF

따라서 △ABD≡△CDF (ASA 합동)이므로

$\overline{CF}=\overline{AD}=6$ cm

답 6 cm

05 해결단계

❶단계	△DFC가 이등변삼각형임을 이용하여 $\overline{DF}$의 길이를 구한다.
❷단계	마름모의 성질을 이용하여 $\overline{OF}$의 길이를 구한다.
❸단계	선분의 길이의 비를 이용하여 △BCF의 넓이를 구한다.
❹단계	선분의 길이의 비를 이용하여 △CAE의 넓이를 구한다.

$\overline{BE}=\overline{BF}$이므로 ∠BEF=∠BFE   ······㉠

$\overline{AB}/\!/\overline{CD}$이므로 ∠BEF=∠FCD (∵ 엇각)   ······㉡

∠BFE=∠DFC (∵ 맞꼭지각)   ······㉢

㉠, ㉡, ㉢에서 ∠DFC=∠DCF이므로 △DFC는 이등변삼각형
이다.

∴ $\overline{DF}=\overline{DC}=15$

이때, $\overline{BD}=\overline{BF}+\overline{DF}=10+15=25$이므로

$\overline{OB}=\frac{1}{2}\overline{BD}=\frac{1}{2}\times 25=\frac{25}{2}$

∴ $\overline{OF}=\overline{OB}-\overline{BF}=\frac{25}{2}-10=\frac{5}{2}$

$△OFC : △BCF=\overline{OF} : \overline{BF}=\frac{5}{2} : 10=1 : 4$이므로

$12 : △BCF=1 : 4$ ∴ △BCF=48

△OBC=△BCF+△OFC=48+12=60이므로

△ABC=2△OBC=2×60=120

$△CAE : △BEC=\overline{AE} : \overline{BE}=5 : 10=1 : 2$이므로

$△CAE=\frac{1}{3}△ABC=\frac{1}{3}\times 120=40$

답 40

06 해결단계

❶단계	보조선을 그어 □ABCD가 □AHCE의 몇 배인지 구한다.
❷단계	□AHCE와 □EGHF의 넓이가 같음을 확인한다.
❸단계	상수 k의 값을 구한다.

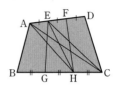

위의 그림과 같이 $\overline{AH}, \overline{AC}, \overline{EH}, \overline{EC}$를 그으면

△ABC=3△AHC, △CDA=3△CEA

∴ □ABCD=△ABC+△CDA

$=3△AHC+3△CEA$

$=3(△AHC+△CEA)$

$=3□AHCE$ ······㉠

이때, △EHC=△EGH, △HEA=△HFE이므로

□AHCE=△EHC+△HEA

$=△EGH+△HFE$

$=□EGHF$ ······㉡

㉠, ㉡에서 □ABCD=3□EGHF이므로

$□EGHF=\frac{1}{3}□ABCD$ ∴ $k=\frac{1}{3}$

답 $\frac{1}{3}$

07 해결단계

❶단계	주어진 반원의 반지름의 길이를 구한다.
❷단계	$\overline{BP}+\overline{PC}$의 값이 최소가 될 때의 점 P의 위치를 구한다.
❸단계	$\overline{BP}+\overline{PC}$의 최솟값을 구한다.

반원의 넓이가 2π이므로 반지름의 길이는 2이다.

다음 그림과 같이 점 C를 $\overline{AD}$에 대하여 대칭이동한 점을 C′이
라 하자.

이때, $\overline{BP}+\overline{PC}=\overline{BP}+\overline{PC'}\geq\overline{BC'}$이므로 $\overline{BP}+\overline{PC}$의 최솟값은
$\overline{BC'}$의 길이와 같다.

$\overline{BC'}$과 $\overline{AD}$의 교점에 점 P가 위치할 때 $\overline{BP}=\overline{PC'}$이고,

□ABOP는 직사각형이므로

$\overline{BP}=\overline{AO}=2$

따라서 $\overline{BP}+\overline{PC}$의 최솟값은 2+2=4

답 4

08 해결단계

(1)	❶단계	$\overline{BF}$의 길이를 구한다.
(2)	❷단계	□ABCD와 □EFGH가 완전히 포개어질 때를 제외하고 □BHDF는 직사각형임을 보인다.
	❸단계	□BHDF의 넓이의 최댓값을 구한다.

(1) □EFGH는 □ABCD를 시계 방향으로 60°만큼 회전시킨 것이므로

$\overline{OB}=\overline{OF}$, $\angle BOF=60°$

따라서 △BOF는 정삼각형이므로

$\overline{BF}=\overline{BO}=\dfrac{1}{2}\overline{BD}=\dfrac{1}{2}\times 4=2(cm)$

(2) $\overline{BD}=\overline{FH}$, $\overline{OB}=\overline{OD}=\overline{OF}=\overline{OH}$이므로 □ABCD와 □EFGH가 완전히 포개어질 때를 제외하고 □BHDF는 직사각형이다.

이때, △FBD에서 $\overline{BD}$의 길이는 일정하므로 점 F와 $\overline{BD}$ 사이의 거리가 최대일 때, △FBD의 넓이는 최대가 된다.

즉, $\angle BOF=90°$일 때, △FBD의 넓이가 최대가 되므로 △FBD의 넓이의 최댓값은

$\dfrac{1}{2}\times 4\times 2=4(cm^2)$

따라서 □BHDF의 넓이의 최댓값은

$2△FBD=2\times 4=8(cm^2)$

답 (1) 2 cm (2) 8 cm²

미리보는 **학력평가**   p. 42

1 ③   **2** ④   **3** ②

1

사각형 ACED는 평행사변형이므로 $\overline{AD}=\overline{CE}$

$\therefore \overline{AD}+\overline{BC}=\overline{CE}+\overline{BC}=\boxed{\overline{BE}}$ ......㉠

△DBE가 직각이등변삼각형이므로 $\overline{BH}=\overline{DH}=\overline{HE}$

$\therefore \overline{BE}=\boxed{2\overline{DH}}$ ......㉡

㉠, ㉡에 의하여

$□ABCD=\dfrac{1}{2}(\overline{AD}+\overline{BC})\times\overline{DH}$

$=\dfrac{1}{2}\times\overline{BE}\times\overline{DH}$

$=\dfrac{1}{2}\times 2\overline{DH}\times\overline{DH}$

$=\boxed{\overline{DH}^2}$

$\therefore$ (가) : $\overline{BE}$, (나) : $2\overline{DH}$, (다) : $\overline{DH}^2$

답 ③

2

ㄱ.

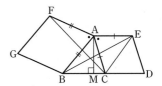

점 A에서 $\overline{BC}$에 내린 수선의 발을 M이라 하면

$△ABC=\dfrac{1}{2}\times\overline{BC}\times\overline{AM}$

$△ABE=\dfrac{1}{2}\times\overline{AE}\times\overline{AM}=\dfrac{1}{2}\times\overline{AC}\times\overline{AM}$

그런데 $\overline{AC}\neq\overline{BC}$이므로 $△ABC\neq△ABE$

ㄴ. □ACDE는 마름모이므로 $\overline{AE}\,/\!/\,\overline{BC}$

$\therefore △ABE=△ACE$

ㄷ. △ABE와 △AFC에서

□AFGB는 마름모이므로 $\overline{AB}=\overline{AF}$ ......㉠

□ACDE는 마름모이므로 $\overline{AE}=\overline{AC}$ ......㉡

$\angle BAE=\angle BAC+\angle CAE$

$=\angle BAC+\angle BAF$

$=\angle FAC$ ......㉢

㉠, ㉡, ㉢에서

$△ABE\equiv△AFC$ (SAS 합동)

$\therefore △ABE=△AFC$

따라서 삼각형 ABE와 넓이가 같은 것은 ㄴ, ㄷ이다. 답 ④

3

① $\overline{AD}\,/\!/\,\overline{BC}$이므로 $△ABC=△EBC$

$\overline{EB}\,/\!/\,\overline{GF}$이므로 $△EBC=△EBF$

$\therefore △ABC=△EBF$

③ $□ABCD=2△ABC$, $□EBFG=2△EBF$

이때, $△ABC=△EBF$이므로 $□ABCD=□EBFG$

④ $△BFC+△ECG=△BFG=△EBF=\dfrac{1}{2}□ABCD$

⑤ $△ABC+△BFG=\dfrac{1}{2}□ABCD+\dfrac{1}{2}□EBFG$

$=\dfrac{1}{2}□ABCD+\dfrac{1}{2}□ABCD$

$=□ABCD$

따라서 옳지 않은 것은 ②이다. 답 ②

III 도형의 닮음

05 도형의 닮음

Step 1	시험에 꼭 나오는 문제		p. 45
01 ③	02 ④	03 54π cm²	04 8, SAS 닮음
05 ②	06 ①		

01

□ABCD∽□HGFE이므로

∠A=∠H, ∠B=∠G, ∠C=∠F, ∠D=∠E

$\overline{AB}:\overline{HG}=\overline{BC}:\overline{GF}=\overline{CD}:\overline{FE}=\overline{DA}:\overline{EH}$

① ∠C=∠F=120°

② ∠B=360°−(∠A+∠C+∠D)

=360°−(75°+120°+60°)=105°

③ $\overline{AB}:\overline{HG}=\overline{BC}:\overline{GF}=8:12=2:3$

④ $\overline{CD}:\overline{FE}=2:3$이므로 $2\overline{FE}=3\overline{CD}$

∴ $\overline{CD}=\dfrac{2}{3}\overline{FE}=\dfrac{2}{3}\times15=10$

⑤ $\overline{AD}:\overline{HE}=2:3$이므로 $2\overline{HE}=3\overline{AD}$

∴ $\overline{HE}=\dfrac{3}{2}\overline{AD}=\dfrac{3}{2}\times12=18$

따라서 옳지 않은 것은 ③이다.　　　　　　　　　　답 ③

02

원뿔 B의 밑면의 반지름의 길이를 r cm라 하면 두 원뿔 A, B
가 서로 닮은 도형이므로

(원뿔 A, B의 닮음비)=15 : 20=9 : r

$15r=180$　　∴ $r=12$ (cm)

원뿔 B의 전개도에서 옆면인 부채꼴의 중심각의 크기가 $a°$이므로

$2\pi\times12=2\pi\times20\times\dfrac{a}{360}$　　∴ $a=216$

원뿔 B의 옆면인 부채꼴의 넓이는

$\pi\times20^2\times\dfrac{216}{360}=240\pi$ (cm²)　　∴ $b=240$

∴ $a+b=216+240=456$　　　　　　　　　　답 ④

| 다른풀이 |

두 원뿔 A, B가 서로 닮은 도형이므로 두 원뿔의 전개도도 서로
닮은 도형이다.

즉, 원뿔 A의 전개도에서 옆면인 부채꼴의 중심각의 크기와 원
뿔 B의 전개도에서 옆면인 부채꼴의 중심각의 크기는 $a°$로 같으
므로

$2\pi\times9=2\pi\times15\times\dfrac{a}{360}$　　∴ $a=216$

blacklabel 특강　　필수개념

닮은 두 원뿔

(닮은 두 원뿔의 닮음비)=(밑면의 반지름의 길이의 비)

=(모선의 길이의 비)

=(높이의 비)

=(밑면의 둘레의 길이의 비)

03

서로 닮은 두 원기둥 A, B의 높이가 각각 4 cm, 6 cm이므로
두 원기둥의 닮음비는 2 : 3이다.

즉, 두 원기둥의 부피의 비는

$2^3:3^3=8:27$

이때, 원기둥 A의 부피가 96π cm³이므로 원기둥 B의 부피를
x cm³라 하면

$96\pi:x=8:27$에서 $8x=27\times96\pi$

∴ $x=324\pi$ (cm³)

따라서 원기둥 B의 부피는 324π cm³이고, 높이가 6 cm이므로
밑넓이는

$324\pi\div6=54\pi$ (cm²)　　　　　　　　　답 54π cm²

| 다른풀이 |

원기둥 A의 부피가 96π cm³이므로 원기둥 A의 밑넓이를 구하면

$96\pi\div4=24\pi$ (cm²)

이때, 서로 닮은 두 원기둥 A, B의 높이가 각각 4 cm, 6 cm이
므로 두 원기둥의 닮음비는 2 : 3이다.

즉, 두 원기둥의 밑넓이의 비는

$2^2:3^2=4:9$

원기둥 B의 밑넓이를 x cm²라 하면

$24\pi:x=4:9$에서 $4x=216\pi$

∴ $x=54\pi$ (cm²)

04

△ABC와 △DBA에서

$\overline{AB}:\overline{DB}=12:9=4:3$　　　　　　　……㉠

$\overline{BC}:\overline{BA}=(9+7):12=16:12=4:3$　　……㉡

∠B는 공통　　　　　　　　　　　　　　　……㉢

㉠, ㉡, ㉢에서 두 쌍의 대응변의 길이의 비가 같고, 그 끼인각의 크기가 같으므로

$\triangle ABC \backsim \triangle DBA$ (SAS 닮음)

따라서 $\overline{AC} : \overline{DA} = 4 : 3$, 즉 $\overline{AC} : 6 = 4 : 3$이므로

$3\overline{AC} = 24$ $\therefore \overline{AC} = 8$ 답 8, SAS 닮음

05

$\overline{AB} = 14 + 16 = 30\,(\text{cm})$이므로 정삼각형 ABC의 한 변의 길이는 30 cm이다.

이때, $\overline{BE} : \overline{EC} = 1 : 2$이므로

$\overline{BE} = 30 \times \dfrac{1}{3} = 10\,(\text{cm})$, $\overline{EC} = 30 \times \dfrac{2}{3} = 20\,(\text{cm})$

한편, $\triangle DBE$와 $\triangle ECF$에서

$\angle DBE = \angle ECF = 60°$,

$\angle BED = 180° - 60° - \angle FEC = \angle CFE$

$\therefore \triangle DBE \backsim \triangle ECF$ (AA 닮음)

따라서 $\overline{BD} : \overline{CE} = \overline{DE} : \overline{EF}$이므로 $16 : 20 = 14 : \overline{EF}$

$16\overline{EF} = 280$ $\therefore \overline{EF} = \dfrac{35}{2}\,\text{cm}$ 답 ②

---

blacklabel 특강   참고

종이 접기에서의 닮은 도형

(1) 정삼각형 모양의 종이 접기
  ⇨ $\triangle BA'D \backsim \triangle CEA'$ (AA 닮음)

(2) 직사각형 모양의 종이 접기
  ⇨ $\triangle AEB' \backsim \triangle DB'C$ (AA 닮음)

06

$\triangle ABC \backsim \triangle HAC$ (AA 닮음)이므로

$\overline{CB} : \overline{AC} = \overline{AC} : \overline{CH}$

즉, $\overline{AC}^2 = \overline{CH} \times \overline{CB}$이므로

$20^2 = 16 \times \overline{CB}$ $\therefore \overline{CB} = 25\,\text{cm}$

$\therefore \overline{BH} = 25 - 16 = 9\,(\text{cm})$

또한, $\triangle ABC \backsim \triangle HBA$ (AA 닮음)이므로

$\overline{AB} : \overline{BH} = \overline{BC} : \overline{AB}$

즉, $\overline{AB}^2 = \overline{BH} \times \overline{BC}$이므로 $\overline{AB}^2 = 9 \times 25 = 225$

$\therefore \overline{AB} = 15\,\text{cm}\ (\because \overline{AB} > 0)$ 답 ①

Step 2	A등급을 위한 문제			pp. 46~49
01 ④	02 ③	03 4분 30초	04 ③	05 ⑤
06 ⑤	07 300 m²	08 ④	09 $\dfrac{376}{243}$	10 ③
11 ⑤	12 9 cm	13 3 : 5	14 ④	15 19
16 10	17 64 cm²	18 ⑤	19 $\dfrac{15}{8}$ cm	20 ②
21 ④	22 $\dfrac{9}{2}$ cm	23 4 cm	24 243 : 32	

01

□ABCD는 직사각형이므로 $\overline{AB} = \overline{FE} = \overline{CD} = 8\,\text{cm}$

□ABCD ∽ □FCDE이므로

$\overline{AB} : \overline{FC} = \overline{AD} : \overline{FE}$

$8 : 5 = \overline{AD} : 8$, $5\overline{AD} = 64$

즉, $\overline{AD} = \dfrac{64}{5}\,\text{cm}$이므로

$\overline{AE} = \overline{AD} - \overline{ED} = \dfrac{64}{5} - 5 = \dfrac{39}{5}\,(\text{cm})$

또한, □ABCD ∽ □AGHE이므로

$\overline{AB} : \overline{AG} = \overline{AD} : \overline{AE}$

$8 : \overline{AG} = \dfrac{64}{5} : \dfrac{39}{5}$, $\dfrac{64}{5}\overline{AG} = \dfrac{312}{5}$

$\therefore \overline{AG} = \dfrac{312}{5} \times \dfrac{5}{64} = \dfrac{39}{8}\,(\text{cm})$ 답 ④

02

ㄱ. 다음 그림의 두 이등변삼각형은 한 내각의 크기가 30°로 같지만 서로 닮음이 아니다.

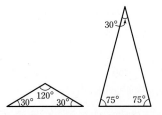

ㄴ. 모든 정팔면체는 항상 닮음인 입체도형이다.

ㄷ. 두 원의 닮음비는 두 원의 반지름, 지름, 둘레의 길이의 비와 같으므로 둘레의 길이로 닮음비를 알 수 있다.

ㄹ. 닮음비가 1 : 1인 두 도형은 합동이다.

따라서 옳은 것은 ㄴ, ㄹ이다.   답 ③

정다면체의 닮음

정다각형은 모든 변의 길이가 같고 모든 내각의 크기가 같은 다각형이므로 변의 개수가 같은 두 정다각형은 서로 닮음이다. 이때, 정다면체는 모든 면이 합동인 정다각형이므로 모든 정사면체, 정육면체, 정팔면체, 정십이면체, 정이십면체는 각각 서로 닮음이다.

03

축척이 $1 : 3000$이고, 지도에서 학교와 도서관 사이의 거리가 15 cm이므로 실제 거리는

$15 \times 3000 = 45000 \,(\text{cm}) = 450 \,(\text{m})$

소영이는 분속 100 m로 걸으므로 학교에서 도서관까지 걸어갈 때 걸리는 시간은 $\dfrac{450}{100} = 4.5 \,(\text{분})$, 즉 4분 30초이다.

답 4분 30초

단위가 있는 수량을 구할 때에는 반드시 단위를 하나로 통일하여 계산하고, 그 결과에 단위를 쓰는 것에 유의한다.

04

$\triangle FBA \backsim \triangle EDC$이므로

$\overline{AB} : \overline{CD} = \overline{FA} : \overline{EC}$에서

$9 : 6 = \overline{FA} : 5$

$6\overline{FA} = 45$ ∴ $\overline{FA} = \dfrac{15}{2}$ cm

$\triangle ABC \backsim \triangle EDC$이므로

$\overline{AC} : \overline{EC} = \overline{CB} : \overline{CD}$에서

$15 : 5 = \overline{CB} : 6$

$5\overline{CB} = 90$ ∴ $\overline{CB} = 18$ cm

$\overline{CB} : \overline{CD} = \overline{AB} : \overline{ED}$에서

$18 : 6 = 9 : \overline{ED}$

$18\overline{ED} = 54$ ∴ $\overline{ED} = 3$ cm

또한, $\triangle ABC \backsim \triangle FBA$이므로

$\overline{AB} : \overline{FB} = \overline{CB} : \overline{AB}$에서

$9 : \overline{FB} = 18 : 9$

$18\overline{FB} = 81$ ∴ $\overline{FB} = \dfrac{9}{2}$ cm

∴ $\overline{EF} = \overline{CB} - (\overline{FB} + \overline{CE}) = 18 - \left(\dfrac{9}{2} + 5\right) = \dfrac{17}{2}$ (cm)

따라서 사각형 $AFED$의 둘레의 길이는

$\overline{AF} + \overline{FE} + \overline{ED} + \overline{DA} = \dfrac{15}{2} + \dfrac{17}{2} + 3 + 9 = 28$ (cm) 답 ③

05

다음 그림과 같이 세 점 P, Q, R의 y좌표를 각각 a, b, c라 하면 x좌표는 각각 $3a - 3$, $3b - 3$, $3c - 3$이다.

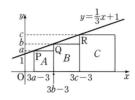

정사각형 A의 한 변의 길이는 $(3b - 3) - (3a - 3) = a$

$4a = 3b$ ∴ $a = \dfrac{3}{4}b$

정사각형 B의 한 변의 길이는 $(3c - 3) - (3b - 3) = b$

$3c = 4b$ ∴ $c = \dfrac{4}{3}b$

따라서 세 정사각형 A, B, C의 닮음비는

$a : b : c = \dfrac{3}{4}b : b : \dfrac{4}{3}b = 9 : 12 : 16$ 답 ⑤

06

원뿔을 밑면에 평행한 평면으로 잘라서 만든 원뿔은 처음 원뿔과 닮음이다.

이때, $\overline{QA} : \overline{AP} : \overline{PB} = 3 : 2 : 1$에서

$\overline{QA} : \overline{QP} : \overline{QB} = 3 : 5 : 6$이므로 $\overline{QA}$, $\overline{QP}$, $\overline{QB}$를 각각 모선으로 하는 원뿔의 부피의 비는

$3^3 : 5^3 : 6^3 = 27 : 125 : 216$

따라서 두 원뿔대 F와 F'의 부피의 비는

$(125 - 27) : (216 - 125) = 98 : 91 = 14 : 13$ 답 ⑤

07

40 m는 4000 cm이므로 지도의 축척은

$8 : 4000 = 1 : 500$

즉, 지도에서의 거리와 실제 거리의 비는 $1 : 500$이므로 넓이의 비는

$1^2 : 500^2 = 1 : 250000$

따라서 지도에서 넓이가 12 cm^{2}인 땅의 실제 넓이는

$12 \times 250000 = 3000000 \,(\text{cm}^2) = 300 \,(\text{m}^2)$ 답 300 m^2

08

닮은 두 원기둥 모양의 물통 A, B의 겉면을 페인트로 칠하는 데 A는 20 g, B는 45 g의 페인트가 사용되므로 두 물통의 겉넓이의 비는

$20 : 45 = 4 : 9 = 2^2 : 3^2$

즉, 두 물통의 닮음비는 $2 : 3$이므로 부피의 비는

$2^3 : 3^3 = 8 : 27$

따라서 물통 A에 가득 담겨 있는 물을 높이가 27 cm인 물통 B에 전부 부으면 물의 높이가 8 cm 올라간다.

이때, 높이가 27 cm인 물통에 이미 5 cm의 높이의 물이 담겨 있으므로 물통 B에서 물의 높이는

$5 + 8 = 13 \, (\text{cm})$ 답 ④

09

[그림 1]의 정삼각형과 [그림 2]에 새로 그린 작은 정삼각형 1개의 한 변의 길이의 비는 $3 : 1$이므로 두 삼각형의 넓이의 비는

$3^2 : 1^2 = 9 : 1$

즉, [그림 1]의 정삼각형의 넓이가 A이므로 [그림 2]에 새로 그린 작은 정삼각형 1개의 넓이는 $\dfrac{1}{9}A$이다.

이때, [그림 2]에서 작은 정삼각형이 모두 3개 생기므로 [그림 2]의 도형의 넓이는

$A + 3 \times \dfrac{1}{9}A = \dfrac{4}{3}A$

같은 방법으로 [그림 3]에 새로 그린 작은 정삼각형 1개의 넓이는 $\dfrac{1}{9} \times \dfrac{1}{9}A = \dfrac{1}{81}A$이고, [그림 3]에서 작은 정삼각형이 모두 12개 생기므로 [그림 3]의 도형의 넓이는

$\dfrac{4}{3}A + 12 \times \dfrac{1}{81}A = \dfrac{40}{27}A$

[그림 4]에 새로 그린 작은 정삼각형 1개의 넓이는

$\dfrac{1}{9} \times \dfrac{1}{81}A = \dfrac{1}{729}A$이고, [그림 4]에서 작은 정삼각형이 모두 48개 생기므로 [그림 4]의 도형의 넓이는

$\dfrac{40}{27}A + 48 \times \dfrac{1}{729}A = \dfrac{376}{243}A$

$\therefore k = \dfrac{376}{243}$ 답 $\dfrac{376}{243}$

10

△ABD와 △DBC에서

$\overline{BD}$가 ∠B의 이등분선이므로

∠ABD = ∠DBC

또한, ∠BDA = ∠BCD

$\therefore$ △ABD ∽ △DBC (AA 닮음)

즉, $\overline{AB} : \overline{DB} = \overline{DB} : \overline{CB}$에서

$\overline{DB}^2 = \overline{AB} \times \overline{CB} = 4 \times 9 = 36$

$\therefore \overline{DB} = 6 \, (\because \overline{DB} > 0)$

또한, $\overline{AB} : \overline{DB} = \overline{AD} : \overline{DC}$에서

$4 : 6 = 3 : \overline{DC}$

$4\overline{DC} = 18 \qquad \therefore \overline{DC} = \dfrac{18}{4} = \dfrac{9}{2}$ 답 ③

11

△ABC와 △DEF에서

∠EDF = ∠BAD + ∠ABD
　　　= ∠BAD + ∠CAF
　　　= ∠BAC

∠DEF = ∠CBE + ∠BCE
　　　= ∠CBE + ∠ABD
　　　= ∠ABC

$\therefore$ △ABC ∽ △DEF (AA 닮음)

이때, $\overline{AB} : \overline{DE} = \overline{BC} : \overline{EF} = \overline{AC} : \overline{DF} = 14 : 8 = 7 : 4$이므로

$9 : \overline{DE} = 7 : 4, \ 7\overline{DE} = 36 \qquad \therefore \overline{DE} = \dfrac{36}{7} \, \text{cm}$

$12 : \overline{EF} = 7 : 4, \ 7\overline{EF} = 48 \qquad \therefore \overline{EF} = \dfrac{48}{7} \, \text{cm}$

따라서 △DEF의 둘레의 길이는

$\overline{DE} + \overline{EF} + \overline{DF} = \dfrac{36}{7} + \dfrac{48}{7} + 8 = 20 \, (\text{cm})$ 답 ⑤

blacklabel 특강　참고

닮은 두 평면도형의 둘레의 길이의 비는 닮음비와 같음을 이용해도 된다.
두 삼각형 ABC, DEF의 닮음비가 $7 : 4$이므로 두 삼각형의 둘레의 길이의 비도 $7 : 4$이다.
이때, 두 삼각형 ABC, DEF의 둘레의 길이를 각각 l_1 cm, l_2 cm라 하면
$l_1 = \overline{AB} + \overline{BC} + \overline{CA} = 9 + 12 + 14 = 35 \, (\text{cm})$이므로
$35 : l_2 = 7 : 4 \qquad \therefore l_2 = 20 \, \text{cm}$

12

△ABC와 △DBE에서

$\overline{AB} : \overline{DB} = 12 : 8 = 3 : 2,$

$\overline{BC} : \overline{BE} = (8+1) : 6 = 3 : 2,$

∠B는 공통

$\therefore$ △ABC ∽ △DBE (SAS 닮음)

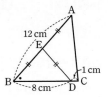

이때, $\overline{AC}:\overline{DE}=3:2$이므로

$\overline{AC}:6=3:2$, $2\overline{AC}=18$

$\therefore \overline{AC}=9\ cm$

답 9 cm

13

$\triangle BDE$에서 $\overline{BD}=\overline{BE}$이므로

$\angle BED=\angle BDE$

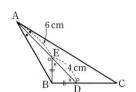

$\triangle ABE$와 $\triangle ACD$에서

$\angle BAE=\angle CAD$

$\angle AEB=180°-\angle BED$

$\qquad =180°-\angle BDE=\angle ADC$

따라서 $\triangle ABE\backsim\triangle ACD$ (AA 닮음)이므로

$\overline{BD}:\overline{CD}=\overline{BE}:\overline{CD}=\overline{AE}:\overline{AD}=6:10=3:5$　　답 3 : 5

14

두 삼각형 ABC와 ECD가 닮음이므로

$\overline{AC}:\overline{ED}=\overline{BC}:\overline{CD}$

$\overline{AC}:8=6:4$, $4\overline{AC}=48$　　$\therefore \overline{AC}=12$

또한, $\angle ABC=\angle ECD$이므로 $\overline{AB}/\!/\overline{EC}$

즉, $\triangle ABF$와 $\triangle CEF$에서

$\angle ABF=\angle CEF$ ($\because$ 엇각),

$\angle AFB=\angle CFE$ ($\because$ 맞꼭지각)

$\therefore \triangle ABF\backsim\triangle CEF$ (AA 닮음)

$\overline{AF}:\overline{CF}=\overline{AB}:\overline{CE}=\overline{BC}:\overline{CD}=6:4=3:2$이므로

$3\overline{CF}=2\overline{AF}$　　$\therefore \overline{AF}=\dfrac{3}{2}\overline{CF}$

이때, $\overline{AC}=\overline{CF}+\overline{AF}$에서

$12=\overline{CF}+\dfrac{3}{2}\overline{CF}=\dfrac{5}{2}\overline{CF}$

$\therefore \overline{CF}=12\times\dfrac{2}{5}=\dfrac{24}{5}$

답 ④

blacklabel 특강　필수개념

평행선의 성질과 두 직선이 평행할 조건

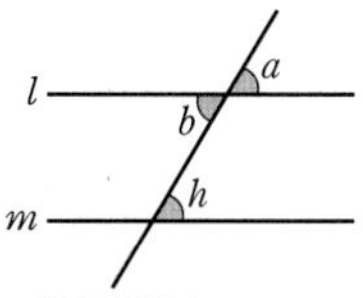

(1) 평행한 두 직선이 한 직선과 만날 때, 동위각의 크기
　 와 엇각의 크기는 각각 같다.
　 즉, $l/\!/m$이면
　 $\angle a=\angle h$ ($\because$ 동위각), $\angle b=\angle h$ ($\because$ 엇각)

(2) 서로 다른 두 직선 l, m이 다른 한 직선과 만날 때,
　 동위각의 크기와 엇각의 크기가 각각 같으면 두 직선 l, m은 평행하다.

15

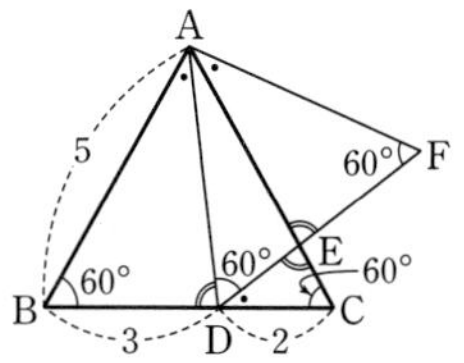

$\triangle ADF$가 정삼각형이 되도록 점 F를 정하고 크기가 같은 각끼리 표시하면 오른쪽 그림과 같다.

$\triangle ABD\backsim\triangle DCE$ (AA 닮음)이므로

$\overline{AB}:\overline{DC}=\overline{BD}:\overline{CE}$에서

$5:2=3:\overline{CE}$, $5\overline{CE}=6$　　$\therefore \overline{CE}=\dfrac{6}{5}$

$\therefore \overline{AE}=\overline{AC}-\overline{CE}=5-\dfrac{6}{5}=\dfrac{19}{5}$　　　(가)

또한, $\triangle ADE\backsim\triangle ACD$ (AA 닮음)이므로

$\overline{AE}:\overline{AD}=\overline{AD}:\overline{AC}$에서

$\dfrac{19}{5}:\overline{AD}=\overline{AD}:5$

$\therefore \overline{AD}^{2}=5\times\dfrac{19}{5}=19$　　　(나)

답 19

단계	채점 기준	배점
(가)	$\overline{AE}$의 길이를 구한 경우	60%
(나)	$\overline{AD}^{2}$의 값을 구한 경우	40%

16 해결단계

❶단계	$\overline{PC}$의 연장선을 그어 $\triangle PAB$와 닮은 삼각형 DEC를 만든다.
❷단계	$\overline{AB}\times\overline{CD}$의 값을 $\overline{CE}$를 이용하여 나타낸다.
❸단계	$\overline{CE}$의 길이를 구한다.
❹단계	$\overline{AB}\times\overline{CD}$의 값을 구한다.

다음 그림과 같이 $\angle CDE=\angle P$가 되도록 $\overline{PC}$의 연장선 위에 점 E를 정하자.

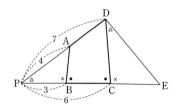

$\triangle APB$와 $\triangle EDC$에서

$\angle APB=\angle EDC$,

$\angle ABP=180°-\angle ABC$

$\qquad =180°-\angle DCB=\angle ECD$

$\therefore \triangle APB\backsim\triangle EDC$ (AA 닮음)

즉, $\overline{PB}:\overline{DC}=\overline{AB}:\overline{EC}$에서

$3:\overline{CD}=\overline{AB}:\overline{CE}$

$\therefore \overline{AB}\times\overline{CD}=3\overline{CE}$　　$\cdots\cdots$ ㉠

또한, $\triangle APB$와 $\triangle EPD$에서

$\angle P$는 공통, $\angle PAB=\angle PED$ ($\because \triangle APB\backsim\triangle EDC$)

$\therefore \triangle APB\backsim\triangle EPD$ (AA 닮음)

즉, $\overline{PA} : \overline{PE} = \overline{PB} : \overline{PD}$에서

$4 : \overline{PE} = 3 : 7$

$3\overline{PE} = 28$ $\therefore \overline{PE} = \dfrac{28}{3}$

이때, $\overline{PE} = \overline{PC} + \overline{CE}$이므로

$\dfrac{28}{3} = 6 + \overline{CE}$ $\therefore \overline{CE} = \dfrac{28}{3} - 6 = \dfrac{10}{3}$

따라서 ㉠에서

$\overline{AB} \times \overline{CD} = 3\overline{CE} = 3 \times \dfrac{10}{3} = 10$ 답 10

17

$\triangle HBA \backsim \triangle HAC$ (AA 닮음)에서

$\overline{AH} : \overline{CH} = \overline{BH} : \overline{AH}$이므로

$\overline{AH}^2 = \overline{BH} \times \overline{CH} = 16 \times 4 = 64$

$\therefore \overline{AH} = 8\,\text{cm}$ $(\because \overline{AH} > 0)$

따라서 직각삼각형 ABH의 넓이는

$\dfrac{1}{2} \times \overline{BH} \times \overline{AH} = \dfrac{1}{2} \times 16 \times 8 = 64\,(\text{cm}^2)$ 답 64 cm²

18

ㄱ. $\overline{AP} /\!/ \overline{XY}$이므로 $\triangle APQ \backsim \triangle XYQ$ (AA 닮음)

$\therefore \overline{AP} : \overline{XY} = \overline{PQ} : \overline{YQ}$

ㄴ. ㄱ에서 $\overline{AP} : \overline{XY} = \overline{PQ} : \overline{YQ}$이므로

$\overline{AP} \times \overline{YQ} = \overline{XY} \times \overline{PQ}$ $\therefore \overline{AP} = \dfrac{\overline{XY} \times \overline{PQ}}{\overline{YQ}}$

또한, $\overline{XY} /\!/ \overline{BQ}$이므로 $\triangle XPY \backsim \triangle BPQ$ (AA 닮음)

즉, $\overline{XY} : \overline{BQ} = \overline{PY} : \overline{PQ}$이므로

$\overline{BQ} \times \overline{PY} = \overline{XY} \times \overline{PQ}$ $\therefore \overline{BQ} = \dfrac{\overline{XY} \times \overline{PQ}}{\overline{PY}}$

$\therefore \overline{AP} : \overline{BQ} = \dfrac{\overline{XY} \times \overline{PQ}}{\overline{YQ}} : \dfrac{\overline{XY} \times \overline{PQ}}{\overline{PY}}$

$= \dfrac{1}{\overline{YQ}} : \dfrac{1}{\overline{PY}}$

$= \overline{PY} : \overline{YQ}$

ㄷ. $\triangle APY$와 $\triangle BQY$에서

$\overline{AP} : \overline{BQ} = \overline{PY} : \overline{YQ}$ $(\because$ ㄴ$)$, $\angle APY = \angle BQY = 90°$

$\therefore \triangle APY \backsim \triangle BQY$ (SAS 닮음)

닮은 두 도형의 대응각의 크기는 같으므로

$\angle AYP = \angle BYQ$

$\therefore \angle AYX = 90° - \angle AYP$

$= 90° - \angle BYQ = \angle BYX$

따라서 옳은 것은 ㄱ, ㄴ, ㄷ이다. 답 ⑤

19

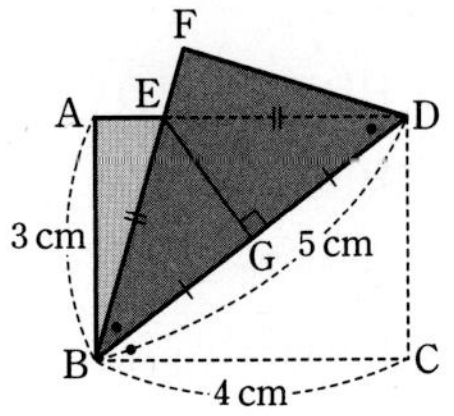

오른쪽 그림에서

$\angle EDB = \angle DBC$ $(\because$ 엇각$)$,

$\angle EBD = \angle DBC$ $(\because$ 접은 각$)$

$\therefore \angle EBD = \angle EDB$

즉, $\triangle EBD$는 $\overline{EB} = \overline{ED}$인 이등변삼

각형이므로

$\overline{BG} = \overline{DG} = \dfrac{1}{2}\overline{BD} = \dfrac{5}{2}\,(\text{cm})$

$\triangle EBG$와 $\triangle DBC$에서

$\angle EBG = \angle DBC$, $\angle BGE = \angle C = 90°$

$\therefore \triangle EBG \backsim \triangle DBC$ (AA 닮음)

따라서 $\overline{EG} : \overline{DC} = \overline{BG} : \overline{BC}$이므로

$\overline{EG} : 3 = \dfrac{5}{2} : 4$, $4\overline{EG} = \dfrac{15}{2}$

$\therefore \overline{EG} = \dfrac{15}{2} \times \dfrac{1}{4} = \dfrac{15}{8}\,(\text{cm})$ 답 $\dfrac{15}{8}$ cm

20

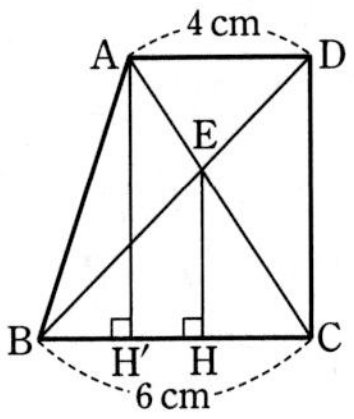

오른쪽 그림과 같이 점 A에서 $\overline{BC}$에 내린

수선의 발을 H'이라 하면

$\square ABCD = \dfrac{1}{2} \times (4+6) \times \overline{AH'}$

$= 40$

$\therefore \overline{AH'} = 8\,\text{cm}$

이때, $\triangle EAD$와 $\triangle ECB$에서

$\angle EAD = \angle ECB$, $\angle EDA = \angle EBC$ $(\because$ 엇각$)$

$\therefore \triangle EAD \backsim \triangle ECB$ (AA 닮음)

즉, $\overline{AE} : \overline{CE} = \overline{AD} : \overline{CB} = 4 : 6 = 2 : 3$이므로

$\overline{CE} : \overline{CA} = 3 : 5$

또한, $\triangle CEH$와 $\triangle CAH'$에서

$\overline{EH} /\!/ \overline{AH'}$이므로 $\angle CEH = \angle CAH'$ $(\because$ 동위각$)$,

$\angle EHC = \angle AH'C = 90°$

$\therefore \triangle CEH \backsim \triangle CAH'$ (AA 닮음)

즉, $\overline{CE} : \overline{CA} = \overline{EH} : \overline{AH'}$이므로

$3 : 5 = \overline{EH} : 8$, $5\overline{EH} = 24$ $\therefore \overline{EH} = \dfrac{24}{5}$ cm 답 ②

21

$\triangle ABC \backsim \triangle DBA$ (AA 닮음)이므로

$\overline{AB} : \overline{BD} = \overline{BC} : \overline{AB}$

즉, $\overline{AB}^2 = \overline{BD} \times \overline{BC}$이므로

$30^2 = \overline{BD} \times 50$ $\therefore \overline{BD} = 18$ cm

이때, $\overline{BM} = \overline{CM} = \dfrac{1}{2} \times \overline{BC} = \dfrac{1}{2} \times 50 = 25$ (cm)이므로

$\overline{DM} = \overline{BM} - \overline{BD} = 25 - 18 = 7$ (cm)

또한, $\triangle ABC = \dfrac{1}{2} \times \overline{AB} \times \overline{AC} = \dfrac{1}{2} \times \overline{BC} \times \overline{AD}$이므로

$\overline{AB} \times \overline{AC} = \overline{AD} \times \overline{BC}$

$30 \times 40 = \overline{AD} \times 50$

$\therefore \overline{AD} = 24$ cm

한편, $\triangle ABC$에서 점 M은 직각삼각형의 빗변의 중심이므로
$\triangle ABC$의 외심이다.

$\therefore \overline{AM} = \overline{BM} = \overline{CM} = 25$ cm

따라서 $\triangle DMA = \dfrac{1}{2} \times \overline{AD} \times \overline{DM} = \dfrac{1}{2} \times \overline{AM} \times \overline{DE}$이므로

$24 \times 7 = 25 \times \overline{DE}$

$\therefore \overline{DE} = \dfrac{168}{25}$ cm   답 ④

blacklabel 특강   참고

직각삼각형의 넓이의 활용

직각삼각형에서는 닮음의 응용과 함께 삼각형의 넓이 공식을 다음과 같이 변형하여
자주 이용한다.

$\triangle ABC = \dfrac{1}{2} \times \overline{BC} \times \overline{AD} = \dfrac{1}{2} \times \overline{AB} \times \overline{AC}$

$\Rightarrow \overline{BC} \times \overline{AD} = \overline{AB} \times \overline{AC}$

22

$\overline{DE} : \overline{EF} = 5 : 4$이므로 $\overline{DE} = 5x$ cm, $\overline{EF} = 4x$ cm라 하자.

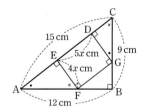

$\triangle AEF \backsim \triangle ABC$ (AA 닮음)이므로

$\overline{AE} : \overline{AB} = \overline{EF} : \overline{BC}$에서

$\overline{AE} : 12 = 4x : 9$

$9\overline{AE} = 48x$ $\therefore \overline{AE} = \dfrac{16}{3}x$ cm

또한, $\triangle GDC \backsim \triangle ABC$ (AA 닮음)이므로

$\overline{CD} : \overline{CB} = \overline{DG} : \overline{BA}$에서

$\overline{CD} : 9 = 4x : 12$

$12\overline{CD} = 36x$ $\therefore \overline{CD} = 3x$ cm

이때, $\overline{AC} = \overline{AE} + \overline{ED} + \overline{CD} = 15$ cm이므로

$\dfrac{16}{3}x + 5x + 3x = 15, \dfrac{40}{3}x = 15$

$\therefore x = 15 \times \dfrac{3}{40} = \dfrac{9}{8}$

$\therefore \overline{EF} = 4x$

       $= 4 \times \dfrac{9}{8} = \dfrac{9}{2}$ (cm)   답 $\dfrac{9}{2}$ cm

23

$\overline{GH} = x$ cm, $\overline{AD} = y$ cm라 하자.

$\triangle AED$와 $\triangle HFD$에서

$\angle ADE = \angle ADB - \angle EDB = 45° - \angle EDB$

       $= \angle EDF - \angle EDB = \angle HDF$

$\angle EAD = \angle FHD = 90°$

즉, $\triangle AED \backsim \triangle HFD$ (AA 닮음)이므로

$\overline{DE} : \overline{DF} = \overline{AD} : \overline{HD} = y : 6$ ……㉠

또한, $\triangle DEG$와 $\triangle DFC$에서

$\angle EDG = \angle EDF - \angle HDF = 45° - \angle HDF$

       $= \angle BDC - \angle HDF = \angle FDC$

$\angle EGD = \angle FCD = 90°$

즉, $\triangle DEG \backsim \triangle DFC$ (AA 닮음)이므로

$\overline{DE} : \overline{DF} = \overline{DG} : \overline{DC} = (6+x) : y$ ……㉡

㉠, ㉡에서 $y : 6 = (6+x) : y$

$\therefore y^2 = 36 + 6x$

이때, 정사각형의 넓이가 60 cm²이므로 $y^2 = 60$

즉, $60 = 36 + 6x$이므로 $6x = 24$ $\therefore x = 4$

$\therefore \overline{GH} = 4$ cm   답 4 cm

24 해결단계

❶단계	주어진 직각삼각형이 모두 닮음임을 확인한다.
❷단계	수선을 반복해서 내릴 때 생기는 삼각형의 닮음비가 일정함을 확인한다.
❸단계	$\triangle ABC$와 $\triangle A_1AC$의 닮음비를 구한다.
❹단계	$\overline{AA_1} : \overline{A_3B_3}$을 가장 간단한 자연수의 비로 나타낸다.

∠C를 한 내각으로 하는 직각삼각형은 모두 닮음이므로

△ABC∽△B_1A_1C (AA 닮음)

이때, △ABC와 △B_1A_1C의 닮음비는

$\overline{AB} : \overline{B_1A_1} = 9 : 4$ ......㉠

△ABC와 △A_1AC의 닮음비를 $m : n$ (m, n은 서로소)이라 하면

$\overline{AB} : \overline{A_1A} = m : n$

$n\overline{AB} = m\overline{A_1A}$ ∴ $\overline{AB} = \dfrac{m}{n}\overline{A_1A}$

직각삼각형의 꼭짓점에서 빗변에 수선을 내리는 것을 반복할 때 생기는 삼각형의 닮음비는 일정하므로 △A_1AC와 △B_1A_1C의 닮음비도 $m : n$이다.

즉, $\overline{A_1A} : \overline{B_1A_1} = m : n$

$n\overline{A_1A} = m\overline{B_1A_1}$ ∴ $\overline{B_1A_1} = \dfrac{n}{m}\overline{A_1A}$

이때, ㉠에서

$\dfrac{m}{n}\overline{A_1A} : \dfrac{n}{m}\overline{A_1A} = 9 : 4$

$m^2 : n^2 = 9 : 4$ ∴ $m = 3$, $n = 2$

∴ $\overline{AB} : \overline{A_1A} = \overline{A_1A} : \overline{B_1A_1} = \overline{B_1A_1} : \overline{A_2B_1}$
$\qquad = \overline{A_2B_1} : \overline{B_2A_2} = \overline{B_2A_2} : \overline{A_3B_2}$
$\qquad = \overline{A_3B_2} : \overline{B_3A_3} = 3 : 2$

∴ $\overline{AA_1} : \overline{A_3B_3} = 3^5 : 2^5 = 243 : 32$ 답 243 : 32

---

blacklabel 특강 풀이첨삭

직각삼각형에서 닮음비의 보존

오른쪽 그림에서 △ABC ∽ △ACB′ (AA 닮음)

즉, $\overline{AB} : \overline{AC} = \overline{BC} : \overline{CB'} = \overline{AC} : \overline{AB'} = m : n$이라

하면 △ACB′ ∽ △AB′C′ (AA 닮음)에서

$\overline{AB'} : \overline{AC'} = \overline{B'C} : \overline{C'B'} = \overline{AC} : \overline{AB'} = m : n$

Step 3 종합 사고력 도전 문제 pp. 50∼51

01 풀이 참조 **02** 1 : 2 **03** (1) 7 cm (2) 14 cm (3) 1 : 3

04 (1) $\dfrac{4}{3}h$ m (2) 10 m **05** 81 : 8 **06** 6 **07** 2

08 16 : 15

---

01 해결단계

(1)	❶단계	삼각형 ABE와 닮음인 삼각형을 찾는다.
	❷단계	❶ 단계에서 찾은 닮음 조건을 확인하고 그 이유를 설명한다.
(2)	❸단계	삼각형 ABC와 닮음인 삼각형을 찾는다.
	❹단계	❸ 단계에서 찾은 닮음 조건을 확인하고 그 이유를 설명한다.
(3)	❺단계	삼각형 AFD와 닮음인 삼각형을 찾는다.
	❻단계	❺ 단계에서 찾은 닮음 조건을 확인하고 그 이유를 설명한다.

---

(1) △ABE와 △ACD에서

∠BAE = ∠CAD, ∠ABE = ∠ACD

∴ △ABE ∽ △ACD (AA 닮음)

(2) △ABE ∽ △ACD에서

$\overline{AB} : \overline{AC} = \overline{AE} : \overline{AD}$ ......㉠

또한, △ABC와 △AED에서

∠BAC = ∠BAE + ∠CAE
$\qquad = ∠CAD + ∠CAE = ∠EAD$ ......㉡

㉠, ㉡에서 △ABC ∽ △AED (SAS 닮음)

(3) △ABC ∽ △AED이므로

∠ACB = ∠ADE ......㉢

또한, △AFD와 △EFC에서

∠AFD = ∠EFC (∵ 맞꼭지각) ......㉣

㉢, ㉣에서 △AFD ∽ △EFC (AA 닮음)

답 풀이 참조

---

02 해결단계

❶단계	[그림 1]의 정사면체와 [그림 2]의 정사면체의 부피의 비를 구한다.
❷단계	[그림 1]의 정사면체의 부피를 a라 할 때, 정팔면체의 부피를 a를 사용하여 나타낸다.
❸단계	[그림 1]의 정팔면체와 [그림 2]의 정사면체의 부피의 비를 구한다.

[그림 2]의 정사면체의 한 모서리의 길이는 [그림 1]의 정사면체의 한 모서리의 길이의 2배이다.

이때, 모든 정사면체는 닮은 도형이므로 [그림 1], [그림 2]의 정사면체의 부피의 비는

$1^3 : 2^3 = 1 : 8$

즉, [그림 1]의 정사면체 1개의 부피를 a라 하면 [그림 2]의 정사면체의 부피는 $8a$이므로 [그림 1]의 정팔면체의 부피는

$8a - 4a = 4a$

따라서 [그림 1]의 정팔면체와 [그림 2]의 정사면체의 부피의 비는

$4a : 8a = 1 : 2$ 답 1 : 2

---

03 해결단계

(1)	❶단계	$\overline{BE}$와 $\overline{EC}$의 길이를 각각 구한다.
	❷단계	$\overline{BF}$와 $\overline{AF}$의 길이를 각각 구한다.
(2)	❸단계	$\overline{AH}$의 길이를 구한다.
(3)	❹단계	$\overline{BG} : \overline{DG}$를 가장 간단한 자연수의 비로 나타낸다.

---

(1) $\overline{BE}:\overline{EC}=5:3$이므로

$\overline{BE}=16\times\dfrac{5}{8}=10\,(cm)$, $\overline{EC}=16\times\dfrac{3}{8}=6\,(cm)$

△BEF와 △CDE에서

$\angle EBF=\angle DCE=90°$, $\angle BEF=90°-\angle DEC=\angle CDE$

∴ △BEF ∽ △CDE (AA 닮음)

즉, $\overline{BF}:\overline{CE}=\overline{BE}:\overline{CD}$에서 $\overline{BF}:6=10:12$

$12\overline{BF}=60$ ∴ $\overline{BF}=5\,cm$

∴ $\overline{AF}=\overline{AB}-\overline{BF}=12-5=7\,(cm)$

(2) △AHF와 △BEF에서

$\angle HAF=\angle EBF=90°$, $\angle AHF=\angle BEF$ (∵ 엇각)

∴ △AHF ∽ △BEF (AA 닮음)

즉, $\overline{AH}:\overline{BE}=\overline{AF}:\overline{BF}$에서 $\overline{AH}:10=7:5$

$5\overline{AH}=70$ ∴ $\overline{AH}=14\,cm$

(3) △EBG와 △HDG에서

$\angle BGE=\angle DGH$ (∵ 맞꼭지각),

$\angle BEG=\angle DHG$ (∵ 엇각)

따라서 △EBG ∽ △HDG (AA 닮음)이므로

$\overline{BG}:\overline{DG}=\overline{BE}:\overline{DH}$
$=\overline{BE}:(\overline{AH}+\overline{AD})$
$=10:(14+16)$
$=10:30=1:3$

답 (1) $7\,cm$ (2) $14\,cm$ (3) $1:3$

즉, $\overline{DF}:\overline{FH}=\overline{EF}:\overline{AH}$이므로

$2.4:\overline{FH}=1.8:h$, $1.8\overline{FH}=2.4h$

∴ $\overline{FH}=\dfrac{4}{3}h\,m$

즉, 점 H로부터 학생이 서 있는 곳까지의 거리는 $\dfrac{4}{3}h\,m$이다.

(2) 다음 그림과 같이 학생의 시선이 피라미드와 만나는 점을 I라 하고, 점 I에서 $\overline{BC}$에 내린 수선의 발을 G라 하자.

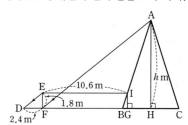

$\overline{AH}:\overline{BC}=3:2$이므로 $h:\overline{BC}=3:2$

∴ $\overline{BC}=\dfrac{2}{3}h\,m$

이때, $\overline{BH}=\dfrac{1}{2}\overline{BC}=\dfrac{1}{2}\times\dfrac{2}{3}h=\dfrac{1}{3}h\,(m)$이므로

$\overline{FB}=\overline{FH}-\overline{BH}=\dfrac{4}{3}h-\dfrac{1}{3}h=h\,(m)$

$\overline{IG}\,/\!/\,\overline{AH}$이므로 △IBG ∽ △ABH (AA 닮음)

이때, $\overline{AH}:\overline{BH}=3:1$이므로 $\overline{IG}:\overline{BG}=3:1$

즉, $1.8:(10.6-h)=3:1$이므로

$3(10.6-h)=1.8$ ∴ $h=10$

따라서 피라미드의 높이는 $10\,m$이다.

답 (1) $\dfrac{4}{3}h\,m$ (2) $10\,m$

04 해결단계

(1)	❶단계	빛이 평행함을 이용하여 평행선을 긋고 닮음인 삼각형을 찾는다.
	❷단계	점 H로부터 학생이 서 있는 곳까지의 거리를 h를 사용하여 나타낸다.
(2)	❸단계	피라미드를 바라보는 학생의 시선이 바닥과 평행함을 이용하여 평행선을 긋고 닮음인 삼각형을 찾는다.
	❹단계	피라미드의 높이를 구한다.

(1) 다음 그림과 같이 학생의 그림자의 끝을 D, 학생의 눈높이를 E, 학생이 서 있는 곳을 F라 하면 빛은 평행하므로

$\overline{DE}\,/\!/\,\overline{AF}$

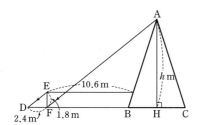

△DEF와 △FAH에서

$\angle EDF=\angle AFH$ (∵ 동위각), $\angle EFD=\angle AHF=90°$

∴ △DEF ∽ △FAH (AA 닮음)

05 해결단계

❶단계	[1단계]에서 새로 색칠되는 정삼각형 하나의 한 변의 길이를 구한다.
❷단계	[2단계]에서 새로 색칠되는 정삼각형 하나의 한 변의 길이를 구한다.
❸단계	[3단계]에서 새로 색칠되는 정삼각형 하나의 한 변의 길이를 구한다.
❹단계	[4단계]에서 새로 색칠되는 정삼각형 하나의 한 변의 길이를 구한다.
❺단계	처음 정삼각형과 [4단계]에서 새로 색칠되는 정삼각형 하나의 닮음비를 구한다.

[1단계]에서 새로 색칠되는 정삼각형 하나의 한 변의 길이는

$\overline{AA_1}=\dfrac{1}{3}\overline{AB}$

$$\therefore \overline{A_1B_1}=2\overline{AA_1}$$
$$=\frac{2}{3}\overline{AB}$$

[2단계]에서 새로 색칠되는 정삼각형 하나의
한 변의 길이는

$$\overline{A_1A_2}=\frac{1}{3}\overline{A_1B_1}=\frac{1}{3}\times\frac{2}{3}\overline{AB}$$
$$=\frac{2}{9}\overline{AB}$$
$$\therefore \overline{A_2B_2}=2\overline{A_1A_2}$$
$$=\frac{4}{9}\overline{AB}$$

[3단계]에서 새로 색칠되는 정삼각형 하나의
한 변의 길이는

$$\overline{A_2A_3}=\frac{1}{3}\overline{A_2B_2}=\frac{1}{3}\times\frac{4}{9}\overline{AB}$$
$$=\frac{4}{27}\overline{AB}$$
$$\therefore \overline{A_3B_3}=2\overline{A_2A_3}$$
$$=\frac{8}{27}\overline{AB}$$

즉, [4단계]에서 새로 색칠되는 정삼각형 하니의 한 변의 길이는

$$\overline{A_3A_4}=\frac{1}{3}\overline{A_3B_3}=\frac{1}{3}\times\frac{8}{27}\overline{AB}$$
$$=\frac{8}{81}\overline{AB}$$

따라서 처음 정삼각형의 한 변의 길이는 $\overline{AB}$이고, [4단계]에서
새로 색칠되는 정삼각형 하나의 한 변의 길이는 $\frac{8}{81}\overline{AB}$이므로
구하는 닮음비는

$$\overline{AB}:\frac{8}{81}\overline{AB}=81:8$$

답 81 : 8

06 해결단계

❶단계	각 원뿔의 꼭짓점에서 밑면에 수선을 내리고 삼각형의 닮음을 이용하여 처음 원뿔과 새로 생긴 원뿔의 닮음비를 구한다.
❷단계	원뿔 A를 잘라 생기는 원뿔대의 높이와 원뿔 B를 잘라 생기는 원뿔의 높이가 같음을 이용하여 새로 만든 원뿔의 높이를 처음 원뿔의 높이로 나타낸다.
❸단계	$V_1=9$임을 이용하여 V_2의 값을 구한다.

두 원뿔 A, B의 밑면의 반지름의 길이의 비가 $2:3$이므로 각
원뿔의 반지름의 길이를 $2m$, $3m$ ($m>0$)이라 하고, 두 원뿔
A, B를 평면으로 잘라 생기는 원뿔을 각각 P, Q라 하자.

두 원뿔 A, B의 꼭짓점을 각각 A, B, 꼭짓점에서 밑면에 내린
수선의 발을 각각 H, I라 하고, 수선이 두 원뿔 P, Q의 밑면과
만나는 점을 각각 H′, I′, 밑면의 반지름의 길이를 r라 하면 다음
그림과 같다.

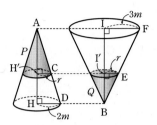

$\triangle$AHD$\backsim\triangle$AH′C (AA 닮음)이므로
$\overline{AH}:\overline{AH'}=\overline{HD}:\overline{H'C}=2m:r$
즉, $r\times\overline{AH}=2m\times\overline{AH'}$이므로
$$\overline{AH'}=\frac{r}{2m}\times\overline{AH}$$
$$\therefore \overline{HH'}=\overline{AH}-\frac{r}{2m}\times\overline{AH} \quad\cdots\cdots\text{㉠}$$

또한, $\triangle$BIF $\backsim\triangle$BI′E (AA 닮음)이므로
$\overline{BI}:\overline{BI'}=\overline{IF}:\overline{I'E}=3m:r$
즉, $r\times\overline{BI}=3m\times\overline{BI'}$이므로
$$\overline{BI'}=\frac{r}{3m}\times\overline{BI} \quad\cdots\cdots\text{㉡}$$

이때, $\overline{HH'}=\overline{BI'}$이므로
㉠, ㉡에서
$$\overline{AH}-\frac{r}{2m}\times\overline{AH}=\frac{r}{3m}\times\overline{AH} \qquad \therefore r=\frac{6}{5}m$$
$$\therefore \overline{AH'}=\frac{r}{2m}\times\overline{AH}=\frac{3}{5}\overline{AH}, \overline{BI'}=\frac{r}{3m}\overline{BI}=\frac{2}{5}\overline{BI}$$

한편, 원뿔 P의 부피가 $V_1=9$이므로
$$\frac{1}{3}\times\pi\times r^2\times\frac{3}{5}\overline{AH}=9 \qquad \therefore \overline{AH}=\frac{45}{\pi r^2}$$

따라서 원뿔 Q의 부피는
$$V_2=\frac{1}{3}\times\pi\times r^2\times\frac{2}{5}\overline{BI}$$
$$=\frac{2}{15}\pi r^2\times\overline{AH} \ (\because \overline{BI}=\overline{AH})$$
$$=\frac{2}{15}\pi r^2\times\frac{45}{\pi r^2}=6$$

답 6

07 해결단계

❶단계	$\overline{AB}^2$의 값을 구한다.
❷단계	$\triangle$IGD와 닮음인 삼각형을 찾는다.
❸단계	$\overline{AB}$, $\overline{AI}$, $\overline{AH}$의 길이 사이의 관계식을 세운다.
❹단계	$\overline{AI}$의 길이를 구한다.

$\overline{AB}=a$라 하면 □ABCD∽□AEFB이므로

$\overline{AB}:\overline{AE}=\overline{AD}:\overline{AB}$

$a:3=6:a$ $\therefore a^2=18$ ……㉠

다음 그림과 같이 $\overline{AI}=x$, $\overline{AH}=y$라 하고, 점 G에서 $\overline{BC}$에 내린 수선의 발을 J라 하자.

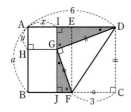

△IGD와 △JFG에서 ∠DGF=∠DCF=90°이므로

∠DGI=90°−∠FGJ=∠GFJ,

∠GID=∠FJG=90°

∴ △IGD∽△JFG (AA 닮음)

즉, $\overline{IG}:\overline{JF}=\overline{GD}:\overline{FG}$에서

$y:(3-x)=a:3$ $\therefore y=a-\dfrac{a}{3}x$ ……㉡

또한, $\overline{ID}:\overline{JG}=\overline{GD}:\overline{FG}$에서

$(6-x):(a-y)=a:3$ $\therefore 18-3x=a^2-ay$ ……㉢

㉡을 ㉢에 대입하면

$18-3x=a^2-a\left(a-\dfrac{a}{3}x\right)$, $18-3x=\dfrac{a^2}{3}x$

$18-3x=6x$ (∵ ㉠)

$9x=18$ $\therefore x=2$

$\therefore \overline{AI}=2$ 답 2

08 해결단계

❶단계	내접원과 각 변의 접점을 이용하여 $\overline{AD}$, $\overline{AF}$, $\overline{FC}$, $\overline{EC}$, $\overline{BE}$, $\overline{BD}$의 길이를 각각 구한다.
❷단계	점 A를 지나고 선분 BC와 평행한 직선, 직선 DF, 선분 BC의 연장선을 각각 긋는다.
❸단계	닮음인 삼각형을 찾는다.
❹단계	$\overline{AP}:\overline{PE}$를 가장 간단한 자연수의 비로 나타낸다.

세 점 D, E, F가 △ABC의 각 변과 내접원의 접점이므로

$\overline{AD}=\overline{AF}$, $\overline{FC}=\overline{EC}$, $\overline{DB}=\overline{EB}$

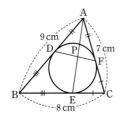

이때, $\overline{EC}=\overline{CF}=a$ cm라 하면

$\overline{AD}=\overline{AF}=7-a$ (cm), $\overline{BD}=\overline{BE}=8-a$ (cm)

$\overline{AB}=\overline{AD}+\overline{BD}$이므로

$(7-a)+(8-a)=9$, $2a=6$ $\therefore a=3$

$\therefore \overline{AD}=\overline{AF}=4$ cm, $\overline{FC}=\overline{EC}=3$ cm, $\overline{DB}=\overline{EB}=5$ cm

세 점 D, P, F를 지나는 직선이 $\overline{BC}$에 평행하면서 점 A를 지나는 직선과 만나는 점을 Q, 선분 BC의 연장선과 만나는 점을 R라 하면 다음 그림과 같다.

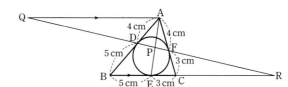

△QFA와 △RFC에서

∠AQF=∠CRF (∵ 엇각), ∠AFQ=∠CFR (∵ 맞꼭지각)

∴ △QFA∽△RFC (AA 닮음)

즉, $\overline{AQ}:\overline{CR}=\overline{AF}:\overline{CF}=4:3$이므로

$\overline{AQ}=4k$, $\overline{CR}=3k$ ($k>0$)라 하자.

또한, △QDA와 △RDB에서

∠DQA=∠DRB (∵ 엇각), ∠ADQ=∠BDR (∵ 맞꼭지각)

∴ △QDA∽△RDB (AA 닮음)

즉, $\overline{AQ}:\overline{BR}=\overline{AD}:\overline{BD}=4:5$에서

$4k:(8+3k)=4:5$

$32+12k=20k$, $8k=32$ $\therefore k=4$

$\therefore \overline{AQ}=16$ cm, $\overline{CR}=12$ cm

이때, △APQ와 △EPR에서

∠AQP=∠ERP (∵ 엇각), ∠APQ=∠EPR (∵ 맞꼭지각)

따라서 △APQ∽△EPR (AA 닮음)이므로

$\overline{AP}:\overline{PE}=\overline{AQ}:\overline{ER}$

$=16:(3+12)=16:15$ 답 16 : 15

미리보는 학력평가 p. 52

1 ⑤ 2 ③ 3 ④

1

구 모양의 두 구슬 A, B의 지름의 길이가 각각 8 cm, 12 cm이므로 닮음비는

$8:12=2:3$

즉, 두 구슬 A, B의 부피의 비는

$2^3:3^3=8:27$

한편, 두 구슬 A, B의 가격은 구슬의 부피에 비례하므로

$a:b=8:27$　　∴ $\dfrac{b}{a}=\dfrac{27}{8}$　　　　　　　답 ⑤

| 다른풀이 |

지름의 길이가 8 cm, 12 cm인 구 모양의 두 구슬 A, B의 반지름의 길이는 각각 4 cm, 6 cm이다.

즉, 구슬 A의 부피는

$\dfrac{4}{3}\times\pi\times4^3=\dfrac{256}{3}\pi\ (cm^3)$

또한, 구슬 B의 부피는

$\dfrac{4}{3}\times\pi\times6^3=288\pi\ (cm^3)$

두 구슬 A, B의 가격은 구슬의 부피에 비례하므로

$a=\dfrac{256}{3}\pi k,\ b=288\pi k\ (k>0)$

∴ $\dfrac{b}{a}=288\pi k\div\dfrac{256}{3}\pi k=\dfrac{27}{8}$

blacklabel 특강　필수개념

원과 구의 닮음

임의의 두 원과 임의의 두 구는 각각 항상 닮음이다.
또한, 원과 구의 닮음비는 반지름의 길이 또는 지름의 길이의 비와 같다.

2

두 삼각형 ABC와 DCE를 직선 l을 회전축으로 하여 1회전시킨 입체도형의 부피를 각각 V_1, V_2라 하자.

삼각형 ABC를 직선 l을 회전축으로 하여 1회전시킨 입체도형은 밑면의 반지름의 길이가 2로 같고 높이의 합이 3인 두 원뿔의 밑면을 붙여 놓은 모양이므로

$V_1=\dfrac{1}{3}\times\pi\times2^2\times3=4\pi$

이때, 닮은 두 삼각형 ABC와 DCE의 닮음비가

$\overline{BC}:\overline{CE}=3:6=1:2$

이므로 $V_1:V_2=1^3:2^3=1:8$

따라서 $V_2=8V_1=32\pi$이므로 구하는 부피는

$V_1+V_2=4\pi+32\pi=36\pi$　　　　　　　답 ③

| 다른풀이 |

닮은 두 삼각형 ABC와 DCE의 닮음비가

$\overline{BC}:\overline{CE}=3:6=1:2$

이므로 점 D에서 직선 l까지의 거리를 x라 하면

$2:x=1:2$　　∴ $x=4$

두 삼각형 ABC와 DCE를 직선 l을 회전축으로 하여 1회전시킨 입체도형은 다음 그림과 같다.

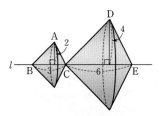

즉, 밑면의 반지름의 길이가 2로 같고 높이의 합이 3인 두 원뿔의 밑면을 붙여 놓은 입체도형과 밑면의 반지름의 길이가 4로 같고 높이의 합이 6인 두 원뿔의 밑면을 붙여 놓은 입체도형으로 이루어져 있으므로 구하는 부피는

$\dfrac{1}{3}\times\pi\times2^2\times3+\dfrac{1}{3}\times\pi\times4^2\times6=4\pi+32\pi=36\pi$

3

$\overline{AB}/\!/\overline{DF}$이므로 $\angle DFA=\angle BAF$ (∵ 엇각)

그러므로 삼각형 DAF는 $\overline{DA}=\overline{DF}$인 이등변삼각형이다.

$\overline{AB}:\overline{AD}=2:3$이므로

$\overline{AB}=2k,\ \overline{AD}=3k\ (k>0)$라 하면

$\overline{CF}=\overline{DF}-\overline{DC}=\overline{DA}-\overline{AB}=k$

　　$=\boxed{\dfrac{1}{2}}\times\overline{AB}$

△ABE와 △FCE에서

$\angle BAE=\angle CFE$ (∵ 엇각),

$\angle AEB=\angle FEC$ (∵ 맞꼭지각)

이므로

△ABE ∽ △FCE (AA 닮음)

두 삼각형의 닮음비가 $\overline{AB}:\overline{FC}=2:1$이므로

$\overline{AE}:\overline{FE}=2:1$

즉, $\overline{AF}:\overline{EF}=3:1$이므로 $\overline{EF}=\boxed{\dfrac{1}{3}}\times\overline{AF}$

한편, △ABF와 △ABD에서 밑변 AB는 공통이고 선분 AB와 DF는 평행하므로 높이가 같다.

즉, △ABF와 △ABD의 넓이는 같으므로

$\triangle ABF=\triangle ABD=\dfrac{1}{2}\square ABCD=\dfrac{1}{2}\times30=15$

또한, $\overline{EF}=\dfrac{1}{3}\overline{AF}$이므로

$\triangle BFE=\dfrac{1}{3}\triangle ABF=\dfrac{1}{3}\times15=\boxed{5}$

따라서 $a=\dfrac{1}{2}$, $b=\dfrac{1}{3}$, $c=5$이므로

$abc=\dfrac{1}{2}\times\dfrac{1}{3}\times5=\dfrac{5}{6}$　　　　　　　답 ④

06 닮음의 활용

Step 1 시험에 꼭 나오는 문제   p. 54

01 ①   02 ②   03 $\frac{16}{7}$ cm   04 ⑤   05 ③

06 45 cm²

01

$\triangle$AFG에서 $\overline{AD}:\overline{DF}=\overline{AE}:\overline{EG}$이므로

$\overline{AE}:\overline{EG}=3:2$

$\triangle$AHG에서 $\overline{AF}:\overline{FH}=\overline{AE}:\overline{EG}$이므로

$5:\overline{FH}=3:2$, $3\overline{FH}=10$

$\therefore \overline{FH}=\dfrac{10}{3}$, $\overline{AH}=5+\dfrac{10}{3}=\dfrac{25}{3}$

또한, $\triangle$AHC에서 $\overline{AF}:\overline{FH}=\overline{AG}:\overline{GC}$이므로

$\overline{AG}:\overline{GC}=3:2$

$\triangle$ABC에서 $\overline{AH}:\overline{HB}=\overline{AG}:\overline{GC}$이므로

$\dfrac{25}{3}:\overline{HB}=3:2$, $3\overline{HB}=\dfrac{50}{3}$ $\therefore \overline{HB}=\dfrac{50}{9}$

$\therefore \dfrac{\overline{HB}}{\overline{AD}}=\dfrac{\frac{50}{9}}{3}=\dfrac{50}{27}$ 답 ①

blacklabel 특강   필수개념

삼각형에서 평행선과 선분의 길이의 비의 응용

오른쪽 그림과 같은 $\triangle$ABC에서
$\overline{BC}\,/\!/\,\overline{DE}$, $\overline{BE}\,/\!/\,\overline{DF}$일 때,
$a:b=c:d=e:f$

02

오른쪽 그림과 같이 $\overline{BF}\,/\!/\,\overline{EG}$가 되도록
$\overline{AC}$ 위에 점 G를 잡으면 $\triangle$ABC에서
$\overline{BE}=\overline{EC}$, $\overline{BA}\,/\!/\,\overline{EG}$이므로

$\overline{AG}=\overline{GC}$, $\overline{GE}=\dfrac{1}{2}\overline{AB}$

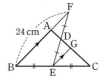

$\triangle$DFA와 $\triangle$DEG에서

$\overline{AF}\,/\!/\,\overline{EG}$이므로 $\angle$AFD$=\angle$GED ($\because$ 엇각),

$\overline{DF}=\overline{DE}$, $\angle$ADF$=\angle$GDE ($\because$ 맞꼭지각)

$\therefore \triangle$DFA$\equiv\triangle$DEG (ASA 합동)

이때, $\overline{AF}=\overline{GE}$이므로

$\overline{AB}=\overline{BF}-\overline{AF}=\overline{BF}-\overline{GE}$

$\qquad =\overline{BF}-\dfrac{1}{2}\overline{AB}=24-\dfrac{1}{2}\overline{AB}$

$\dfrac{3}{2}\overline{AB}=24$ $\therefore \overline{AB}=16$ cm   답 ②

03

$\overline{AD}$가 $\angle$A의 이등분선이므로

$\overline{AB}:\overline{AC}=\overline{BD}:\overline{CD}$

$8:\overline{AC}=4:2$, $4\overline{AC}=16$ $\therefore \overline{AC}=4$ cm

$\overline{BE}$가 $\angle$B의 이등분선이므로

$\overline{AE}:\overline{CE}=\overline{BA}:\overline{BC}$에서

$\overline{AE}:\overline{CE}=8:6=4:3$

$\therefore \overline{AE}=\dfrac{4}{7}\overline{AC}=\dfrac{4}{7}\times 4=\dfrac{16}{7}$ (cm)   답 $\frac{16}{7}$ cm

04

$\triangle$ABC에서 $\overline{EN}\,/\!/\,\overline{BC}$이므로

$\overline{AE}:\overline{AB}=\overline{EN}:\overline{BC}$

이때, $\overline{AE}=2\overline{EB}$이므로 $\overline{AE}:\overline{EB}=2:1$

$\therefore \overline{AE}:\overline{AB}=2:3$

즉, $2:3=\overline{EN}:15$이므로 $3\overline{EN}=30$

$\therefore \overline{EN}=10$ cm

또한, $\triangle$ABD에서 $\overline{EM}\,/\!/\,\overline{AD}$이므로

$\overline{AD}:\overline{EM}=3:1$, $9:\overline{EM}=3:1$

$3\overline{EM}=9$ $\therefore \overline{EM}=3$ (cm)

$\therefore \overline{MN}=\overline{EN}-\overline{EM}=10-3=7$ (cm)   답 ⑤

| 다른풀이 |

$\overline{AE}:\overline{EB}=2:1$이므로

$\overline{EF}=\dfrac{9\times 1+15\times 2}{2+1}=\dfrac{39}{3}=13$ (cm)

$\triangle$ABD에서 $\overline{EM}\,/\!/\,\overline{AD}$이므로

$\overline{AD}:\overline{EM}=\overline{AB}:\overline{EB}=3:1$, $9:\overline{EM}=3:1$

$3\overline{EM}=9$ $\therefore \overline{EM}=3$ cm

또한, 사다리꼴 ABCD에서 $\overline{AD}\,/\!/\,\overline{EF}\,/\!/\,\overline{BC}$이므로

$\overline{AE}:\overline{EB}=\overline{DF}:\overline{FC}=2:1$

$\triangle$ACD에서 $\overline{NF}\,/\!/\,\overline{AD}$이므로

같은 방법으로 $\overline{NF}=3$ cm

따라서 $\overline{MN}$의 길이는

$\overline{MN}=13-3-3=7$ (cm)

05

점 G가 △ABC의 무게중심이므로

$\overline{GD}=\frac{1}{3}\overline{AD}=\frac{1}{3}\times 18=6\,(\text{cm})$

$\overline{BD}/\!/\overline{EF}$이므로 $\overline{BG}:\overline{GF}=\overline{GD}:\overline{EG}$에서

$2:1=6:\overline{EG}$

$2\overline{EG}=6 \quad \therefore \overline{EG}=3\,\text{cm}$ 답 ③

06

점 G가 △ADC의 무게중심이므로

$\square FDEG=\frac{1}{3}\triangle ADC$

$\therefore \triangle ADC=3\square FDEG=3\times 10=30\,(\text{cm}^2)$

이때, $\triangle ABC:\triangle ADC=\overline{BC}:\overline{DC}$이므로

$\triangle ABC:30=3:2,\ 2\triangle ABC=90$

$\therefore \triangle ABC=45\,\text{cm}^2$ 답 $45\,\text{cm}^2$

Step 2 A등급을 위한 문제 pp. 55~57

01 ③	02 28 : 16 : 33		03 22	04 ③
05 $\overline{CF}=16$ cm, $\overline{DG}=25$ cm			06 ③	07 ①
08 3 : 8	09 2	10 ①	11 81 cm²	12 ④
13 ②	14 $\frac{2}{3}$ cm	15 ③	16 5 : 2	17 ④
18 3				

01

오른쪽 그림에서

$\angle GEF=\angle DEB$ (∵ 맞꼭지각),

$\angle AEG=\angle CEB$ (∵ 맞꼭지각)

$\overline{DE}/\!/\overline{BC}$이므로

$\angle DEB=\angle EBC$ (∵ 엇각)

$\therefore \angle CEB=\angle EBC$

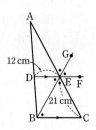

즉, △CEB는 $\overline{CB}=\overline{CE}$인 이등변삼각형이므로

$\overline{BC}=\overline{EC}=21\,\text{cm}$

△ABC에서 $\overline{DE}:\overline{BC}=\overline{AE}:\overline{AC}$이므로

$12:21=\overline{AE}:\overline{AC}$

$4:7=\overline{AE}:(\overline{AE}+21),\ 7\overline{AE}=4(\overline{AE}+21)$

$3\overline{AE}=84 \quad \therefore \overline{AE}=28\,\text{cm}$ 답 ③

02

$\overline{CE}:\overline{DE}=3:4$이고 $\overline{AB}/\!/\overline{DE}$이므로

$\overline{AB}:\overline{DE}=\overline{AF}:\overline{FE}=7:4$

또한, $\overline{AB}/\!/\overline{CE}$이므로 △ABG에서

$\overline{EG}:\overline{GA}=\overline{CE}:\overline{AB}=3:7$

이때, $\overline{EG}=a$라 하면 $\overline{GA}=\frac{7}{3}a$이고

$\overline{GA}=\overline{AE}+\overline{EG}$이므로

$\overline{AE}=\overline{GA}-\overline{EG}=\frac{7}{3}a-a=\frac{4}{3}a$

$\therefore \overline{AF}=\frac{7}{7+4}\overline{AE}=\frac{7}{11}\times\frac{4}{3}a=\frac{28}{33}a,$

$\overline{FE}=\frac{4}{7+4}\overline{AE}=\frac{4}{11}\times\frac{4}{3}a=\frac{16}{33}a$

$\therefore \overline{AF}:\overline{FE}:\overline{EG}=\frac{28}{33}a:\frac{16}{33}a:a$

$=28:16:33$ 답 28 : 16 : 33

blacklabel 특강 오답피하기

삼각형에서 평행선과 선분의 길이의 비에서
$\overline{AD}:\overline{DB}\neq\overline{DE}:\overline{BC}$임에 주의하여 문제를 푼다.

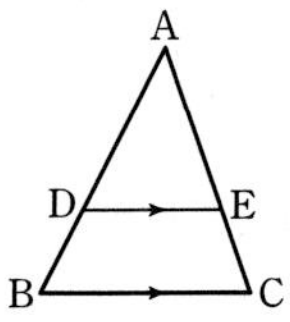

03

오른쪽 그림과 같이 $\overline{BE}/\!/\overline{DG}$가 되도록

$\overline{AC}$ 위에 점 G를 잡으면 △BCE에서

$\overline{BD}:\overline{CD}=3:4$이므로

$\overline{EG}:\overline{CG}=3:4$

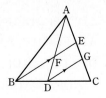

이때, $\overline{AE}:\overline{CE}=5:7$이므로

$\overline{AE}:\overline{EG}=5:3$

즉, $\triangle ADG$에서 $\overline{AF}:\overline{FD}=\overline{AE}:\overline{EG}=5:3$이므로

$a=5$, $b=3$

$\qquad\qquad\qquad\qquad\qquad\qquad\qquad\qquad$ (가)

같은 방법으로 오른쪽 그림과 같이
$\overline{AD}/\!/\overline{EH}$가 되도록 $\overline{BC}$ 위에 점 H를 잡
으면 $\triangle ACD$에서 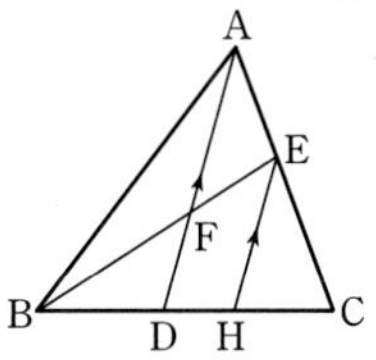
$\overline{AE}:\overline{EC}=5:7$이므로 $\overline{DH}:\overline{HC}=5:7$

이때, $\overline{BD}:\overline{CD}=3:4$이므로

$\overline{BD}:\overline{DH}=3:\left(\dfrac{5}{12}\times4\right)=9:5$

즉, $\triangle BHE$에서 $\overline{BF}:\overline{FE}=\overline{BD}:\overline{DH}=9:5$이므로

$c=9$, $d=5$

$\qquad\qquad\qquad\qquad\qquad\qquad\qquad\qquad$ (나)

따라서 $a=5$, $b=3$, $c=9$, $d=5$이므로

$a+b+c+d=22$

$\qquad\qquad\qquad\qquad\qquad\qquad\qquad\qquad$ (다)

$\qquad\qquad\qquad\qquad\qquad\qquad\qquad\qquad$ 답 22

단계	채점 기준	배점
(가)	$\overline{BE}$와 평행한 보조선을 그어 a, b의 값을 구한 경우	40%
(나)	$\overline{AD}$와 평행한 보조선을 그어 c, d의 값을 구한 경우	40%
(다)	$a+b+c+d$의 값을 구한 경우	20%

04

$\triangle AFE$에서 $\overline{AG}=\overline{GF}$이고 $\overline{AD}=\overline{DE}$이므로

$\overline{DG}/\!/\overline{EF}$, $\overline{DG}=\dfrac{1}{2}\overline{EF}$

$\triangle BCD$에서 $\overline{DB}/\!/\overline{EF}$이고 $\overline{DE}=\overline{EC}$이므로

$\overline{EF}=\dfrac{1}{2}\overline{DB}$ $\quad\therefore \overline{DB}=2\overline{EF}$

이때, $\overline{DB}=\overline{BG}+\overline{DG}$이므로 $2\overline{EF}=9+\dfrac{1}{2}\overline{EF}$

$\dfrac{3}{2}\overline{EF}=9$ $\quad\therefore \overline{EF}=6\,cm$ $\qquad$ 답 ③

05

정사면체 $A-BCD$의 전개도의 일부를 나타내면 다음 그림과 같다.

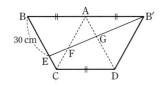

$\overline{BC}=40\,cm$이고, $\overline{BE}=30\,cm$이므로 $\overline{EC}=10\,cm$

$\triangle BEB'$에서 $\overline{BA}=\overline{AB'}$, $\overline{BE}/\!/\overline{AG}$이므로

$\overline{AG}=\dfrac{1}{2}\overline{BE}=\dfrac{1}{2}\times30=15\,(cm)$

$\therefore \overline{DG}=\overline{AD}-\overline{AG}=40-15=25\,(cm)$

또한, $\overline{CE}:\overline{AG}=\overline{CF}:\overline{AF}$이므로

$\overline{CF}:\overline{AF}=10:15=2:3$

$\therefore \overline{CF}=\dfrac{2}{2+3}\overline{AC}=\dfrac{2}{5}\times40=16\,(cm)$

$\qquad\qquad\qquad\qquad$ 답 $\overline{CF}=16\,cm$, $\overline{DG}=25\,cm$

06

$\triangle AEC$에서 $\overline{AB}=\overline{BE}$, $\overline{AO}=\overline{OC}$이므로 $\overline{BO}/\!/\overline{EC}$

이때, $\angle BOE=\angle OEC\,(\because \text{엇각})$이므로 $\triangle BEO$는 $\overline{BE}=\overline{BO}$
인 이등변삼각형이다.

즉, $\overline{BE}=\overline{BO}=\overline{BA}$에서 점 B는 $\triangle AEO$의 외심이므로

$\angle AOE=90°$

$\therefore \angle EAO+\angle AEO=90°$ $\qquad$ ……㉠

한편, $\angle BOE=\angle x$라 하면 $\angle AEO=\angle x$이고,

$\angle AEO:\angle EAO=2:7$이므로 $2\angle EAO=7\angle AEO$

$\therefore \angle EAO=\dfrac{7}{2}\angle AEO=\dfrac{7}{2}\angle x$

㉠에서

$\dfrac{7}{2}\angle x+\angle x=90°$, $\dfrac{9}{2}\angle x=90°$ $\quad\therefore \angle x=20°$

즉, $\angle BOE=20°$ $\qquad\qquad\qquad\qquad\qquad$ 답 ③

07

$\overline{AE}$가 $\angle BAC$의 외각의 이등분선이므로

$\overline{AB}:\overline{AC}=\overline{BE}:\overline{CE}=8:6=4:3$

즉, $\triangle ABE:\triangle ACE=\overline{BE}:\overline{CE}=4:3$

$\triangle ACE=21\,cm^2$이므로

$\triangle ABE:21=4:3$

$3\triangle ABE=84$ $\quad\therefore \triangle ABE=28\,cm^2$

한편, $\overline{AD}$가 $\angle BAC$의 이등분선이므로

$\overline{AB}:\overline{AC}=\overline{BD}:\overline{DC}=8:6=4:3$

즉, $\triangle ABD:\triangle ACD=\overline{BD}:\overline{DC}=4:3$

$\triangle ABC=\triangle ABE-\triangle ACE=28-21=7\,(cm^2)$이므로

$\triangle ADC=\dfrac{3}{7}\times7=3\,(cm^2)$

따라서 △ADE＝△ADC＋△ACE이므로

△ADE＝3＋21＝24 (cm²)　　　　　답 ①

08

$\overline{AD}$가 ∠BAC의 이등분선이므로

$\overline{AB}:\overline{AC}=\overline{BD}:\overline{DC}=8:12=2:3$

이때, $\overline{BC}=15$이므로

$\overline{BD}=\dfrac{2}{5}\times15=6$, $\overline{DC}=\dfrac{3}{5}\times15=9$

삼각형 ACD에서

∠ADB＝∠CAD＋∠ACD

　　　＝∠CAD＋∠ADE (∵ ∠ACD＝∠ADE)

　　　＝∠DAE＋∠ADE

에서 ∠ADB－∠ADE＝∠DAE이므로

∠EDB＝∠DAE

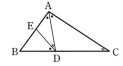

△ABD와 △DBE에서

∠DAB＝∠EDB, ∠B는 공통이므로 두 쌍의 대응하는 각의 크기가 각각 서로 같다.

∴ △ABD ∽ △DBE (AA 닮음)

즉, $\overline{AB}:\overline{DB}=\overline{BD}:\overline{BE}$에서 8:6＝6:$\overline{BE}$

$8\overline{BE}=36$　　∴ $\overline{BE}=\dfrac{9}{2}$

삼각형 ABC의 넓이를 S라 하면

$\overline{BD}:\overline{CD}=2:3$이므로

△ACD＝$\dfrac{3}{5}S$이고,

$\overline{AE}:\overline{BE}=(\overline{AB}-\overline{BE}):\overline{BE}$

　　　　　$=\Big(8-\dfrac{9}{2}\Big):\dfrac{9}{2}=7:9$

∴ △BDE＝$\dfrac{9}{16}\times\Big(S-\dfrac{3}{5}S\Big)=\dfrac{9}{40}S$

따라서 △BDE : △ACD＝$\dfrac{9}{40}S:\dfrac{3}{5}S=3:8$　　답 3 : 8

09

삼각형 ACF에서

∠CFD＝∠CAF＋∠ACF

또한, 삼각형 ABD에서

∠CDF＝∠BAD＋∠ABD

이때, 삼각형 CDF는 이등변삼각형이므로

∠CFD＝∠CDF

즉, ∠CAF＋∠ACF＝∠BAD＋∠ABD이므로

∠ACF＝∠ABD (∵ ∠CAF＝∠BAD)

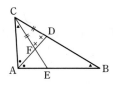

△ACF와 △ABD에서

∠CAF＝∠BAD, ∠ACF＝∠ABD이므로 두 쌍의 대응하는 각의 크기가 각각 서로 같다.

∴ △ACF ∽ △ABD (AA 닮음)

$\overline{AF}:\overline{AD}=\overline{AC}:\overline{AB}$에서

$\overline{AF}:5=6:10$, $10\overline{AF}=30$　　∴ $\overline{AF}=3$

∴ $\overline{FD}=\overline{AD}-\overline{AF}=5-3=2$　　　답 2

---

blacklabel 특강　　필수개념

이등변삼각형의 성질 − 두 밑각의 크기

이등변삼각형의 두 밑각의 크기는 서로 같다.

즉, 삼각형 ABC가 $\overline{AB}=\overline{AC}$인 이등변삼각형이면 ∠B＝∠C가 성립한다.

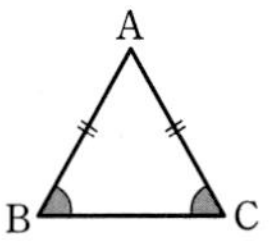

10

오른쪽 그림과 같이 점 D에서 $\overline{AB}$와 평행한 선분을 그었을 때 $\overline{EF}$, $\overline{GH}$, $\overline{BC}$와 만나는 점을 각각 P, Q, R라 하자.

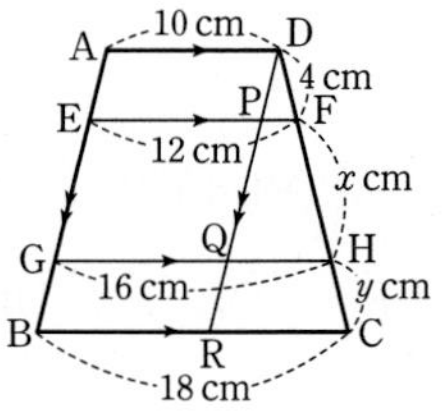

△DQH에서 $\overline{PF}/\!/\overline{QH}$이므로

$\overline{PF}:\overline{QH}=\overline{DF}:\overline{DH}$

$2:6=4:(4+x)$, $8+2x=24$

$2x=16$　　∴ $x=8$

△DRC에서 $\overline{PF}/\!/\overline{RC}$이므로

$\overline{PF}:\overline{RC}=\overline{DF}:\overline{DC}$

$2:8=4:(12+y)$, $24+2y=32$

$2y=8$　　∴ $y=4$

∴ $2x-3y=16-12=4$　　　답 ①

11

△ABE와 △CDE에서

$\overline{AB}$, $\overline{CD}$가 모두 $\overline{BC}$에 수직이므로 $\overline{AB}/\!/\overline{CD}$

즉, ∠BAC=∠ACD (∵ 엇각),

∠AEB=∠CED (∵ 맞꼭지각)

따라서 두 쌍의 대응하는 각의 크기가 각각 서로 같다.

∴ △ABE∽△CDE (AA 닮음)

이때, $\overline{AB}:\overline{CD}=12:36=1:3$이므로

두 삼각형 ABE, CDE의 닮음비는 1 : 3이다.

즉, $\overline{BF}:\overline{FC}=1:3$이므로

$\overline{BF}:\overline{BC}=\overline{EF}:\overline{CD}$에서

$1:4=\overline{EF}:36$ ∴ $\overline{EF}=9$ cm

이때, $\overline{BF}=\dfrac{1}{1+3}\times24=6$ (cm)이므로

$\triangle BFE=\dfrac{1}{2}\times6\times9=27$ (cm^2)

$\triangle AED=\triangle ABD-\triangle ABE$

$\qquad=\dfrac{1}{2}\times12\times24-\dfrac{1}{2}\times12\times6=108$ (cm^2)

따라서 △BFE와 △AED의 넓이의 차는

$108-27=81$ (cm^2) 답 81 cm^2

12

□ABCD는 등변사다리꼴이므로 오른쪽 그림과 같이 점 A를 지나고 $\overline{CD}$에 평행한 직선을 그어 교점을 나타내면 $\overline{AF}=\overline{FH}=\overline{HB}$이고 $\overline{FG}\,/\!/\,\overline{HI}\,/\!/\,\overline{BE}$이므로

$\overline{AF}:\overline{AH}:\overline{AB}=\overline{FG}:\overline{HI}:\overline{BE}$

$\overline{FG}:\overline{HI}:3=1:2:3$

∴ $\overline{FG}=1$ cm, $\overline{HI}=2$ cm

또한, 오른쪽 그림에서 9개의 부분은 모두 높이가 같은 사다리꼴이므로 높이를 h cm라 하면

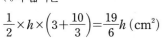

㉮의 넓이는

$\dfrac{1}{2}\times h\times\left(3+\dfrac{10}{3}\right)=\dfrac{19}{6}h$ (cm^2)

㉯의 넓이는

$\dfrac{1}{2}\times h\times\left(\dfrac{11}{3}+4\right)=\dfrac{23}{6}h$ (cm^2)

즉, ㉮ 부분과 ㉯ 부분의 넓이의 비는 $\dfrac{19}{6}h:\dfrac{23}{6}h=19:23$

따라서 $a=19$, $b=23$이므로

$a+b=42$ 답 ④

13

② △PCP′과 △GCG′에서

$\overline{CG}:\overline{CP}=\overline{CG'}:\overline{CP'}=1:3$, ∠PCP′은 공통이므로

△PCP′∽△GCG′ (SAS 닮음)

∴ $\overline{GG'}:\overline{PP'}=1:3$ 답 ②

14

오른쪽 그림에서 $\overline{AE}$가 ∠A의 이등분선이므로

$\overline{AB}:\overline{AC}=\overline{BE}:\overline{EC}$

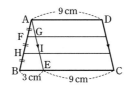

즉, $\overline{BE}:\overline{EC}=10:6=5:3$이므로

$\overline{BE}=\dfrac{5}{8}\overline{BC}=\dfrac{5}{8}\times8=5$ (cm),

$\overline{EC}=\dfrac{3}{8}\overline{BC}=\dfrac{3}{8}\times8=3$ (cm) ㉮

또한, △ABE에서 $\overline{BI}$가 ∠B의 이등분선이므로

$\overline{BA}:\overline{BE}=\overline{AI}:\overline{EI}$

∴ $\overline{AI}:\overline{EI}=10:5=2:1$ ……㉠ ㉯

한편, 점 G는 무게중심이므로 $\overline{AG}:\overline{GD}=2:1$ ……㉡ ㉰

㉠, ㉡에서 $\overline{AI}:\overline{EI}=\overline{AG}:\overline{GD}=2:1$

즉, △ADE에서

$\overline{GI}\,/\!/\,\overline{DE}$, $\overline{GI}:\overline{DE}=2:3$

∴ $\overline{DE}=\overline{BE}-\overline{BD}=5-4=1$ (cm)

∴ $\overline{GI}=\dfrac{2}{3}\overline{DE}=\dfrac{2}{3}\times1=\dfrac{2}{3}$ (cm) ㉱

답 $\dfrac{2}{3}$ cm

단계	채점 기준	배점
㉮	$\overline{BE}$와 $\overline{EC}$의 길이를 각각 구한 경우	20%
㉯	삼각형에서 내각의 이등분선의 성질을 이용하여 $\overline{AI}:\overline{EI}$를 구한 경우	30%
㉰	삼각형의 무게중심의 성질을 이용하여 $\overline{AG}:\overline{GD}$를 구한 경우	20%
㉱	$\overline{GI}$의 길이를 구한 경우	30%

15

오른쪽 그림에서 두 직선 AF와 AG가 $\overline{BC}$, $\overline{CD}$와 만나는 점을 각각 M, N이라 하자.

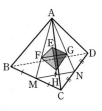

△AMN에서

$\overline{AF}:\overline{AM}=\overline{AG}:\overline{AN}=2:3$이므로

$\overline{FG}:\overline{MN}=2:3$ ∴ $\overline{FG}=\dfrac{2}{3}\overline{MN}$

또한, △CBD에서 $\overline{MN}=\dfrac{1}{2}\overline{BD}$이므로

$\overline{FG}=\dfrac{2}{3}\overline{MN}=\dfrac{2}{3}\times\dfrac{1}{2}\overline{BD}=\dfrac{1}{3}\overline{BD}$

즉, 정사면체 E−FGH와 정사면체 A−BCD의 한 모서리의 길이의 비가 1 : 3이므로 닮음비는 1 : 3이고, 부피의 비는 $1^3 : 3^3 = 1 : 27$이다.

따라서 정사면체 A−BCD의 부피가 1080 cm³이므로 정사면체 E−FGH의 부피는

$$1080 \times \frac{1}{27} = 40 \ (cm^3)$$ 답 ③

16

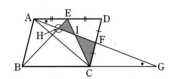

위의 그림에서 점 I는 △ACD의 무게중심이므로

△AEI = △ICF ……㉠

$\overline{AF}$의 연장선과 $\overline{BC}$의 연장선의 교점을 G라 하면

△AFD ≡ △GFC (ASA 합동)이므로

$\overline{AD} = \overline{GC}$

또한, △AHE ∽ △GHB (AA 닮음)이므로

$\overline{AE} : \overline{GB} = \overline{AH} : \overline{GH}$에서

$1 : 4 = \overline{AH} : \overline{GH}$ ∴ $\overline{GH} = 4\overline{AH}$

$\overline{AH} + \overline{GH} = 2\overline{AF}$이므로 $\overline{AH} + 4\overline{AH} = 2\overline{AF}$

$5\overline{AH} = 2\overline{AF}$ ∴ $\overline{AH} = \frac{2}{5}\overline{AF}$

한편, $\overline{AI} : \overline{AF} = 2 : 3$이므로

$\overline{AF} = \frac{3}{2}\overline{AI}$

∴ $\overline{AH} = \frac{2}{5}\overline{AF} = \frac{2}{5} \times \frac{3}{2}\overline{AI} = \frac{3}{5}\overline{AI}$

즉, $\triangle EHI = \frac{2}{5}\triangle AEI = \frac{2}{5}\triangle ICF$ (∵ ㉠)

∴ $\triangle ICF : \triangle EHI = \triangle ICF : \frac{2}{5}\triangle ICF = 5 : 2$ 답 5 : 2

17

오른쪽 그림과 같이 $\overline{HQ}$와 $\overline{PR}$가 만나는 점을 O, $\overline{HQ}$와 $\overline{EG}$가 만나는 점을 M이라 하면

$\overline{HE} : \overline{EP} = \overline{HF} : \overline{FQ} = \overline{HG} : \overline{GR}$

$\qquad = 2 : 1$

이므로 △PHR에서

$\overline{EG} /\!/ \overline{PR}$, $\overline{HM} : \overline{MO} = 2 : 1$

이때, $\overline{HO} = \overline{OQ}$이므로

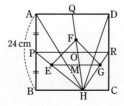

$\overline{HM} : \overline{MO} : \overline{OF} : \overline{FQ} = 2 : 1 : 1 : 2$

즉, $\overline{HM} = \overline{FM}$이므로 △EFG = △EHG

한편, △EHG와 △PHR의 닮음비는 2 : 3이고, 넓이의 비는 $2^2 : 3^2 = 4 : 9$이므로

$$\triangle EHG = \frac{4}{9}\triangle PHR$$

또한, $\triangle PHR = \frac{1}{2}\square BCRP = \frac{1}{4}\square ABCD$이므로

$$\triangle EHG = \frac{4}{9} \times \frac{1}{4}\square ABCD = \frac{1}{9}\square ABCD$$

∴ $\triangle EFG = \triangle EHG = \frac{1}{9}\square ABCD$

$$= \frac{1}{9} \times 24 \times 24 = 64 \ (cm^2)$$ 답 ④

18 해결단계

❶단계	$\overline{BD}$를 긋고 △ADC ≡ △ABC임을 이용하여 ∠BAC = ∠DAC, ∠ACB = ∠ACD임을 보인다.
❷단계	두 점 P, Q가 각각 △ABD와 △BCD의 무게중심임을 보인다.
❸단계	$\dfrac{\overline{AC}}{\overline{PQ}}$의 값을 구한다.

오른쪽 그림과 같이 $\overline{BD}$를 그어 $\overline{AC}$와의 교점을 R라 하자.

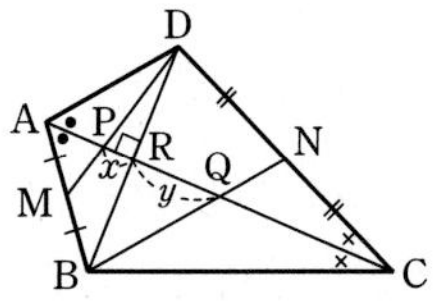

△ADC와 △ABC에서

$\overline{AC}$는 공통, $\overline{AD} = \overline{AB}$, $\overline{DC} = \overline{BC}$

∴ △ADC ≡ △ABC (SSS 합동)

즉, ∠BAC = ∠DAC, ∠ACB = ∠ACD

이등변삼각형의 꼭지각의 이등분선은 밑변을 수직이등분하므로

$\overline{BD} \perp \overline{AR}$, $\overline{BR} = \overline{DR}$

즉, 두 점 P, Q는 각각 △ABD, △BCD의 무게중심이므로

$\overline{AP} : \overline{PR} = \overline{CQ} : \overline{QR} = 2 : 1$

이때, $\overline{PR} = x$, $\overline{QR} = y$, $\overline{AC} = a$라 하면

$\overline{AR} + \overline{RC} = \overline{AC}$에서

$3x + 3y = a$, $x + y = \frac{1}{3}a$ ∴ $\overline{PQ} = \frac{1}{3}a$

∴ $\dfrac{\overline{AC}}{\overline{PQ}} = \dfrac{a}{\frac{1}{3}a} = 3$ (∵ $a \neq 0$) 답 3

blacklabel 특강 필수개념

이등변삼각형의 성질 − 꼭지각의 이등분선

이등변삼각형의 꼭지각의 이등분선은 밑변을 수직이등분한다.

즉, $\overline{AB} = \overline{AC}$인 이등변삼각형 ABC에서 $\overline{AD}$가 ∠A의 이등분선이면

$\overline{AD} \perp \overline{BC}$, $\overline{BD} = \overline{DC}$

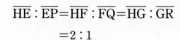

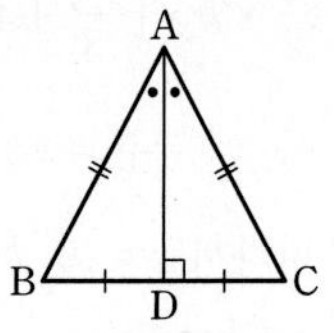

01 (1) $63:35:15$ (2) $42:28:20:15$ **02** $5:12$
03 (1) $1:3$ (2) $2:3$ (3) $4:15$ **04** 16 **05** 15
06 (1) $45°$ (2) $\dfrac{9}{2}$ cm² **07** $\dfrac{20}{3}$ **08** $\dfrac{34}{3}$

01 해결단계

(1)	❶단계	$\overline{FO}=a$라 하고 $\overline{GM}$, $\overline{HM}$, $\overline{IM}$을 a를 사용하여 나타낸다.
	❷단계	$\overline{GM}:\overline{HM}:\overline{IM}$을 가장 간단한 자연수의 비로 나타낸다.
(2)	❸단계	$\overline{BG}$, $\overline{GH}$, $\overline{HI}$를 a를 사용하여 나타낸다.
	❹단계	$\overline{BG}:\overline{GH}:\overline{HI}:\overline{IM}$을 가장 간단한 자연수의 비로 나타낸다.

(1) 오른쪽 그림과 같이 선분 BM에 평행
하고 세 점 D, E, F를 지나는 세 선
분을 그으면 각 선분이 AC와 만나는
세 점 Q, P, O는 선분 CM을 사등분
한다.

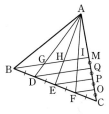

이때, $\overline{FO}=a$라 하면
$\overline{EP}=2a$, $\overline{DQ}=3a$, $\overline{BM}=4a$
△ADQ에서 $\overline{AM}:\overline{AQ}=\overline{GM}:\overline{DQ}$이므로
$4:5=\overline{GM}:3a$, $5\overline{GM}=12a$ ∴ $\overline{GM}=\dfrac{12}{5}a$
△AEP에서 $\overline{AM}:\overline{AP}=\overline{HM}:\overline{EP}$이므로
$4:6=\overline{HM}:2a$, $6\overline{HM}=8a$ ∴ $\overline{HM}=\dfrac{4}{3}a$
△AFO에서 $\overline{AM}:\overline{AO}=\overline{IM}:\overline{FO}$이므로
$4:7=\overline{IM}:a$, $7\overline{IM}=4a$ ∴ $\overline{IM}=\dfrac{4}{7}a$
∴ $\overline{GM}:\overline{HM}:\overline{IM}=\dfrac{12}{5}a:\dfrac{4}{3}a:\dfrac{4}{7}a=63:35:15$

(2) $\overline{BG}=\overline{BM}-\overline{GM}=4a-\dfrac{12}{5}a=\dfrac{8}{5}a$
$\overline{GH}=\overline{GM}-\overline{HM}=\dfrac{12}{5}a-\dfrac{4}{3}a=\dfrac{16}{15}a$
$\overline{HI}=\overline{HM}-\overline{IM}=\dfrac{4}{3}a-\dfrac{4}{7}a=\dfrac{16}{21}a$
∴ $\overline{BG}:\overline{GH}:\overline{HI}:\overline{IM}=\dfrac{8}{5}a:\dfrac{16}{15}a:\dfrac{16}{21}a:\dfrac{4}{7}a$
$=42:28:20:15$

답 (1) $63:35:15$ (2) $42:28:20:15$

| 다른풀이 |
(2) (1)에서
$\overline{BM}:\overline{GM}:\overline{HM}:\overline{IM}=4a:\dfrac{12}{5}a:\dfrac{4}{3}a:\dfrac{4}{7}a$
$=105:63:35:15$
이므로
$\overline{BG}:\overline{GH}:\overline{HI}:\overline{IM}$
$=(\overline{BM}-\overline{GM}):(\overline{GM}-\overline{HM}):(\overline{HM}-\overline{IM}):\overline{IM}$
$=(105-63):(63-35):(35-15):15$
$=42:28:20:15$

02 해결단계

❶단계	점 E가 $\overline{GF}$의 중점임을 보인다.
❷단계	△ABE와 △GFC의 넓이를 각각 구한다.
❸단계	△ABE와 △GFC의 넓이의 비를 가장 간단한 자연수의 비로 나타낸다.

오른쪽 그림과 같이 점 G에서 변 FC
에 내린 수선의 발을 H라 하면
$\overline{FH}=8-2=6$

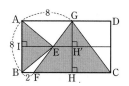

이등변삼각형 EAB의 점 E에서 변
AB에 내린 수선의 발을 I라 하면
$\overline{AI}=\overline{BI}$, $\overline{AG}/\!/\overline{IE}/\!/\overline{BF}$이므로 사다리꼴 ABFG에서
$\overline{GE}=\overline{EF}$
반직선 IE와 선분 GH의 교점을 H′이라 하면
△GFH에서 $\overline{GE}=\overline{EF}$, $\overline{EH'}/\!/\overline{FH}$이므로
$\overline{EH'}=\dfrac{1}{2}\overline{FH}=\dfrac{1}{2}\times6=3$
즉, $\overline{IE}=\overline{IH'}-\overline{EH'}=8-3=5$이므로
$\triangle ABE=\dfrac{1}{2}\times8\times5=20$,
$\triangle GFC=2\times\left(\dfrac{1}{2}\times6\times8\right)=48$
따라서 △ABE와 △GFC의 넓이의 비는
$\triangle ABE:\triangle GFC=20:48=5:12$

답 $5:12$

03 해결단계

(1)	❶단계	△BEF와 △AED가 닮은 도형임을 보인다.
	❷단계	$\overline{BF}:\overline{AD}$를 가장 간단한 자연수의 비로 나타낸다.
(2)	❸단계	❷단계에서 구한 비를 이용하여 $\overline{FC}$의 길이를 구한다.
	❹단계	$\overline{FG}:\overline{GD}$를 가장 간단한 자연수의 비로 나타낸다.
(3)	❺단계	삼각형 GFC의 넓이를 a라 하고 △GDA, △GCD의 넓이를 a를 사용하여 나타낸다.
	❻단계	△GFC:△ACD를 가장 간단한 자연수의 비로 나타낸다.

(1) △BEF와 △AED에서
∠E는 공통,
$\overline{BF}/\!/\overline{AD}$이므로 ∠EFB=∠EDA (∵ 동위각)
∴ △BEF ∽ △AED (AA 닮음)
이때, $\overline{AB}=2$, $\overline{BE}=1$이므로
$\overline{BF}:\overline{AD}=\overline{EB}:\overline{EA}=\overline{EB}:(\overline{EB}+\overline{BA})=1:3$
(2) (1)에서 $\overline{BF}:\overline{AD}=1:3$이고, $\overline{AD}=2$이므로
$\overline{BF}=\dfrac{1}{3}\overline{AD}=\dfrac{2}{3}$

$$\therefore \overline{FC}=\overline{BC}-\overline{BF}=2-\frac{2}{3}=\frac{4}{3}$$

$\triangle CDF$에서 $\overline{CG}$는 $\angle FCD$의 이등분선이므로

$$\overline{FG}:\overline{GD}=\overline{FC}:\overline{CD}=\frac{4}{3}:2=2:3$$

(3) $\triangle GFC$와 $\triangle GDA$에서

$\overline{FC}/\!/\overline{AD}$이므로

$\angle FCG=\angle DAG$ ($\because$ 엇각), $\angle CFG=\angle ADG$ ($\because$ 엇각)

$\therefore \triangle GFC\infty\triangle GDA$ (AA 닮음)

(2)에서 $\overline{FG}:\overline{DG}=2:3$이므로

$\triangle GFC:\triangle GDA=2^2:3^2=4:9$

이때, $\triangle GFC=a$라 하면

$$\triangle GDA=\frac{9}{4}a \qquad\cdots\cdots\ \bigcirc$$

한편, 두 삼각형 GFC, GCD의 밑변을 각각 $\overline{FG}$, $\overline{GD}$라 하
면 두 삼각형의 높이가 서로 같으므로

$$\triangle GFC:\triangle GCD=\overline{FG}:\overline{GD}=2:3$$

$$\therefore \triangle GCD=\frac{3}{2}a \qquad\cdots\cdots\ \bigcirc$$

$\bigcirc$, $\bigcirc$에서

$$\triangle ACD=\triangle GDA+\triangle GCD$$
$$=\frac{9}{4}a+\frac{3}{2}a=\frac{15}{4}a$$

$$\therefore \triangle GFC:\triangle ACD=a:\frac{15}{4}a=4:15$$

답 (1) 1 : 3 (2) 2 : 3 (3) 4 : 15

04 해결단계

❶단계	두 점 M, N을 정하고 $\overline{MN}$의 길이를 구한다.
❷단계	점 P를 정하고 $\overline{PH}$의 길이를 구한다.
❸단계	$\overline{GP}$의 길이를 구한다.
❹단계	$\overline{GH}$의 길이를 구한다.

오른쪽 그림과 같이 선분 AC의 중점을
M이라 하자.

점 M에서 직선 l에 내린 수선의 발을
N이라 하면 사다리꼴 ADFC에서

$$\overline{MN}=\frac{1}{2}(\overline{AD}+\overline{CF})$$
$$=\frac{1}{2}\times(12+28)=20$$

점 G는 $\triangle ABC$의 무게중심이므로 사다리꼴 BMNE에서

$$\overline{NH}:\overline{HE}=\overline{MG}:\overline{GB}=1:2$$

이때, $\overline{BN}$과 $\overline{GH}$의 교점을 P라 하면

$\triangle NEB$에서 $\overline{NH}:\overline{NE}=\overline{PH}:\overline{BE}$이므로

$$1:3=\overline{PH}:8,\ 3\overline{PH}=8 \qquad \therefore \overline{PH}=\frac{8}{3}$$

또한, $\triangle BMN$에서 $\overline{BG}:\overline{BM}=\overline{GP}:\overline{MN}$이므로

$$2:3=\overline{GP}:20,\ 3\overline{GP}=40 \qquad \therefore \overline{GP}=\frac{40}{3}$$

$$\therefore \overline{GH}=\overline{GP}+\overline{PH}=\frac{40}{3}+\frac{8}{3}=\frac{48}{3}=16 \qquad\text{답 16}$$

05 해결단계

❶단계	선분 EF를 그리고 $\overline{DG}/\!/\overline{EF}/\!/\overline{BC}$임을 보인다.
❷단계	$\triangle DBC$의 넓이가 $\triangle DEF$의 넓이의 몇 배인지 구한다.
❸단계	$\triangle DEF$의 넓이가 $\triangle DHG$의 넓이의 몇 배인지 구한다.
❹단계	❷단계, ❸단계에서 구한 값을 이용하여 k의 값을 구한다.

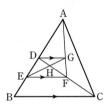

위의 그림에서 두 점 E, F가 각각 선분 BD, CD의 중점이므로

$$\overline{EF}/\!/\overline{BC} \qquad\cdots\cdots\ \bigcirc$$

이때, $\overline{DG}/\!/\overline{BC}$이고 $\bigcirc$이 성립하므로

$$\overline{EF}/\!/\overline{DG}$$

$\triangle DBC$와 $\triangle DEF$에서

$\angle DBC=\angle DEF$ ($\because$ 동위각), $\angle DCB=\angle DFE$ ($\because$ 동위각)

이므로 $\triangle DBC\infty\triangle DEF$ (AA 닮음)

$\overline{DB}:\overline{DE}=2:1$이므로

$\triangle DBC$와 $\triangle DEF$의 닮음비는 $2:1$이고,

넓이의 비는 $2^2:1^2=4:1$이다.

즉, $\triangle DBC=4\triangle DEF \qquad\cdots\cdots\ \bigcirc$

$\triangle ADG$와 $\triangle AEF$에서

$\angle ADG=\angle AEF$ ($\because$ 동위각), $\angle AGD=\angle AFE$ ($\because$ 동위각)

이므로 $\triangle ADG\infty\triangle AEF$ (AA 닮음)

$\overline{DG}:\overline{EF}=\overline{AD}:\overline{AE}=2:3$

$\triangle DHG$와 $\triangle FHE$에서

$\angle HDG=\angle HFE$ ($\because$ 엇각), $\angle HGD=\angle HEF$ ($\because$ 엇각)

이므로 $\triangle DHG\infty\triangle FHE$ (AA 닮음)

$\overline{GH}:\overline{EH}=\overline{DG}:\overline{FE}=2:3$이므로

$\triangle DHG:\triangle FHE=2^2:3^2=4:9,\ \triangle DEH:\triangle DHG=3:2$

즉, $\triangle FHE=\frac{9}{4}\triangle DHG$, $\triangle DEH=\frac{3}{2}\triangle DHG$

$$\therefore \triangle DEF=\triangle DEH+\triangle FHE$$
$$=\frac{3}{2}\triangle DHG+\frac{9}{4}\triangle DHG$$
$$=\frac{15}{4}\triangle DHG \qquad\cdots\cdots\ \bigcirc$$

ㄴ, ㄷ에서

$\triangle DBC = 4 \times \dfrac{15}{4} \triangle DHG = 15 \triangle DHG$

따라서 삼각형 DBC의 넓이는 삼각형 DHG의 넓이의 15배이므로

$k = 15$

답 15

06 해결단계

(1)	**①단계**	∠GEF의 크기를 구한다.
(2)	**②단계**	△AQF와 △PQR가 직각이등변삼각형임을 보인다.
	③단계	△PQR의 넓이를 구한다.

(1) 오른쪽 그림의 △ABD에서 점 E
는 $\overline{AD}$의 중점이고, 점 G는 $\overline{BD}$
의 중점이므로 $\overline{AB} /\!/ \overline{EG}$

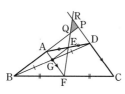

∴ ∠ABD = ∠EGD (∵ 동위각)
...... ㉠

마찬가지로 △BCD에서 $\overline{GF} /\!/ \overline{CD}$이므로

∠BDC = ∠BGF (∵ 동위각) ...... ㉡

그런데 ∠BDC − ∠ABD = 90°이므로 ㉠, ㉡에서

∠BGF − ∠EGD = 90°

이때, ∠BGF + ∠EGF − ∠EGD = 180°에서

∠EGF + 90° = 180°   ∴ ∠EGF = 90°

또한, $\overline{EG} = \dfrac{1}{2}\overline{AB}$, $\overline{GF} = \dfrac{1}{2}\overline{CD}$이고 $\overline{AB} = \overline{CD}$이므로

$\overline{EG} = \overline{GF}$

따라서 △GEF는 직각이등변삼각형이므로 ∠GEF = 45°이다.

(2) $\overline{AG} /\!/ \overline{RC}$이므로 세 점 A, G, F는 한 직선 위에 있다.

△GEF와 △AQF에서 ∠F는 공통

$\overline{GE} /\!/ \overline{AB}$에서 $\overline{GE} /\!/ \overline{AQ}$이므로

∠FEG = ∠FQA (∵ 동위각)

∴ △GEF ∽ △AQF (AA 닮음)

△AQF와 △PQR에서

∠AQF = ∠PQR (∵ 맞꼭지각)

$\overline{AG} /\!/ \overline{RC}$에서 ∠AFQ = ∠PRQ (∵ 엇각)

∴ △AQF ∽ △PQR (AA 닮음)

이때, (1)에서 △GEF는 직각이등변삼각형이므로 △AQF와
△PQR는 직각이등변삼각형이다.

∴ $\overline{AQ} = \overline{AF}$, $\overline{PQ} = \overline{PR}$

△BCP에서 $\overline{BF} = \overline{FC}$, $\overline{AF} /\!/ \overline{PC}$이므로

$\overline{AP} = \overline{AB} = 12$ cm,

$\overline{AF} = \dfrac{1}{2}\overline{PC} = \dfrac{1}{2} \times 18 = 9$ (cm)

따라서 $\overline{PQ} = \overline{AP} - \overline{AQ} = \overline{AP} - \overline{AF}$

$= 12 - 9 = 3$ (cm)

이므로 $\triangle PQR = \dfrac{1}{2} \times 3 \times 3 = \dfrac{9}{2}$ (cm²)

답 (1) 45° (2) $\dfrac{9}{2}$ cm²

07 해결단계

①단계	점 F가 삼각형 ABC의 무게중심임을 보인다.
②단계	△ADI와 △CAI가 닮음임을 보이고 이를 이용하여 a의 값을 구한다.
③단계	△AHE와 △CHF가 합동임을 보이고 이를 이용하여 b의 값을 구한 후, ab의 값을 구한다.

삼각형 ABC가 직각이등변삼각형이므로 점 H는 변 BC의 중점
이다. 삼각형 ABC에서 두 중선 AH와 CD가 만나는 점이 F이
므로 점 F는 삼각형 ABC의 무게중심이다.

즉, $\overline{DF} : \overline{FC} = 1 : 2$이다.

△ADI에서 ∠ADI + ∠DAI = 90°이고,

△ACD에서 ∠ADI + ∠ACD = 90°이므로

∠DAI = ∠ACD이고, ∠ADI = ∠CAI이다.

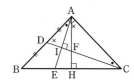

△ADI와 △CAI에서

∠DAI = ∠ACI, ∠ADI = ∠CAI이므로

△ADI ∽ △CAI (AA 닮음)

$\overline{DI} : \overline{AI} = \overline{AD} : \overline{CA} = \overline{AI} : \overline{CI}$에서

$\overline{DI} : \overline{AI} = \dfrac{1}{2}\overline{AC} : \overline{CA} = \overline{AI} : \overline{CI}$이므로

$\overline{DI} : \overline{AI} = 1 : 2 = \overline{AI} : \overline{CI}$

∴ $\overline{DI} = \dfrac{1}{2}\overline{AI}$, $\overline{CI} = 2\overline{AI}$

∴ $\overline{CD} = \overline{DI} + \overline{CI} = \dfrac{1}{2}\overline{AI} + 2\overline{AI} = \dfrac{5}{2}\overline{AI}$

즉, $\overline{FC} = \dfrac{2}{3}\overline{CD} = \dfrac{2}{3} \times \dfrac{5}{2}\overline{AI} = \dfrac{5}{3}\overline{AI}$이므로

$\overline{DI} : \overline{FC} = \dfrac{1}{2}\overline{AI} : \dfrac{5}{3}\overline{AI} = 3 : 10 = 1 : \dfrac{10}{3}$

∴ $a = \dfrac{10}{3}$

한편, ∠AFI = ∠CFH (∵ 맞꼭지각)이고,

∠AIF = ∠CHF = 90°이므로 ∠EAH = ∠FCH이다.

△AHE와 △CHF에서

$\overline{AH} = \overline{CH}$, ∠EAH = ∠FCH, ∠AHE = ∠CHF = 90°이므로

△AHE ≡ △CHF (ASA 합동)

점 F는 삼각형 ABC의 무게중심이므로

$\overline{AH} : \overline{FH} = 3 : 1$

이때, $\overline{AH} = \overline{CH} = \overline{BH}$이고, $\overline{FH} = \overline{EH}$이므로

$\overline{BE} = \overline{BH} - \overline{EH} = 3\overline{EH} - \overline{EH} = 2\overline{EH}$에서

$\overline{BE} : \overline{EH} = 2\overline{EH} : \overline{EH} = 2 : 1$이므로 $b = 2$

$\therefore ab = \dfrac{10}{3} \times 2 = \dfrac{20}{3}$ 　　　　　　답 $\dfrac{20}{3}$

08 해결단계

❶단계	△AMO의 넓이를 구한다.
❷단계	△CRS의 넓이를 구한다.
❸단계	△AMO와 △CRS의 넓이의 합을 구한다.

평행사변형 ABCD에서 $\overline{AO} = \overline{CO}$이므로

$\triangle AMO = \dfrac{1}{2}\triangle AMC = \dfrac{1}{4}\triangle ABC$

$\qquad\quad = \dfrac{1}{8}\square ABCD = \dfrac{1}{8} \times 48 = 6$

또한, △ACD에서 두 점 O, N은 각각 변 AC, DC의 중점이므로 $\overline{AN}$, $\overline{DO}$의 교점 Q는 무게중심이다.

$\overline{AC} /\!/ \overline{RS}$이므로

$\overline{DR} : \overline{RA} = \overline{DS} : \overline{SC} = \overline{DQ} : \overline{QO} = 2 : 1$

이때, △CRS=△ARS이므로

$\triangle ARS = \dfrac{1}{3}\triangle ADS = \dfrac{1}{3} \times \dfrac{2}{3}\triangle ACD = \dfrac{2}{9} \times \dfrac{1}{2}\square ABCD$

$\qquad\quad = \dfrac{1}{9}\square ABCD = \dfrac{1}{9} \times 48 = \dfrac{16}{3}$

$\therefore \triangle CRS = \triangle ARS = \dfrac{16}{3}$

$\therefore \triangle AMO + \triangle CRS = 6 + \dfrac{16}{3} = \dfrac{34}{3}$ 　　답 $\dfrac{34}{3}$

미리보는 **학력평가** 　　　　　　p. 60

1 ①	**2** ⑤	**3** ⑤	**4** $\dfrac{56}{3}$ cm

1

오른쪽 그림과 같이 사다리의 발판 양 끝 점을 각각 A, B, C, D, E, F, G, H라 하자.

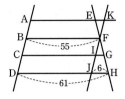

점 F를 지나고 $\overline{AD}$에 평행한 직선이 $\overline{CG}$, $\overline{DH}$와 만나는 점을 각각 I, J라 하면 $\overline{CI} = \overline{DJ} = \overline{BF} = 55$이므로

$\overline{JH} = \overline{DH} - \overline{DJ} = 61 - 55 = 6$

△FJH에서 점 G가 선분 FH의 중점이고 $\overline{IG} /\!/ \overline{JH}$이므로

$\overline{IG} = \dfrac{1}{2}\overline{JH} = \dfrac{1}{2} \times 6 = 3$

$\therefore \overline{CG} = \overline{CI} + \overline{IG} = 55 + 3 = 58$ 　　……㉠

$\overline{AE}$의 연장선과 $\overline{JF}$의 연장선의 교점을 K라 하면

△FIG와 △FKE에서

$\overline{FG} = \overline{FE}$, $\angle IGF = \angle KEF$ (∵ 엇각),

$\angle GFI = \angle EFK$ (∵ 맞꼭지각)

이므로 $\triangle FIG \equiv \triangle FKE$ (ASA 합동)

$\therefore \overline{EK} = \overline{GI} = 3$

즉, $\overline{AE} = \overline{AK} - \overline{EK} = 55 - 3 = 52$ 　　……㉡

㉠, ㉡에서 $\overline{CG} + \overline{AE} = 58 + 52 = 110$

따라서 구하는 두 발판의 길이의 합은 110이다. 　　답 ①

| 다른풀이 |

다음 그림과 같이 사다리의 발판 양 끝 점을 각각 A, B, C, D, E, F, 두 선분 CD, BE의 교점을 P라 하자.

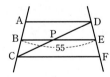

△ACD에서 $\overline{CB} = \overline{BA}$, $\overline{BP} /\!/ \overline{AD}$이므로

$\overline{BP} = \dfrac{1}{2}\overline{AD}$

△DCF에서 $\overline{DE} = \overline{EF}$, $\overline{PE} /\!/ \overline{CF}$이므로

$\overline{PE} = \dfrac{1}{2}\overline{CF}$

이때, $\overline{BE} = \overline{BP} + \overline{PE} = \dfrac{1}{2}\overline{AD} + \dfrac{1}{2}\overline{CF} = \dfrac{1}{2}(\overline{AD} + \overline{CF})$이므로

$\overline{AD} + \overline{CF} = 2\overline{BE} = 2 \times 55 = 110$

2

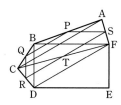

$\overline{CF}$와 $\overline{RS}$의 교점을 T라 하면

$\overline{RT} /\!/ \overline{DF}$이므로 $\triangle CRT \backsim \triangle CDF$ (AA 닮음)

$\overline{CR} : \overline{CD} = 1 : 2$이므로

$\overline{RT} : \overline{DF} = 1 : 2$

$\overline{RT} = \dfrac{1}{2}\overline{DF}$

$\overline{TS} /\!/ \overline{CA}$이므로 $\triangle FST \backsim \triangle FAC$ (AA 닮음)

$\overline{FS} : \overline{FA} = 1 : 2$이므로 $\overline{TS} : \overline{CA} = 1 : 2$

$\overline{TS} = \dfrac{1}{2}\overline{CA}$이므로

$\overline{RS} = \overline{RT} + \overline{TS}$

$\qquad = \dfrac{1}{2}\overline{DF} + \dfrac{1}{2}\overline{CA}$

$\qquad = \dfrac{1}{2}(\overline{DF} + \overline{CA})$

$\qquad = \dfrac{1}{2} \times (32 + 38) = 35$

삼각형의 두 변의 중점을 연결한 선분의 성질에 의하여
삼각형 ABC에서 $\overline{AC} = 38$이므로

$\overline{PQ} = \dfrac{1}{2}\overline{AC} = 19$

$\overline{BD} = a$, $\overline{BF} = b$라 하면

직사각형 BDEF의 둘레의 길이는 $2(a+b) = 88$이므로

$a + b = 44$

삼각형의 두 변의 중점을 연결한 선분의 성질에 의하여

$\overline{QR} = \dfrac{1}{2}\overline{BD} = \dfrac{1}{2}a$

$\overline{PS} = \dfrac{1}{2}\overline{BF} = \dfrac{1}{2}b$

따라서 사각형 PQRS의 둘레의 길이는

$\overline{PQ} + \overline{QR} + \overline{RS} + \overline{PS}$

$= 19 + \dfrac{1}{2}a + 35 + \dfrac{1}{2}b$

$= 54 + \dfrac{1}{2}(a+b)$

$= 54 + 22 = 76$ 　　　　　　　　　　답 ⑤

3

평행사변형 ABCD의 두 대각선 AC, BD의 교점을 I라 하자.

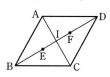

점 E는 삼각형 ABC의 무게중심이므로

$\overline{EI} = \dfrac{1}{3}\overline{BI}$

점 F는 삼각형 CDA의 무게중심이므로

$\overline{FI} = \dfrac{1}{3}\overline{DI}$

따라서 선분 EF의 길이는

$\overline{EF} = \overline{EI} + \overline{FI} = \dfrac{1}{3}\overline{BI} + \dfrac{1}{3}\overline{DI}$

$\qquad = \dfrac{1}{3}(\overline{BI} + \overline{DI})$

$\qquad = \dfrac{1}{3}\overline{BD}$

$\qquad = \dfrac{1}{3} \times 24 = 8$ 　　　　　　　답 ⑤

4

오른쪽 그림에서

$\overline{PQ} = \dfrac{1}{2}\overline{BC} = \dfrac{1}{2} \times 22 = 11$ (cm)

$\overline{AG} : \overline{AP} = \overline{AG'} : \overline{AQ} = 2 : 3$이므로

$\overline{GG'} : \overline{PQ} = 2 : 3$

$\therefore \overline{GG'} = \dfrac{2}{3}\overline{PQ} = \dfrac{2}{3} \times 11 = \dfrac{22}{3}$ (cm)

$\triangle QAB$에서 $\overline{QG'} : \overline{QA} = \overline{QM} : \overline{QB} = 1 : 3$이므로

$\overline{G'M} : \overline{AB} = 1 : 3$에서

$\overline{G'M} : 18 = 1 : 3$

$\therefore \overline{G'M} = 6$ cm

$\triangle PAC$에서 $\overline{PG} : \overline{PA} = \overline{PM} : \overline{PC} = 1 : 3$이므로

$\overline{GM} : \overline{AC} = 1 : 3$에서

$\overline{GM} : 16 = 1 : 3$

$\therefore \overline{GM} = \dfrac{16}{3}$ cm

따라서 $\triangle GG'M$의 둘레의 길이는

$\overline{GG'} + \overline{G'M} + \overline{GM} = \dfrac{22}{3} + 6 + \dfrac{16}{3}$

$\qquad\qquad\qquad\qquad = \dfrac{56}{3}$ (cm) 　　　　답 $\dfrac{56}{3}$ cm

피타고라스 정리

07 피타고라스 정리

Step 1 시험에 꼭 나오는 문제   p. 63

01 ④   02 ③   03 ②   04 ②, ⑤   05 ④
06 $\dfrac{12}{5}$ 07 $\dfrac{17}{2}\pi$

01

$\overline{AB}=\overline{AC}=\overline{CD}=\overline{DE}=x$ $(x>0)$라 하면

△ABC에서 $\overline{BC}^2=x^2+x^2=2x^2$

△BDC에서 $\overline{BD}^2=\overline{BC}^2+x^2=2x^2+x^2=3x^2$

△BED에서 $\overline{BE}^2=\overline{BD}^2+x^2=3x^2+x^2=4x^2$

이때, $\overline{BE}=14$이므로 $\overline{BE}^2=196$에서

$4x^2=196$ ∴ $x^2=49$

그런데 $49=7^2$이고 $x>0$이므로

$x=7$ 답 ④

02

다음 그림과 같이 세 점 A, B, H를 정하면

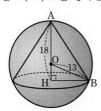

$\overline{OA}$는 구의 반지름이므로

$\overline{OA}=13$

△OBH에서 $\overline{OH}=18-13=5$이므로

$\overline{BH}^2=13^2-5^2=144$

그런데 $144=12^2$이고 $\overline{BH}>0$이므로

$\overline{BH}=12$

따라서 원뿔의 부피는

$\dfrac{1}{3}\times\pi\times12^2\times18=864\pi$ 답 ③

03

□AFGB$=45$ cm², □CBHI$=25$ cm²이므로

□ACDE$=$□AFGB$-$□CBHI

$=45-25=20$ (cm²)

다음 그림과 같이 $\overline{BE}$, $\overline{CE}$를 그으면

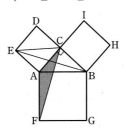

△ABE와 △AFC에서

$\overline{AE}=\overline{AC}$, $\overline{AB}=\overline{AF}$,

$\angle EAB=90°+\angle CAB=\angle CAF$이므로

△ABE≡△AFC (SAS 합동)

∴ △AFC$=$△ABE

$=$△ACE

$=\dfrac{1}{2}$□ACDE

$=\dfrac{1}{2}\times20=10$ (cm²)   답 ②

04

① $2^2+3^2=13\neq4^2$

② $3^2+4^2=25=5^2$

③ $4^2+7^2=65\neq8^2$

④ $6^2+7^2=85\neq9^2$

⑤ $5^2+12^2=169=13^2$

따라서 직각삼각형인 것은 ②, ⑤이다.   답 ②, ⑤

05

$12-5<x<12+5$에서

$7<x<17$ ……㉠

$\angle C>90°$이므로

$x^2>5^2+12^2$, $x^2>169$

이때, $169=13^2$이고 $x>0$이므로

$x>13$ ……㉡

㉠, ㉡에서

$13<x<17$ 답 ④

blacklabel 특강 참고

삼각형이 되기 위한 조건

삼각형의 세 변의 길이가 a, b, c일 때

$|b-c|<a<b+c$

$|a-c|<b<a+c$

$|a-b|<c<a+b$

⇨ (나머지 두 변의 길이의 차)<(한 변의 길이)<(나머지 두 변의 길이의 합)

06

$\triangle$ABC에서 $z^2=10^2-8^2=36$

그런데 $36=6^2$이고 $z>0$이므로 $z=6$

$\overline{AC}^2=\overline{CH}\times\overline{BC}$이므로

$6^2=10x$, $10x=36$ $\quad\therefore x=\dfrac{18}{5}$

$\triangle$AHC에서 $y^2=6^2-\left(\dfrac{18}{5}\right)^2=\dfrac{576}{25}$

그런데 $\dfrac{576}{25}=\left(\dfrac{24}{5}\right)^2$이고 $y>0$이므로 $y=\dfrac{24}{5}$

$\therefore x+y-z=\dfrac{18}{5}+\dfrac{24}{5}-6=\dfrac{12}{5}$ 　　　　　　　답 $\dfrac{12}{5}$

07

$\overline{AB}$를 지름으로 하는 반원의 넓이는

$\dfrac{1}{2}\times\pi\times3^2=\dfrac{9}{2}\pi$

이때, $\overline{BC}$를 지름으로 하는 반원의 넓이는 4π이므로 $\overline{AC}$를 지름으로 하는 반원의 넓이는

$\dfrac{9}{2}\pi+4\pi=\dfrac{17}{2}\pi$ 　　　　　　　답 $\dfrac{17}{2}\pi$

| 다른풀이 |

$\overline{BC}=a$라 하면 $\overline{BC}$를 지름으로 하는 반원의 반지름의 길이는 $\dfrac{a}{2}$

이때, 이 반원의 넓이가 4π이므로

$\dfrac{1}{2}\times\pi\times\left(\dfrac{a}{2}\right)^2=4\pi$에서 $\dfrac{a^2}{8}\pi=4\pi$ $\quad\therefore a^2=32$

$\triangle$ABC에서 $\overline{AC}^2=\overline{AB}^2+\overline{BC}^2$이므로

$\overline{AC}^2=6^2+a^2=36+32=68$ $\quad\cdots\cdots\text{㉠}$

구하는 반원의 반지름의 길이는 $\dfrac{1}{2}\overline{AC}$이므로 그 넓이는

$\dfrac{1}{2}\times\pi\times\left(\dfrac{1}{2}\overline{AC}\right)^2=\dfrac{\pi}{8}\overline{AC}^2=\dfrac{\pi}{8}\times68\ (\because\text{㉠})$

$=\dfrac{17}{2}\pi$

Step 2	A등급을 위한 문제		pp. 64~67

01 ③	02 12	03 ③	04 ④	05 $\dfrac{20}{3}$
06 360	07 $\dfrac{240}{13}$	08 ③	09 ③	10 ①
11 80 cm²	12 24	13 29통	14 ④	15 ⑤
16 144 cm²	17 ③	18 ④	19 $\dfrac{24}{5}$	20 ⑤
21 136	22 28	23 ①		24 $2(S_1+S_2)$

01

$\triangle BC_1D_1$에서 $\overline{BD_1}^2=2^2+2^2=8$

$\therefore \overline{BC_2}^2=8$

$\triangle BC_2D_2$에서 $\overline{BD_2}^2=\overline{BC_2}^2+2^2=8+4=12$

$\therefore \overline{BC_3}^2=12$

$\triangle BC_3D_3$에서 $\overline{BD_3}^2=\overline{BC_3}^2+2^2=12+4=16$

$\therefore \overline{BC_4}^2=16$

$\triangle BC_4D_4$에서 $\overline{BD_4}^2=\overline{BC_4}^2+2^2=16+4=20$

$\therefore \overline{BC_5}^2=20$

$\triangle BC_5D_5$에서 $\overline{BD_5}^2=\overline{BC_5}^2+2^2=20+4=24$

$\therefore \overline{BC_6}^2=24$

$\triangle BC_6D_6$에서 $\overline{BD_6}^2=\overline{BC_6}^2+2^2=24+4=28$

$\therefore \overline{BC_7}^2=28$

$\triangle BC_7D_7$에서 $\overline{BD_7}^2=\overline{BC_7}^2+2^2=28+4=32$

$\therefore \overline{BC_8}^2=32$

$\triangle BC_8D_8$에서 $\overline{BD_8}^2=\overline{BC_8}^2+2^2=32+4=36$

그런데 $36=6^2$이고 $\overline{BD_8}>0$이므로

$\overline{BD_8}=6$ 　　　　　　　답 ③

02

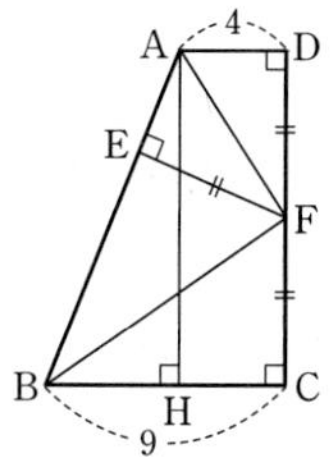

오른쪽 그림과 같이 $\overline{AF}$를 그으면

$\triangle$AFD와 $\triangle$AFE에서

$\angle$ADF$=\angle$AEF$=90\degree$,

$\overline{AF}$는 공통, $\overline{DF}=\overline{EF}$

$\therefore \triangle$AFD$\equiv\triangle$AFE (RHS 합동)

$\therefore \overline{AE}=\overline{AD}=4$ $\quad\cdots\cdots\text{㉠}$

같은 방법으로 $\overline{BF}$를 그으면

$\triangle$BFE$\equiv\triangle$BFC (RHS 합동)

$\therefore \overline{BE}=\overline{BC}=9$ $\quad\cdots\cdots\text{㉡}$

㉠, ㉡에서

$\overline{AB}=\overline{AE}+\overline{BE}=4+9=13$

이때, 꼭짓점 A에서 변 BC에 내린 수선의 발을 H라 하면

$\overline{HC}=\overline{AD}=4$이므로

$\overline{BH}=9-4=5$

$\triangle$ABH에서

$\overline{AH}^2=\overline{AB}^2-\overline{BH}^2$

$=13^2-5^2=144$

그런데 $144=12^2$이고 $\overline{AH}>0$이므로 $\overline{AH}=12$

$\therefore \overline{CD}=\overline{AH}=12$ 　　　　　　　답 12

03

원기둥의 모선 AB의 중점을 M이라 하면 실을 두 바퀴 감았으므로 실이 지나간 경로는 오른쪽 그림의 $\overline{AM'}$과 $\overline{MB'}$이다.

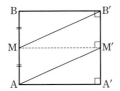

실의 길이가 26 cm이고, $\overline{AB}=10$ cm이므로

$\overline{AM'}=\dfrac{1}{2}\times 26=13\,(cm)$, $\overline{A'M'}=\dfrac{1}{2}\overline{AB}=\dfrac{1}{2}\times 10=5\,(cm)$

즉, 직각삼각형 AA'M'에서 $\overline{AA'}^2=13^2-5^2=144$

그런데 $144=12^2$이고 $\overline{AA'}>0$이므로

$\overline{AA'}=12\,(cm)$

따라서 원기둥의 밑면의 둘레의 길이는 $\overline{AA'}$의 길이와 같으므로 12 cm이다.   답 ③

04

다음 그림과 같이 점 O'을 지나고 $\overline{AB}$에 평행한 선과 $\overline{OA}$의 연장선의 교점을 C라 하자.

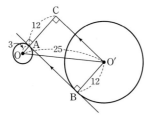

$\triangle OO'C$에서 $\overline{O'C}^2=\overline{OO'}^2-\overline{OC}^2=25^2-15^2=400$

그런데 $400=20^2$이고 $\overline{O'C}>0$이므로

$\overline{O'C}=20$

$\therefore \overline{AB}=\overline{O'C}=20$ 답 ④

| 다른풀이 |

오른쪽 그림과 같이 직선 AB와 선분 OO'의 교점을 M이라 하면

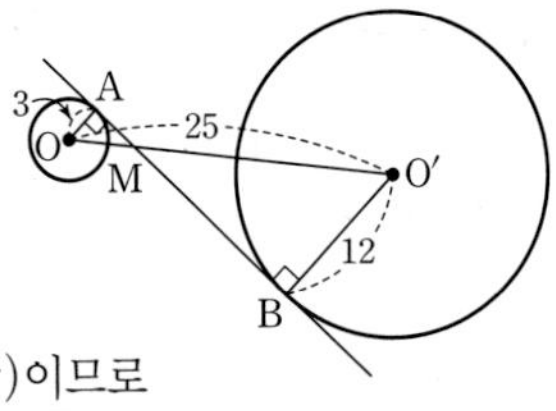

$\triangle AOM$과 $\triangle BO'M$에서

$\angle OAM=\angle O'BM=90°$,

$\angle AMO=\angle BMO'$ (∵ 맞꼭지각)이므로

$\triangle AOM \backsim \triangle BO'M$ (AA 닮음)

즉, $\overline{OM}:\overline{O'M}=\overline{AO}:\overline{BO'}=3:12=1:4$이고,

$\overline{OO'}=25$이므로 $\overline{OM}=5$, $\overline{O'M}=20$

$\triangle OAM$에서 $\overline{AM}^2=\overline{OM}^2-\overline{OA}^2=5^2-3^2=16$

그런데 $16=4^2$이고 $\overline{AM}>0$이므로

$\overline{AM}=4$

$\triangle O'BM$에서 $\overline{BM}^2=\overline{O'M}^2-\overline{O'B}^2=20^2-12^2=256$

그런데 $256=16^2$이고 $\overline{BM}>0$이므로

$\overline{BM}=16$

$\therefore \overline{AB}=\overline{AM}+\overline{BM}=4+16=20$

05

$\triangle ABC$에서 $\overline{AB}^2=12^2+16^2=400$

그런데 $400=20^2$이고 $\overline{AB}>0$이므로

$\overline{AB}=20$

오른쪽 그림과 같이 $\overline{CG}$의 연장선이 $\overline{AB}$와 만나는 점을 M이라 하면 무게중심 G는 삼각형의 세 중선의 교점이므로 $\overline{AM}=\overline{BM}$, 즉 점 M은 $\triangle ABC$의 외심이다.

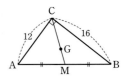

$\overline{CM}=\overline{AM}=\overline{BM}=\dfrac{1}{2}\overline{AB}=\dfrac{1}{2}\times 20=10$

$\therefore \overline{CG}=\dfrac{2}{3}\overline{CM}=\dfrac{2}{3}\times 10=\dfrac{20}{3}$ 답 $\dfrac{20}{3}$

blacklabel 특강   참고

삼각형의 외심의 위치

(1) 예각삼각형   (2) 둔각삼각형   (3) 직각삼각형

⇨ 삼각형의 내부   ⇨ 삼각형의 외부   ⇨ 빗변의 중점

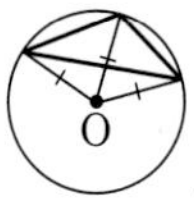

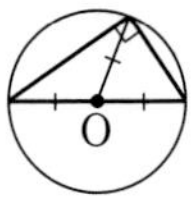

06

$\overline{AD}=\overline{BE}=\overline{CF}=x$라 하면

$\overline{CM}=\overline{MF}=\dfrac{x}{2}$

$\triangle ABE$에서 $\overline{AE}^2=6^2+x^2$

$\triangle ACM$에서 $\overline{AM}^2=12^2+\left(\dfrac{x}{2}\right)^2$

$\triangle AEM$은 정삼각형이므로

$\overline{AE}=\overline{AM}$, 즉 $\overline{AE}^2=\overline{AM}^2$에서

$6^2+x^2=12^2+\left(\dfrac{x}{2}\right)^2$, $\dfrac{3x^2}{4}=108$

$\therefore x^2=144$

이때, $144=12^2$이고 $x>0$이므로

$x=12$

$\overline{BC}=\overline{EF}=y$라 하면

$\triangle EMF$에서 $\overline{ME}^2=6^2+y^2$

$\triangle ACM$에서 $\overline{AM}^2=12^2+6^2$

$\triangle AEM$은 정삼각형이므로

$\overline{ME}=\overline{AM}$, 즉 $\overline{ME}^2=\overline{AM}^2$에서

$6^2+y^2=12^2+6^2$, $y^2=12^2$

$\therefore y=12$ (∵ $y>0$)

따라서 삼각기둥의 옆넓이는

$(6+12+12)\times 12=360$ 답 360

07

$\triangle ABC$는 $\overline{AB}=\overline{AC}=26$, $\overline{BC}=20$인 이
등변삼각형이므로 오른쪽 그림과 같이 꼭짓
점 A에서 변 BC에 내린 수선의 발을 H라
하면

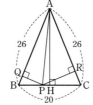

$$\overline{BH}=\frac{1}{2}\overline{BC}=\frac{1}{2}\times 20=10$$

즉, $\triangle AHC$에서

$$\overline{AH}^2=26^2-10^2=576$$

그런데 $576=24^2$이고 $\overline{AH}>0$이므로

$$\overline{AH}=24$$

$$\triangle ABC=\frac{1}{2}\times 20\times 24=240$$

이때, $\overline{AP}$를 그으면 $\triangle ABC=\triangle ABP+\triangle APC$에서

$$240=\frac{1}{2}\times 26\times\overline{PQ}+\frac{1}{2}\times 26\times\overline{PR}$$

$$240=13(\overline{PQ}+\overline{PR})$$

$$\therefore \overline{PQ}+\overline{PR}=\frac{240}{13}$$

답 $\dfrac{240}{13}$

08

$\overline{BE}=3$이므로 $\overline{EC}=8-3=5$

이때, $\overline{EC}=\overline{DE}$이므로 $\overline{DE}=5$

$\triangle DBE$는 $\angle B=90°$인 직각삼각형이므로

$$\overline{BD}^2=\overline{DE}^2-\overline{BE}^2=5^2-3^2=16$$

그런데 $16=4^2$이고 $\overline{BD}>0$이므로

$$\overline{BD}=4$$

또한, $\overline{AB}=8$이므로 $\overline{AD}=8-4=4$

한편, 오른쪽 그림과 같이 $\triangle FEC$의 꼭짓
점 F에서 $\overline{EC}$에 내린 수선의 발을 H라
하면

$\triangle ABC$와 $\triangle FHC$에서

$\angle ABC=\angle FHC=90$, $\angle C$는 공통이

므로

$\triangle ABC \backsim \triangle FHC$ (AA 닮음)

즉, $\triangle FHC$는 직각이등변삼각형이다.

이때, $\overline{HC}=\overline{FH}=h$라 하면

$$\overline{BH}=8-h$$

$\triangle ABC=\triangle ADF+\triangle DBE+2\triangle FEC$에서

$$\frac{1}{2}\times 8\times 8=\frac{1}{2}\times 4\times(8-h)+\frac{1}{2}\times 4\times 3+2\times\left(\frac{1}{2}\times 5\times h\right)$$

$$32=16-2h+6+5h, \ 3h=10$$

$$\therefore h=\frac{10}{3}$$

$$\therefore \triangle DEF=\triangle FEC=\frac{1}{2}\times 5\times\frac{10}{3}=\frac{25}{3}$$

답 ③

09 해결단계

❶단계	$\overline{AB}^2$의 값을 구한다.
❷단계	$\triangle ABC$에 내접하는 반원의 반지름의 길이를 $\overline{AB}$를 사용하여 나타낸다.
❸단계	$\triangle DEM$에서 $\overline{DE}$의 길이를 구한다.
❹단계	$\triangle DEF$에 내접하는 반원의 반지름의 길이를 구한다.
❺단계	색칠한 부분의 넓이를 구한다.

$\overline{AB}=\overline{AC}=x$라 하면

$\triangle ABC$에서 $x^2+x^2=100$

$2x^2=100$ $\therefore x^2=50$ ……㉠

이때, 오른쪽 그림과 같이 점 A에서
$\overline{BC}$에 내린 수선의 발을 M이라 하
면 점 M은 $\overline{BC}$의 중점이면서
$\triangle ABC$의 외심이므로

$$\overline{AM}=\overline{BM}=\overline{CM}$$

$$=\frac{1}{2}\overline{BC}=\frac{1}{2}\times 10=5$$

$\overline{AB}$와 $\triangle ABC$에 내접하는 반원의 접점을 P라 하면

$\overline{MP}\perp\overline{AB}$이므로 $\triangle ABM$에서

$\overline{AB}\times\overline{MP}=\overline{AM}\times\overline{BM}$, $x\times\overline{MP}=5\times 5$

$$\therefore \overline{MP}=\frac{25}{x}$$

즉, $\triangle ABC$에 내접하는 반원의 반지름의 길이는 $\dfrac{25}{x}$이므로

$$\overline{DM}=\overline{EM}=\frac{25}{x}$$

$\triangle DEM$에서

$$\overline{DE}^2=\overline{ME}^2+\overline{MD}^2=2\overline{MP}^2$$

$$=2\times\frac{25^2}{x^2}=2\times\frac{25^2}{50}=25 \ (\because ㉠)$$

그런데 $25=5^2$이고 $\overline{DE}>0$이므로

$$\overline{DE}=5$$

$\overline{DE}$와 $\triangle DEF$에 내접하는 반원의 접점을 Q라 하면

$\overline{MQ}\perp\overline{DE}$이므로 $\triangle DEM$에서

$\overline{DE}\times\overline{MQ}=\overline{EM}\times\overline{DM}$, $5\times\overline{MQ}=\dfrac{25}{x}\times\dfrac{25}{x}$

$$\therefore \overline{MQ}=\frac{5}{2} \ (\because ㉠)$$

즉, $\triangle DEF$에 내접하는 반원의 반지름의 길이는 $\dfrac{5}{2}$이다.

$\therefore$ (색칠한 부분의 넓이)

$=\{\triangle ABC-(\triangle ABC$에 내접하는 반원의 넓이$)\}$

$\qquad +\{\triangle DEF-(\triangle DEF$에 내접하는 반원의 넓이$)\}$

$$=\left\{\frac{1}{2}\times x\times x-\frac{1}{2}\times\pi\times\left(\frac{25}{x}\right)^2\right\}$$

$$\qquad +\left\{\frac{1}{2}\times 5\times 5-\frac{1}{2}\times\pi\times\left(\frac{5}{2}\right)^2\right\}$$

$$=\frac{75}{2}-\frac{75}{8}\pi \ (\because ㉠)$$

답 ③

10

① $\triangle AGC \equiv \triangle HBC$ (SAS 합동)이므로 $\overline{AG} = \overline{BH}$

② $\triangle ABC = \dfrac{1}{2} \times \overline{AB} \times \overline{AC}$, $\triangle AEB = \dfrac{1}{2}\overline{AB}^2$이므로

$\triangle ABC$와 $\triangle AEB$의 넓이는 같지 않다.

③ $\overline{AC} /\!/ \overline{EB}$이므로

$\triangle AEC = \triangle ABC = \dfrac{1}{2} \times \overline{AB} \times \overline{AC}$

$\triangle AGC \equiv \triangle HBC$ (SAS 합동)이고, $\overline{AB} /\!/ \overline{CH}$이므로

$\triangle AGC = \triangle HBC = \triangle ACH = \dfrac{1}{2}\overline{AC}^2$

즉, $\triangle AEC$와 $\triangle AGC$의 넓이는 같지 않다.

④ $\square ADEB = \overline{AB}^2$

$\square AEBC = \triangle AEB + \triangle ABC$

$= \dfrac{1}{2} \times \overline{AB}^2 + \dfrac{1}{2} \times \overline{AB} \times \overline{AC}$

즉, $\square ADEB$와 $\square AEBC$의 넓이는 같지 않다.

⑤ $\triangle EBA = \triangle EBC = \triangle ABF = \triangle BFJ$이므로

$\square ADEB = \square BFKJ$

같은 방법으로 $\square ACHI = \square JKGC$이므로

$\square ADEB + \square ACHI = \square BFGC$

따라서 항상 옳은 것은 ①이다.   답 ①

11

정사각형 ABCD의 한 변의 길이는

$\dfrac{1}{4} \times 48 = 12$ (cm)이므로 $\overline{AH} = x$ cm라 하면

$\overline{HD} = 12 - x$ (cm)

이때, 점 A가 A′, 점 D가 D′에 오도록 접었으므로

$\overline{AH} = \overline{A'H}$, $\overline{HD} = \overline{HD'}$

즉, $\overline{A'D'} = \overline{AH} - \overline{HD}$에서

$\overline{A'D'} = x - (12 - x) = 2x - 12$ (cm)

정사각형 A′B′C′D′의 넓이가 16 cm²이므로 한 변의 길이는

4 cm이다.

즉, $2x - 12 = 4$ $\therefore x = 8$

$\therefore \overline{AH} = 8$ cm, $\overline{HD} = 4$ cm

$\triangle AEH$에서 $\overline{EH}^2 = 8^2 + 4^2 = 80$

이때, $\angle A = \angle B = \angle C = \angle D = 90°$,

$\overline{AE} = \overline{BF} = \overline{CG} = \overline{DH}$, $\overline{AH} = \overline{BE} = \overline{CF} = \overline{DG}$이므로

$\triangle AEH \equiv \triangle BFE \equiv \triangle CGF \equiv \triangle DHG$ (SAS 합동)

즉, $\angle HEF = \angle EFG = \angle FGH = \angle GHE = 90°$,

$\overline{EF} = \overline{FG} = \overline{GH} = \overline{HE}$이므로

$\square EFGH$는 정사각형이다.

$\therefore \square EFGH = \overline{EH}^2 = 80$ (cm²)   답 80 cm²

| 다른풀이 |

정사각형 ABCD의 한 변의 길이는 $\dfrac{1}{4} \times 48 = 12$ (cm)이므로

$\square ABCD = 12^2 = 144$ (cm²)

한편, 정사각형 모양의 종이 ABCD에서 네 점 A, B, C, D가

각각 A′, B′, C′, D′에 오도록 접었으므로

$\triangle AEH \equiv \triangle A'EH \equiv \triangle BFE \equiv \triangle B'FE \equiv \triangle CGF \equiv \triangle C'GF$

$\equiv \triangle DHG \equiv \triangle D'HG$

즉, $\square ABCD = 8\triangle AEH + \square A'B'C'D'$

$144 = 8\triangle AEH + 16$ $\therefore \triangle AEH = 16$ (cm²)

이때, $\square EFGH - 4\triangle AEH + \square A'B'C'D'$이므로

정사각형 EFGH의 넓이는

$4 \times 16 + 16 = 80$ (cm²)

12

$\triangle ABC$에서 $\overline{AC}^2 = 10^2 - 6^2 = 64$

그런데 $64 = 8^2$이고 $\overline{AC} > 0$이므로

$\overline{AC} = 8$

오른쪽 그림과 같이 점 E에서 $\overline{BF}$의 연

장선에 내린 수선의 발을 J라 하면

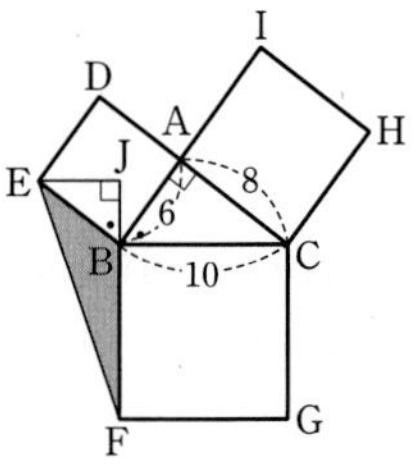

$\triangle ABC$와 $\triangle JBE$에서

$\angle BAC = \angle BJE = 90°$,

$\angle ABC = 90° - \angle JBA = \angle JBE$

$\therefore \triangle ABC \backsim \triangle JBE$ (AA 닮음)

즉, $\overline{AC} : \overline{JE} = \overline{BC} : \overline{BE}$에서 $8 : \overline{JE} = 10 : 6$

$10\overline{JE} = 48$ $\therefore \overline{JE} = \dfrac{24}{5}$

$\therefore \triangle BEF = \dfrac{1}{2} \times \overline{BF} \times \overline{JE}$

$= \dfrac{1}{2} \times 10 \times \dfrac{24}{5} = 24$ 답 24

| 다른풀이 |

$\triangle ABC$에서 $\overline{AC}^2 = 10^2 - 6^2 = 64$

그런데 $64 = 8^2$이고 $\overline{AC} > 0$이므로

$\overline{AC} = 8$

오른쪽 그림과 같이 점 F에서 $\overline{EB}$의 연

장선에 내린 수선의 발을 K라 하면

$\triangle ABC$와 $\triangle KBF$에서

$\angle BAC = \angle BKF = 90°$, $\overline{BC} = \overline{BF}$,

$\angle ABC = 90° - \angle KBC = \angle KBF$

$\therefore \triangle ABC \equiv \triangle KBF$ (RHA 합동)

즉, $\overline{KF} = \overline{AC} = 8$이므로

$\triangle BEF = \dfrac{1}{2} \times \overline{BE} \times \overline{KF} = \dfrac{1}{2} \times 6 \times 8 = 24$

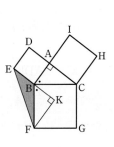

13

오른쪽 그림에서 같은 색으로 칠한 정사각형의 넓이의 합은 각각 $\overline{AB}$를 한 변으로 하는 정사각형의 넓이와 같다.

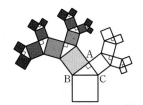

(가)

또한, 오른쪽 그림에서 같은 색으로 칠한 정사각형의 넓이의 합은 각각 $\overline{AC}$를 한 변으로 하는 정사각형의 넓이와 같다.

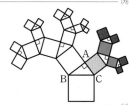

(나)

즉, $\overline{AB}$를 한 변으로 하는 정사각형의 넓이는 $4^2=16\,(\text{m}^2)$

$\overline{AC}$를 한 변으로 하는 정사각형의 넓이는 $3^2=9\,(\text{m}^2)$

$\triangle ABC$에서 $\overline{BC}^2=3^2+4^2=25$

그런데 $25=5^2$이고 $\overline{BC}>0$이므로

$\overline{BC}=5\,(\text{m})$

$\overline{BC}$를 한 변으로 하는 정사각형의 넓이는

$5^2=25\,(\text{m}^2)$

따라서 페인트로 칠해야 하는 부분의 넓이는

$16\times4+9\times3+25=116\,(\text{m}^2)$

(다)

이때, 페인트 한 통으로는 $4\,\text{m}^2$를 칠할 수 있으므로 최소 $116\div4=29\,(\text{통})$의 페인트가 필요하다.

(라)

답 29통

단계	채점 기준	배점
(가)	$\overline{AB}$를 한 변으로 하는 정사각형과 넓이가 같은 부분을 찾은 경우	30%
(나)	$\overline{AC}$를 한 변으로 하는 정사각형과 넓이가 같은 부분을 찾은 경우	30%
(다)	페인트로 칠해야 하는 부분의 넓이를 구한 경우	30%
(라)	필요한 페인트가 최소 몇 통인지 구한 경우	10%

blacklabel 특강 교과 외 지식

피타고라스의 나무

피타고라스 정리를 이용하여 직각삼각형과 정사각형을 계속 이어 붙여 그리면 오른쪽 그림과 같은 나무 모양의 그림을 얻을 수 있다. 이것을 피타고라스의 나무라 한다.

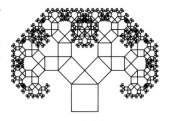

14

주어진 수를 각각 제곱하여 차례대로 나열하면

81, 169, 289, 1600, 1681이다.

이때, $81+1600=1681$이므로 직각삼각형의 세 변의 길이가 될 수 있는 서로 다른 세 수는 9, 40, 41이다.

세 수 중에서 가장 큰 수인 41은 빗변의 길이이므로 이 직각삼각형의 넓이는

$\dfrac{1}{2}\times9\times40=180$

답 ④

15

삼각형이 되기 위한 조건에 의하여

$6-4<x<4+6$ ∴ $2<x<10$

이를 만족시키는 정수 x의 값은

3, 4, 5, 6, 7, 8, 9이다.

세 변의 길이가 4, 6, x인 삼각형이 둔각삼각형이 되려면

(i) x가 가장 긴 변의 길이일 때,

$x^2>4^2+6^2$에서 $x^2>52$이므로

가능한 정수 x의 값은 8, 9이다.

(ii) 6이 가장 긴 변의 길이일 때,

$6^2>x^2+4^2$에서 $x^2<20$이므로

가능한 정수 x의 값은 3, 4이다.

(i), (ii)에서 조건을 만족시키는 정수 x의 값은 3, 4, 8, 9

따라서 구하는 합은

$3+4+8+9=24$

답 ⑤

16

$\square ABCD$에서 선분 AC를 그으면 다음 그림과 같다.

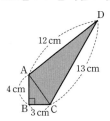

$\triangle ABC$에서 $\overline{AC}^2=4^2+3^2=25$

그런데 $25=5^2$이고 $\overline{AC}>0$이므로

$\overline{AC}=5\,(\text{cm})$

$\triangle ACD$에서 $5^2+12^2=13^2$

즉, $\overline{AC}^2+\overline{AD}^2=\overline{CD}^2$이므로

$\triangle ACD$는 $\angle CAD=90°$인 직각삼각형이다.

따라서 구하는 도형의 넓이는

$4\square ABCD=4\times\left(\dfrac{1}{2}\times4\times3+\dfrac{1}{2}\times5\times12\right)$

$=4\times36=144\,(\text{cm}^2)$

답 $144\,\text{cm}^2$

17

② $S_3>S_1+S_2$이면 ∠B는 둔각이므로 ∠A, ∠C는 예각이다.

③ $S_2<S_1+S_3$이면 ∠A는 예각이지만 ∠B와 ∠C의 크기는 알 수 없으므로 삼각형의 모양을 알 수 없다.　　　답 ③

blacklabel 특강　오답피하기

삼각형의 세 각 중 한 각이 둔각이면 나머지 두 각은 모두 예각이다.
또한, 사각형의 네 각 중 두 각이 둔각이면 나머지 두 각은 모두 예각이다.

18

3개의 공에 적힌 수를 세 변의 길이로 하는 삼각형은
(2, 3, 4), (2, 4, 5), (2, 5, 6), (3, 4, 5), (3, 4, 6),
(3, 5, 6), (4, 5, 6)의 7개이므로
$a=7$

이때, 각 삼각형이 직각삼각형인지 확인하면

(i) (2, 3, 4)에서 $2^2+3^2=13≠4^2$

(ii) (2, 4, 5)에서 $2^2+4^2=20≠5^2$

(iii) (2, 5, 6)에서 $2^2+5^2=29≠6^2$

(iv) (3, 4, 5)에서 $3^2+4^2=25=5^2$ ⇨ 직각삼각형이다.

(v) (3, 4, 6)에서 $3^2+4^2=25≠6^2$

(vi) (3, 5, 6)에서 $3^2+5^2=34≠6^2$

(vii) (4, 5, 6)에서 $4^2+5^2=41≠6^2$

(i)~(vii)에서 $b=1$

∴ $a+b=7+1=8$　　　답 ④

19

□ABCD=36에서 $36=6^2$이므로
$\overline{AB}=6$ (∵ $\overline{AB}>0$)

□CEFG=4에서 $4=2^2$이므로
$\overline{CE}=2$ (∵ $\overline{CE}>0$)

△ABE에서
$\overline{AE}^2=6^2+8^2=100$

그런데 $100=10^2$이고 $\overline{AE}>0$이므로
$\overline{AE}=10$

$\overline{AB}×\overline{BE}=\overline{AE}×\overline{BH}$이므로
$6×8=10×\overline{BH}$

∴ $\overline{BH}=\dfrac{24}{5}$　　　답 $\dfrac{24}{5}$

20

직사각형의 각 꼭짓점을 A, B, C, D라 하고 선분 BD를 그으면 다음 그림과 같다.

△ABD에서 $\overline{BD}^2=\overline{AD}^2+\overline{AB}^2$이므로
$$\pi\left(\frac{\overline{BD}}{2}\right)^2=\pi\left(\frac{\overline{AB}}{2}\right)^2+\pi\left(\frac{\overline{AD}}{2}\right)^2 \quad\cdots\cdots ㉠$$

(색칠한 부분의 넓이)
$$=\pi\left(\frac{\overline{AB}}{2}\right)^2+\pi\left(\frac{\overline{AD}}{2}\right)^2+□ABCD-\pi\left(\frac{\overline{BD}}{2}\right)^2$$
$$=□ABCD\ (∵ ㉠)$$
$$=2×△ABD$$
$$=2×\left(\frac{1}{2}×5×9\right)=45 \qquad 답 ⑤$$

21

△ADC에서 $\overline{EF}/\!/\overline{CD}$이므로
$\overline{AF}:\overline{FD}=\overline{AE}:\overline{EC}$　　∴ $\overline{AE}:\overline{EC}=3:2$

△ABC에서
$\overline{AE}:\overline{EC}=3:2$이므로 $\overline{AD}:\overline{DB}=3:2$이고
$\overline{DE}:\overline{BC}=3:(3+2)=3:5$이다.

$\overline{BC}=10$이므로 $\overline{DE}:10=3:5$　　∴ $\overline{DE}=6$

∠A=90°인 직각삼각형 ABC에서
$\overline{BE}^2+\overline{CD}^2=\overline{DE}^2+\overline{BC}^2$
$\qquad\qquad\quad =6^2+10^2=136$　　　답 136

22

다음 그림과 같이 △ABP의 $\overline{AB}$가 $\overline{DC}$와 겹치도록 △ABP를 이동시킨 도형을 △DCP′이라 하면
$\overline{QP'}⊥\overline{DC}$

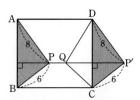

이때, □DQCP′에서
$\overline{DQ}^2+\overline{CP'}^2=\overline{DP'}^2+\overline{CQ}^2$이므로
$\overline{DQ}^2+6^2=8^2+\overline{CQ}^2$

∴ $\overline{DQ}^2-\overline{CQ}^2=8^2-6^2=28$　　　답 28

| 다른풀이 |

오른쪽 그림과 같이 △ABP의 점 P가
△DQC의 점 Q와 만나도록 △ABP를
이동시킨 도형을 △A′B′Q라 하면
□A′B′CD에서

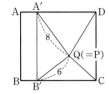

$\overline{A'Q}^2 + \overline{CQ}^2 = \overline{B'Q}^2 + \overline{DQ}^2$이므로

$8^2 + \overline{CQ}^2 = 6^2 + \overline{DQ}^2$

$\therefore \overline{DQ}^2 - \overline{CQ}^2 = 28$

blacklabel 특강 해결실마리

직사각형 내부에 있는 임의의 점에 대한 문제의 경우 다음 그림과 같이 두 대각선이
직교하는 사각형으로 변형하여 해결할 수 있다.

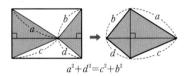

$a^2 + d^2 = c^2 + b^2$

23

일차방정식 $3x - 4y = 12$에

$y = 0$을 대입하면 $3x = 12$ $\therefore x = 4$

$x = 0$을 대입하면 $-4y = 12$ $\therefore y = -3$

즉, 일차방정식 $3x - 4y = 12$의 그래프의 x절편은 4, y절편은
-3이다.

오른쪽 그림과 같이 주어진 그래프가
y축, x축과 만나는 점을 각각
A$(0, -3)$, B$(4, 0)$이라 하면
△OAB에서 $\overline{OA} = 3$, $\overline{OB} = 4$이므로
$\overline{AB}^2 = 3^2 + 4^2 = 25$

그런데 $25 = 5^2$이고 $\overline{AB} > 0$이므로

$\overline{AB} = 5$

$\overline{OA} \times \overline{OB} = \overline{AB} \times \overline{OH}$이므로

$3 \times 4 = 5 \times \overline{OH}$ $\therefore \overline{OH} = \dfrac{12}{5}$

답 ①

24

오른쪽 그림과 같이 직각삼각형 ABC에서
$\overline{BC}$를 지름으로 하는 반원의 넓이를 S라 하면
직각삼각형의 세 반원 사이의 관계에 의하여
$S = S_1 + S_2$이다.

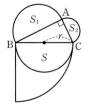

반원 S의 반지름의 길이를 r라 하면

$S = \dfrac{1}{2} \times \pi \times r^2 = \dfrac{1}{2}r^2\pi$, 즉 $S_1 + S_2 = \dfrac{1}{2}r^2\pi$ ……㉠

이때, $\overline{BC} = 2r$이므로 주어진 사분원의 반지름의 길이는 $2r$

따라서 그 넓이는

$\dfrac{1}{4} \times \pi \times (2r)^2 = \pi r^2$

$= 2(S_1 + S_2)$ (∵ ㉠) 답 $2(S_1 + S_2)$

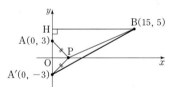

Step 3 종합 사고력 도전 문제			pp. 68~69
01 (1) 17 (2) $\dfrac{45}{8}$	**02** 65	**03** (1) 176π (2) 84 : 125	
04 12개	**05** 30 cm	**06** 6	**07** 오전 10시 24분
08 180			

01 해결단계

	❶단계	점 A와 x축에 대하여 대칭인 점 A′을 좌표평면 위에 나타낸다.
(1)	❷단계	$\overline{A'B}$의 길이를 구하여 $\overline{PA} + \overline{PB}$의 최솟값을 구한다.
(2)	❸단계	두 점 A′, B를 지나는 직선을 그래프로 하는 일차함수의 식을 구한다.
	❹단계	❸단계에서 구한 그래프의 x절편이 점 P의 x좌표임을 확인하고 그 값을 구한다.

(1) 다음 그림과 같이 점 A와 x축에 대하여 대칭인 점을 A′이라
하면 A′$(0, -3)$

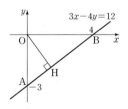

이때, △PA′B에서 $\overline{PA'} + \overline{PB} \geq \overline{A'B}$이므로

$\overline{PA} + \overline{PB} = \overline{PA'} + \overline{PB}$

$\geq \overline{A'B}$ ……㉠

점 B에서 y축에 내린 수선의 발을 H라 하면

$\overline{BH} = 15$, $\overline{A'H} = 8$이므로 △BHA′에서

$\overline{A'B}^2 = 15^2 + 8^2 = 289$

그런데 $289 = 17^2$이고 $\overline{A'B} > 0$이므로

$\overline{A'B} = 17$

㉠에서 $\overline{PA} + \overline{PB}$의 최솟값은 17이다.

(2) 두 점 A′, B를 지나는 일차함수의 그래프의 기울기는

$\dfrac{5 - (-3)}{15 - 0} = \dfrac{8}{15}$

이므로 이 일차함수의 식은 $y = \dfrac{8}{15}x - 3$ ……㉡

일차함수 ㉡의 그래프와 x축의 교점이 P일 때, $\overline{PA} + \overline{PB}$의
값이 최소가 되므로 ㉡에 $y = 0$을 대입하면

$$0=\frac{8}{15}x-3, \quad \frac{8}{15}x=3 \quad \therefore x=\frac{45}{8}$$

따라서 점 P의 x좌표는 $\frac{45}{8}$이다.

답 (1) 17 (2) $\frac{45}{8}$

02 해결단계

❶단계	점 F에서 $\overline{\mathrm{EB}}$의 연장선에 내린 수선의 발을 나타낸다.
❷단계	삼각형의 두 변의 중점을 연결한 선분의 성질을 이용하여 $\overline{\mathrm{FP}}$와 $\overline{\mathrm{BP}}$의 길이를 구한다.
❸단계	$\overline{\mathrm{BF}}^2$의 값을 이용하여 사각형 BFGC의 넓이를 구한다.

다음 그림과 같이 점 F에서 $\overline{\mathrm{EB}}$의 연장선에 내린 수선의 발을 P
라 하면

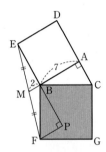

$\triangle$EFP에서 $\overline{\mathrm{EM}}=\overline{\mathrm{FM}}$, $\overline{\mathrm{MB}}/\!/\overline{\mathrm{FP}}$이므로

$$\overline{\mathrm{FP}}=2\overline{\mathrm{BM}}=2\times2=4$$

또한, $\overline{\mathrm{BP}}=\overline{\mathrm{EB}}=7$이므로

$\triangle$PBF에서

$$\overline{\mathrm{BF}}^2=\overline{\mathrm{BP}}^2+\overline{\mathrm{FP}}^2$$
$$=7^2+4^2=65$$

따라서 사각형 BFGC의 넓이는

$$\overline{\mathrm{BF}}^2=65$$

답 65

03 해결단계

(1)	❶단계	피타고라스 정리를 이용하여 두 단면 A, B의 넓이를 각각 구한다.
	❷단계	❶단계에서 구한 두 단면의 넓이의 차를 구한다.
(2)	❸단계	점 O를 꼭짓점으로 하고 단면 A, B를 밑면으로 하는 원뿔의 부피를 각각 구한다.
	❹단계	❸단계에서 구한 부피의 비를 가장 간단한 자연수의 비로 나타낸다.

(1) 다음 그림과 같이 구의 중심 O에서 두 단면 A, B에 내린 수
선의 발을 각각 P, Q라 하고 단면 A가 구와 만나는 점을 R,
단면 B가 구와 만나는 점을 S라 하면

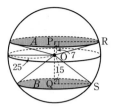

두 단면 A, B가 평행하고, 두 선분 OP, OQ가 두 단면 A,
B와 수직이므로 $\triangle$OPR, $\triangle$OQS는 모두 직각삼각형이다.

$\triangle$OPR에서

$$\overline{\mathrm{PR}}^2=25^2-7^2=576$$

$\therefore$ (단면 A의 넓이)$=\pi\times\overline{\mathrm{PR}}^2=576\pi$

같은 방법으로 $\triangle$OQS에서

$$\overline{\mathrm{QS}}^2=25^2-15^2=400$$

$\therefore$ (단면 B의 넓이)$=\pi\times\overline{\mathrm{QS}}^2=400\pi$

따라서 두 단면의 넓이의 차는

$$576\pi-400\pi=176\pi$$

(2) (1)에서 구한 단면 A의 넓이가 576π이므로 점 O를 꼭짓점으
로 하고 단면 A를 밑면으로 하는 원뿔의 부피를 구하면

$$\frac{1}{3}\times576\pi\times7=1344\pi$$

또한, (1)에서 구한 단면 B의 넓이가 400π이므로 점 O를 꼭
짓점으로 하고 단면 B를 밑면으로 하는 원뿔의 부피를 구하면

$$\frac{1}{3}\times400\pi\times15=2000\pi$$

$$\therefore 1344\pi : 2000\pi=84 : 125$$

답 (1) 176π (2) $84 : 125$

04 해결단계

❶단계	$\overline{\mathrm{OA}}, \overline{\mathrm{OB}}, \overline{\mathrm{OC}}, \cdots, \overline{\mathrm{OI}}$를 제곱한 값을 각각 구한다.
❷단계	❶단계에서 구한 값을 이용하여 직각삼각형이 될 수 있는 선분을 택한다.
❸단계	구하는 직각삼각형의 개수를 구한다.

$\overline{\mathrm{OA}}, \overline{\mathrm{OB}}, \overline{\mathrm{OC}}, \cdots, \overline{\mathrm{OI}}$의 길이를 각각 $a, b, c, \cdots, i$라 하면

$$a^2=1+1=2$$
$$b^2=a^2+1=2+1=3$$
$$c^2=b^2+1=3+1=4$$
$$d^2=c^2+1=4+1=5$$
$$\vdots$$
$$i^2=h^2+1=9+1=10$$

이 9개의 길이의 선분 중 3개를 택할 때, 세 선분을 변으로 하는
직각삼각형의 개수는

(i) $\overline{\mathrm{OA}}$가 가장 짧은 변일 때,

 $2+3=5$에서 $a^2+b^2=d^2$ $\therefore (a, b, d)$

 $2+4=6$에서 $a^2+c^2=e^2$ $\therefore (a, c, e)$

 $2+5=7$에서 $a^2+d^2=f^2$ $\therefore (a, d, f)$

$2+6=8$에서 $a^2+e^2=g^2$ ∴ (a, e, g)

$2+7=9$에서 $a^2+f^2=h^2$ ∴ (a, f, h)

$2+8=10$에서 $a^2+g^2=i^2$ ∴ (a, g, i)

즉, $\overline{OA}$가 가장 짧은 변인 직각삼각형은 6개이다.

(ii) $\overline{OB}$가 가장 짧은 변일 때,

$3+4=7$에서 $b^2+c^2=f^2$ ∴ (b, c, f)

$3+5=8$에서 $b^2+d^2=g^2$ ∴ (b, d, g)

$3+6=9$에서 $b^2+e^2=h^2$ ∴ (b, e, h)

$3+7=10$에서 $b^2+f^2=i^2$ ∴ (b, f, i)

즉, $\overline{OB}$가 가장 짧은 변인 직각삼각형은 4개이다.

(iii) $\overline{OC}$가 가장 짧은 변일 때,

$4+5=9$에서 $c^2+d^2=h^2$ ∴ (c, d, h)

$4+6=10$에서 $c^2+e^2=i^2$ ∴ (c, e, i)

즉, $\overline{OC}$가 가장 짧은 변인 직각삼각형은 2개이다.

(i), (ii), (iii)에서 구하는 직각삼각형은

$6+4+2=12$(개) 답 12개

05 해결단계

❶단계	$\overline{OB}$의 길이를 구한다.
❷단계	원뿔대의 옆면의 전개도에서 나타나는 부채꼴의 중심각의 크기를 구한다.
❸단계	점 A에서 점 M까지 겉면을 따라 팽팽하게 감은 실의 길이를 구한다.

오른쪽 그림과 같이 원뿔대의 회전축을 포함하는 평면으로 자른 단면에서 작은 밑면인 원의 중심을 O_1, 큰 밑면인 원의 중심을 O_2라 하면 $\triangle OO_1B \backsim \triangle OO_2A$이므로

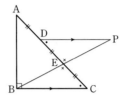

$\overline{OB} : \overline{OA} = \overline{O_1B} : \overline{O_2A} = 3 : 6 = 1 : 2$

∴ $\overline{OB} = 12$ cm

이때, 다음 그림과 같이 원뿔대의 옆면의 전개도 위에 실이 지나간 경로를 나타내면 $\overline{AM}$과 같다.

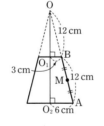

작은 밑면인 원의 둘레의 길이를 구하면

$2\pi \times 3 = 6\pi$ (cm)이므로 $\overparen{BB'} = 6\pi$ cm

이때, $\overline{OB} = 12$ cm이므로

∠$BOB' = x°$라 하면

$2\pi \times 12 \times \dfrac{x}{360} = 6\pi$ ∴ $x = 90$

이때, 점 M은 선분 AB의 중점이므로

$\triangle OAM$에서 $\overline{AM}^2 = \overline{OA}^2 + \overline{OM}^2$

$\overline{AM}^2 = 24^2 + 18^2 = 900$

그런데 $900 = 30^2$이고 $\overline{AM} > 0$이므로

$\overline{AM} = 30$ (cm)

따라서 실의 길이는 30 cm이다. 답 30 cm

06 해결단계

❶단계	$\triangle DEP$와 $\triangle CEB$가 합동임을 확인한다.
❷단계	삼각형 ABC의 넓이를 구한다.
❸단계	$\overline{AC}$의 길이를 구한다.

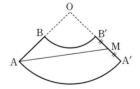

$\triangle DEP$와 $\triangle CEB$에서

$\overline{DP} /\!/ \overline{BC}$이므로 ∠$EDP = $∠$ECB$ (∵ 엇각),

∠$DEP = $∠$CEB$ (∵ 맞꼭지각), $\overline{DE} = \overline{CE}$이므로

$\triangle DEP \equiv \triangle CEB$ (ASA 합동)

∴ $\triangle CEB = \triangle DEP = 3$

$\overline{AD} = \overline{DE} = \overline{EC}$이므로

$\triangle ABC = 3\triangle CEB = 9$

이때, $\overline{AB} = \overline{BC} = a$라 하면

$\dfrac{1}{2}a^2 = 9$ ∴ $a^2 = 18$

$\triangle ABC$에서

$\overline{AC}^2 = \overline{AB}^2 + \overline{BC}^2$

$\quad = a^2 + a^2 = 2a^2$

$\quad = 2 \times 18 = 36$

그런데 $36 = 6^2$이고 $\overline{AC} > 0$이므로

$\overline{AC} = 6$ 답 6

07 해결단계

❶단계	A 섬과 구조선, 실종 선박의 위치를 그림으로 나타낸다.
❷단계	구조선이 실종 신고를 접수한 지점부터 실종 선박을 최초로 탐지한 지점까지의 거리를 구한다.
❸단계	구조선이 실종 선박을 최초로 탐지한 시각을 구한다.

오전 7시의 구조선의 위치를 P, A 섬의 위치를 Q, 구조선이 실종 선박을 최초로 탐지한 지점을 S, 그때의 실종 선박의 위치를 R라 하자.

$\overline{PQ} = 200$ km, $\overline{RQ} = 40$ km, $\overline{RS} = 50$ km이므로 각 지점의 위치 관계는 다음 그림과 같다.

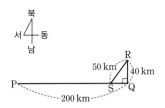

$\triangle$RSQ에서 $\overline{SQ}^2 = 50^2 - 40^2 = 900$

그런데 $900 = 30^2$이고 $\overline{SQ} > 0$이므로

$\overline{SQ} = 30\,(km)$

$\therefore \overline{PS} = \overline{PQ} - \overline{SQ} = 200 - 30 = 170\,(km)$

즉, 구조선이 오전 7시에 실종 신고를 접수한 뒤 실종 선박을 최초로 탐지하기까지 이동한 거리는 $170\,km$이고, 시속 $50\,km$의 일정한 속력으로 이동하였으므로 걸린 시간은

$\dfrac{170}{50} = \dfrac{17}{5}$ (시간)

따라서 구조선이 실종 선박을 최초로 탐지하기까지 3시간 24분이 걸렸으므로 구하는 시각은 오전 10시 24분이다.

답 오전 10시 24분

08 해결단계

❶단계	피타고라스 정리를 만족시키는 세 자연수의 쌍을 찾는다.
❷단계	❶단계에서 찾은 세 자연수의 쌍 중에서 12를 포함하는 것을 찾는다.
❸단계	세 직각삼각형의 넓이의 합의 최솟값을 구한다.

직각삼각형의 세 변의 길이를 a, b, c라 하고 피타고라스 정리를 만족시키는 세 자연수 a, b, c의 순서쌍을 나열하면

$(3, 4, 5)$, $(5, 12, 13)$, $(6, 8, 10)$, $(7, 24, 25)$, $\cdots$

이때, 세 직각삼각형의 빗변이 아닌 한 변의 길이는 12이므로 가장 큰 수를 제외한 두 수 중 하나가 12이어야 하므로

$(5, 12, 13)$, $(9, 12, 15)$, $(12, 16, 20)$, $(12, 35, 37)$

이 중 세 직각삼각형의 넓이의 합이 최소가 되어야 하므로

$(5, 12, 13)$, $(9, 12, 15)$, $(12, 16, 20)$이다.

따라서 구하는 넓이는

$\dfrac{1}{2} \times 5 \times 12 + \dfrac{1}{2} \times 9 \times 12 + \dfrac{1}{2} \times 12 \times 16$

$= 30 + 54 + 96 = 180$

답 180

blacklabel 특강 교과 외 지식

피타고라스의 수에 대한 여러 가지 공식

피타고라스의 수는 무수히 많다. 조건을 만족시키는 피타고라스의 수를 찾을 때에는 다음과 같은 공식을 이용할 수 있다.

피타고라스의 수를 a, b, c라 할 때

(1) 피타고라스의 공식 (단, n은 자연수)

$a = 2n+1$, $b = 2n^2+2n$, $c = 2n^2+2n+1$

(2) 플라톤의 공식 (단, n은 2 이상의 자연수)

$a = 2n$, $b = n^2-1$, $c = n^2+1$

(3) 디오판토스의 공식 (단, m, n은 자연수, $m > n$)

$a = 2mn$, $b = m^2-n^2$, $c = m^2+n^2$

(4) 피보나치의 공식 (단, n은 자연수)

$a = 4n$, $b = 4n^2-1$, $c = 4n^2+1$

미리보는 학력평가 p. 70

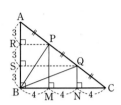

1 ①	2 60	3 ①	4 720

1

오른쪽 그림과 같이 두 점 P, Q에서 $\overline{BC}$에 내린 수선의 발을 각각 M, N이라 하면

$\overline{AP} = \overline{PQ} = \overline{QC}$이므로

$\overline{BM} = \overline{MN} = \overline{NC} = \dfrac{1}{3} \times 12 = 4$

같은 방법으로

$\overline{AR} = \overline{RS} = \overline{SB} = \dfrac{1}{3} \times 9 = 3$

$\triangle$BMP에서 $\overline{BP}^2 = 4^2 + 6^2 = 52$

$\triangle$BNQ에서 $\overline{BQ}^2 = 8^2 + 3^2 = 73$

$\therefore \overline{BP}^2 + \overline{BQ}^2 = 52 + 73 = 125$

답 ①

2

$\overline{AR}$는 $\angle$DAP의 이등분선이므로

$\overline{AP} : \overline{AD} = \overline{PR} : \overline{RD} = 17 : 15$

다음 그림과 같이 두 반직선 AQ, BC의 교점을 S라 하고 $\overline{AP} = 17t$, $\overline{AD} = 15t$ $(t > 0)$라 하면

$\overline{AB} = \overline{AD} = 15t$

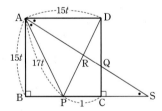

$\triangle$ABP에서

$\overline{BP}^2 = \overline{AP}^2 - \overline{AB}^2 = (17t)^2 - (15t)^2 = 64t^2$

그런데 $64t^2 = (8t)^2$이고 $\overline{BP} > 0$이므로

$\overline{BP} = 8t$

이때, $\overline{PC} = 1$이므로

$\overline{PC} = \overline{BC} - \overline{BP} = 15t - 8t = 7t = 1$

$\therefore t = \dfrac{1}{7}$

$\overline{AD} \,//\, \overline{PS}$에서 $\angle$DAS $=$ $\angle$PSA ($\because$ 엇각)이므로

$\angle$PAS $=$ $\angle$PSA

즉, $\triangle$APS는 이등변삼각형이므로

$\overline{PS} = \overline{PA} = 17t = 17 \times \dfrac{1}{7} = \dfrac{17}{7}$

$\overline{\text{CS}}=\overline{\text{PS}}-\overline{\text{PC}}=\dfrac{17}{7}-1=\dfrac{10}{7}$이므로

$\overline{\text{BS}}=\overline{\text{BC}}+\overline{\text{CS}}=\dfrac{15}{7}+\dfrac{10}{7}=\dfrac{25}{7}$

△ABS와 △QCS에서

$\angle\text{ABS}=\angle\text{QCS}=90°$, $\angle$S는 공통이므로

△ABS∽△QCS (AA 닮음)

즉, $\overline{\text{AB}}:\overline{\text{QC}}=\overline{\text{BS}}:\overline{\text{CS}}$이므로

$\dfrac{15}{7}:l=\dfrac{25}{7}:\dfrac{10}{7}$

$\dfrac{25}{7}l=\dfrac{150}{49}$　$\therefore l=\dfrac{6}{7}$

$\therefore 70l=70\times\dfrac{6}{7}=60$　　　　답 60

| 다른풀이 |

$\overline{\text{AR}}$는 $\angle$DAP의 이등분선이므로

$\overline{\text{AP}}:\overline{\text{AD}}=\overline{\text{PR}}:\overline{\text{RD}}=17:15$

$\overline{\text{AP}}=17t$, $\overline{\text{AD}}=15t$ $(t>0)$라 하면

$\overline{\text{AB}}=\overline{\text{AD}}=15t$

△ABP에서

$\overline{\text{BP}}^2=\overline{\text{AP}}^2-\overline{\text{AB}}^2=(17t)^2-(15t)^2=64t^2$

그런데 $64t^2=(8t)^2$이고 $\overline{\text{BP}}>0$이므로

$\overline{\text{BP}}=8t$

이때, $\overline{\text{PC}}=1$이므로

$\overline{\text{PC}}=\overline{\text{BC}}-\overline{\text{BP}}=15t-8t=7t=1$

$\therefore t=\dfrac{1}{7}$

다음 그림과 같이 점 P에서 변 AD에 내린 수선의 발을 S, 두 선분 SP, AQ가 만나는 점을 T라 하면

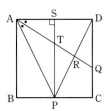

$\overline{\text{AS}}=\overline{\text{BP}}=8t=8\times\dfrac{1}{7}=\dfrac{8}{7}$, $\overline{\text{AP}}=17t=17\times\dfrac{1}{7}=\dfrac{17}{7}$

△APS에서 $\overline{\text{AT}}$는 $\angle$SAP의 이등분선이므로

$\overline{\text{ST}}:\overline{\text{TP}}=\overline{\text{AS}}:\overline{\text{AP}}=8:17$

$\therefore \overline{\text{ST}}=\dfrac{8}{25}\times\overline{\text{SP}}=\dfrac{8}{25}\times\dfrac{15}{7}=\dfrac{24}{35}$

또한, $\overline{\text{ST}}/\!/\overline{\text{DQ}}$이므로

△AST와 △ADQ에서

$\angle\text{AST}=\angle\text{ADQ}=90°$,

$\angle\text{SAT}=\angle\text{DAQ}$ (공통)이므로

△AST∽△ADQ (AA 닮음)

즉, $\overline{\text{AS}}:\overline{\text{AD}}=\overline{\text{ST}}:\overline{\text{DQ}}$이므로

$\dfrac{8}{7}:\dfrac{15}{7}=\dfrac{24}{35}:\overline{\text{DQ}}$

$\dfrac{8}{7}\overline{\text{DQ}}=\dfrac{72}{49}$　$\therefore \overline{\text{DQ}}=\dfrac{9}{7}$

따라서 $l=\overline{\text{DC}}-\overline{\text{DQ}}=\dfrac{15}{7}-\dfrac{9}{7}=\dfrac{6}{7}$이므로

$70l=70\times\dfrac{6}{7}=60$

3

꼭짓점 C가 점 E에 오도록 접었으므로

$\overline{\text{BE}}=\overline{\text{BC}}=15$

△ABE에서 $\overline{\text{AE}}^2=\overline{\text{BE}}^2-\overline{\text{AB}}^2=15^2-12^2=81$

그런데 $81=9^2$이고 $\overline{\text{AE}}>0$이므로

$\overline{\text{AE}}=9$

다음 그림과 같이 내접원의 중심을 O라 하고, 내접원의 반지름의 길이를 r라 하면

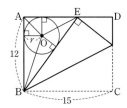

△OAB+△OBE+△OEA=△ABE에서

$\dfrac{1}{2}\times12\times r+\dfrac{1}{2}\times15\times r+\dfrac{1}{2}\times9\times r=\dfrac{1}{2}\times12\times9$

$18r=54$　$\therefore r=3$

따라서 구하는 원의 넓이는

$\pi\times3^2=9\pi$　　　　답 ①

4

$\overline{\text{MN}}=\overline{\text{NC}}$이므로 오른쪽 그림과 같이

$\angle\text{NCM}=\angle\text{NMC}=\angle x$라 하면

$\angle\text{MND}=\angle\text{NCM}+\angle\text{NMC}$

　　　　$=\angle x+\angle x=2\angle x$

또한, $\angle\text{CNQ}=\angle\text{MNQ}=\dfrac{180°-2\angle x}{2}$

　　　　　　　　　$=90°-\angle x$

△NQR에서

$\angle\text{NQR}=180°-\angle\text{RNQ}-\angle\text{NRQ}$

　　　　$=180°-(90°-\angle x)-90°$

　　　　$=\angle x$

△NQR와 △MCD에서

$\overline{\text{QR}}=\overline{\text{CD}}$, $\angle\text{NQR}=\angle\text{MCD}=\angle x$,

$\angle\text{QRN}=\angle\text{CDM}=90°$이므로

△NQR≡△MCD (ASA 합동)

$\therefore l^2=\overline{\text{CM}}^2=\overline{\text{DM}}^2+\overline{\text{CD}}^2=12^2+24^2=720$　　답 720

V 확률

08 경우의 수

01 ④　　02 ②　　03 13　　04 6　　05 ④
06 10　　07 ③　　08 35

01

① 소수의 눈이 나오는 경우는 2, 3, 5의 3가지
② 짝수의 눈이 나오는 경우는 2, 4, 6의 3가지
③ 4 이하의 눈이 나오는 경우는 1, 2, 3, 4의 4가지
④ 3의 배수의 눈이 나오는 경우는 3, 6의 2가지
⑤ 6의 약수의 눈이 나오는 경우는 1, 2, 3, 6의 4가지
따라서 한 개의 주사위를 던질 때, 일어나는 경우의 수가 가장 작은 사건은 ④이다.　　　　　　　　　　　　　답 ④

02

2장의 카드에 적힌 두 수를 나타내면
두 수의 합이 5인 경우는
(1, 4), (2, 3)의 2가지
두 수의 합이 8인 경우는
(1, 7), (2, 6), (3, 5)의 3가지
따라서 구하는 경우의 수는
2＋3＝5　　　　　　　　　　　　　　　　답 ②

blacklabel 특강　　오답피하기

카드에 적힌 두 수를 나타낼 때, 카드 8장 중에서 2장을 동시에 뽑으므로 (1, 4)를 뽑는 경우와 (4, 1)을 뽑는 경우는 같은 경우이다. 이를 구분하여 다른 경우로 생각하지 않도록 주의한다.

03

A 지점에서 B 지점까지 가는 경로를 선택하는 경우는 다음과 같다.
(i) A → B인 경우 : 3가지
(ii) A → C → B인 경우
　　A → C인 경우가 2가지, C → B인 경우가 2가지이므로
　　2×2＝4(가지)

(iii) A → D → C → B인 경우
　　A → D인 경우가 1가지, D → C인 경우가 3가지, C → B
　　인 경우가 2가지이므로
　　1×3×2＝6(가지)
(i), (ii), (iii)에서 구하는 경우의 수는
3＋4＋6＝13　　　　　　　　　　　　답 13

blacklabel 특강　　풀이첨삭

두 지점 B와 D를 잇는 도로는 없으므로
　　A → D → B, A → C → D → B
인 경로는 생각하지 않는다.

04

A는 셋째 날에 식사 당번을 해야 하므로 나머지 3일 동안의 B, C, D의 식사 당번 순서를 정하면 된다.
따라서 구하는 경우의 수는 3명을 한 줄로 세우는 경우의 수와 같으므로
3×2×1＝6　　　　　　　　　　　　　답 6

| 다른풀이 |

A는 셋째 날에 식사 당번을 해야 하므로 식사 당번을 정하는 순서를 나뭇가지 모양의 그림으로 나타내면 다음과 같다.

```
     C — A — D
  B<
     D — A — C

     B — A — D
  C<
     D — A — B

     B — A — C
  D<
     C — A — B
```

따라서 구하는 경우의 수는 6이다.

blacklabel 특강　　필수개념

나뭇가지 모양의 그림(수형도)을 이용하여 풀기
순서가 있는 경우의 수를 구할 때, 나뭇가지 모양의 그림을 그려서 나타내면 모든 경우를 빠뜨리지 않고 구할 수 있다.
(i) 사건이 일어나는 모든 경우를 나뭇가지 모양의 그림으로 그린다.
(ii) 가짓수를 세어 답을 구한다.

05

(부모님)과 (자녀 3명)을 각각 한 묶음으로 생각하여 두 묶음을 한 줄로 세우는 경우의 수는
2×1＝2

이때, 부모님은 부모님끼리, 자녀는 자녀끼리 자리를 바꾸는 경우의 수는 각각

$2\times1=2$, $3\times2\times1=6$

따라서 구하는 경우의 수는

$2\times2\times6=24$ 답 ④

06

짝수인 두 자리의 자연수의 개수는 일의 자리의 숫자에 따라 다음과 같이 나누어 생각한다.

(i) 일의 자리의 숫자가 0인 경우

십의 자리의 숫자는 나머지 4개의 숫자 중 하나이므로 개수는 4

(ii) 일의 자리의 숫자가 2 또는 4인 경우

십의 자리의 숫자는 0과 일의 자리의 숫자를 제외한 나머지 3개의 숫자 중 하나이므로 개수는

$2\times3=6$

(i), (ii)에서 구하는 짝수인 두 자리의 자연수의 개수는

$4+6=10$ 답 10

| 다른풀이 |

짝수인 두 자리의 자연수의 개수는 십의 자리의 숫자에 따라 다음과 같이 나누어 생각한다.

(iii) 십의 자리의 숫자가 짝수인 경우

십의 자리의 숫자가 2 또는 4이면 일의 자리의 숫자는 십의 자리의 숫자를 제외한 나머지 다른 하나의 짝수 또는 0이 올 수 있으므로 개수는

$2\times2=4$

(iv) 십의 자리의 숫자가 홀수인 경우

십의 자리의 숫자가 1 또는 3이면 일의 자리의 숫자는 0 또는 2 또는 4가 올 수 있으므로 개수는

$2\times3=6$

(iii), (iv)에서 구하는 짝수인 두 자리의 자연수의 개수는

$4+6=10$

07

6명의 학생 A, B, C, D, E, F 중에서 A는 포함되고 F는 포함되지 않으므로 A와 F를 제외한 B, C, D, E 중에서 대표 2명을 뽑으면 된다.

따라서 구하는 경우의 수는 4명 중에서 자격이 같은 2명의 대표를 뽑는 경우의 수와 같으므로

$\frac{4\times3}{2\times1}=6$ 답 ③

08

원 위의 6개의 점 A, B, C, D, E, F 중에서 어느 세 점도 한 직선 위에 있지 않으므로 a는 6개의 점 중에서 순서를 생각하지 않고 2개의 점을 뽑는 경우의 수와 같다. 즉,

$a=\frac{6\times5}{2\times1}=15$

또한, b는 6개의 점 중에서 순서를 생각하지 않고 3개의 점을 뽑는 경우의 수와 같다. 즉,

$b=\frac{6\times5\times4}{3\times2\times1}=20$

$\therefore a+b=15+20=35$ 답 35

Step 2 A등급을 위한 문제 pp. 74~77

01 ①	02 ③	03 5	04 10	05 10
06 ③	07 9	08 ②	09 18	10 ②
11 ②	12 54	13 ⑤	14 ④	15 1300
16 72	17 10	18 ④	19 ③	20 ⑤
21 ①	22 ①	23 46	24 34	

01

번호가 적혀 있는 네 개의 상자에 1, 2, 3, 4가 각각 하나씩 적혀 있는 조건을 만족시키도록 공을 넣는 경우를 나뭇가지 모양의 그림으로 나타내면 다음과 같다.

(i) 1번 상자에 2가 적힌 공을 넣는 경우

1번 2번 3번 4번
2 ─ 1 ─ 4 ─ 3
  └ 3 ─ 4 ─ 1
  └ 4 ─ 1 ─ 3

(ii) 1번 상자에 3이 적힌 공을 넣는 경우

1번 2번 3번 4번
3 ─ 1 ─ 4 ─ 2
  └ 4 ─ 1 ─ 2
      └ 2 ─ 1

(iii) 1번 상자에 4가 적힌 공을 넣는 경우

1번 2번 3번 4번
4 ─ 1 ─ 2 ─ 3
  └ 3 ─ 1 ─ 2
      └ 2 ─ 1

(i), (ii), (iii)에서 구하는 경우의 수는

$3+3+3=9$ 답 ①

02

50원, 100원, 200원짜리 우표를 각각 한 장 이상 구입하여 금액이 1000원이 되어야 하므로 200원짜리 우표의 개수를 기준으로 하여 다음과 같이 경우를 나누어 생각한다.

(i) 200원짜리 우표를 1장 살 때,

50원, 100원짜리 우표를 각각 한 장 이상 구입하여 금액이 800원이 되어야 하므로 구입할 수 있는 우표의 개수는 다음 표와 같다.

100원 짜리 우표(개)	1	2	3	4	5	6	7
50원 짜리 우표(개)	14	12	10	8	6	4	2

(ii) 200원짜리 우표를 2장 살 때,

50원, 100원짜리 우표를 각각 한 장 이상 구입하여 금액이 600원이 되어야 하므로 구입할 수 있는 우표의 개수는 다음 표와 같다.

100원 짜리 우표(개)	1	2	3	4	5
50원 짜리 우표(개)	10	8	6	4	2

(iii) 200원짜리 우표를 3장 살 때,

50원, 100원짜리 우표를 각각 한 장 이상 구입하여 금액이 400원이 되어야 하므로 구입할 수 있는 우표의 개수는 다음 표와 같다.

100원 짜리 우표(개)	1	2	3
50원 짜리 우표(개)	6	4	2

(iv) 200원짜리 우표를 4장 살 때,

50원, 100원짜리 우표를 각각 한 장 이상 구입하여 금액이 200원이 되어야 하므로 구입할 수 있는 우표의 개수는 오른쪽 표와 같다.

100원 짜리 우표(개)	1
50원 짜리 우표(개)	2

(i)~(iv)에서 세 종류의 우표를 각각 한 장 이상 구입하는 방법의 수는

$7+5+3+1=16$ **답 ③**

03

동전을 5번 던져 앞면이 x번, 뒷면이 y번 나왔다고 하면

$x+y=5$ ······㉠

또한, 처음에 4점을 가지고 시작하여 앞면이 나오면 1점을 얻고 뒷면이 나오면 2점을 잃으며 점수를 모두 잃으면 게임이 끝나므로

$4+x-2y=0$ ∴ $x-2y=-4$ ······㉡

㉠, ㉡을 연립하여 풀면 $x=2$, $y=3$

즉, 앞면이 2번, 뒷면이 3번 나와야 한다.

그런데 동전을 5번 던진 후에 게임이 끝나야 하므로 5번째에 던진 동전은 반드시 뒷면이 나와야 하고 중간에 점수가 0점이 되지 않아야 한다.

이에 따라 동전을 5번 던진 후에 게임이 끝나는 경우를 찾으면 다음과 같다.

(i) 1회에 앞면, 5회에 뒷면이 나오는 경우

① 앞 → 앞 → 뒤 → 뒤 → 뒤
점수의 변화는 5점 → 6점 → 4점 → 2점 → 0점

② 앞 → 뒤 → 앞 → 뒤 → 뒤
점수의 변화는 5점 → 3점 → 4점 → 2점 → 0점

③ 앞 → 뒤 → 뒤 → 앞 → 뒤
점수의 변화는 5점 → 3점 → 1점 → 2점 → 0점

(ii) 1회에 뒷면, 5회에 뒷면이 나오는 경우

④ 뒤 → 앞 → 앞 → 뒤 → 뒤
점수의 변화는 2점 → 3점 → 4점 → 2점 → 0점

⑤ 뒤 → 앞 → 뒤 → 앞 → 뒤
점수의 변화는 2점 → 3점 → 1점 → 2점 → 0점

(i), (ii)에서 구하는 경우의 수는 5이다. **답 5**

blacklabel 특강 오답피하기

앞면이 2번, 뒷면이 3번 나오면서 5회에 0점이 되는 경우 중에는

앞 → 뒤 → 뒤 → 뒤 → 앞

과 같은 경우도 존재한다. 그러나 이 경우 점수의 변화는

5점 → 3점 → 1점 → (−1)점 → 0점

으로, 4회를 던진 후 −1점이 나오게 되므로 이미 점수를 모두 잃고 더 이상 동전을 던질 수 없는 상황이 된다.

또한, 앞면이 2번, 뒷면이 3번 나오면서 5회에 0점이 되는 경우 중에는

뒤 → 뒤 → 앞 → 앞 → 뒤

와 같은 경우도 존재한다. 그러나 이 경우 점수의 변화는

2점 → 0점 → 1점 → 2점 → 0점

으로 2회를 던진 후 이미 점수를 모두 잃고 더 이상 동전을 던질 수 없는 상황이 된다. 따라서 이와 같은 경우는 제외하도록 주의한다.

04

일차방정식 $(a-4)(3-b)x+y+2a-2=0$의 그래프가 x축과 만나지 않으려면

$y=k$ ($k\neq0$인 상수) 꼴이어야 한다.

즉, x의 계수가 0이어야 하므로

$a-4=0$ 또는 $3-b=0$

∴ $a=4$ 또는 $b=3$ ······㉠

또한, $y\neq0$이므로

$2a-2\neq0$ ∴ $a\neq1$ ······㉡
<!-- (가) -->

㉠, ㉡을 동시에 만족시키는 순서쌍 (a, b)는

$(4, 1)$, $(4, 2)$, $(4, 3)$, $(4, 4)$, $(4, 5)$, $(4, 6)$, $(2, 3)$, $(3, 3)$, $(5, 3)$, $(6, 3)$의 10개이다.
<!-- (나) -->

따라서 주어진 그래프가 x축과 만나지 않는 경우의 수는 10이다.
<!-- (다) -->

답 10

단계	채점 기준	배점
(가)	그래프가 x축과 만나지 않도록 하는 a, b의 조건을 구한 경우	40%
(나)	조건을 만족시키는 순서쌍 (a, b)를 구한 경우	40%
(다)	주어진 그래프가 x축과 만나지 않는 경우의 수를 구한 경우	20%

blacklabel 특강   필수개념

일차방정식 $x=p$, $y=q$의 그래프

(1) 일차방정식 $x=p$의 그래프는 점 $(p, 0)$을 지나고, y축에 평행한 (x축에 수직인) 직선이다.

(2) 일차방정식 $y=q$의 그래프는 점 $(0, q)$를 지나고, x축에 평행한 (y축에 수직인) 직선이다.

05

(i) $\dfrac{y}{x}$가 정수인 경우

2, 3, 5, 7은 모두 소수이므로 이 수 중에서 어느 수도 다른 수의 배수가 아니다.

즉, $x=y$일 때에만 $\dfrac{y}{x}$의 값이 1로 정수가 되므로 이를 만족시키는 순서쌍 (x, y)는 $(2, 2)$, $(3, 3)$, $(5, 5)$, $(7, 7)$의 4개이다.

(ii) $\dfrac{y}{x}$가 유한소수로 나타내어지는 경우

$\dfrac{y}{x}$가 유한소수가 되려면 기약분수로 나타내었을 때 분모의 소인수가 2나 5뿐이어야 한다.

이때, 2, 3, 5, 7은 모두 소수이므로 $x=2$ 또는 $x=5$일 때 $\dfrac{y}{x}$는 유한소수로 나타내어진다.

즉, $\dfrac{y}{x}$가 정수가 아니면서 유한소수로 나타내어지는 순서쌍 (x, y)는

$(2, 3)$, $(2, 5)$, $(2, 7)$, $(5, 2)$, $(5, 3)$, $(5, 7)$의 6개이다.

(i), (ii)에서 구하는 경우의 수는

$4+6=10$ 답 10

blacklabel 특강   필수개념

유한소수로 나타낼 수 있는 분수

분수를 기약분수로 나타내었을 때, 분모의 소인수가 2나 5뿐이면 그 분수는 유한소수로 나타낼 수 있다.

예 $\dfrac{3}{2}$, $\dfrac{7}{5}$, $\dfrac{3}{2\times5}$, $\dfrac{3}{2\times3\times5}$, $\cdots$

06

(i) $n=2$인 경우

타순	1	2	3	4	5
	×	×	×	○	○
	○	×	×	×	○
기록	○	○	×	×	×
	×	×	○	×	×
	×	×	×	○	×
	×	○	×	×	×

(ii) $n=4$인 경우

타순	1	2	3	4	5
기록	×	×	×	×	×

(i), (ii)에서 구하는 경우의 수는

$6+1=7$ 답 ③

07

(i) 점 (x, y)가 $y=3x-1$의 그래프 위에 있는 경우

$(1, 2)$, $(2, 5)$, $(3, 8)$, $(4, 11)$의 4개이다.

(ii) 점 (x, y)가 $y=\dfrac{24}{x}$의 그래프 위에 있는 경우

$(2, 12)$, $(3, 8)$, $(4, 6)$, $(6, 4)$, $(8, 3)$, $(12, 2)$의 6개이다.

(iii) 점 (x, y)가 $y=3x-1$의 그래프 위에 있는 점인 동시에

$y=\dfrac{24}{x}$의 그래프 위에 있는 경우

$(3, 8)$의 1개이다.

(i), (ii), (iii)에서 구하는 경우의 수는

$4+6-1=9$ 답 9

08

한 번 지난 등산로는 다시 지나지 않으므로 입구에서 출발하여 정상에 올라갔다가 다시 입구로 내려오는 경우의 수는 다음과 같이 나누어 생각한다.

(i) 입구 → 정상 → 입구로 이동하는 경우

입구와 정상을 잇는 두 등산로 m, n 중 하나로 올라가고 남은 등산로로 내려와야 하므로 이 경우의 수는

$2\times1=2$

(ii) 입구 → 정상 → 약수터 → 입구로 이동하는 경우

　입구와 정상을 잇는 두 등산로 m, n 중 하나로 올라가고

　정상과 약수터를 잇는 세 등산로 p, q, r 중 하나,

　약수터와 입구를 잇는 네 등산로 a, b, c, d 중 하나로 내려

　와야 하므로 이 경우의 수는

　$2 \times (3 \times 4) = 24$

(iii) 입구 → 약수터 → 정상 → 입구로 이동하는 경우

　입구와 약수터를 잇는 네 등산로 a, b, c, d 중 하나,

　약수터와 정상을 잇는 세 등산로 p, q, r 중 하나로 올라가고

　정상과 입구를 잇는 두 등산로 m, n 중 하나로 내려와야 하

　므로 이 경우의 수는

　$4 \times 3 \times 2 = 24$

(iv) 입구 → 약수터 → 정상 → 약수터 → 입구로 이동하는 경우

　입구와 약수터를 잇는 네 등산로 a, b, c, d 중 하나, 약수터

　와 정상을 잇는 세 등산로 p, q, r 중 하나로 올라가고

　p, q, r에서 올라간 등산로를 제외하고 남은 두 등산로 중 하나,

　a, b, c, d에서 올라간 등산로를 제외하고 남은 두 등산로 중

　하나로 내려와야 하므로 이 경우의 수는

　$4 \times 3 \times (3-1) \times (4-1) = 72$

(i)~(iv)에서 구하는 경우의 수는

$2 + 24 + 24 + 72 = 122$　　　　　　　　　　　　　답 ②

09

100원짜리 동전 2개를 던져서 서로 같은 면이 나오는 경우는

(앞면, 앞면), (뒷면, 뒷면)의 2가지이다.

그 각 경우에 대하여, 크기가 서로 다른 주사위 2개를 던져서 나

온 두 눈의 수의 곱이 홀수이려면 두 눈의 수가 모두 홀수이어야

하고 눈의 수가 홀수인 경우는 1, 3, 5의 3가지이므로 구하는 경

우의 수는

$2 \times 3 \times 3 = 18$　　　　　　　　　　　　　　　　답 18

blacklabel 특강　　해결실마리

홀수, 짝수의 곱셈

(1) (홀수)×(홀수)=(홀수)

(2) (홀수)×(짝수)=(짝수), (짝수)×(홀수)=(짝수)

(3) (짝수)×(짝수)=(짝수)

즉, 어떤 두 눈의 수의 곱이 홀수인 경우의 수는 두 눈의 수가 모두 홀수인 경우의 수

와 같다.

10

하나의 깃발을 들거나 내리는 2가지 방법으로 신호를 만들 수 있

고 깃발을 하나도 들지 않는 경우는 신호를 나타내지 않으므로

서로 다른 깃발 3개로 만들 수 있는 신호의 개수는

$2 \times 2 \times 2 - 1 = 2^3 - 1 = 7$

$\therefore x = 7$

서로 다른 y개의 깃발로 255개의 신호를 만들었으므로

$2^y - 1 = 255$, $2^y = 256 = 2^8$

$\therefore y = 8$

$\therefore x + y = 7 + 8 = 15$　　　　　　　　　　　　답 ②

11

$a+b$의 값이 3의 배수인 경우는 다음과 같이 나누어 생각한다.

(i) $a = 3k$, $b = 3k'$ (k, k'은 자연수) 꼴인 경우

　$1 \le a \le 20$, $1 \le b \le 10$이므로

　가능한 a는 3, 6, 9, 12, 15, 18의 6개이고

　가능한 b는 3, 6, 9의 3개이다.

　즉, 구하는 순서쌍 (a, b)의 개수는

　$6 \times 3 = 18$

(ii) $a = 3k-1$, $b = 3k'-2$ (k, k'은 자연수) 꼴인 경우

　$1 \le a \le 20$, $1 \le b \le 10$이므로

　가능한 a는 2, 5, 8, 11, 14, 17, 20의 7개이고

　가능한 b는 1, 4, 7, 10의 4개이다.

　즉, 구하는 순서쌍 (a, b)의 개수는

　$7 \times 4 = 28$

(iii) $a = 3k-2$, $b = 3k'-1$ (k, k'은 자연수) 꼴인 경우

　$1 \le a \le 20$, $1 \le b \le 10$이므로

　가능한 a는 1, 4, 7, 10, 13, 16, 19의 7개이고

　가능한 b는 2, 5, 8의 3개이다.

　즉, 구하는 순서쌍 (a, b)의 개수는

　$7 \times 3 = 21$

(i), (ii), (iii)에서 구하는 순서쌍 (a, b)의 개수는

$18 + 28 + 21 = 67$　　　　　　　　　　　　　　답 ②

| 다른풀이 |

모든 경우의 순서쌍을 빠짐없이 구해 보면 다음과 같다.

① $a+b=3$인 경우의 순서쌍 (a, b)는

　(1, 2), (2, 1)의 2개

② $a+b=6$인 경우의 순서쌍 (a, b)는

　(1, 5), (2, 4), (3, 3), (4, 2), (5, 1)의 5개

③ $a+b=9$인 경우의 순서쌍 (a, b)는

　(1, 8), (2, 7), (3, 6), …, (8, 1)의 8개

④ $a+b=12$인 경우의 순서쌍 (a, b)는

　(2, 10), (3, 9), (4, 8), …, (11, 1)의 10개

⑤ $a+b=15$인 경우의 순서쌍 (a, b)는
  $(5, 10), (6, 9), (7, 8), \cdots, (14, 1)$의 10개
⑥ $a+b=18$인 경우의 순서쌍 (a, b)는
  $(8, 10), (9, 9), (10, 8), \cdots, (17, 1)$의 10개
⑦ $a+b=21$인 경우의 순서쌍 (a, b)는
  $(11, 10), (12, 9), (13, 8), \cdots, (20, 1)$의 10개
⑧ $a+b=24$인 경우의 순서쌍 (a, b)는
  $(14, 10), (15, 9), (16, 8), \cdots, (19, 5), (20, 4)$의 7개
⑨ $a+b=27$인 경우의 순서쌍 (a, b)는
  $(17, 10), (18, 9), (19, 8), (20, 7)$의 4개
⑩ $a+b=30$인 경우의 순서쌍 (a, b)는
  $(20, 10)$의 1개
①~⑩에서 구하는 순서쌍 (a, b)는
$2+5+8+10+10+10+10+7+4+1=67$(개)

12 해결단계

❶단계	집에서 서점까지 가장 짧은 거리로 가는 경우에 꼭 지나야 하는 지점을 확인한다.
❷단계	집에서 서점까지 가장 짧은 거리로 가는 경우의 수를 구한다.
❸단계	서점에서 학교까지 가장 짧은 거리로 가는 경우의 수를 구한다.
❹단계	집에서 출발하여 서점을 들러 학교까지 가장 짧은 거리로 가는 경우의 수를 구한다.

오른쪽 그림과 같이 집의 위치를 A, 서점의 위치를 B, 학교의 위치를 C라 하면 A에서 B까지 갈 때는 반드시 K 또는 H를 지나야 한다. 즉, A에서 B까지 가장 짧은 거리로 가는 경우는 다음과 같이 구할 수 있다.

(ⅰ) A → K, K → B를 가장 짧은 거리로 가는 경우를 나뭇가지 모양의 그림으로 나타내면 다음과 같다.

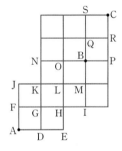

따라서 A → K → B를 가장 짧은 거리로 가는 경우의 수는
$3 \times 3 = 9$

(ⅱ) A → H, H → B를 가장 짧은 거리로 가는 경우를 나뭇가지 모양의 그림으로 나타내면 다음과 같다.

$$A \begin{cases} F-G-H \\ D \begin{cases} G-H \\ E-H \end{cases} \end{cases} \qquad H \begin{cases} L \begin{cases} O-B \\ M-B \end{cases} \\ I-M-B \end{cases}$$

따라서 A → H → B를 가장 짧은 거리로 가는 경우의 수는
$3 \times 3 = 9$

(ⅰ), (ⅱ)에서 A에서 B까지 가장 짧은 거리로 가는 경우의 수는
$9+9=18$

또한, B에서 C까지 가장 짧은 거리로 가는 경우를 나뭇가지 모양의 그림으로 나타내면 다음과 같다.

$$B \begin{cases} Q \begin{cases} S-C \\ R-C \end{cases} \\ P-R-C \end{cases}$$

즉, B에서 C까지 가장 짧은 거리로 가는 경우의 수는 3
따라서 구하는 경우의 수는
$18 \times 3 = 54$ 답 54

blacklabel 특강 참고

가장 짧은 거리로 가는 경우의 수는 오른쪽 그림과 같이 진행 방향의 수끼리의 합으로도 구할 수 있다.

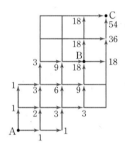

13

영역 A에 칠할 수 있는 색은 5가지
영역 B에 칠할 수 있는 색은 A에 칠한 색을 제외한 4가지
영역 C에 칠할 수 있는 색은 두 영역 A, B에 칠한 색을 제외한 3가지
이때, 같은 색을 여러 번 사용할 수 있으므로 두 영역 D와 E에 색을 칠하는 경우는 다음과 같이 나누어 구한다.

(ⅰ) 영역 D에 영역 B와 같은 색을 칠하는 경우
  영역 D에는 영역 B와 같은 색을 칠하므로 영역 D에 칠할 수 있는 색은 1가지
  영역 E에 칠할 수 있는 색은 두 영역 A, B(D)에 칠한 색을 제외한 3가지
  ∴ $1 \times 3 = 3$(가지)

(ⅱ) 영역 D에 영역 B와 다른 색을 칠하는 경우
  영역 D에 칠할 수 있는 색은 세 영역 A, B, C에 칠한 색을 제외한 2가지
  영역 E에 칠할 수 있는 색은 세 영역 A, B, D에 칠한 색을 제외한 2가지
  ∴ $2 \times 2 = 4$(가지)

(i), (ii)에서 두 영역 D, E에 색을 칠하는 경우의 수는

$3+4=7$

따라서 구하는 경우의 수는

$5 \times 4 \times 3 \times 7 = 420$ 답 ⑤

blacklabel 특강 참고

영역에 색을 칠하는 방법의 수

이웃하는 영역이 가장 많은 영역부터 칠할 색을 정한 후 나머지 영역에 순서대로 칠할 색을 정한다.

이때, 이미 사용한 색을 다시 사용할 수 있는지 반드시 확인하고, 같은 색을 여러 번 사용할 수 있을 때는 이웃하지 않은 영역을 같은 색, 다른 색으로 칠하는 경우를 각각 따진다.

14

여학생 3명을 먼저 한 줄로 세우는 경우의 수는

$3 \times 2 \times 1 = 6$

이때, 남학생 3명 중 1명을 맨 앞에 세우는 경우의 수는

3

나머지 2명의 남학생을 다음 그림과 같이 ∨로 표시된 자리 중 두 자리에 세우는 경우의 수는

$3 \times 2 = 6$

남 여 ∨ 여 ∨ 여 ∨

따라서 구하는 경우의 수는

$6 \times 3 \times 6 = 108$ 답 ④

15

A와 C, B와 D에는 같은 색을 칠해도 되고, E에는 나머지 영역에 칠한 색에 관계없이 어느 색을 칠해도 되므로 다음과 같이 경우를 나누어 생각한다.

(i) A와 C에는 같은 색, B와 D에는 다른 색을 칠하는 경우

A에 칠할 수 있는 색은 5가지

B에 칠할 수 있는 색은 A에 칠한 색을 제외한 4가지

C에 칠할 수 있는 색은 A에 칠한 색과 같으므로 1가지

D에 칠할 수 있는 색은 A와 C에 칠한 색, B에 칠한 색을 제외한 3가지

E에 칠할 수 있는 색은 5가지

즉, 이 경우에 색을 칠하는 경우의 수는

$5 \times 4 \times 1 \times 3 \times 5 = 300$

(ii) A와 C에는 다른 색, B와 D에는 같은 색을 칠하는 경우

(i)과 같은 방법으로 생각하면 경우의 수는

$5 \times 4 \times 3 \times 1 \times 5 = 300$

(iii) A와 C에는 같은 색, B와 D에도 같은 색을 칠하는 경우

A에 칠할 수 있는 색은 5가지

B에 칠할 수 있는 색은 A에 칠한 색을 제외한 4가지

C에 칠할 수 있는 색은 A에 칠한 색과 같으므로 1가지

D에 칠할 수 있는 색은 B에 칠한 색과 같으므로 1가지

E에 칠할 수 있는 색은 5가지

즉, 이 경우에 색을 칠하는 경우의 수는

$5 \times 4 \times 1 \times 1 \times 5 = 100$

(iv) A, B, C, D 모두 다른 색을 칠하는 경우의 수는

$5 \times 4 \times 3 \times 2 \times 5 = 600$

(i)~(iv)에서 구하는 경우의 수는

$300+300+100+600=1300$ 답 1300

16

두 학생 D, E를 한 줄로 세우는 경우의 수는

$2 \times 1 = 2$

이웃하는 두 학생이 A, B일 때, 두 학생 A, B를 한 묶음 X로 생각하여 X, C를 두 학생 D, E의 양 끝과 사이의 세 자리인 ○로 표시된 자리 중 두 자리에 세우는 경우의 수는

○ D ○ E ○

$3 \times 2 = 6$

그 각 경우에 대하여 묶음 X 안에서 A, B가 서로 자리를 바꾸는 경우의 수는 2

즉, 두 학생 A, B가 이웃하고 C는 이웃하지 않는 경우의 수는

$2 \times 6 \times 2 = 24$

이때, 이웃하는 2명이 B, C인 경우의 수도 24, 이웃하는 2명이 A, C인 경우의 수도 24이므로 구하는 경우의 수는

$24+24+24=72$ 답 72

| 다른풀이 |

3명의 학생 A, B, C 중에서 2명은 이웃하지만 A, B, C 세 명이 모두 이웃해서는 안 되므로 2명이 이웃하는 모든 경우에서 A, B, C가 모두 이웃하는 경우를 빼어 구할 수 있다.

이때, 3명의 학생 중에서 A, B가 이웃하고 C는 이들과 이웃하지 않는 경우의 수를 구하면 다음과 같다.

(i) A, B가 이웃하는 경우

이웃하는 A, B를 한 묶음 X로 생각하면 X, C, D, E를 한 줄로 세우는 경우의 수는

$4 \times 3 \times 2 \times 1 = 24$

묶음 X 안에서 A, B가 서로 자리를 바꾸는 경우의 수는 2

∴ $24 \times 2 = 48$

(ii) A, B가 이웃하고 C가 이들과 이웃하는 경우

X, C, D, E에서 X와 C를 한 묶음 Y로 생각하면 Y, D, E를 한 줄로 세우는 경우의 수는

$3 \times 2 \times 1 = 6$

묶음 Y 안에서 X와 C가 서로 자리를 바꾸고, 묶음 X 안에서 다시 A, B가 서로 자리를 바꾸는 경우의 수는

$2 \times 2 = 4$

$\therefore 6 \times 4 = 24$

(i), (ii)에서 A, B는 서로 이웃하고 C는 이들과 이웃하지 않는 경우의 수는

$48 - 24 = 24 \qquad \cdots\cdots \text{㉠}$

이때, A, B, C 중 이웃하는 2명이 B, C 또는 C, A가 될 수 있고, 각 경우의 수는 ㉠과 같으므로 구하는 경우의 수는

$24 + 24 + 24 = 72$

17

짝수는 일의 자리의 숫자가 0 또는 2의 배수인 수이므로 다음과 같이 경우를 나누어 생각한다.

(i) ☐☐0 꼴의 짝수

백의 자리, 십의 자리에 1, 2, 3, 4 중 두 수를 선택하여 나열하면 되므로 그 개수는

$4 \times 3 = 12$

(ii) ☐☐2 꼴의 짝수

백의 자리에 올 수 있는 숫자는 0을 제외한 1, 3, 4의 3가지이고, 십의 자리에는 백의 자리에 사용한 숫자와 2를 제외한 나머지 3가지 숫자가 올 수 있다. 즉, 그 개수는

$3 \times 3 = 9$

(iii) ☐☐4 꼴의 짝수

(ii)와 같은 방법으로 그 개수는 $3 \times 3 = 9$

(i), (ii), (iii)에서 짝수의 개수는

$x = 12 + 9 + 9 = 30$

한편, 3의 배수는 각 자리의 숫자의 합이 3의 배수이므로 다음과 같이 경우를 나누어 생각한다.

(iv) 각 자리의 숫자가 0, 1, 2인 세 자리의 자연수

백의 자리에 올 수 있는 숫자는 0을 제외한 1, 2의 2가지이고, 십의 자리, 일의 자리에는 백의 자리에 사용한 숫자를 제외한 나머지 2가지 숫자를 나열하면 되므로 그 개수는

$2 \times 2 \times 1 = 4$

(v) 각 자리의 숫자가 0, 2, 4인 세 자리의 자연수

(iv)와 같은 방법으로 그 개수는 $2 \times 2 \times 1 = 4$

(vi) 각 자리의 숫자가 1, 2, 3인 세 자리의 자연수

1, 2, 3을 백의 자리, 십의 자리, 일의 자리에 나열하면 되므로 그 개수는

$3 \times 2 \times 1 = 6$

(vii) 각 자리의 숫자가 2, 3, 4인 세 자리의 자연수

(vi)과 같은 방법으로 그 개수는 $3 \times 2 \times 1 = 6$

(iv)~(vii)에서 3의 배수의 개수는

$y = 4 + 4 + 6 + 6 = 20$

$\therefore x - y = 30 - 20 = 10$ **답** 10

blacklabel 특강 필수개념

배수판별법

(1) 2의 배수 : 일의 자리의 숫자가 0 또는 2의 배수인 수

(2) 3의 배수 : 각 자리의 숫자의 합이 3의 배수인 수

(3) 4의 배수 : 끝의 두 자리의 수가 00 또는 4의 배수인 수

(4) 5의 배수 : 일의 자리의 숫자가 0 또는 5인 수

(5) 9의 배수 : 각 자리의 숫자의 합이 9의 배수인 수

18

10보다 크고 1000보다 작은 대칭수는 두 자리의 자연수이거나 세 자리의 자연수이다.

(i) 두 자리의 대칭수, 즉 △△ 꼴의 자연수

△가 될 수 있는 자연수는 1, 2, 3, ⋯, 9이므로 9

(ii) 세 자리의 대칭수, 즉 △☐△ 꼴의 자연수

△가 될 수 있는 자연수는 1, 2, 3, ⋯, 9의 9개이고, ☐가 될 수 있는 수는 0, 1, 2, ⋯, 9의 10개이므로

$9 \times 10 = 90$

(i), (ii)에서 구하는 대칭수의 개수는

$9 + 90 = 99$ **답** ④

19

(i) 1☐☐ 꼴의 홀수

1☐3에서 십의 자리에 올 수 있는 수는 2, 4, 5의 3가지

1☐5에서 십의 자리에 올 수 있는 수는 2, 3, 4의 3가지

즉, 1☐☐ 꼴의 홀수는 6개이다.

(ii) 2☐☐ 꼴의 홀수

2☐1에서 십의 자리에 올 수 있는 수는 3, 4, 5의 3가지

2☐3에서 십의 자리에 올 수 있는 수는 1, 4, 5의 3가지

2☐5에서 십의 자리에 올 수 있는 수는 1, 3, 4의 3가지

즉, 2☐☐ 꼴의 홀수는 9개이다.

(i), (ii)에서 1☐☐ 꼴, 2☐☐ 꼴의 홀수의 개수는

$6 + 9 = 15$

즉, 작은 것부터 크기순으로 나열하였을 때 19번째에 올 수 있는 수는 3☐☐ 꼴의 홀수 중 네 번째 수이다.

이때, 십의 자리의 수를 기준으로 세 자리의 홀수를 구하면

$\boxed{3}\boxed{1}\boxed{}$ 꼴의 홀수 : $\boxed{3}\boxed{1}\boxed{5}$

$\boxed{3}\boxed{2}\boxed{}$ 꼴의 홀수 : $\boxed{3}\boxed{2}\boxed{1}$, $\boxed{3}\boxed{2}\boxed{5}$

$\boxed{3}\boxed{4}\boxed{}$ 꼴의 홀수 : $\boxed{3}\boxed{4}\boxed{1}$, $\boxed{3}\boxed{4}\boxed{5}$

$\vdots$

따라서 구하는 홀수는 341이다.   답 ③

20

적어도 세 문제 이상을 맞히는 경우의 수는 모든 경우의 수에서 모두 틀리거나 한 문제 또는 두 문제만 맞히는 경우의 수를 제외하면 된다.

이때, 모든 경우의 수는 $2^6=64$

6문제를 모두 틀리는 경우의 수는 1

한 문제만 맞히는 경우의 수는 6

두 문제만 맞히는 경우의 수는

$\dfrac{6\times5}{2\times1}=15$

따라서 구하는 경우의 수는

$64-1-6-15=42$ 답 ⑤

21

구하는 경우의 수는 10장의 카드 중에서 숫자의 크기와 상관없이 3장의 카드를 뽑는 경우의 수와 같으므로

$\dfrac{10\times9\times8}{3\times2\times1}=120$ 답 ①

blacklabel 특강   해결실마리

만약 뽑은 세 장의 카드에 적혀 있는 숫자가 1, 3, 5라면
$a=1$, $b=3$, $c=5$로 정해지므로 이 경우의 수는 10이다. 즉, 뽑은 카드에 적힌 숫자가 $(1, 3, 5)$, $(1, 5, 3)$, $(3, 1, 5)$, $(3, 5, 1)$, $(5, 1, 3)$, $(5, 3, 1)$인 경우는 한 가지 경우로 생각해야 한다.

22

수험 번호가 각각 a, b, c, d, e인 5명의 수험생 중에서 2명만 자신의 수험 번호와 같은 알파벳이 적힌 의자에 앉아야 하므로 5명의 수험생 중에서 자신의 수험 번호와 같은 알파벳이 적힌 의자에 앉는 2명의 수험생을 순서와 상관없이 뽑는 경우의 수는

$\dfrac{5\times4}{2\times1}=10$

이때, 수험 번호가 a, b인 두 수험생이 같은 알파벳이 적힌 의자에 앉고 나머지 3명의 수험생이 다른 알파벳이 적힌 의자에 앉는 경우는 오른쪽 표와 같으므로 경우의 수는 2이다.

의자	C	D	E
수험생	d	e	c
	e	c	d

따라서 구하는 경우의 수는

$10\times2=20$ 답 ①

23

8개의 점 중 세 점을 연결하여 만들 수 있는 삼각형의 개수는 8개의 점 중에서 순서를 생각하지 않고 3개의 점을 뽑는 경우의 수와 같으므로

$\dfrac{8\times7\times6}{3\times2\times1}=56$ (가)

이때, 지름 위의 5개의 점 A, B, C, D, E 중 세 개의 점을 뽑으면 삼각형을 만들 수 없다.

즉, 삼각형을 만들 수 없는 경우의 수는 5개의 점 중에서 순서를 생각하지 않고 3개의 점을 뽑는 경우의 수와 같으므로

$\dfrac{5\times4\times3}{3\times2\times1}=10$ (나)

따라서 구하는 삼각형의 개수는

$56-10=46$ (다)

답 46

단계	채점 기준	배점
(가)	8개의 점 중 3개의 점을 뽑는 경우의 수를 구한 경우	40%
(나)	삼각형을 만들 수 없는 3개의 점을 뽑는 경우의 수를 구한 경우	40%
(다)	만들 수 있는 삼각형의 개수를 구한 경우	20%

24

6개의 팀으로 이루어진 한 조에서 이루어지는 경기의 수는 6개의 팀 중에서 자격이 같은 2개의 팀을 뽑는 경우의 수와 같으므로 $\dfrac{6\times5}{2\times1}=15$

같은 방법으로 나머지 한 조에서 이루어지는 경기의 수는

$\dfrac{6\times5}{2\times1}=15$

한편, 각 조의 1위와 2위인 총 네 팀이 두 팀씩 경기를 하므로 이때 이루어지는 경기의 수는 2

이 결과로부터 이긴 팀끼리의 경기의 수가 1, 진 팀끼리의 경기의 수가 1이다.

따라서 이 시합에서 열린 모든 경기의 수는

$15+15+2+1+1=34$ 답 34

Step 3 종합 사고력 도전 문제 　　　　　　　　pp. 78~79

| 01 (1) 6 | (2) 풀이 참조 | 02 6 | 03 (1) 120 | (2) 96 | (3) 60 |
| 04 21 | | 05 120 | 06 43 | 07 24 | 08 125 |

01 해결단계

(1)	❶단계	주어진 방법대로 관람할 때, 관람하는 전시실의 번호의 순서를 나뭇가지 모양의 그림으로 나타낸다.
	❷단계	❶단계에 구한 그림의 방법의 수를 구한다.
(2)	❸단계	주어진 방법대로 관람할 때, 관람하는 전시실의 번호의 순서를 구한다.

(1) 주어진 방법대로 관람할 때, 관람하는 전시실의 번호를 나뭇가지 모양의 그림으로 나타내면 다음과 같다.

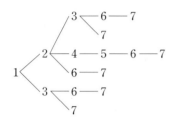

따라서 구하는 방법의 수는 6이다.

(2) 출발은 1 → 2 또는 1 → 3이어야 하고

도착은 3 → 7 또는 6 → 7이어야 하므로

1→2→4→5→6→3→7 또는 1→3→2→4→5→6→7로 관람하면 한번 이용한 통로를 이용하지 않고 모든 전시실을 관람할 수 있다.

답 (1) 6 　(2) 풀이 참조

02 해결단계

❶단계	점 P가 점 (3, 2)에 도착하는 상황을 파악한다.
❷단계	❶단계의 각 상황에 따른 경우의 수를 구한다.
❸단계	점 P가 점 (3, 2)에 도착하는 경우의 수를 구한다.

원점 $(0, 0)$에서 출발한 점 P가 점 $(3, 2)$에 도착하려면 x축의 방향으로 3만큼, y축의 방향으로 2만큼 평행이동해야 한다.

x축의 방향으로 평행이동하려면 주사위를 던져 홀수의 눈이 나와야 하므로 주사위를 한 번 던져 3의 눈이 나오거나 주사위를 세 번 던져 세 번 모두 1의 눈이 나와야 한다.

또한, y축의 방향으로 평행이동하려면 주사위를 던져 짝수의 눈이 나와야 하므로 주사위를 한 번 던져 2의 눈이 나와야 한다.

즉, 점 P가 점 $(3, 2)$에 도착하는 경우는 다음과 같이 나누어 생각할 수 있다.

(ⅰ) 주사위를 두 번 던져 2와 3이 한 번씩 나오는 경우

2, 3 또는 3, 2의 눈이 나올 때이므로 경우의 수는 2

(ⅱ) 주사위를 네 번 던져 1이 세 번, 2가 한 번 나오는 경우

1, 1, 1, 2 또는 1, 1, 2, 1 또는 1, 2, 1, 1 또는

2, 1, 1, 1의 눈이 나올 때이므로 경우의 수는 4

(ⅰ), (ⅱ)에서 점 P가 점 $(3, 2)$에 도착하는 경우의 수는

$2+4=6$ 　　　　　　　　　　　　　　　　　　　답 6

03 해결단계

(1)	❶단계	다섯 학생의 이어달리기의 순서를 정하는 모든 경우의 수를 구한다.
(2)	❷단계	❶단계에서 구한 수를 이용하여 A가 마지막 주자로 달리지 않는 경우의 수를 구한다.
(3)	❸단계	C가 B보다 먼저 달릴 경우, 둘의 순서만 바꾸면 B가 C보다 먼저 달리게 됨을 이용한다.
	❹단계	구하는 경우의 수는 전체 경우의 수의 $\frac{1}{2}$배임을 이용하여 값을 구한다.

(1) 이어달리기의 순서를 정하는 모든 경우의 수는 5명의 학생 A, B, C, D, E를 한 줄로 세우는 경우의 수와 같으므로

$5×4×3×2×1=120$

(2) A가 마지막 주자로 달리는 경우의 수는 B, C, D, E를 한 줄로 세우는 경우의 수와 같으므로

$4×3×2×1=24$

이때, (1)에서 이어달리기의 순서를 정하는 경우의 수가 120이므로 A가 마지막 주자로 달리지 않는 경우의 수는

$120-24=96$

(3) 5명의 학생 A, B, C, D, E의 이어달리기 순서 중 C가 B보다 앞으로 정해진 경우, 예를 들어

A−C−B−D−E ⇨ A−B−C−D−E

C−A−D−E−B ⇨ B−A−D−E−C

와 같이 두 학생 B, C의 순서끼리 바꾸어 주면 항상 B가 C보다 먼저 달리게 된다.

이와 같이 생각하면 이어달리기 순서 중에서

A−C−B−D−E와 A−B−C−D−E는 서로 같은 경우이고

C−A−D−E−B도 B−A−D−E−C와 서로 같은 경우를 나타낸다.

따라서 5명의 학생 A, B, C, D, E의 이어달리기 순서 중 같은 것이 2개씩 존재한다. 즉, B가 C보다 먼저 달리는 경우의 수는 전체 경우의 수의 $\frac{1}{2}$배이므로

$\dfrac{120}{2}=60$

답 (1) 120　(2) 96　(3) 60

04 해결단계

❶단계	점 P에서 출발하여 점 Q까지 경로를 따라 갈 때 반드시 지나야 하는 점을 구하여 경우를 나눈다.
❷단계	❶단계의 각 점을 지나는 경우의 수를 구한다.
❸단계	점 P에서 점 Q까지 가는 방법의 수를 구한다.

점 P에서 점 Q까지 가려면 오른쪽 그
림의 세 점 A, B, C 중에서 어느 한
점을 반드시 지나야 한다.

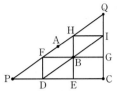

(ⅰ) 점 A를 지나는 경우

P → A, A → Q로 가는 경우를
나뭇가지 모양의 그림으로 나타내면 다음과 같다.

$$P \Big\langle \begin{matrix} F-A \\ D-F-A \end{matrix} \qquad A-H \Big\langle \begin{matrix} Q \\ I-Q \end{matrix}$$

즉, P → A → Q로 가는 경우의 수는

$2 \times 2 = 4$

(ⅱ) 점 B를 지나는 경우

P → B, B → Q로 가는 경우를 나뭇가지 모양의 그림으로
나타내면 다음과 같다.

$$P \Big\langle \begin{matrix} F-B \\ B \\ D \Big\langle \begin{matrix} F-B \\ E-B \end{matrix} \end{matrix} \qquad B \Big\langle \begin{matrix} H \Big\langle \begin{matrix} Q \\ I-Q \end{matrix} \\ I-Q \\ G-I-Q \end{matrix}$$

즉, P → B → Q로 가는 경우의 수는

$4 \times 4 = 16$

(ⅲ) 점 C를 지나는 경우

P → C, C → Q로 가는 경우를 나뭇가지 모양의 그림으로
나타내면 다음과 같다.

$$P-D-E-C \qquad C-G-I-Q$$

즉, P → C → Q로 가는 경우의 수는

$1 \times 1 = 1$

(ⅰ), (ⅱ), (ⅲ)에서 구하는 방법의 수는

$4 + 16 + 1 = 21$ **답** 21

| 다른풀이 |

오른쪽 그림과 같이 경로의 수를 세는
방법에 의하여 구하는 방법의 수는 21
이다.

05 해결단계

❶단계	어느 두 명도 이웃하지 않도록 앉을 의자를 고르는 방법의 수를 구한다.
❷단계	❶단계의 각 경우에 대하여 4명의 학생이 앉는 방법의 수를 구한다.
❸단계	주어진 조건을 만족시키는 경우의 수를 구한다.

앞을 의자를 ●라 하고 4명의 학생 중 어느 두 명도 이웃하지 않도
록 앉을 의자를 고르는 경우는 다음 그림과 같이 5가지이다.

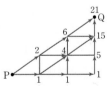

각 경우에 4명의 학생이 앉는 경우의 수는 4명을 한 줄로 세우는
경우의 수와 같으므로

$4 \times 3 \times 2 \times 1 = 24$

따라서 구하는 방법의 수는

$5 \times 24 = 120$ **답** 120

06 해결단계

❶단계	점 P가 점 E에 놓일 수 있는 눈의 수의 합을 구한다.
❷단계	눈의 수의 합에 따라 경우를 나눈 후, 각 경우의 수를 구한다.
❸단계	점 P가 점 E에 놓이게 되는 경우의 수를 구한다.

세 개의 주사위의 눈의 수의 합이 4 또는 9 또는 14일 때, 점 A
에서 출발한 점 P가 점 E에 놓인다.

세 개의 주사위의 눈의 수를 각각 x, y, z라 하고 순서쌍 (x, y, z)
로 나타낼 때, 각 경우의 수는 다음과 같다.

(ⅰ) 세 눈의 수의 합이 4인 경우

$2 + 1 + 1 = 4$, 즉 세 눈의 수가 2, 1, 1인 경우에는

$(1, 1, 2)$, $(1, 2, 1)$, $(2, 1, 1)$의 3가지이다.

(ⅱ) 세 눈의 수의 합이 9인 경우

$6 + 2 + 1 = 9$, 즉 세 눈의 수가 6, 2, 1인 경우에는

$(1, 2, 6)$, $(1, 6, 2)$, $(2, 1, 6)$, $(2, 6, 1)$, $(6, 1, 2)$,

$(6, 2, 1)$의 6가지이다.

이와 같은 방법으로

$5 + 3 + 1 = 9$, 즉 세 눈의 수가 5, 3, 1인 경우의 수는 6

$5 + 2 + 2 = 9$, 즉 세 눈의 수가 5, 2, 2인 경우의 수는 3

$4 + 4 + 1 = 9$, 즉 세 눈의 수가 4, 4, 1인 경우의 수는 3

$4 + 3 + 2 = 9$, 즉 세 눈의 수가 4, 3, 2인 경우의 수는 6

$3 + 3 + 3 = 9$, 즉 세 눈의 수가 3, 3, 3인 경우의 수는 1

따라서 세 눈의 수의 합이 9인 경우의 수는

$6 + 6 + 3 + 3 + 6 + 1 = 25$

(ⅲ) 세 눈의 수의 합이 14인 경우

$6 + 6 + 2 = 14$, 즉 세 눈의 수가 6, 6, 2인 경우에는

$(2, 6, 6)$, $(6, 2, 6)$, $(6, 6, 2)$의 3가지이다.

이와 같은 방법으로

$6 + 5 + 3 = 14$, 즉 세 눈의 수가 6, 5, 3인 경우의 수는 6

$6+4+4=14$, 즉 세 눈의 수가 6, 4, 4인 경우의 수는 3

$5+5+4=14$, 즉 세 눈의 수가 5, 5, 4인 경우의 수는 3

따라서 세 눈의 수의 합이 14인 경우의 수는

$3+6+3+3=15$

(i), (ii), (iii)에서 점 P가 점 E에 놓이게 되는 경우의 수는

$3+25+15=43$　　　　　　　　　　　　　　　답 43

07 해결단계

❶단계	주어진 조건을 이용하여 a의 값의 범위를 구한다.
❷단계	a, b, c가 자연수임을 이용하여 가능한 a의 값에 따른 경우의 수를 구한다.
❸단계	❷단계에서 구한 경우의 수를 모두 합하여 삼각형 ABC의 개수를 구한다.

조건 ㈎에서 세 자연수 a, b, c는 삼각형의 세 변의 길이이고 가장 긴 변의 길이가 a이므로

$b+c>a$

그런데 조건 ㈏에서 $a+b+c=30$이므로

$2a=a+a<a+b+c=30$　　∴ $a<15$　……㉠

또한, $a>b$, $a>c$이므로

$3a>a+b+c=30$　　∴ $a>10$　……㉡

㉠, ㉡에서 $10<a<15$

이때, a는 자연수이므로 다음과 같이 경우를 나누어 생각한다.

(i) $a=11$일 때, 즉 $b+c=19$ ($b<11$, $c<11$)인 경우

합이 19인 두 수는 (10, 9)의 1가지이고, b, c를 정하는 경우의 수는 $2\times1=2$이므로 삼각형의 개수는 2이다.

(ii) $a=12$일 때, 즉 $b+c=18$ ($b<12$, $c<12$)인 경우

합이 18인 두 수는 (11, 7), (10, 8)의 2가지이고, 각 경우에 b, c를 정하는 경우의 수는 $2\times1=2$이므로 삼각형의 개수는 $2\times2=4$

(iii) $a=13$일 때, $b+c=17$ ($b<13$, $c<13$)인 경우

합이 17인 두 수는 (12, 5), (11, 6), (10, 7), (9, 8)의 4가지이고, 각 경우에 b, c를 정하는 경우의 수는 $2\times1=2$이므로 삼각형의 개수는 $4\times2=8$

(iv) $a=14$일 때, $b+c=16$ ($b<14$, $c<14$)인 경우

합이 16인 두 수는 (13, 3), (12, 4), (11, 5), (10, 6), (9, 7)의 5가지이고, 각 경우에 b, c를 정하는 경우의 수는 $2\times1=2$이므로 삼각형의 개수는 $5\times2=10$

(i)~(iv)에서 구하는 삼각형 ABC의 개수는

$2+4+8+10=24$　　　　　　　　　　　　　　답 24

08 해결단계

❶단계	섬이 연결된 모양에 따른 경우를 나누어 본다.
❷단계	❶단계의 각 경우의 수를 구한다.
❸단계	다리를 이용하여 섬들을 연결하는 방법의 수를 구한다.

섬이 연결된 모양에 따라 다음과 같이 경우를 나누어 생각한다.

(i) 하나의 섬에 연결된 다리가 4개인 경우

다섯 개의 섬 A, B, C, D, E 중에서 1번 섬이 될 1개의 섬을 택하는 경우의 수는 5이고 2번, 3번, 4번, 5번 섬은 순서에 관계없이 어떤 섬이 들어가도 된다.

즉, 하나의 섬에 연결된 다리가 4개인 경우의 수는 5

(ii) 하나의 섬에 연결된 다리가 3개인 경우

다섯 개의 섬 A, B, C, D, E 중에서 1번 섬이 될 1개의 섬을 택하는 경우의 수는 5

남은 네 개의 섬에서 다른 하나의 섬, 즉 5번 섬과 연결될 4번 섬을 택하는 경우의 수는 4

남은 3개의 섬에서 5번 섬을 택하는 경우의 수는 3이고, 2번, 3번 섬은 순서에 관계없이 어떤 섬이 들어가도 된다.

즉, 하나의 섬에 연결된 다리가 3개인 경우의 수는

$5\times4\times3=60$

(iii) 다섯 개의 섬이 한 줄로 연결된 경우

다섯 개의 섬 A, B, C, D, E를 한 줄로 나열하면 된다. 그런데 이때 순서가

A-B-C-D-E인 경우와

E-D-C-B-A인 경우는 서로 같은 경우이므로 2개씩 같은 배열이 존재한다.

즉, 구하는 경우의 수는

$\dfrac{5\times4\times3\times2\times1}{2}=60$

(i), (ii), (iii)에서 다리를 이용하여 섬들을 연결하는 방법의 수는

$5+60+60=125$　　　　　　　　　　　　　답 125

| 다른풀이 1 |

섬 A에 연결된 다리의 개수에 따라 경우를 나누어 구할 수도 있다.

(i) 섬 A에 연결된 다리가 4개인 경우

오른쪽 그림과 같은 한 가지뿐이므로 이 경우의 수는 1이다.

(ii) 섬 A에 연결된 다리가 3개인 경우

네 섬 B, C, D, E 중 섬 A와 다리로 연결되는 섬 3개를 정하는 경우의 수는 연결되지 않는 섬 1개를 정하는 경우의 수와 같으므로 4가지이다.

이때, 세 섬 B, C, D가 섬 A와 연결된다고 가정하면 나머지 섬 E는 세 섬 B, C, D 중 어느 하나와 연결되어야 하므로 이 경우의 수는 3이다.

즉, 섬 A에 연결된 다리가 3개인 경우의 수는 $4\times3=12$

(iii) 섬 A에 연결된 다리가 2개인 경우

네 섬 B, C, D, E 중 섬 A와 다리로 연결되는 섬 2개를 정하는 경우의 수는 4개의 섬 중에서 순서를 생각하지 않고 2개를 택하는 경우의 수와 같으므로 $\dfrac{4\times3}{2\times1}=6$

이때, 두 섬 B, C가 섬 A와 연결되는 한 가지 경우에 대하여 나머지 섬 D, E가 두 섬 B, C와 연결되는 경우는 다음 그림과 같이 8가지이다.

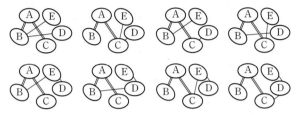

즉, 섬 A에 연결된 다리가 2개인 경우의 수는

$6\times8=48$

(iv) 섬 A에 연결된 다리가 1개인 경우

네 섬 B, C, D, E 중 섬 A와 다리로 연결되는 섬 1개를 정하는 경우의 수는 4

이때, 섬 B가 섬 A와 연결된다고 가정하면 나머지 섬 C, D, E가 섬 B와 연결되는 경우의 수는 다음과 같다.

① 섬 B에 연결된 다리가 3개인 경우
   오른쪽 그림과 같이 1가지이다.
② 섬 B에 연결된 다리가 2개인 경우
   세 섬 C, D, E 중 섬 B와 다리로
   연결되는 섬 2개를 정하는 경우의 수는 3
   그 각각에 대하여 나머지 한 섬은 섬 B에 연결된 두 섬과 다리로 연결할 수 있으므로 섬 B에 연결된 다리가 2개인 경우의 수는
   $3\times2=6$
③ 섬 B에 연결된 다리가 1개인 경우
   세 섬 C, D, E 중 섬 B와 다리로 연결되는 섬 1개를 정하는 경우의 수는 3
   그 각각에 대하여 나머지 두 섬을 연결하는 경우의 수는 3이므로 섬 B에 연결된 다리가 1개인 경우의 수는
   $3\times3=9$

①, ②, ③에서 섬 A에 연결된 다리가 1개인 경우의 수는

$4\times(1+6+9)=64$

(i)~(iv)에서 구하는 방법의 수는

$1+12+48+64=125$

| 다른풀이 2 |

다섯 개의 섬에 놓을 수 있는 총다리 수는 서로 다른 다섯 개의 섬 중에서 순서와 상관없이 2개의 섬을 택하는 방법의 수와 같으므로

$\dfrac{5\times4}{2\times1}=10$(개)

이때, 구한 10개의 다리에서 4개의 다리를 선택하는 방법의 수는

$\dfrac{10\times9\times8\times7}{4\times3\times2\times1}=210$

그런데 모든 섬이 연결되게 하는 방법의 수를 구해야 하므로 위에서 구한 경우의 수에서 네 개의 다리를 놓았지만 모든 섬이 연결되지는 않는 경우의 수를 제외해야 한다. 모든 섬이 연결되지 않는 경우를 다음과 같이 나누어 생각한다.

(i) 한 개의 섬에는 다리가 연결되지 않는 경우

다리를 연결하지 않을 섬을 택하는 방법의 수는

5

한 개의 섬을 제외하고 네 개의 섬에 놓을 수 있는 총 다리 수는 서로 다른 네 개의 섬 중에서 순서와 상관없이 2개의 섬을 택하는 방법의 수와 같으므로

$\dfrac{4\times3}{2\times1}=6$(개)

이때, 6개의 다리에서 4개의 다리를 선택하는 방법의 수는

$\dfrac{6\times5\times4\times3}{4\times3\times2\times1}=15$

따라서 한 개의 섬에는 다리가 연결되지 않는 경우의 수는

$5\times15=75$

(ii) 모든 섬에 다리가 연결되지만 모든 섬이 연결되지는 않는 경우의 수

오른쪽 그림과 같은 모양으로 다리가 놓이는 경우이다. 그림의 B, E처럼 나머지 세 섬에 연결되지 않는 두 섬을 택하 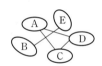 는 방법의 수는 다섯 개의 섬에서 순서와 상관없이 2개의 섬을 택하는 경우의 수와 같으므로

$\dfrac{5\times4}{2\times1}=10$

(i), (ii)에서 네 개의 다리를 놓았지만 다섯 개의 섬이 모두 연결되지 않는 경우의 수는

$75+10=85$

따라서 네 개의 다리를 이용하여 모든 섬이 연결되는 경우의 수는

$210-85=125$

1

$a<b$인 경우는

(ⅰ) $a=2$일 때,

$b=3$, $b=5$, $b=8$의 3가지

(ⅱ) $a=4$일 때,

$b=5$, $b=8$의 2가지

(ⅲ) $a=7$일 때,

$b=8$의 1가지

(ⅰ), (ⅱ), (ⅲ)에서 구하는 경우의 수는

$3+2+1=6$

답 6

2

일차함수 $y=\dfrac{b}{a}x$의 그래프는 원점을 지나므로 일차함수

$y=\dfrac{b}{a}x$의 그래프의 기울기는 그래프가 점 B를 지날 때 최대이

고, 점 A를 지날 때 최소이다.

일차함수 $y=\dfrac{b}{a}x$의 그래프가 점 B$(4,6)$을 지날 때,

$6=\dfrac{b}{a}\times 4$　　$\therefore \dfrac{b}{a}=\dfrac{3}{2}$

일차함수 $y=\dfrac{b}{a}x$의 그래프가 점 A$(6,3)$을 지날 때,

$3=\dfrac{b}{a}\times 6$　　$\therefore \dfrac{b}{a}=\dfrac{1}{2}$

즉, 일차함수 $y=\dfrac{b}{a}x$의 그래프가 삼각형 ABC와 만나려면

$\dfrac{1}{2}\leq\dfrac{b}{a}\leq\dfrac{3}{2}$이어야 한다.

$a=1$일 때, $\dfrac{1}{2}\leq b\leq\dfrac{3}{2}$이므로 b는 1의 1가지이다.

$a=2$일 때, $1\leq b\leq 3$이므로 b는 1, 2, 3의 3가지이다.

$a=3$일 때, $\dfrac{3}{2}\leq b\leq\dfrac{9}{2}$이므로 b는 2, 3, 4의 3가지이다.

$a=4$일 때, $2\leq b\leq 6$이므로 b는 2, 3, 4, 5, 6의 5가지이다.

$a=5$일 때, $\dfrac{5}{2}\leq b\leq\dfrac{15}{2}$이므로 b는 3, 4, 5, 6, 7의 5가지이다.

$a=6$일 때, $3\leq b\leq 9$이므로 b는 3, 4, 5, 6, 7, 8의 6가지이다.

$a=7$일 때, $\dfrac{7}{2}\leq b\leq\dfrac{21}{2}$이므로 b는 4, 5, 6, 7, 8의 5가지이다.

$a=8$일 때, $4\leq b\leq 12$이므로 b는 4, 5, 6, 7, 8의 5가지이다.

따라서 구하는 경우의 수는

$1+3+3+5+5+6+5+5=33$

답 33

3

갑이 꺼낸 카드에 적힌 숫자가 가장 큰 수가 되는 경우를 다음과 같이 나누어 생각할 수 있다.

(ⅰ) 갑이 2가 적힌 카드를 꺼내는 경우

병이 가진 카드에 적힌 숫자가 모두 2보다 크므로 갑이 꺼낸 카드에 적힌 숫자가 가장 큰 수가 되는 경우의 수는 0

(ⅱ) 갑이 5가 적힌 카드를 꺼내는 경우

을이 1이 적힌 카드, 병이 3 또는 4가 적힌 카드를 꺼내야 하므로 갑이 꺼낸 카드에 적힌 숫자가 가장 큰 수가 되는 경우의 수는 $1\times 2=2$

(ⅲ) 갑이 9가 적힌 카드를 꺼내는 경우

을과 병이 가지고 있는 카드에 적힌 숫자가 모두 9보다 작으므로 을과 병이 어떠한 카드를 꺼내도 갑이 꺼낸 카드에 적힌 숫자가 가장 크다.

즉, 갑이 꺼낸 카드에 적힌 숫자가 가장 큰 수가 되는 경우의 수는 $3\times 3=9$

(ⅰ), (ⅱ), (ⅲ)에서 구하는 경우의 수는

$0+2+9=11$

답 ⑤

| 다른풀이 |

갑이 꺼낸 카드에 적힌 숫자가 가장 큰 수가 되는 경우를 나뭇가지 모양의 그림으로 나타내면 다음과 같다.

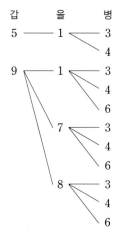

따라서 구하는 경우의 수는 11이다.

4

한 교시에는 1개 강좌만 수강할 수 있으므로 다음과 같이 경우를 나누어 생각한다.

(ⅰ) 1교시와 2교시 강좌를 선택하는 경우의 수는

$2\times 3=6$

(ⅱ) 1교시와 3교시 강좌를 선택하는 경우의 수는

$2\times 4=8$

(ⅲ) 2교시와 3교시 강좌를 선택하는 경우의 수는

$3\times 4=12$

(ⅰ), (ⅱ), (ⅲ)에서 2개 강좌를 선택하여 수강하는 모든 방법의 수는

$6+8+12=26$

답 ②

09 확률

01 $\dfrac{2}{21}$ 02 ①   03 $\dfrac{2}{3}$ 04 ③   05 ④

06 ②   07 ④

01

9장의 카드에서 3장의 카드를 뽑는 모든 경우의 수는

$\dfrac{9 \times 8 \times 7}{3 \times 2 \times 1} = 84$

이때, 카드에 적힌 숫자의 합이 16이 되는 경우는

$(1, 6, 9)$, $(1, 7, 8)$, $(2, 5, 9)$, $(2, 6, 8)$, $(3, 4, 9)$,

$(3, 5, 8)$, $(3, 6, 7)$, $(4, 5, 7)$의 8가지

따라서 구하는 확률은

$\dfrac{8}{84} = \dfrac{2}{21}$ 답 $\dfrac{2}{21}$

02

ㄷ. $0 \leq q \leq 1$

ㄹ. $p = 1 - q$

ㅁ. $q = 1$이면 $p = 0$이므로 사건 A는 절대로 일어나지 않는다.

따라서 옳은 것은 ㄱ, ㄴ이다.   답 ①

03

6명의 학생이 한 명씩 면접을 보는 순서를 정하는 방법은 6명의 학생을 한 줄로 세우는 방법과 같으므로 남학생 4명과 여학생 2명이 면접을 보는 순서를 정하는 모든 경우의 수는

$6 \times 5 \times 4 \times 3 \times 2 \times 1 = 720$

이때, 두 여학생을 한 사람으로 생각하여 5명을 한 줄로 세우는 경우의 수는

$5 \times 4 \times 3 \times 2 \times 1 = 120$

두 여학생이 자리를 바꾸는 방법의 수는 2이므로

두 여학생이 연속하여 면접을 보는 경우의 수는

$120 \times 2 = 240$

즉, 두 여학생이 연속하여 면접을 볼 확률은

$\dfrac{240}{720} = \dfrac{1}{3}$

따라서 두 여학생이 연속하여 면접을 보지 않을 확률은

$1 - \dfrac{1}{3} = \dfrac{2}{3}$ 답 $\dfrac{2}{3}$

04

9월의 총 날의 수는

$2 + 7 + 10 + 8 + 3 = 30$

9월 중 전기 사용량이 6 kWh 미만인 날의 수는 2

즉, 9월 중 임의로 선택한 날의 전기 사용량이 6 kWh 미만일

확률은 $\dfrac{2}{30} = \dfrac{1}{15}$

한편, 9월 중 전기 사용량이 8 kWh 이상인 날의 수는

$8 + 3 = 11$

즉, 9월 중 임의로 선택한 날의 전기 사용량이 8 kWh 이상일

확률은 $\dfrac{11}{30}$

따라서 구하는 확률은

$\dfrac{1}{15} + \dfrac{11}{30} = \dfrac{13}{30}$ 답 ③

| 다른풀이 |

9월의 총 날의 수는

$2 + 7 + 10 + 8 + 3 = 30$

9월 중 전기 사용량이 6 kWh 미만이거나 8 kWh 이상인 날의 수는

$2 + 8 + 3 = 13$

따라서 구하는 확률은 $\dfrac{13}{30}$

05

오전 7시에 도착 예정인 전철이 이 전철역에 정각에 도착할 확률

은 $\dfrac{1}{2}$, 일찍 도착할 확률은 $\dfrac{1}{6}$이므로 이 전철이 늦게 도착할 확

률은

$1 - \dfrac{1}{2} - \dfrac{1}{6} = \dfrac{2}{6} = \dfrac{1}{3}$

따라서 오전 7시에 도착 예정인 전철이 이 전철역에 이틀 연속

늦게 도착할 확률은

$\dfrac{1}{3} \times \dfrac{1}{3} = \dfrac{1}{9}$ 답 ④

06

갑과 을이 같은 색의 구슬을 꺼내는 경우는 두 사람이 모두 흰 구슬을 꺼내거나 모두 검은 구슬을 꺼낼 때이다.

이때, 갑이 꺼낸 구슬을 다시 넣지 않고 을이 구슬을 꺼내므로 각 경우의 확률은 다음과 같다.

(i) 갑, 을이 모두 흰 구슬을 꺼낼 확률

갑이 흰 구슬을 꺼낼 확률은 $\dfrac{3}{8}$

을은 흰 구슬 2개, 검은 구슬 5개 중에서 한 개를 꺼내므로

을이 흰 구슬을 꺼낼 확률은 $\dfrac{2}{7}$

즉, 두 사람이 모두 흰 구슬을 꺼낼 확률은

$\dfrac{3}{8} \times \dfrac{2}{7} = \dfrac{3}{28}$

(ii) 갑, 을이 모두 검은 구슬을 꺼낼 확률

갑이 검은 구슬을 꺼낼 확률은 $\dfrac{5}{8}$

을은 흰 구슬 3개, 검은 구슬 4개 중에서 한 개를 꺼내므로

을이 검은 구슬을 꺼낼 확률은 $\dfrac{4}{7}$

즉, 두 사람이 모두 검은 구슬을 꺼낼 확률은

$\dfrac{5}{8} \times \dfrac{4}{7} = \dfrac{5}{14}$

(i), (ii)에서 갑과 을이 같은 색의 구슬을 꺼낼 확률은

$\dfrac{3}{28} + \dfrac{5}{14} = \dfrac{13}{28}$

답 ②

blacklabel 특강 필수개념

연속하여 꺼내는 경우

(1) 꺼낸 것을 다시 넣을 때

　(나중에 꺼낼 때의 전체 개수) = (처음에 꺼낼 때의 전체 개수)

(2) 꺼낸 것을 다시 넣지 않을 때

　(나중에 꺼낼 때의 전체 개수) = (처음에 꺼낼 때의 전체 개수) − (꺼낸 개수)

07

반지름의 길이가 6인 원의 넓이는 36π이고, 반지름의 길이가 3, 4인 원의 넓이는 각각 9π, 16π이다.

이때, $3 \le \overline{OP} \le 4$이려면 점 P가 오른쪽 그림의 어두운 부분에 있어야 하므로 구하는 확률은

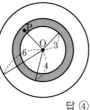

$\dfrac{16\pi - 9\pi}{36\pi} = \dfrac{7\pi}{36\pi} = \dfrac{7}{36}$

답 ④

Step 2 A등급을 위한 문제 　　　pp. 83~85

01 ③	02 $\dfrac{1}{5}$	03 $\dfrac{13}{18}$	04 ①	05 ③
06 $\dfrac{31}{36}$	07 ③	08 ②	09 $\dfrac{5}{18}$	10 $\dfrac{32}{81}$
11 $\dfrac{2}{9}$	12 ④	13 ③	14 $\dfrac{5}{9}$	15 ①
16 $\dfrac{3}{8}$	17 $\dfrac{2}{5}$	18 4	19 ③	

01

뽑은 카드는 다시 넣는다고 할 때, 1부터 5까지의 숫자가 각각 하나씩 적힌 5장의 카드 중에서 1장의 카드를 4번 뽑는 경우의 수는 $5^4 = 625$

같은 방법으로 2부터 5까지의 숫자가 각각 하나씩 적힌 4장의 카드 중에서 1장의 카드를 4번 뽑는 경우의 수는 4^4

3부터 5까지의 숫자가 각각 하나씩 적힌 3장의 카드 중에서 1장의 카드를 4번 뽑는 경우의 수는 3^4

이때, 뽑은 카드에 적힌 숫자 중 가장 작은 것이 2가 되는 경우의 수는 2부터 5까지의 숫자가 적힌 카드 중에서 1장의 카드를 4번 뽑는 경우의 수에서 3부터 5까지의 숫자가 적힌 카드 중에서 1장의 카드를 4번 뽑는 경우의 수를 뺀 것과 같으므로

$4^4 - 3^4 = 256 - 81 = 175$

따라서 구하는 확률은 $\dfrac{175}{625} = \dfrac{7}{25}$

답 ③

02

5개의 막대 중 3개를 선택하는 경우의 수는

$\dfrac{5 \times 4 \times 3}{3 \times 2 \times 1} = 10$

한편, 선택한 3개의 막대로 삼각형을 만들려면 가장 긴 막대의 길이가 나머지 두 막대의 길이의 합보다 작아야 한다.

즉, 삼각형이 되는 경우는 길이가 2 cm, 3 cm, 4 cm인 막대를 고르는 경우, 길이가 3 cm, 4 cm, 6 cm인 막대를 고르는 경우의 2가지이다.

따라서 삼각형이 만들어질 확률은 $\dfrac{2}{10} = \dfrac{1}{5}$

답 $\dfrac{1}{5}$

blacklabel 특강 필수개념

삼각형이 될 조건

삼각형의 세 변의 길이가 a, b, c이고 이 중 가장 긴 변의 길이가 c일 때, $c < a+b$가 성립해야 한다.

03

서로 다른 장미 4송이, 서로 다른 백합 5송이 중에서 두 송이를 골라 두 친구에게 한 송이씩 주는 경우의 수는

$9 \times 8 = 72$

두 친구 모두에게 장미를 주지 않는 경우는 두 친구 모두에게 백합을 주는 경우이므로 이 경우의 수는

$5 \times 4 = 20$

두 친구 모두에게 장미를 주지 않을 확률은

$$\frac{20}{72}=\frac{5}{18}$$

따라서 장미를 적어도 한 송이 주게 될 확률은

$$1-\frac{5}{18}=\frac{13}{18}$$

답 $\frac{13}{18}$

04

A, B 두 개의 주사위를 동시에 던질 때, 나오는 모든 경우의 수는

$6\times6=36$

한편, 연립방정식 $\begin{cases} 2x+y=3 \\ ax+by=5 \end{cases}$ 의 해가 존재하지 않으려면

$\dfrac{2}{a}=\dfrac{1}{b}\neq\dfrac{3}{5}$ 이어야 한다.

$\therefore a=2b$

따라서 조건을 만족시키는 순서쌍 $(a,\ b)$는

$(2,\ 1),\ (4,\ 2),\ (6,\ 3)$의 3가지이므로 구하는 확률은

$$\frac{3}{36}=\frac{1}{12}$$

답 ①

blacklabel 특강　필수개념

특수한 해를 갖는 연립방정식

$a,\ b,\ c,\ a',\ b',\ c'$이 모두 0이 아닐 때, 연립방정식 $\begin{cases} ax+by+c=0 \\ a'x+b'y+c'=0 \end{cases}$ 에서

(1) 해가 무수히 많을 조건은

$$\frac{a}{a'}=\frac{b}{b'}=\frac{c}{c'}$$

(2) 해가 존재하지 않을 조건은

$$\frac{a}{a'}=\frac{b}{b'}\neq\frac{c}{c'}$$

05

책상에 카드를 놓는 모든 경우의 수는

$4\times3\times2\times1=24$

한편, 책상 C에 놓인 카드에 적힌 수가 책상 A에 놓인 카드에 적힌 수보다 크고, 책상 D에 놓인 카드에 적힌 수가 책상 B에 놓인 카드에 적힌 수보다 큰 경우를 나뭇가지 모양의 그림으로 나타내면 다음과 같이 6가지이다.

```
A   C   B   D
  ⎛2 — 3 — 4
1 ⎨3 — 2 — 4
  ⎝4 — 2 — 3
  ⎛3 — 1 — 4
2 ⎨
  ⎝4 — 1 — 3
3 — 4 — 1 — 2
```

따라서 구하는 확률은 $\dfrac{6}{24}=\dfrac{1}{4}$

답 ③

| **다른풀이** |

1, 2, 3, 4가 하나씩 적힌 4장의 카드를 네 개의 책상에 임의로 놓는 것이므로 어느 두 장에 대하여 각 카드에 적힌 숫자 중 하나는 나머지 하나보다 반드시 크다.

즉, 책상 C에 놓인 카드에 적힌 수가 책상 A에 놓인 카드에 적힌 수보다 클 확률은 $\dfrac{1}{2}$이다.

같은 방법으로 책상 D에 놓인 카드에 적힌 수가 책상 B에 놓인 카드에 적힌 수보다 클 확률도 $\dfrac{1}{2}$이다.

따라서 구하는 확률은 $\dfrac{1}{2}\times\dfrac{1}{2}=\dfrac{1}{4}$

blacklabel 특강　풀이첨삭

네 책상 A, B, C, D에 카드를 놓는 모든 경우의 수도 다음과 같이 나뭇가지 모양의 그림으로 나타내어 구할 수 있다.

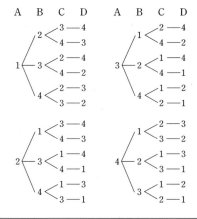

06

두 개의 주사위 A, B를 동시에 던질 때, 나오는 모든 경우의 수는 $6\times6=36$　────(가)

한편, 두 일차함수 $y=2x+5,\ y=ax+b$의 그래프가 만나지 않으려면 평행해야 하므로

$a=2,\ b\neq5$　……㉠

이때, ㉠을 만족시키는 순서쌍 $(a,\ b)$는

$(2,\ 1),\ (2,\ 2),\ (2,\ 3),\ (2,\ 4),\ (2,\ 6)$

의 5가지이므로 두 그래프가 만나지 않을 확률은 $\dfrac{5}{36}$

────(나)

따라서 두 그래프가 만날 확률은

$$1-\frac{5}{36}=\frac{31}{36}$$

────(다)

답 $\dfrac{31}{36}$

단계	채점 기준	배점
(가)	모든 경우의 수를 구한 경우	20%
(나)	두 그래프가 만나지 않을 확률을 구한 경우	40%
(다)	두 그래프가 만날 확률을 구한 경우	40%

두 직선의 위치 관계

(1) 평행하다. (두 직선이 만나지 않는다.) ⇨ 기울기가 같고, y절편이 다르다.

(2) 일치한다. ⇨ 기울기가 같고, y절편도 같다.

(3) 한 점에서 만난다. ⇨ 기울기가 다르다.

07

다섯 명의 학생을 한 줄로 세우는 경우의 수는

$5 \times 4 \times 3 \times 2 \times 1 = 120$

(i) A가 맨 앞에 올 확률

맨 앞의 자리를 제외한 나머지 네 자리에 B, C, D, E를 한 줄로 세우는 경우의 수는 $4 \times 3 \times 2 \times 1 = 24$이므로 확률은

$\dfrac{24}{120} = \dfrac{1}{5}$

(ii) B가 맨 앞에서 두 번째에 올 확률

맨 앞에서 두 번째의 자리를 제외한 나머지 네 자리에 A, C, D, E를 한 줄로 세우는 경우의 수는 $4 \times 3 \times 2 \times 1 = 24$이므로 확률은 $\dfrac{24}{120} = \dfrac{1}{5}$

(iii) A가 맨 앞에 오고 B가 맨 앞에서 두 번째에 올 확률

맨 앞의 자리, 맨 앞에서 두 번째의 자리를 제외한 나머지 세 자리에 C, D, E를 한 줄로 세우는 경우의 수는

$3 \times 2 \times 1 = 6$이므로 확률은 $\dfrac{6}{120} = \dfrac{1}{20}$

(i), (ii), (iii)에서 A가 맨 앞에 오거나 B가 맨 앞에서 두 번째에 올 확률은

$\dfrac{1}{5} + \dfrac{1}{5} - \dfrac{1}{20} = \dfrac{7}{20}$ 답 ③

A가 맨 앞에 오는 경우의 수가 24, B가 맨 앞에서 두 번째에 오는 경우의 수가 24, A가 맨 앞에 오고 B가 맨 앞에서 두 번째에 오는 경우의 수가 6이므로 A가 맨 앞에 오거나 B가 맨 앞에서 두 번째에 오는 경우의 수는

$24 + 24 - 6 = 42$

따라서 구하는 확률은 $\dfrac{42}{120} = \dfrac{7}{20}$이다.

08

서로 다른 세 개의 주사위를 동시에 던질 때, 나오는 모든 경우의 수는

$6 \times 6 \times 6 = 216$

한편, 세 눈의 수를 각각 a, b, c라 할 때, abc의 값이 40의 배수가 되려면 $abc = 40$ 또는 $abc = 80$ 또는 $abc = 120$이어야 하므로 각 경우의 확률은 다음과 같다.

(i) $abc = 40$, 즉 a, b, c가 2, 4, 5일 확률

2, 4, 5를 a, b, c의 각 값으로 정하는 경우의 수는

$3 \times 2 \times 1 = 6$이므로 확률은 $\dfrac{6}{216} = \dfrac{1}{36}$

(ii) $abc = 80$, 즉 a, b, c가 4, 4, 5일 확률

4, 4, 5를 a, b, c의 각 값으로 정하는 경우의 수는 3이므로

확률은 $\dfrac{3}{216} = \dfrac{1}{72}$

(iii) $abc = 120$, 즉 a, b, c가 4, 5, 6일 확률

4, 5, 6을 a, b, c의 각 값으로 정하는 경우의 수는

$3 \times 2 \times 1 = 6$이므로 확률은 $\dfrac{6}{216} = \dfrac{1}{36}$

(i), (ii), (iii)에서 세 눈의 수의 곱이 40의 배수일 확률은

$\dfrac{1}{36} + \dfrac{1}{72} + \dfrac{1}{36} = \dfrac{5}{72}$ 답 ②

40을 소인수분해하면 $2^3 \times 5$이므로 세 눈의 수 a, b, c 중에서 하나는 5임을 알 수 있다. 이를 이용하여 세 수의 곱이 40의 배수가 되는 경우의 수를 찾으면 편리하다.

09

정육면체 모양의 주사위를 두 번 던져 나오는 모든 경우의 수는

$6 \times 6 = 36$

주사위를 두 번 던질 때, 두 눈의 수의 합이 가장 작은 값은 -2, 가장 큰 값은 8이다.

즉, 꼭짓점 A에서 출발한 점 P가 주사위를 두 번 던져 이동한 후, 꼭짓점 D에 놓이려면 두 눈의 수의 합이 -1 또는 3 또는 7이어야 한다.

두 눈의 수를 각각 a, b라 하고, 이를 순서쌍 (a, b)로 나타낼 때

(i) 두 눈의 수의 합이 -1인 경우

$(-1, 0)$, $(0, -1)$의 2가지이므로 확률은

$\dfrac{2}{36} = \dfrac{1}{18}$

(ii) 두 눈의 수의 합이 3인 경우

$(-1, 4)$, $(4, -1)$, $(0, 3)$, $(3, 0)$, $(1, 2)$, $(2, 1)$의 6가지이므로 확률은

$\dfrac{6}{36} = \dfrac{1}{6}$

(iii) 두 눈의 수의 합이 7인 경우

$(3, 4)$, $(4, 3)$의 2가지이므로 확률은

$\dfrac{2}{36} = \dfrac{1}{18}$

(i), (ii), (iii)에서 점 P가 꼭짓점 D에 놓일 확률은

$\dfrac{1}{18} + \dfrac{1}{6} + \dfrac{1}{18} = \dfrac{5}{18}$ 답 $\dfrac{5}{18}$

10

평평한 면이 위로 나올 확률은 $\dfrac{2}{3}$, 둥근 면이 위로 나올 확률은 $\dfrac{1}{3}$이므로

(i) 도가 나오는 경우

평평한 면 1개, 둥근 면 3개가 나오는 경우는 모두 4가지이므로 확률은

$$\left(\dfrac{2}{3}\times\dfrac{1}{3}\times\dfrac{1}{3}\times\dfrac{1}{3}\right)\times 4=\dfrac{8}{81}$$

(ii) 개가 나오는 경우

평평한 면 2개, 둥근 면 2개가 나오는 경우는 모두 6가지이므로 확률은

$$\left(\dfrac{2}{3}\times\dfrac{2}{3}\times\dfrac{1}{3}\times\dfrac{1}{3}\right)\times 6=\dfrac{8}{27}$$

(i), (ii)에서 지수가 이기게 될 확률은

$$\dfrac{8}{81}+\dfrac{8}{27}=\dfrac{32}{81}$$

답 $\dfrac{32}{81}$

11

갑, 을, 병 세 사람이 가위바위보를 할 때, 나오는 모든 경우의 수는

$$3\times 3\times 3=27$$

이므로 세 사람이 가위바위보를 한 번 할 때

$$(\text{비길 확률})=\dfrac{9}{27}=\dfrac{1}{3}$$

$$(\text{승부가 결정될 확률})=1-(\text{비길 확률})=\dfrac{2}{3}$$

따라서 가위바위보를 두 번 할 때, 첫 번째에는 비기고 두 번째에 승부가 결정될 확률은

$$\dfrac{1}{3}\times\dfrac{2}{3}=\dfrac{2}{9}$$

답 $\dfrac{2}{9}$

blacklabel 특강　풀이첨삭

세 사람이 가위바위보를 할 때, 비기는 경우는 다음과 같다.
(i) 세 사람이 모두 같은 것을 내는 경우, 즉
(가위, 가위, 가위), (바위, 바위, 바위), (보, 보, 보)
의 3가지이다.
(ii) 세 사람이 모두 다른 것을 내는 경우, 즉
(가위, 바위, 보), (바위, 보, 가위), (보, 가위, 바위), (가위, 보, 바위),
(바위, 가위, 보), (보, 바위, 가위)
의 6가지이다.
(i), (ii)에서 구하는 경우의 수는 $3+6=9$

12

두 주머니 A, B 중 한 개의 주머니를 택할 확률은 $\dfrac{1}{2}$이다.

(i) A 주머니를 택하고 흰 공을 꺼낼 확률은

$$\dfrac{1}{2}\times\dfrac{1}{4}=\dfrac{1}{8}$$

(ii) B 주머니를 택하고 흰 공을 꺼낼 확률은

$$\dfrac{1}{2}\times 1=\dfrac{1}{2}$$

(i), (ii)에서 구하는 확률은

$$\dfrac{1}{8}+\dfrac{1}{2}=\dfrac{5}{8}$$

답 ④

blacklabel 특강　오답피하기

(1) 두 주머니 A, B에 들어 있는 공을 모두 합하면 흰 공이 3개, 검은 공이 3개이므로 흰 공을 꺼낼 확률을 $\dfrac{3}{6}=\dfrac{1}{2}$로 잘못 생각하지 않도록 주의한다.

(2) A 주머니에서 흰 공을 꺼낼 확률이 $\dfrac{1}{4}$, B 주머니에서 흰 공을 꺼낼 확률이 1이므로 구하는 확률을 $\dfrac{1}{4}+1=\dfrac{5}{4}$로 잘못 생각하지 않도록 주의한다.

13

주사위를 4번 던진 후, 던지는 것이 중지되려면 세 번째, 네 번째에는 4의 눈이 연속해서 나오고, 두 번째에는 4가 아닌 눈이 나와야 한다.

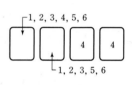

이때, 첫 번째에는 어떤 눈이 나와도 상관없다.

주사위를 한 번 던져 4의 눈이 나올 확률은 $\dfrac{1}{6}$

4가 아닌 눈이 나올 확률은 $1-\dfrac{1}{6}=\dfrac{5}{6}$

따라서 주사위를 4번 던진 후, 던지는 것이 중지될 확률은

$$1\times\dfrac{5}{6}\times\dfrac{1}{6}\times\dfrac{1}{6}=\dfrac{5}{6^{3}}$$

답 ③

14

A 팀이 5회 이내에 이길 확률은 다음과 같이 경우를 나누어 구할 수 있다. 이때, 승부차기 성공 여부가 승패를 결정짓지 않는 경우에는 빈칸으로 둔다.

(i)

팀 ＼ 회차	1회	2회	3회	4회	5회
A 팀	성공	실패	성공	성공	
B 팀	성공	실패	실패	실패	

$$(\text{확률})=\dfrac{1}{3}\times\dfrac{1}{2}=\dfrac{1}{6}$$

(ii)

팀＼회차	1회	2회	3회	4회	5회
A 팀	성공	실패	성공	성공	성공
B 팀	성공	실패	실패	성공	

$$(\text{확률})=\frac{1}{3}\times\frac{1}{2}\times\frac{1}{3}=\frac{1}{18}$$

(iii)

팀＼회차	1회	2회	3회	4회	5회
A 팀	성공	실패	성공	성공	실패
B 팀	성공	실패	실패	성공	실패

$$(\text{확률})=\frac{1}{3}\times\frac{1}{2}\times\frac{2}{3}\times\frac{1}{2}=\frac{1}{18}$$

(iv)

팀＼회차	1회	2회	3회	4회	5회
A 팀	성공	실패	성공	실패	성공
B 팀	성공	실패	실패	실패	

$$(\text{확률})=\frac{2}{3}\times\frac{1}{2}\times\frac{1}{3}=\frac{1}{9}$$

(v)

팀＼회차	1회	2회	3회	4회	5회
A 팀	성공	실패	성공	실패	성공
B 팀	성공	실패	실패	성공	실패

$$(\text{확률})=\frac{2}{3}\times\frac{1}{2}\times\frac{1}{3}\times\frac{1}{2}=\frac{1}{18}$$

(vi)

팀＼회차	1회	2회	3회	4회	5회
A 팀	성공	실패	성공	실패	실패
B 팀	성공	실패	실패	실패	실패

$$(\text{확률})=\frac{2}{3}\times\frac{1}{2}\times\frac{2}{3}\times\frac{1}{2}=\frac{1}{9}$$

(i)~(vi)에서 구하는 확률은

$$\frac{1}{6}+\frac{1}{18}+\frac{1}{18}+\frac{1}{9}+\frac{1}{18}+\frac{1}{9}=\frac{5}{9}$$

답 $\dfrac{5}{9}$

15

주사위 1개를 던져 나온 눈의 수가 6의 약수, 즉 1, 2, 3, 6일 확률은 $\dfrac{4}{6}=\dfrac{2}{3}$이고, 6의 약수가 아닐 확률은 $1-\dfrac{2}{3}=\dfrac{1}{3}$이다.

꺼낸 공이 모두 빨간 공일 확률은 다음과 같이 나누어 구할 수 있다.

(i) A 주머니를 택하고 빨간 공을 두 번 꺼낼 확률

　A 주머니를 택할 확률은 $\dfrac{2}{3}$

　A 주머니에는 파란 공 3개, 빨간 공 2개가 들어 있으므로 두 번 모두 빨간 공을 꺼낼 확률은

　$\dfrac{2}{5}\times\dfrac{1}{4}=\dfrac{1}{10}$

　즉, A 주머니를 택하고 두 번 모두 빨간 공을 꺼낼 확률은

　$\dfrac{2}{3}\times\dfrac{1}{10}=\dfrac{1}{15}$

(ii) B 주머니를 택하고 빨간 공을 두 번 꺼낼 확률

　B 주머니를 택할 확률은 $\dfrac{1}{3}$

　B 주머니에는 파란 공 2개, 빨간 공 3개가 들어 있으므로 두 번 모두 빨간 공을 꺼낼 확률은

　$\dfrac{3}{5}\times\dfrac{2}{4}=\dfrac{3}{10}$

　즉, B 주머니를 택하고 두 번 모두 빨간 공을 꺼낼 확률은

　$\dfrac{1}{3}\times\dfrac{3}{10}=\dfrac{1}{10}$

(i), (ii)에서 구하는 확률은

$$\frac{1}{15}+\frac{1}{10}=\frac{1}{6}$$

답 ①

16

검은 바둑돌 3개와 흰 바둑돌 5개가 들어 있는 상자에서 바둑돌을 한 개 꺼낼 때, 검은 바둑돌을 꺼낼 확률은 $\dfrac{3}{8}$, 흰 바둑돌을 꺼낼 확률은 $\dfrac{5}{8}$이다.

나중에 꺼낸 바둑돌이 검은 바둑돌일 확률은 처음 꺼낸 바둑돌의 색에 따라 다음과 같이 나누어 구할 수 있다.

(i) 처음에 검은 바둑돌, 나중에도 검은 바둑돌을 꺼낼 확률

　처음에 검은 바둑돌을 꺼낼 확률은 $\dfrac{3}{8}$

　꺼낸 바둑돌과 색이 같은 바둑돌 한 개를 상자에 더 넣으면 상자 안에는 검은 바둑돌 4개, 흰 바둑돌 5개가 들어 있게 된다.

　이 상자에서 검은 바둑돌을 꺼낼 확률은 $\dfrac{4}{9}$

　즉, 처음에 검은 바둑돌, 나중에도 검은 바둑돌을 꺼낼 확률은 $\dfrac{3}{8}\times\dfrac{4}{9}=\dfrac{1}{6}$

(ii) 처음에 흰 바둑돌, 나중에 검은 바둑돌을 꺼낼 확률

　처음에 흰 바둑돌을 꺼낼 확률은 $\dfrac{5}{8}$

　꺼낸 바둑돌과 색이 같은 바둑돌 한 개를 상자에 더 넣으면 상자 안에는 검은 바둑돌 3개, 흰 바둑돌 6개가 들어 있게 된다.

　이 상자에서 검은 바둑돌을 꺼낼 확률은 $\dfrac{3}{9}=\dfrac{1}{3}$

　즉, 처음에 흰 바둑돌, 나중에 검은 바둑돌을 꺼낼 확률은

　$\dfrac{5}{8}\times\dfrac{1}{3}=\dfrac{5}{24}$

(i), (ii)에서 나중에 꺼낸 바둑돌이 검은 바둑돌일 확률은

$$\frac{1}{6}+\frac{5}{24}=\frac{3}{8}$$

답 $\dfrac{3}{8}$

17 해결단계

❶단계	주머니 속에 꽝인 제비가 a개, 당첨 제비가 b개 있다고 하고, a, b에 대한 연립방정식을 세운다.
❷단계	꽝인 제비와 당첨 제비의 개수를 각각 구한다.
❸단계	수영이가 이길 확률을 구한다.

주머니 속에 꽝인 제비가 a개, 당첨 제비가 b개 들어 있다고 하자.

이 주머니에 꽝인 제비 4개를 더 넣으면 전체 제비의 $\dfrac{6}{7}$이 꽝인 제비가 되므로

$$\dfrac{a+4}{a+b+4}=\dfrac{6}{7} \quad \therefore a-6b=-4 \quad \cdots\cdots \text{㉠}$$

이 주머니에 당첨 제비 2개를 더 넣으면 전체 제비의 $\dfrac{1}{3}$이 당첨 제비가 되므로

$$\dfrac{b+2}{a+b+2}=\dfrac{1}{3} \quad \therefore a-2b=4 \quad \cdots\cdots \text{㉡}$$

㉠, ㉡을 연립하여 풀면

$a=8$, $b=2$

이때, 수영이가 이길 확률은 다음과 같이 경우를 나누어 구할 수 있다.

(i) 수영이가 바로 당첨 제비를 뽑을 확률은

$$\dfrac{2}{10}=\dfrac{1}{5}$$

(ii) 수영, 민지, 지혁이가 순서대로 꽝인 제비를 뽑고 난 후, 수영이가 당첨 제비를 뽑을 확률은

$$\dfrac{8}{10}\times\dfrac{7}{9}\times\dfrac{6}{8}\times\dfrac{2}{7}=\dfrac{2}{15}$$

(iii) 수영, 민지, 지혁이가 순서대로 꽝인 제비를 연속해서 두 번 뽑고 난 후, 수영이가 당첨 제비를 뽑을 확률은

$$\dfrac{8}{10}\times\dfrac{7}{9}\times\dfrac{6}{8}\times\dfrac{5}{7}\times\dfrac{4}{6}\times\dfrac{3}{5}\times\dfrac{2}{4}=\dfrac{1}{15}$$

(i), (ii), (iii)에서 수영이가 이길 확률은

$$\dfrac{1}{5}+\dfrac{2}{15}+\dfrac{1}{15}=\dfrac{2}{5} \qquad \text{답} \ \dfrac{2}{5}$$

blacklabel 특강 　풀이첨삭

꽝인 제비는 8개이므로 수영, 민지, 지혁이가 이 순서대로 제비를 뽑다보면 수영이가 네 번째 제비를 뽑기 전에 당첨 제비가 나올 수 밖에 없다. 즉, 수영이가 네 번째 제비를 뽑을 때 당첨 제비를 뽑을 확률은 0이므로 수영이가 네 번째 이상의 시행에서 당첨 제비를 뽑는 경우는 생각하지 않는다.

18

과녁 전체의 넓이는 $\pi\times20^2=400\pi$

5점을 얻을 확률이 $\dfrac{16}{25}$이므로

$$\dfrac{400\pi-\pi r_1^{\ 2}}{400\pi}=\dfrac{16}{25}, \ r_1^{\ 2}=144 \quad \therefore r_1=12 \ (\because r_1>0)$$

15점을 얻을 확률이 $\dfrac{4}{25}$이므로

$$\dfrac{\pi r_2^{\ 2}}{400\pi}=\dfrac{4}{25}, \ r_2^{\ 2}=64 \quad \therefore r_2=8 \ (\because r_2>0)$$

$$\therefore r_1-r_2=12-8=4 \qquad \text{답} \ 4$$

19

원판 A에서 홀수는 1, 3, 7, 9이고, 짝수는 4, 6이므로 a가 홀수일 확률은 $\dfrac{4}{6}=\dfrac{2}{3}$, 짝수일 확률은 $\dfrac{2}{6}=\dfrac{1}{3}$이다.

같은 방법으로 하면 b, c가 홀수일 확률은 각각 $\dfrac{1}{6}$, $\dfrac{2}{3}$이고, 짝수일 확률은 각각 $\dfrac{5}{6}$, $\dfrac{1}{3}$이다.

$a(b+c)$가 홀수이려면 a, $b+c$ 모두 홀수이어야 하므로 $a(b+c)$가 홀수일 확률은 다음과 같이 나누어 구할 수 있다.

(i) a는 홀수, b는 홀수, c는 짝수일 확률은

$$\dfrac{2}{3}\times\dfrac{1}{6}\times\dfrac{1}{3}=\dfrac{1}{27}$$

(ii) a는 홀수, b는 짝수, c는 홀수일 확률은

$$\dfrac{2}{3}\times\dfrac{5}{6}\times\dfrac{2}{3}=\dfrac{10}{27}$$

(i), (ii)에서 구하는 확률은

$$\dfrac{1}{27}+\dfrac{10}{27}=\dfrac{11}{27} \qquad \text{답} \ ③$$

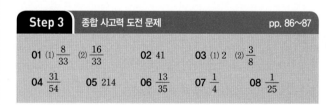

Step 3	종합 사고력 도전 문제		pp. 86～87
01 (1) $\dfrac{8}{33}$ (2) $\dfrac{16}{33}$	02 41	03 (1) 2 (2) $\dfrac{3}{8}$	
04 $\dfrac{31}{54}$	05 214	06 $\dfrac{13}{35}$	07 $\dfrac{1}{4}$ 08 $\dfrac{1}{25}$

01 해결단계

(1)	❶단계	처음에 숫자 카드가 나올 확률과 꺼낸 카드를 다시 넣지 않고 카드를 뽑을 때 문자 카드가 나올 확률을 구한다.
	❷단계	확률의 곱셈을 이용하여 확률을 구한다.
(2)	❸단계	숫자 카드 한 장과 문자 카드 한 장이 나올 확률을 구한다.

(1) 12장의 카드 중에서 한 장의 카드를 꺼낼 때, 숫자 카드가 나올 확률은

$$\dfrac{4}{12}=\dfrac{1}{3}$$

숫자 카드가 한 장 빠진 11장의 카드 중에서 한 장의 카드를 꺼낼 때, 문자 카드가 나올 확률은 $\dfrac{8}{11}$

따라서 구하는 확률은

$$\dfrac{1}{3}\times\dfrac{8}{11}=\dfrac{8}{33}$$

(2) 12장의 카드 중에서 2장의 카드를 동시에 꺼내는 경우의 수는

$$\dfrac{12\times11}{2}=66$$

4장의 숫자 카드 중에서 한 장, 8장의 문자 카드 중에서 한 장의 카드를 꺼내는 경우의 수는

$$4\times8=32$$

따라서 구하는 확률은

$$\dfrac{32}{66}=\dfrac{16}{33}$$

답 (1) $\dfrac{8}{33}$ (2) $\dfrac{16}{33}$

02 해결단계

❶단계	4명의 친구가 4개의 우산을 가져가는 경우의 수를 구한다.
❷단계	모두 자신의 우산을 가져가지 못할 확률을 구한다.
❸단계	한 사람만 자신의 우산을 가져갈 확률을 구한다.
❹단계	❷, ❸ 단계의 확률을 이용하여 p, q의 값을 각각 구하고 그 합을 구한다.

4명의 친구가 4개의 우산을 가져가는 경우의 수는 4명의 친구를 한 줄로 세우는 경우의 수와 같으므로

$$4\times3\times2\times1=24$$

모임에 참석한 4명의 친구를 각각 A, B, C, D라 하고 각각의 우산을 a, b, c, d라 하면

(i) 모두 자신의 우산을 가져가지 못한 경우

모두 자신의 우산을 가져가지 못한 경우를 나뭇가지 모양의 그림으로 나타내면 다음과 같다.

즉, 모두 자신의 우산을 가져가지 못하는 경우의 수는 9

따라서 모두 자신의 우산을 가져가지 못할 확률은 $\dfrac{9}{24}=\dfrac{3}{8}$

(ii) 한 명만 자신의 우산을 가져간 경우

A만 자신의 우산을 가져간 경우를 나뭇가지 모양의 그림으로 나타내면 다음과 같다.

즉, A만 자신의 우산을 가져가는 경우는 2가지이고, 같은 방법으로 하면 B, C, D만 자신의 우산을 가져가는 경우도 각각 2가지이므로 한 명만 자신의 우산을 가져가는 경우의 수는

$$2\times4=8$$

따라서 한 명만 자신의 우산을 가져갈 확률은 $\dfrac{8}{24}=\dfrac{1}{3}$

(i), (ii)에서 구하는 확률은

$$\dfrac{3}{8}+\dfrac{1}{3}=\dfrac{17}{24}$$

따라서 $p=24$, $q=17$이므로

$$p+q=41$$

답 41

03 해결단계

(1)	❶단계	동전의 앞면, 뒷면이 나오는 횟수를 각각 구한다.
	❷단계	a의 값을 구한다.
(2)	❸단계	앞면이 두 번, 뒷면이 두 번 나오는 경우의 수를 구한다.
	❹단계	점 P가 점 $(-1,3)$의 위치에 놓일 확률을 구한다.

(1) 동전의 앞면이 p번, 뒷면이 q번 나온다고 하자.

동전을 4번 던지므로

$$p+q=4 \qquad \cdots\cdots\text{㉠}$$

점 $(1,1)$에 놓여 있던 점 P가 점 $(-1,3)$으로 옮겨지므로 점 P의 y좌표는

$$1+2p-q=3 \qquad \cdots\cdots\text{㉡}$$

㉠, ㉡을 연립하여 풀면 $p=2$, $q=2$

즉, 동전을 4번 던진 후, 점 P가 점 $(-1,3)$의 위치에 놓이려면 동전의 앞면이 두 번, 뒷면이 두 번 나와야 한다.

이때, 점 P의 x좌표는 $1+p-aq=-1$이므로

$$1+2-2a=-1,\ 2a=4 \qquad \therefore a=2$$

(2) 동전의 앞면을 H, 뒷면을 T라 할 때, 앞면이 두 번, 뒷면이 두 번 나오는 경우는

(H, H, T, T), (H, T, H, T), (H, T, T, H),
(T, T, H, H), (T, H, T, H), (T, H, H, T)

의 6가지이다.

동전을 한 번 던질 때, 앞면이 나올 확률이 $\dfrac{1}{2}$, 뒷면이 나올

확률이 $\frac{1}{2}$이고 위의 6가지 경우의 각각에 대하여 확률이 모두 같으므로 점 P가 점 $(-1, 3)$의 위치에 놓일 확률은

$$\left(\frac{1}{2}\times\frac{1}{2}\times\frac{1}{2}\times\frac{1}{2}\right)\times 6=\frac{3}{8}$$

답 (1) 2 (2) $\frac{3}{8}$

04 해결단계

❶단계	월요일에 버스를 타고 목요일에 지하철을 타는 경우를 나뭇가지 모양의 그림으로 나타낸다.
❷단계	각 경우에 따른 확률을 구한다.
❸단계	확률의 덧셈을 이용하여 확률을 구한다.

월요일에 버스를 타고 목요일에 지하철을 타는 경우를 나뭇가지 모양의 그림으로 나타내면 다음과 같다.

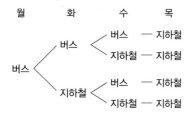

각 경우에 따라 확률을 구하면 다음과 같다.

(ⅰ) 버스, 버스, 버스, 지하철 순으로 탈 확률은

$$\frac{1}{3}\times\frac{1}{3}\times\frac{2}{3}=\frac{2}{27}$$

(ⅱ) 버스, 버스, 지하철, 지하철 순으로 탈 확률은

$$\frac{1}{3}\times\frac{2}{3}\times\frac{1}{2}=\frac{1}{9}$$

(ⅲ) 버스, 지하철, 버스, 지하철 순으로 탈 확률은

$$\frac{2}{3}\times\frac{1}{2}\times\frac{2}{3}=\frac{2}{9}$$

(ⅳ) 버스, 지하철, 지하철, 지하철 순으로 탈 확률은

$$\frac{2}{3}\times\frac{1}{2}\times\frac{1}{2}=\frac{1}{6}$$

(ⅰ)~(ⅳ)에서 구하는 확률은

$$\frac{2}{27}+\frac{1}{9}+\frac{2}{9}+\frac{1}{6}=\frac{31}{54}$$

답 $\frac{31}{54}$

05 해결단계

❶단계	적어도 한 면이 색칠된 정육면체의 개수를 구한다.
❷단계	$\frac{q}{p}$의 값을 구한다.
❸단계	$p+q$의 값을 구한다.

한 모서리의 길이가 1인 정육면체 중에서 어떤 면도 색칠되지 않은 정육면체의 개수는

$$3\times 3\times 4=36$$

적어도 한 면이 색칠된 정육면체의 개수는

$$125-36=89$$

따라서 선택한 정육면체가 적어도 한 면이 색칠된 정육면체일 확률은

$$\frac{q}{p}=\frac{89}{125}$$

이때, 89와 125는 서로소이므로

$$p+q=125+89=214$$

답 214

06 해결단계

❶단계	7개의 공 중에서 4개의 공을 동시에 꺼내는 경우의 수를 구한다.
❷단계	꺼낸 공에 적힌 네 개의 수 중에서 가장 작은 수와 가장 큰 수의 합이 다른 두 수의 합과 같을 때, 그 합의 최솟값과 최댓값을 구한다.
❸단계	❷단계에서 구한 최솟값과 최댓값을 이용하여 경우를 나누고 각 경우의 수를 구한다.
❹단계	꺼낸 공에 적힌 네 개의 수 중에서 가장 작은 수와 가장 큰 수의 합이 나머지 두 수의 합과 같을 확률을 구한다.

7개의 공 중에서 4개의 공을 동시에 꺼내는 경우의 수는

$$\frac{7\times 6\times 5\times 4}{4\times 3\times 2\times 1}=35$$

이때, 꺼낸 공에 적힌 네 개의 수 중에서 가장 작은 수와 가장 큰 수의 합이 가장 작은 경우는 $(1, 2, 3, 4)$, 즉 그 합이 5일 때이고 합이 가장 큰 경우는 $(4, 5, 6, 7)$, 즉 그 합이 11일 때이므로 꺼낸 공에 적힌 네 개의 수 중에서 가장 작은 수와 가장 큰 수의 합이 다른 두 수의 합과 같은 경우는 다음과 같이 나누어 구할 수 있다.

(ⅰ) 그 합이 5인 경우

합이 5인 두 수는 $(1, 4)$, $(2, 3)$의 2쌍이므로

구하는 경우는 $(1, 2, 3, 4)$의 1가지

(ⅱ) 그 합이 6인 경우

합이 6인 두 수는 $(1, 5)$, $(2, 4)$의 2쌍이므로

구하는 경우는 $(1, 2, 4, 5)$의 1가지

(ⅲ) 그 합이 7인 경우

합이 7인 두 수는 $(1, 6)$, $(2, 5)$, $(3, 4)$의 3쌍이므로 3쌍 중에서 순서와 상관없이 2쌍을 뽑는 경우의 수는

$$\frac{3\times 2}{2\times 1}=3$$

(iv) 그 합이 8인 경우

합이 8인 두 수는 $(1, 7)$, $(2, 6)$, $(3, 5)$의 3쌍이므로 같은 방법으로

$$\frac{3 \times 2}{2 \times 1} = 3$$

(v) 그 합이 9인 경우

합이 9인 두 수는 $(2, 7)$, $(3, 6)$, $(4, 5)$의 3쌍이므로 같은 방법으로

$$\frac{3 \times 2}{2 \times 1} = 3$$

(vi) 그 합이 10인 경우

합이 10인 두 수는 $(3, 7)$, $(4, 6)$의 2쌍이므로

구하는 경우는 $(3, 4, 6, 7)$의 1가지

(vii) 그 합이 11인 경우

합이 11인 두 수는 $(4, 7)$, $(5, 6)$의 2쌍이므로

구하는 경우는 $(4, 5, 6, 7)$의 1가지

(i)~(vii)에서 꺼낸 공에 적힌 네 개의 수 중에서 가장 작은 수와 가장 큰 수의 합이 다른 두 수의 합과 같은 경우의 수는

$$1 + 1 + 3 + 3 + 3 + 1 + 1 = 13$$

따라서 구하는 확률은 $\dfrac{13}{35}$

답 $\dfrac{13}{35}$

07 해결단계

❶단계	부전승으로 결승에 올라가는 사람을 기준으로 경우를 나눈다.
❷단계	❶단계의 각 경우에 대하여 을이 최종 우승할 확률을 구한다.
❸단계	이 시합에서 을이 최종 우승할 확률을 이용하여 p의 값을 구한다.

갑이 을을 이길 확률이 p이므로 을이 갑을 이길 확률은 $1-p$,

을이 병을 이길 확률이 $\dfrac{2}{3}$이므로 병이 을을 이길 확률은 $\dfrac{1}{3}$,

병이 갑을 이길 확률이 $\dfrac{3}{5}$이므로 갑이 병을 이길 확률은 $\dfrac{2}{5}$이다.

부전승으로 결승에 올라가는 사람을 기준으로 각 경우에 을이 최종 우승할 확률은 다음과 같이 나누어 구할 수 있다.

(i) 부전승으로 갑이 올라가고 을이 최종 우승할 확률

부전승으로 갑이 올라갈 확률은 $\dfrac{1}{3}$

이때, 을과 병의 시합에서 을이 이길 확률

은 $\dfrac{2}{3}$

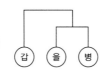

결승, 즉 갑과 을의 시합에서 을이 이길 확률은 $1-p$

따라서 이 경우의 확률은

$$\frac{1}{3} \times \frac{2}{3} \times (1-p) = \frac{2}{9}(1-p)$$

(ii) 부전승으로 을이 올라가고 을이 최종 우승할 확률

부전승으로 을이 올라갈 확률은 $\dfrac{1}{3}$

이때, 갑과 병의 시합에서 갑이 이길 확률

은 $\dfrac{2}{5}$

결승, 즉 을과 갑의 시합에서 을이 이길 확률은 $1-p$

또한, 갑과 병의 시합에서 병이 이길 확률은 $\dfrac{3}{5}$

결승, 즉 을과 병의 시합에서 을이 이길 확률은 $\dfrac{2}{3}$

따라서 이 경우의 확률은

$$\frac{1}{3} \times \left\{ \frac{2}{5} \times (1-p) + \frac{3}{5} \times \frac{2}{3} \right\} = \frac{2}{15}(2-p)$$

(iii) 부전승으로 병이 올라가고 을이 최종 우승할 확률

부전승으로 병이 올라갈 확률은 $\dfrac{1}{3}$

갑과 을의 시합에서 을이 이길 확률은

$1-p$

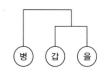

결승, 즉 병과 을의 시합에서 을이 이길 확률은 $\dfrac{2}{3}$

따라서 이 경우의 확률은

$$\frac{1}{3} \times (1-p) \times \frac{2}{3} = \frac{2}{9}(1-p)$$

(i), (ii), (iii)에서 을이 최종 우승할 확률은

$$\frac{2}{9}(1-p) + \frac{2}{15}(2-p) + \frac{2}{9}(1-p) = \frac{17}{30}$$

위의 식의 양변에 90을 곱하면

$$20(1-p) + 12(2-p) + 20(1-p) = 51$$

$$64 - 52p = 51, \quad 52p = 13$$

$$\therefore p = \frac{1}{4}$$

답 $\dfrac{1}{4}$

08 해결단계

❶단계	a, b 사이의 관계식을 세운다.
❷단계	순서쌍 (a, b)의 개수를 구한다.
❸단계	확률을 구한다.

원판을 회전시킨 후 화살을 2번 쏠 때, 나올 수 있는 모든 경우의 수는

$$10 \times 10 = 100$$

두 직선 l, m과 y축으로 둘러싸인 도형을 좌표평면 위에 나타내면 다음 그림과 같다.

(ⅰ) $a>b$인 경우   (ⅱ) $a<b$인 경우

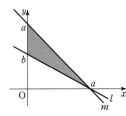 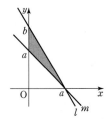

(ⅰ), (ⅱ)에서 구한 도형은 밑변의 길이가 $|a-b|$, 높이가 a인 삼각형이고, 그 넓이가 8이므로

$$\frac{1}{2}a|a-b|=8 \qquad \therefore a|a-b|=16$$

그런데 a, $|a-b|$는 모두 자연수이므로 16의 양의 약수이다.
또한, a, b는 10 이하인 자연수이므로 $a|a-b|=16$을 만족시키는 a, $|a-b|$, b의 값은 다음 표와 같다.

a	2	4	8
$|a-b|$	8	4	2
b	10	8	6, 10

즉, 조건을 만족시키는 순서쌍 (a, b)는
$(2, 10)$, $(4, 8)$, $(8, 6)$, $(8, 10)$의 4가지이다.
따라서 구하는 확률은

$$\frac{4}{100}=\frac{1}{25} \qquad\qquad\qquad\text{답 } \frac{1}{25}$$

미리보는 학력평가	p. 88

1 ②   **2** ③   **3** 101   **4** ④

1

서로 다른 두 개의 주사위를 동시에 던질 때, 나오는 모든 경우의 수는

$6\times6=36$

두 눈의 수의 합이 8보다 큰 경우는 다음과 같이 나누어 구할 수 있다.

(ⅰ) 두 눈의 수의 합이 9인 경우
    $(3, 6)$, $(4, 5)$, $(5, 4)$, $(6, 3)$의 4가지
(ⅱ) 두 눈의 수의 합이 10인 경우
    $(4, 6)$, $(5, 5)$, $(6, 4)$의 3가지
(ⅲ) 두 눈의 수의 합이 11인 경우
    $(5, 6)$, $(6, 5)$의 2가지
(ⅳ) 두 눈의 수의 합이 12인 경우
    $(6, 6)$의 1가지

(ⅰ)~(ⅳ)에서 두 눈의 수의 합이 8보다 큰 경우의 수는
$4+3+2+1=10$
따라서 구하는 확률은

$$\frac{10}{36}=\frac{5}{18} \qquad\qquad\qquad\text{답 } ②$$

blacklabel 특강   참고

서로 다른 두 개의 주사위를 동시에 던져 나오는 두 눈의 수를 각각 a, b라 하고 이것을 순서쌍 (a, b)로 나타내면 다음 표와 같다.

a＼b	1	2	3	4	5	6
1	$(1, 1)$	$(1, 2)$	$(1, 3)$	$(1, 4)$	$(1, 5)$	$(1, 6)$
2	$(2, 1)$	$(2, 2)$	$(2, 3)$	$(2, 4)$	$(2, 5)$	$(2, 6)$
3	$(3, 1)$	$(3, 2)$	$(3, 3)$	$(3, 4)$	$(3, 5)$	$(3, 6)$
4	$(4, 1)$	$(4, 2)$	$(4, 3)$	$(4, 4)$	$(4, 5)$	$(4, 6)$
5	$(5, 1)$	$(5, 2)$	$(5, 3)$	$(5, 4)$	$(5, 5)$	$(5, 6)$
6	$(6, 1)$	$(6, 2)$	$(6, 3)$	$(6, 4)$	$(6, 5)$	$(6, 6)$

2

한 개의 주사위를 두 번 던져서 나올 수 있는 모든 경우의 수는
$6\times6=36$

이때, 한 개의 주사위를 두 번 던져 첫 번째 나온 눈의 수를 a, 두 번째 나온 눈의 수를 b라 하면 삼각형 ABC는 밑변의 길이가 a, 높이가 b인 직각삼각형이므로 넓이는

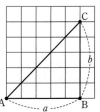

$$\frac{1}{2}\times a\times b=\frac{1}{2}ab$$

직각삼각형 ABC의 넓이가 15 이상이 되기 위해서는 ab의 값이 30 이상이어야 한다.

(ⅰ) $a=1$, 2, 3, 4일 때,
    ab의 값이 30 이상이 되는 b의 값은 존재하지 않는다.
(ⅱ) $a=5$일 때,
    $b=6$이면 $ab=30$이므로 가능한 경우의 수는 1
(ⅲ) $a=6$일 때,
    $b=5$이면 $ab=30$, $b=6$이면 $ab=36$이므로 가능한 경우의 수는 2

(ⅰ), (ⅱ), (ⅲ)에서 ab의 값이 30 이상인 경우의 수는
$1+2=3$
따라서 구하는 확률은

$$\frac{3}{36}=\frac{1}{12} \qquad\qquad\qquad\text{답 } ③$$

blacklabel 특강   참고

한 개의 주사위를 두 번 던져 첫 번째 나온 눈의 수를 a, 두 번째 나온 눈의 수를 b라 할 때, 주사위를 두 번 던져서 나올 수 있는 모든 경우를 순서쌍으로 나타내면 다음 표와 같다.

a \ b	1	2	3	4	5	6
1	(1, 1)	(1, 2)	(1, 3)	(1, 4)	(1, 5)	(1, 6)
2	(2, 1)	(2, 2)	(2, 3)	(2, 4)	(2, 5)	(2, 6)
3	(3, 1)	(3, 2)	(3, 3)	(3, 4)	(3, 5)	(3, 6)
4	(4, 1)	(4, 2)	(4, 3)	(4, 4)	(4, 5)	(4, 6)
5	(5, 1)	(5, 2)	(5, 3)	(5, 4)	(5, 5)	(5, 6)
6	(6, 1)	(6, 2)	(6, 3)	(6, 4)	(6, 5)	(6, 6)

3

주머니 A에 들어 있는 8개의 공 중 흰 공이 3개이므로 주머니 A에서 흰 공 한 개를 꺼낼 확률은 $\dfrac{3}{8}$

주머니 B에 들어 있는 10개의 공 중 흰 공이 7개이므로 주머니 B에서 흰 공 한 개를 꺼낼 확률은 $\dfrac{7}{10}$

따라서 두 주머니 A, B에서 각각 한 개씩 꺼낸 두 공이 모두 흰 공일 확률은

$$\dfrac{q}{p}=\dfrac{3}{8}\times\dfrac{7}{10}=\dfrac{21}{80}$$

즉, $p=80$, $q=21$이므로

$$p+q=101$$

       답 101

4

빨간 공 1개, 파란 공 5개가 들어 있는 주머니에서 공을 1개 꺼낼 때, 빨간 공을 꺼낼 확률은 $\dfrac{1}{6}$, 파란 공을 꺼낼 확률은 $\dfrac{5}{6}$이다.

이때, 두 사람 모두 파란 공을 꺼낼 확률은

$$\dfrac{5}{6}\times\dfrac{5}{6}=\dfrac{25}{36}$$

따라서 두 사람 중 적어도 한 사람이 빨간 공을 꺼낼 확률은

$$1-\dfrac{25}{36}=\dfrac{11}{36}$$

       답 ④

Tomorrow
better than today

memo

Tomorrow
better than today_

memo

Tomorrow
better than today

memo

서술형 문항의
원리를 푸는 열쇠

화 이 트 라 벨

| 서술형 문장완성북　| 서술형 핵심패턴북

마인드맵으로 쉽게
우선순위로 빠르게

링 크 랭 크

| 고등 VOCA　| 수능 VOCA

impossible

+

 땀 한 방울

=

i'm possible

불가능을 가능으로 바꾸는 것은
한 방울의 땀입니다.

틀을／깨는／생각／*J i n h a k*

A 등급을 위한 명품 수학

블랙라벨 중학 수학 -2

Tomorrow
better than today

www.jinhak.com

수능·내신을 위한
상위권 명품 영단어장

블랙라벨

| 커넥티드 VOCA | 1등급 VOCA

내신 중심 시대
단 하나의 내신 어법서

블랙라벨

| 영어 내신 어법

전교 1등의 책상 위에는
블랙라벨

국어	문학 │ 독서(비문학) │ 문법
영어	커넥티드 VOCA │ 1등급 VOCA │ 내신 어법 │ 독해
15개정 고등 수학	수학(상) │ 수학(하) │ 수학 I │ 수학 II │ 확률과 통계 │ 미적분 │ 기하
15개정 중학 수학	1-1 │ 1-2 │ 2-1 │ 2-2 │ 3-1 │ 3-2
15개정 수학 공식집	중학 │ 고등
22개정 고등 수학	공통수학 1 │ 공통수학 2 (출시 예정)
22개정 중학 수학	1-1 │ 1-2 (출시 예정)

단계별 학습을 위한 플러스 기본서
더 THE 개념
블랙라벨

국어	문학 │ 독서 │ 문법
15개정 수학	수학(상) │ 수학(하) │ 수학 I │ 수학 II │ 확률과 통계 │ 미적분
22개정 수학	공통수학 1 │ 공통수학 2 (출시 예정)

내신 서술형 명품 영어
WHITE
label

영어	서술형 문장완성북 │ 서술형 핵심패턴북

꿈에서도 떠오르는
그림어원

영어	중학 VOCA │ 토익 VOCA

마인드맵 + 우선순위
링크랭크

영어	고등 VOCA │ 수능 VOCA

완벽한 학습을 위한 수학 공식집

블랙라벨 BLACKLABEL
수학 공식집

중학 수학   고등 수학

(블랙라벨의 모든 개념을 한 권에) (블랙라벨 외 내용 추가 수록) (목차에 개념 색인 수록) (한 손에 들어오는 크기)